연세실학강좌 IV

Yonsei *Sirhak* Lectures Ⅳ

연세실학강좌 IV

실학의 정치경제학[2]

연세대학교 국학연구원 편

혜안

발 간 사

　연세대학교는 최근 대학의 학문적 수준과 위상을 세계적 차원으로 고양시킬 목적으로 '교책 특성화 사업'을 추진하고 있다. 국학연구단은 그러한 사업의 일환으로 발족되었으며, 이 연구단에는 국학연구원, 언어정보개발연구원, 현대한국학연구소, 언어연구교육원, 문과대학 등 관련 기관이 참여하고 있다. 본 연구단에서는 일제 강점기 이래 발전되어 온 본교의 국학연구 전통을 계승하고, 이를 보다 창의적으로 발전시키고자 우선 조선 후기 실학 분야에 집중적인 연구를 수행하기로 하였다.

　'연세 실학'은 위당 정인보 선생이 개척했던 이념과 연구방법에서 연원하고 있다. 조선 후기 양명학의 학문적 계통을 이어받은 정인보 선생은 민족주의에 기초하여 민족의 역사와 정신을 체계적으로 정리하였다. 조선 후기 실학은 그 가운데서도 중심적인 연구 주제였다. 1930년대 중반에 이루어진 조선학 운동에서는 조선학의 핵심을 실학에서 찾고, 실학자의 저술을 정리, 편찬, 해제 작업을 추진하였다.

　해방 전후, 정인보 선생의 실학 연구는 이후 홍이섭 선생의 다산 정약용 연구와 민영규 선생의 양명학 연구로 계승되었다. 또한 용재 백낙준 선생은 연세대학교의 실학 연구 학풍을 확대 계승하고 이 같은 연구가 연세대학교의 국학 연구의 핵심이 되어야 할 것으로 판단하여 정책적으로 부단한 지원을 아끼지 않았다. 그 결과 1948년 동방학연구소가 설립되었으며, 마침내 1967년에 '실학공개강좌'가 개설 진행되기에 이르렀다. 또한 실학에 관한 수준 높은 논문들이 『東方學志』에 발표되었다.

　이와 같은 연세 실학의 학문적 전통을 계승하고, 앞으로의 실학 연구를 한 단계 진전시키기 위하여 우선 지금까지 국학연구원에서 축적해온 '연세실학'을 정리하고, 이를 『연세실학강좌』라는 이름으로 편찬하기로 하였다.

먼저, 『연세실학강좌』(Ⅰ·Ⅱ)는 1967년부터 1987년까지 동방학연구소와 그 후신인 국학연구원에서 진행했던 '실학공개강좌'의 발표문과 토론 요지를 편집하여 만들었다. 20년간에 걸쳐 진행된 이 강좌를 통하여 본교의 실학·국학 연구의 전통을 계승하여 그 의의를 확대하는 한편, 이 시기 한국에서의 실학 연구의 흐름을 주도하였다.

'실학공개강좌'는 1967년 6월, 당시 백낙준 명예총장, 박대선 총장, 민영규·홍이섭 교수 등 여러분이 동참하여 시작되었다. 그리고는 1987년 제20회까지 20년 동안, 매년 한 차례씩의 연구 발표회가 꾸준히 이어졌다. '실학공개강좌'에는 한국사를 비롯하여, 한국사상사, 한국철학, 한국과학사, 중국사 등 다양한 영역에서 학계의 대가·중진 학자들이 대거 참여하였다. 다루어진 주제도 실학의 개념과 현대적 의의, 성리학·문학·국어학·과학기술·역사학·서학 등 여러 학문 영역과 실학과의 관계, 실학의 정치경제개혁론, 실학과 개화사상과의 계승 문제 등을 포괄하였으며, 정약용·강위 등의 실학자 개인에 대한 정리도 이루어졌다. 실로, 조선 후기 실학을 여러 분야와 측면에서 고찰한 것이었다.

'실학공개강좌'에는 20회에 걸쳐 모두 39편의 주제가 발표되었다. 이 강좌에서 발표한 초고는 논문으로 가다듬어 대부분 본 연구원의 『東方學志』에 발표되었다. 그러나 필자의 사정상 초고만 작성하였거나 혹은 다른 지면을 빌어 발표되기도 했다. 본 자료집에서는 총 34편의 글을 실학의 개념과 성격, 실학의 사상 기반, 실학의 역사 연구와 그 이론, 실학의 정치경제학, 실학의 어문학 연구, 실학과 과학 기술, 한말·일제하 사상계와 실학 등 모두 7개의 주제로 재분류하고, 발표 시기를 고려하여 배열하였다.

다음, 『연세실학강좌』(Ⅲ·Ⅳ)는 『東方學志』에 발표된 실학관련 논문 가운데 정치경제 개혁론에 관한 주제들을 모은 것이다. 실학파의 경학, 철학사상에 관한 높은 수준의 글들도 있지만, 우선은 사회개혁론으로서의 실학사상이 가지는 의미를 되새겨보기 위한 것이다. 여기에는 모두 18편의 글이 실렸다. 17세기 전반 남인계 학자들의 사상을 다룬 연구에서부터 대한제국기, 실학의 영향을 받은 학자들을 연구한 글까지 다양하였다. 이를 다시 실학의 사상적 원류, 실학의 정치사상과 개혁론, 실학의 사회경제사상과 개혁론, 조선 말기 실학의 계승 문제와 근대개혁론 등의 네 영역으로 나누어 편집하였다. 최근 2, 30년간 연세대학교에서 이루어진 실학의 정치경제학에 관한 연구 방향과 내용을 가늠할 수 있는 지표가 될 것이다.

이 같은 '실학공개강좌'와 『東方學志』에 발표된 실학 논문들은 우리 학계가 질·양적으로 괄목할 만한 발전을 하는 데 매우 중요한 기여를 한 것으로 여겨진다. 이들 여러 연구는 일제의 식민지배 논리였던 식민사학을 극복하고 민족사·민족문화의 내적 발전의 논리를 확립하여야 했던 우리 학계를 향하여 한국사 체계의 수립을 위한 새로운 논리와 연구방법을 촉구하였다. 1970, 80년대 우리 사회에서 본격화되는 실학 전반에 대한 연구, 그리고 국학에 대한 연구열을 연세의 실학 연구, 국학 연구가 선도하였던 것이다.

끝으로 이 책의 간행을 위해 원문의 교정은 물론 원사료까지 꼼꼼하게 대조하며 작업을 진행한 본 연구원의 정호훈 연구교수와 연구보조원 김정신, 이정훈, 정두영 박사생, 그리고 혜안출판사 편집진에게 고마움을 표한다. 또한 본서의 출판으로 '연세 실학'의 전통을 확립하고, 나아가 한국학계의 실학 연구의 내용과 맥을 이해하는 데 도움이 되길 바란다.

2002년 12월

연세국학연구단장
국학연구원장   전 인 초

차 례

10

연세실학강좌 III

CONTENTS

제 3부

실학의 사회·경제사상과 개혁론

朝鮮後期 土地改革論의 推移

金 容 燮

1. 序言

앞에서 우리는 朝鮮王朝의 國定敎學이 되고 있었던 朱子學에서의 土地論이 어떠한 것이었는가를 검토하고, 地主制・大土地所有制가 확대되고 그 모순이 심화되는 가운데, 朝鮮後期 儒者들이 箕子井田의 遺蹟을 학문적으로 새롭게 해석하게 됨으로써 朱子의 土地論을 비판할 수 있게 되고, 따라서 이 시기 儒者들이 朱子土地論에 찬성하는 논자와 반대하는 논자로 갈리게 되는 사정을 살폈다.[1] 전자의 입장은 朱子의 견해를 따라 地主制를 기축으로 하는 농업체제를 그대로 유지해 나가려는 것이었고, 후자의 입장은 이와 반대로 地主制를 개혁함으로써 小農經濟의 안정을 기하고 소농경제를 기축으로 하는 농업체제를 확립하려는 것이었다.

그리고 우리는 이 시기 朱子學의 세계에서 朱子土地論에 반대하는 이러한 土地改革論이 처음에는 東人과 그 南人系에서 시작되지만, 이 시기에는 농업문제가 심각하였으므로 이러한 土地論은 곧 西人의 少論・老論系로도 확산되어, 이 시기의 經濟思想은 黨論을 넘어서서 地主的 입장과

---

1) 金容燮, 「朱子의 土地論과 朝鮮後期 儒者」, 『(增補版)朝鮮後期 農業史硏究』 II, 일조각, 1990.

農民的 입장의 사상으로 갈리고 있었다는 사실도 지적하였다. 농업문제의 타개책이라는 관점에서 보면 이 시기의 위정자 학자들은 黨色을 초월하여 같은 입장에 서기도 하고, 따라서 그들은 이제 새로이 經濟思想을 달리하는 두 계열로 분리 대립하고도 있는 것이었다.

그러므로 朱子土地論에 반대하는 土地改革論의 대두는, 이 시기의 농업문제 및 정치적 동향을 이해하는 데 있어서 대단히 중요한 의미를 지니는 것이라고 하겠으며, 따라서 그 改革論의 내용에 대해서는 좀 더 구체적인 검토가 있어야 하는 것이라고 하겠다. 더욱이 土地改革論은 단순히 朱子의 井田難行說에 대하여 그 可行說만으로서 제기되고 있는 것이 아니라, 地主制를 견제하려는 토지개혁론자들의 방안은 다양하였다. 그러나 전고에서는 그 글의 성격상 이 같은 문제들을 상론할 여유가 없었다. 그러므로 이제 이곳에서는 反朱子的 土地論을 포함한 여러 가지 토지론의 내용을 좀 더 구체적으로 검토함으로써, 전고에서의 미진한 점을 보설하고, 아울러 이시기 農業改革論의 推移 및 그 性格을 파악해 보고자 한다.

2. 17세기 중엽~18세기 중엽의 改革論

이 시기는 兩亂 후의 國家再造의 문제와도 관련하여, 反朱子的 土地論이 본격화되고 그 방안이 여러 가지로 제기되는 시기였다. 그것은 요컨대 朱子가 難行하다고 하는 地主制·大土地所有制를 개혁함으로써 制民産하려는 것, 즉 無田農民에게 土地를 줌으로써 小農經濟를 안정시키려는 견해였으며, 그렇게 함으로써 朝鮮王朝를 안정된 小農經濟의 기반 위에 탄탄하게 재조하려는 견해였다. 그리고 그것은, 이 시기의 국가가 현실적으로 地主層의 입장에 서서 地主制를 기반으로 하는 農業政策을 추구하는 상황 하에서 제기되는 것이었으므로, 政府政策과 크게 그 입장을 달리하는 體制부정적인 개혁론이 되는 것이기도 하였다. 이 시기에는 그러한 입장의 논자가 많았고, 따라서 그것을 실현시키기 위한 방법도 사람에 따라 다양하게 제기되고 있었다. 井田論·均田論·限田論·減租論·均耕均

作論 등은 그 두드러진 방안이었다.

井田論 : 그러한 가운데서도 이 시기 儒者들이 土地改革 農業改革의 방안으로서 지표가 될 수 있는 것으로 생각하였던 것은, 中國 古代(殷周)에 시행했던 것으로 믿고 있는 井田制度였다. 壬亂 이후의 朝鮮後期에 있어서 일고 있는 箕子井田에 대한 새로운 연구, 새로운 관심의 고조는 이 같은 분위기의 한 반영이었다.[2] 儒敎에서는 이 시기를 포함한 三代의 사회를 理想的인 사회로 보고 있었으므로 그것은 자연스러운 일이기도 하였다. 사실 中國 古代의 이 제도는 전국의 토지를 모두 國有로 하고, 국가는 井田制度에서의 1井이 9區, 각 區의 田이 100畝가 되도록 전국의 농지를 井井方方으로 구획하되, 주위의 8區는 私田으로 하여 8人에게 각 1區씩 분급 耕食케 하고, 중앙의 1區는 公田으로 하여 8인의 私田 경작자가 合作[공동경작]하여 그 수확을 국가에 稅로써 상납토록 하는 제도였으므로, 制民産이라는 관점에서 보면 井田制度는 확실히 좋은 제도가 아닐 수 없었다.

이 같은 井田制度는 儒敎經典이나 史書·政書 등에 소상하게 기술되어 있으며, 따라서 儒者들은 이를 어릴 때부터 읽고 숙지하고 있었다.[3] 그러므로 그들이 土地兼並 地主制의 모순과 관련하여 현실타개의 방안을 마련하게 될 때, 그들의 생각하는 바를 이 제도에 의거하여 전개하게 되는 것은 자연스러운 일이었다. 더욱이 이 때에는 箕子井田이 새로 재확인되는 가운데 學界에서는 朱子의 土地論에 큰 反論이 제기되고 있었으므로, 社會矛盾 土地改革의 필요성을 심각하게 느끼고 있는 논자들은, 그들의 그러한 생각을 어렵지 않게 井田制度로서 제언할 수 있었다.

---

2) 朝鮮後期에 있어서의 그러한 동향은 다음 제저술의 정리·간행활동을 통해서 살필 수 있다(韓百謙,『久菴遺稿』上, 箕田遺制說 外, 仁祖朝 刊 ; 徐命膺,『箕子外紀』, 英祖朝 刊 ; 李家煥,『箕田攷』, 正祖朝 刊 ; 鄭璘基 外,『重刊箕子志』, 高宗朝 刊).

3) 學問의 정도에 따라 달랐겠지만, 朝鮮의 儒者들이 접할 수 있었던 그 같은 자료로서 기본이 되는 것으로는 다음과 같은 문헌을 들 수 있을 것이다.『孟子』, 滕文公 上 ;『周禮』, 地官 ;『漢書』, 食貨志 ;『文獻通考』, 田賦考 ;『通志』食貨 ;『通典』食貨.

그러나 이 시기의 儒者들은 井田制의 복구가 쉽지 않다는 전통적인 이해(井田難行說)를 또한 충분히 인식하고 있었다. 井田制 시행의 難點은 여러 가지로 지적되고 있었지만, 그 중에서도 가장 기본이 되는 것으로 이해되는 것은 다음과 같은 두 가지 점이었다.

그 하나는 井田制度를 옛 제도 그대로 시행하려면, 平地나 山地를 막론하고 전국의 농지를 道路와 水路 井井方方이 되게 구획해야 하는데, 이러한 거창한 사업은 宋 蘇老泉의 지적과 같이 전국의 民을 동원하고 전 國力을 기울여도 장구한 세월이 소요될 것이라는 점이었다.[4] 특히 우리나라의 경우는 中國보다도 더 조건이 나쁜 것으로 이해되고 있었다. 地形上 중국보다 더 山多野少해서 농지를 井井方方으로 구획하기가 어렵다고 보기 때문이었다.

그리고 다른 하나는 井田制를 시행하려면 大土地所有者들의 토지를 어떤 형태로든 收用해야 하는데 그것이 쉽지 않다는 점이었다. 그것은 "亟奪富人之田"하는 것이 되기 때문이라는 데서였으며,[5] 그렇게 되면 大土地를 소유한 豪勢家들이 이에 반대하고, 나아가서는 叛亂을 일으키게 될 것이라고도 예상하기 때문이었다.[6] 더욱이 政治權力의 현실적 기반이 되고 있는 것은 이들 계급인 것이었다. 그러므로 역사상의 土地改革論은 이 같은 두 難點을 어떻게 이해하고 이에 대처하는가에 따라 그 내용이 달라지고 있었다. 이 시기의 土地論도 마찬가지였다.

井田制度의 복구를 구상하는 논자들은 이 같은 두 문제 중 土地收用의 문제에는 크게 유의하지 않고 있었다. 이는 王土思想과 국왕의 결심 여하로서 무난히 처리될 수 있고, 또 이 제도를 시행할 경우 싫어하는 사람보다는 좋아하는 사람이 多數라는 점에 기대를 걸고 있었다.[7] 이들에게 있어서 최대의 難題는 地形上 난점이 있는 지역에서 어떻게 井井方方의 區畵整理를 할 것인가 하는 점이었다. 豪勢家를 무마할 수 있다 하더라도 이

---

4) 『嘉祐集』 卷5, 田制.
5) 『張子全書』 卷15, 行狀.
6) 『朱子大全』 卷68, 井田類說 ; 『朱子語類』 卷108, 論治道.
7) 『張子全書』 卷15, 行狀.

문제를 해결하지 않고서는 井田制를 이룰 수가 없는 것인데, 그런데 이 시기의 재정상태나 기술수준으로서는 그러한 구획정리는 사실상 어려운 형편이었다. 그러므로 이 제도의 복구를 통해 社會矛盾을 해결하려는 논자들은 井田制의 개념에 상당한 융통성을 두고서 그들의 견해를 내세우지 않으면 아니 되었다. 그러한 융통성 있는 井田制의 복구 방안은 다음과 같이 크게 두 가지 유형으로 제기되고 있었다.

그 하나는 井田의 외형에 구애되지 않고 計畝授民하거나, 현행의 結負制를 그대로 유지하는 가운데 結負의 計數로서 井田의 원리에 따라 농지를 분급하면 된다는 견해였다. 韓泰東(是窩)과 楊應秀(白水)의 견해는 그러한 예이었다.

1 a. 二程亦欲只用算法 計畝授民 今雖不能大治經界悉復丘井 而若稍近古制 算畝以授 則是無區畫之擾 葺治之久 而一持籌之吏 旬月可辦矣 亦何不可行之有 而士大夫方且畏之 而不敢議者 每以毆奪富人之田爲解[8]

   b. 令郡縣 各度其田 定其土品之高下 高下必以九等 自上之上至下之下 以定其結卜 於是計民口 以八口爲一戶 …… 八戶爲一統 卜結裁作 依中原百畝之制 八戶各授以結卜 以爲私田 又以一戶之結卜 爲公田 使八戶助養 …… 同統之民 各守其居 不得移徙 買賣一切禁止 餘地抛爲閒田 以待後生之蕃殖 此亦井田之道也[9]

자료 1a는 是窩의 견해인데, 그는 程子도 計畝授民의 방법으로 井田制를 시행하려 하였으므로, 이 방법을 따른다면 비록 전국의 토지를 井井方方으로 구획할 수는 없다 하더라도, 구획정리에 따르는 어려움 없이 算士한 사람만으로서 旬月間에 일을 처리할 수 있을 것으로 생각하였다. 그의 생각으로는 이 방법에 의한 井田制라면 시행하지 못할 것이 없는데, 治者들은 주저하고 두려워하여 감히 改革의 방안을 내놓지 못하고, '毆奪富人

---

8) 『是窩遺稿』 卷7, 科體.
9) 『白水集』 卷6, 論井田說.

之田'에 따르는 폐단만을 말하고 있다는 것이었다.

자료 1b는 白水의 견해로서, 그는 郡縣단위로 量田을 하여 結卜을 정하고, 8口 1戶·8戶 1統의 원칙으로 戶口를 파악한 다음, 中國 古代의 1家 100畝의 규정을 따라 每戶에 줄 結卜을 마련하여 8戶의 농민에게 私田으로서 분급하며, 1戶분의 結卜을 公田으로 정하여 8戶의 농민으로 하여금 共同栽培케 하면 이것이 곧 井田制가 된다고 생각하였다. 이 경우 統民의 이사나 私田으로서 分給된 土地의 賣買는 불허하며, 분급된 農地 이외의 나머지 토지는 後生을 위해서 남겨 두도록 한다는 것이었다.

다른 하나는 地形에 따라 井田을 구획할 수 있는 곳에서는 이를 구획하고, 그렇지 못한 곳에서는 다만 井田制의 원리에 따라 計數로서 土地를 분급하자는 견해였다. 柳正源(三山)은 그러한 견해의 소유자였다.

2. 其土地平衍處 畫爲井形 其依山近峽 不可以畫井 則制爲百畝 或五十畝數十畝 隨之長短廣狹 以足百畝之數 合爲一井之田 而相土之高亇以爲代給之規 則不患不爲什一之法矣[10]

이에 의하면 그는 平野地帶에서는 정전을 규정대로 형태를 갖추어 구획하고 그렇게 할 수 없는 산지에서는 다만 지형에 따라 양전을 하여 한 區가 百畝가 되게 채우며, 이러한 區 9개를 합해서 1井이 되게 한 다음 이를 농민들에게 井田을 분급하듯 분급하면 된다는 생각이었다. 그는 中國의 井田制度가 평야지대뿐만 아니라 山地에서도 시행되고 있었음에 유의하고, 또 平壤에 있는 箕子井田이 혹 田字 혹 井字로 되어 있음에도 유의하는 가운데 그의 이 같은 방안을 확신을 가지고 제언하고 있었다. 이는 정전제를 이해함에 있어서 일보 전진한 견해였다.

均田論 : 土地改革을 하려 할 때 儒者들은 많은 경우 井田制를 통해서 制民産하는 것이 가장 좋은 방법이라는 것을 잘 알고 있었다. 그러나 그들은 井井方方으로 구획하는 井田制를 복구한다는 것이 쉬운 일이 아니라는

---

10) 『三山集』卷6, 井田說.

사실도 또한 분명하게 이해하고 있었다. 그러한 경우 그들은 한편으로는 앞에서 언급한 바와 같이 井田制의 槪念에 융통성을 두는 가운데 이를 시행하려고도 하였지만, 다른 한편으로는 論者에 따라 井田의 이념만을 취하는 唐의 均田制를 시행함으로써 문제를 해결하려고도 하고 있었다. 均田制는 私有化되고 있는 전국의 土地를 公田으로 收用(國有化)하고, 이를 일정한 기준에 의하여 전국의 民에게 재분배함으로써 民産을 균등하게 하려는 제도였으므로 의당 생각할 수 있는 일이었다. 그리고 역사적으로 보더라도 이 제도는 均産의 방법으로서 井田制와 더불어 항상 거론되는 방안이었으므로, 이 시기의 改革論者들이 이 방안에 주목하게 되는 것은 자연스러운 일이었다. 이 같은 방안을 구상하는 논자들은 土地收用에 따른 豪勢家의 반대는 크게 문제될 것이 없을 것으로 판단하고 있었다.

磻溪 柳馨遠은 그러한 논자들 중에서도 대표적인 인물로서, 그는 兩亂 후의 國家再造 문제를 전반적으로 연구하는 가운데,[11] 그 일환으로서, 均田論을 제기하고 그 경제 기반을 마련하고 있었다. 그러나 그의 均田論이 唐 均田制를 그대로 이 시기의 朝鮮에다 실현시키려는 것은 아니었다. 그의 均田論은 周의 井田制와 唐 均田制를 시의에 맞도록 절충한 것으로서, 唐代의 均田制와는 적지 않은 차이가 있었으며, 均産을 위한 방안으로서는 그 구획정리와도 관련하여, 唐代의 그것보다 더 철저한 바가 있는 것이기도 하였다.

그것은 전고에서 이미 지적한 바와 같이, 전국의 농지를 箕子井田의 田字形을 취한 佃田制로 구획정리하고, 4人의 농부가 1佃(4頃) 중의 1田(1頃)씩을 맡아 경작하되, 軍은 4頃 4人 중에서 1人이 나가고(자료 3a), 나머지 3人은 保로서 米 12斗나 綿布 2疋을 낸다는 것이었으며, 稅는 '二十取一'할 것을 원칙으로 하는 것이었다.[12] 그리고 이 같은 佃田의 구획은 封

---

11) 『磻溪隨錄』 전권은 바로 그러한 國家再造의 체계이다. 그 내용과 성격에 관해서는 다음 논문이 소상하게 언급하고 있다. 千寬宇, 「磻溪 柳馨遠 研究」, 『歷史學報』 2·3, 1952~1953 ; 鄭求福, 「磻溪 柳馨遠의 社會改革思想」, 『歷史學報』 45, 1970.
12) 『磻溪隨錄』 卷1, 田制 上(영인본), 16, 27쪽.

溝로서 하되, 그 작업은 그것을 경작할 농민으로 하여금 점진적으로 수행
케 하려는 것이었다.[13] 이 같은 磻溪의 토지개혁론 중에서도 이곳에서 특
히 관심을 갖게 되는 것은 그 授田의 원칙이다.

3 a. 四頃爲一佃 (民)每一夫 占受一頃 依法收稅 每四頃出兵一人 ……
[今百畝爲頃 可種稻四十斗之地 …… 此一頃 以旱田 則大槪一牛四
日耕]

b. 士之 初入學者二頃 入內舍者四頃 免其出兵 職官 九品以上 至七品
六頃 遞加 至正二品則十二頃 並免出兵 [六品以上八頃 三品以上十
頃 正二品以上十二頃] …… 罷官家居 亦資其田 …… 大君君公主翁
主 田皆十二頃 吏胥僕隷 役於官者 …… 外則 祿田參定 而二人一
頃 亦免出兵

c. 工商 受田五十畝 半其保布, 開立鋪子者 亦受田一頃 免其保布

d. 籍田 定以十頃 其一頃親耕田 其九頃則 令民受之 使九頃夫 治穫親
耕田 而免其九頃之稅

e. 凡民年二十以上受田 …… 士入學乃受 …… 遷官當受者 至其品職
加受 …… 吏隷入役而受 凡受田者 身沒則還之 大夫士三年後遞田
…… 軍民百日後遞田 …… 凡軍士 六十免役還田 […… 無子孫 而
願守田爲保夫者 聽]

f. 凡人居成聚處 亦槪以頃法 名爲閭里頃 定稅以布[14]

이는 授田의 원칙 중에서도 기본이 되는 몇몇 조항만을 정리한 것인데,
이에 의하면 농민들은 한 農家에서 1頃의 농지를 받을 수가 있었다(자료
3a). 良人 농민이거나 外居하며 농사하는 公私賤 농민이거나 마찬가지였
다. 다른 점은 그들이 지는 軍役을 한쪽은 正軍 다른 한쪽은 束伍軍으로
차등을 두었을 뿐이었다.[15] 그런데 이 경우의 頃은 唐代 이후의 면적단위
가 아니라 中國 古代의 그것으로서 1頃은 水田으로서는 40斗落, 旱田으로

---

13) 『磻溪隨錄』卷1, 田制 上(영인본), 14쪽.
14) 『磻溪隨錄』卷1, 田制 上, 7·9·15·16·21쪽.
15) 『磻溪隨錄』卷1, 田制 上, 16~17쪽.

서는 單牛犁로 4日耕이 되는 농지로 보고 있었으며(자료 3a), 1家는 가족
수 5~8口로 구성되는 것을 기준으로 하고 있었다.16) 그러므로 이만한 넓
이의 農地이면 이를 받은 농민들은 그 가족을 부양할 수 있고, 또 이 농가
에서는 그 勞動力으로 보아 능히 이 농지를 耕作할 수 있다고 판단되고
있었다. 물론 이것은 기준이 그러할 뿐이었으며, 가족 중에 남자가 많으면
16세 이상자에게는 餘田을 더 줄 수 있었다.17) 그리고 농민들이 籍田(10
頃)을 받게 될 경우는 9夫가 親耕田 1頃을 助耕하도록 하고 있었다(자료
3d).

이 같은 농지를 농민들은 20세에 受田하고, 老除 전에 身沒하면 100일
후 遞田하며, 軍士가 60세로 免役되면 還田하되, 그 후에는 70세까지 保夫
로서 그 농지를 경작할 수 있었다(자료 3e).

兩班支配層은 官人이 되지 못한 경우라 하더라도 2頃이나 4頃의 農地
를 받을 수 있었으며, 官人이 되면 資品에 따라 4등급으로 差等을 두고 6
頃에서 12頃까지의 농지를 받을 수 있고, 退官한 후에도 그 田을 그대로
경작할 수 있었다(자료 3b). 이들 兩班支配層에게는 이 밖에 이러한 土地
에 대하여 4頃 1人의 出兵이 면제되고, 官에 재임하고 있는 동안에는 祿이
또한 지급되고 있었다. 이들은 이 같은 농지를 入學하여 受田하고 身沒 후
3년에 遞田하도록 하는 것이 규정이었다(자료 3e). 兩班支配層 중에서도
특히 왕실의 大君·君·公主·翁主 등에게는 모두 田 12頃을 지급하고
(자료 3b), 그 밖에 賜稅로서 500斛地 이하를 또한 지급하도록 하고 있었
다. 그러므로 이들 양반 지배층은 그 토지 면적으로 보아 中小地主層으로
재편성 될 소지가 있었으나, 그러나 그는 이를 地主制를 해체시키는 가운
데 "率丁而保其家"케 할 것, 즉 率丁에 의한 家作으로서 自耕할 것을 전
제로 하고 있었다. 물론 이 경우 이 率丁이 어떠한 노동력이었을까 하는
것이 중요한 문제이겠는데, 그는 이를 우선은 奴僕이 중심이 될 것으로 보
고 있었으나, 장차는 奴婢身分制가 전면 해체되는 가운데, 그 노동력이 雇

---

16)『磻溪隨錄』卷1, 田制 上, 15쪽.
17) 위와 같음.

工勞動力으로 대체되어야 할 것으로 생각하고 있었다.18)

吏胥僕隷는 京에서는 祿만 받고, 지방에서는 半은 祿, 半은 田으로서 받되 1인당 50畝씩 入役 후 지급했으며, 出兵은 면제되고 있었다(자료 3b).

工商人에게는 50畝의 田을 주되 京都와 狹鄕에 거주하는 자는 제외되었으며, 지방도시에 鋪子를 개설하는 자에게는 田 1頃을 주도록 하고 있었다. 전자에 대해서는 保布의 半을 감하고, 후자에 대해서는 保布를 전부 免하고 있었다(자료 3c). 이 단계에 있어서는 지방의 경우 工人이나 商人이 아직 그 직업에 종사하는 것만으로서 생계를 이어가기 어렵다고 본 데서였으며, 따라서 磻溪가 이들에게 토지를 지급하도록 하고 있는 것은 상공업을 장려하는 뜻에서이기도 하였다.

이밖에 토지분배에는 閭里頃·站店頃·城邑頃 등의 住宅地 분급이 또한 있었다(자료 3f). 閭里頃은 農村 마을의 대지, 站店頃은 酒幕거리 마을의 대지로서 1頃에 20채의 농가가 들어서도록 배분하며, 城邑頃은 都城과 邑內의 家基로서 大君에서 庶民에 이르기까지 30畝에서 2畝半에 이르는 큰 폭의 차등을 두면서 분배하고 있었다.

磻溪가 제시한 均田論의 土地分給 원칙을 이같이 정리하고 보면, 우리는 그 견해에 관하여 다음과 같은 몇 가지 특징을 지적할 수 있다. 그 하나는 그의 토지론은 봉건적인 지주제를 해체시키고 民産을 균등히 할 것을 지향하고 있으면서도, 그리고 신분 세습제를 부정하고 있으면서도, 여러 가지 면에서 아직은 봉건적인 신분관을 완전히 탈피하지 못하였고, 따라서 그것은 엄격한 의미에서는 신분내적인 균전론이 되는 것이었다고 하겠다. 다음으로 그의 토지론은 지주제·대토지소유제를 해체시키면서도, 양반사대부계급에 대해서는 토지분급을 우대하고 있어서, 그들은 土地改革을 시행한 후의 새로운 제도 하에서 대농경영을 할 수 있었을 것으로 예상된다. 셋째 그의 토지론은 工商人에게도 농지를 지급하고 있었는데, 이는 그 시

---

18)『磻溪隨錄』卷26, 續篇 下 奴隷, 507쪽에는 奴婢制의 해체와 관련하여, 奴婢勞動力을 雇工勞動力으로 대체시키는 문제가 상론되고 있다.

기 그가 살고 있는 지역에 있어서는 아직 사회적 분업, 상품화폐경제의 발
달이 활발하지 못하였고, 따라서 그 개혁론은 상공업의 발전을 장려하고
있는 것이기는 하나, 그러나 아직은 자연경제적 경제질서를 과감하게 전면
적으로 타파하는 데까지 이르지 못하고 있었다는 점 등이다.

限田論 : 앞에서 지적한 바와 같이 均産을 위한 土地改革 井田制를 시
행하기 위해서는 두 가지 큰 난점이 있었다. 그 중 제1의 난점은 외형에 구
애되지 않는 均田制를 시행하는 것으로써 해결될 수 있었으나, 그러나 이
경우 그 改革論이 제2의 난점을 깨끗이 해결하고 있는 것은 아니었다. 均
田制를 제론하는 논자들은 제2의 난점은 문제될 것이 없다고 말하고 있었
지만, 그러나 많은 논자들은 이 문제를 그렇게 간단하게만 보고 있지는 않
았다. 이들은 이 제2의 난점이야말로 중요한 문제로서, 이것이 무리 없이
해결되지 않는 한 土地改革은 성취되기 어려울 것으로 보고 있었다. 사실
土地私有制가 역사적으로 인정되고 國家에 의해서 法的으로도 인정되고
있는 상황 하에서, 국가가 이를 다시 收用하여 無田者에게 재분배한다는
것은 쉬운 일일 수가 없었다. 이러한 일은 장기적 변란 및 혁명적 상황 하
에서나 기대할 수 있는 일이었으며, 평상시의 평범한 정권 하에서는 아무
리 그럴듯한 명분이 내세워진다 하더라도 사실상 이루어지기 어려운 일이
아닐 수 없었다.

그러므로 토지개혁을 절실한 문제로 생각하면서도, 토지수용의 난점 豪
勢家의 반란을 민감하게 느끼는 논자들은 다른 실현 가능한 방안을 찾지
않으면 아니 되었다. 그러한 논자들은 그것을 限田論으로써 제시하고 있
었다. 이 改革論도 역사적으로 그 기원이 오래여서 漢代 이래로 토지문제
가 발생할 때는 늘 거론되고 있었던 방안이었다. 대토지소유자 호세가의
토지소유권을 일방적으로 부정하고 몰수하는 것이 아니라, 법적으로 일정
하게 토지소유의 상한선을 정함으로써, 그들의 과다한 토지소유를 막고,
따라서 그 이상의 토지가 자연스럽게 無田者에게 돌아가도록 유도하려는
방안이었다. 大土地所有者 豪勢家의 기득권을 어느 선까지 인정하면서,
그들이 생각하는 바 토지문제의 해결을 추구하고 있는 유연한 방안이기도

하였다.

그러나 그렇기 때문에 이 개혁론은 이를 제기하는 논자들이 大土地所有者 豪勢家의 반대·반란설을 어느 만큼 민감하게 받아들이는가에 따라, 그리고 土地改革의 필요성을 어떤 계급적 입장에서 어느 만큼 절실한 문제로 인식하는가에 따라, 그 上限線의 설정에 차이가 있게 되고, 따라서 그 개혁론의 성격도 크게 달라질 수가 있었다. 朝鮮前期 中宗朝의 정부에서 제정하였던 바 限田策은 그 한 예가 되겠다. 이 때 정부에서는 고려 말년 이래로 오랫동안 미루어 오던 토지문제를 한전론으로서 토의하고, 그것을 정책상에 반영시키기로 결론을 내리고 있었는데, 그 限田策의 상한선은 50結이었다.[19] 이러한 限田論이라면 그 목적이 소농경제의 안정에 있는 것이라고 하기는 어렵고, 지주층 내부에서의 거대지주와 대지주, 대지주와 중소지주의 계급적 갈등을 조정하려는 데 그 뜻이 있는 것이었다고 하겠다.

이러한 사정은 그 정도의 차이가 있기는 하였지만 조선후기에도 마찬가지였다. 전고에서 예시하였던 바 韓元震(南塘)의 限田論은 그러한 예가 되겠다. 그는 井田制 등 토지개혁에는 반대였으며, 地主制의 존속을 그대로 인정하는 가운데, 다만 地主層의 토지소유의 上限을 조정하면 될 것으로 보고 있었다. 이는 그가 토지개혁론자와의 학문적 대결 속에서 朱子의 가르침을 충실히 따르는 가운데 내세운 주장이었다.

> 井田 …… 今不可行 …… 至於我國 山澤過半 畫井之制 決不可行 …… 因今制而略爲限節 以抑兼并 庶乎其可矣 [士大夫田過十結 小民過五結 不許更占 令分貧族 則可矣][20]

이에 의하면 그는 兩班士大夫계급은 그 상한을 10結, 小民계급은 5結로 하되, 그 이상을 소유하지 못하게 하고, 그 이상의 토지는 그 一族의 가난한 자에게 분급하면 된다는 것이었다. 그는 地主制를 전면 거부하는 토지

---

19) 李景植, 「朝鮮前期의 土地改革論議」, 『韓國史硏究』 61·62, 1988.
20) 『南塘集』 卷37, 雜識 外篇 上, 9장.

개혁론에는 반대였으며, 中小地主制는 그대로 유지해 나가야 한다는 생각
이었다. 그는 말하자면 대토지소유제는 견제해야 하나, 소농경제만을 내세
우는 토지개혁론에도 반대인 것으로서, 중소지주층의 입장을 대변하고 있
었던 것이라고 하겠다. 그런 점에서 그의 이 限田論은 우리가 다음에 검토
하고자 하는 限田論과는 그 성격상 적지 않은 차이가 있는 것이었다고 하
겠다.

양란 후의 국가재조기에 제기된 한전론으로서 우리가 이곳에서 주목하
고자 하는 것은 霞谷 鄭齊斗와 星湖 李瀷에 의해서 제론된 견해이다.

4 a. 一戶限三結 原已過限者雖勿減 而未過者禁勿過 未滿者加買 而滿者
不得加買 冒名買者贖之 …… 過限願賣者 官必買之
b. 限田終歸自均 [過限者不得加買 故田有自歸於不及限者 其價且輕]
百年可至均
c. 官司屯田盡罷其屯 許民並作 收三分一如私家
罷免稅罷屯田 …… 如民田 與民並作 如納主稅 頗輕於私田 士夫願
歸農者 許給並作[21]

이는 霞谷이 제론하였던 바 限田方略인데, 그는 '消兩班' '消奴婢' '無貴
賤嫡庶之分'하는 사회의 건설,[22] 즉 身分制를 개혁할 것을 전제로 하면서
그 일환으로서 이 土地改革論을 제기하고 있었다.

그 내용은 民田과 官田(국유지)의 경우를 달리하고 있었는데, 民田의 경
우에는 일정시기로부터 1戶당 소유면적의 基準, 즉 上限線을 3結로 정하
되, 이미 기준면적 이상을 소유하고 있는 戶에게는 減할 것을 요구하지 않
으나 미달인 戶에게는 그 선을 넘지 못하게 하며, 그 소유지가 상한선에
미달인 戶에게는 加買를 허용하나 한도를 넘는 戶에게는 買田을 불허하
고, 그들이 토지를 放賣하려 할 때는 반드시 官에서 買入하도록 하자는 것
이었다(자료 4a). 이같이 하면 토지가 漸進的 그리고 自然的으로 무전자와

---

21) 『霞谷集』卷22, 箚錄.
22) 위와 같음.

기준 이하 소유자들에게 돌아가게 되고, 따라서 그 농지는 마침내 모든 농업자들이 비교적 균등하게 소유하는 바가 될 것이라는 것이었다. 그의 限田論은 지극히 점진적이어서, 그 목표하는 바가 성취되기까지에는 한 百年의 세월이 소요될 것이라고까지 하였다(자료 4b). 그러므로 그간에는 지주제가 아직 남아 있는 가운데 점진적으로 해체되고 있었겠으나, 그 후에는 특별한 경우 외에는 그것이 원칙적으로 해체된 위에서 小農經濟가 크게 안정되리라고 보는 것이었다.

官田의 경우는 이와는 좀 달랐다. 官田은 각종 屯田을 혁파하고 개편한 것이었는데, 이에서는 지주경영을 그대로 허용하고 있었다. 단 이에서는 그 경영내용을 地代를 3분의 1로 경감하는 등 크게 조정하고, 일반 農民뿐만 아니라 양반사대부계층에게도 토지 없는 사람에게는 並作을 허용하려는 것이었다(자료 4c). 이는 한전제를 시행한다 하더라도 토지를 매입하지 못하는 사람이 아직 남아 있었을 것이므로, 이들을 위요한 토지문제는 정부의 재정수입에 큰 타격을 주지 않는 가운데, 특히 이 官田을 통해서 해결하려는 것이었다고 하겠다.

5 a. 國家宜稱量一家之産 限田幾負爲一戶永業田 如唐之租制 過者不減奪 不及者不加授 有價欲買者 雖千百結皆許 田多欲賣者 只永業幾負外亦許 過而不願賣者不强 不及而不能買者不促 惟永業幾負之內 有買賣者 所在覺察 買者治其奪人永業之罪 賣者亦治匿賣 而買者不論價還之 亦使田主 自告官 免罪而推還己田 凡買賣必使告官而後成 官亦考驗田案而後 作卷(券)以付之 其無印文者 不許聽訟 則雖無急效必見永賴也

　b. 愚謂 縱不革今制 若擧限田之法 亦可稍稍均其貧富 限者何也 無者不責其有 過者不責其減 各以一頃爲永業 貧者一頃之內 有入而無出 則貧不得賣田 而兼幷不售 富必有分除 而稍漸均平矣[23]

이는 星湖의 限田論으로서, 그는 처음에는(자료 5a) 현행의 結負制를

---

　23)『星湖全集』卷45, 雜著, 論均田·論田制.

중심으로 그의 견해를 개진하고, 뒤에는(자료 5b) 中國의 頃畝法으로서 그 것을 설명하고 있었는데 그 토지개혁의 방법은 같았으며 그 내용은 다음 과 같았다. 그도 국가의 제도개혁에 관하여 많은 것을 연구하였는데 토지 문제는 그 일환으로서 제론되는 것이었다.[24]

첫째, 국가는 1호당 기준면적(永業田)을 幾負로 헤아려 한정하되, 기준 을 넘는 戶에게서 토지를 뺏지도 않고 미달하는 戶에게 토지를 더 주지도 않을 것을 원칙으로 하고 있었다(자료 5a). 이 경우 그는 기준면적을 명확 히 말하지 않았는데, 이는 토지개혁을 담당하게 될 국가가 각 지방의 사정 을 고려하여 재량껏 정해야 한다고 생각하였기 때문이었다. 그러나 그러면 서도 그 개인의 의견이 없었던 것은 아니었다. 그는 老年期에 들어서 宋代 林勳의 저술인『本政書』를 읽고 그 개혁의 방법이 그 자신의 그것과 유사 함에 새삼 감탄하였었는데, 그는 이를 계기로 1頃의 農地를 永業田으로 해야 할 것임을 말하고 있었다(자료 5b). 여기서 말하는 頃은 古代의 頃이 아니라 後代의 頃으로서, 磻溪가 제시하였던 바 頃보다 두 배가 더 되는 넓이의 면적이었다. 이같이 永業田을 비교적 큰 규모로 정하면, 빈민들의 賣田과 겸병자들의 買田을 좀더 효과적으로 억제할 수 있을 것으로 보고 있었다.[25]

둘째, 田地는 永業田 외에는 자유로운 賣買를 허용하는 것이 원칙이었 다. 돈이 있어서 田地를 사고자 하는 戶에게는 百結, 千結이라도 그 買田 을 허락하고, 田地가 많아서 팔고자 하는 戶에게는 永業田 외에는 그 자유 로운 放賣를 허용했다. 물론 기준 이상 소유한 戶가 賣田을 원치 않는데 賣田하도록 강요할 수 없고, 기준에 미달하는 戶가 買田하지 못했을 때 買 田하도록 독촉할 수도 없었다(자료 5a). 이 경우 전지의 자유로운 매매를 허용하고 土地兼幷을 억제하려고 하는 것은 모순되는 것 같지만, 星湖는

---

24) 星湖의 제도개혁 전반에 관해서는 韓㳓劤,『李朝後期의 社會와 思想』, 을유문화 사, 1961 및『星湖李瀷研究』, 서울대학교 출판부, 1980을, 限田論에 관해서는 愼 鏞廈,「星湖 李瀷과 燕巖 朴趾源의 限田制土地改革思想」,『李元淳敎授華甲紀念 史學論叢』, 지식산업사, 1986을 참조.

25)『星湖全集』卷45, 雜著, 論括田 ;『星湖僿說』3, 人事門, 均田·本政書.

빈민이 永業田을 팔지 않으면 富民의 토지겸병이 어렵고, 또 富民에게 대토지소유를 인정한다 하더라도 후손에 대한 分財 등 여러 가지 이유에서 그들의 토지도 결국에는 소규모로 분산될 것으로 보고 있었다(자료 5b).

셋째, 그러나 永業田에 대해서는 그 賣買를 철저하게 금지하고 이 규정을 어겼을 경우에는 처벌할 것을 원칙으로 하고 있었다. 만일에 이러한 규정을 어기고 永業田을 매매하였다가 발각되면, 買者는 奪人永業田罪로 처벌되면서도 값을 받지 못한 채 그 토지를 돌려줘야 하며, 賣者는 匿賣罪로 다스려지되 田主가 官에 자수하면 면죄하고 자기 토지를 돌려 받도록 하고 있었다(자료 5a). 星湖의 限田論에서 永業田의 설치와 유지는 그의 土地論의 핵심이었으며, 그는 이를 지키고 확대시켜 나가는 가운데, 점진적으로 대토지소유제를 해체시키고 農民經濟를 均産化시킬 수 있을 것으로 기대하고 있었다.

넷째, 모든 土地는 官에서 철저하게 관할할 것을 전제로 하고 있었으며, 토지를 매매했을 경우에는 官에 보고하여 그 許可를 받아야 그 소유권을 인정받을 수가 있었다. 官의 허가는 田案을 대조하여 田券을 작성 지급하는 것이었으며, 官印이 없는 것은 소송이 벌어졌을 때 제소해도 官에서 접수하지 않는 등 법의 보호를 받을 수가 없었다(자료 5a).

星湖 限田論의 내용은 그 요점이 대체로 이와 같았다. 그것은 大土地의 소유와 그 자유로운 매매를 허용하고 있다는 점에서 기존의 봉건지주제를 당분간 그대로 온존하는 것이었으며, 그런 점에서 그의 限田論은 토지개혁론으로서는 매우 철저하지 않은 듯이 보이기도 한다. 그러나 그럼에도 불구하고, 토지개혁론에 반대하는 大土地所有者 豪勢家를 타도할 수 없는 상황에서, 그는 긴 안목으로 보아 그의 개혁론이 큰 의미가 있을 것으로 자부하고 있었다. 불철저한 듯이 보이기는 하지만 이 限田策을 장기간에 걸쳐 꾸준히 추진해 나가면, 당장 목전의 효과를 거두기는 어렵지만, 먼 앞날에 있어서는 점진적으로나마 民産의 均等化, 小農經濟의 安定을 기할 수 있다고 확신하는 데서였다.

이 시기의 한전론 중에는 이상과 같은 한전의 방안 외에도 이와 그 경향

을 달리하는 한전방안이 또한 있었다. 柳壽垣(聾菴, 肅宗 20~英祖 31)의
견해는 그것이었다. 그는 그것을 다음과 같이 기술하고 있었다.

6 a. 今日土田亦盡歸士大夫 百姓何嘗有土田耶 兼幷已極 若不矯正 民無
以支保矣
  b. 四民之業 尚未分別 國虛民貧 專出於此 …… 以國中所謂富家言之
不過士大夫勳戚及商譯輩 略有饒裕之稱 而至於農家 則雖三南土厚處
新舊穀相繼之家 絕無僅有 …… 其源實出於四民不分 故不能務其業
而然也
  c. 別四民 乃所以制民産也[26]

　그는 당시의 상황을, 兩班士大夫·勳戚·商人·譯官 등이 土地兼幷을
하는데서, 國庫는 虛하고 民은 貧困한 상태에 있는 것으로 보고 있었으며,
국가경제가 이같이 될 수밖에 없었던 이유는 士農工商, 즉 四民의 業이 분
화되지 않은 데 있는 것, 社會的 分業이 발달하지 않은 데 있는 것으로 보
고 있었다(자료 6b). 그러므로 國家財政을 충실하게 하고 農民經濟를 안
정시키기 위해서는 이러한 土地兼幷의 상황을 타개하지 않으면 아니 되는
데(자료 6a), 그렇게 하기 위해서는 四民의 業을 분리시켜, 즉 社會的 分業
을 발전시켜 각 계급으로 하여금 각각 자기 業에 전력하도록 해야 한다고
생각하였다(자료 6b). 말하자면 그는 四民으로 하여금 그 業을 한정 專業
化시켜 非農者의 토지소유를 억제함으로써, 그 토지가 자연적으로 農業者
에게 돌아가게 하려는 것, 즉 農民이 産業을 갖도록 하려는 것이었다(자료
6c). 그의 限田論은 좀 막연하지만 그 핵심은 요컨대 農者 得田, 즉 農民
階級 得田의 원리로서 土地所有를 제한하려는 것이었다고 하겠다. 그는
이 같은 이론을 『周禮』의 九職論을 통해서 구성하고 있었다.[27]

　減租論 : 토지개혁론의 제기는 대토지소유자 호세가들의 土地兼幷을 막
고 소농경제를 안정시키려는 데 그 목적이 있는 것이었지만, 그 방법으로

26)『迂書』第1, 論麗制 田制·總論四民 ;『迂書』第10, 論變通規制利害.
27)『迂書』第9, 論閑民.

서 제기된 井田論·均田論·限田論 등은 그 어느 것을 막론하고 실현시
키기가 쉽지 않았다. 대토지소유자 호세가의 토지를 수용하거나 그 소유권
을 제한하기가 어려웠기 때문이었다. 그러나 국가재정이나 농민경제를 생
각할 때 토지겸병은 반드시 막아야 했고 농민경제는 반드시 안정시켜야만
하였다. 여기에서 많은 사람들은 그 밖의 방법으로서, 토지소유권은 그대
로 인정하되 지주경영에서의 地代를 대폭 인하함으로써, 地主制 자체를
존립할 수 없도록 하려는 減租論을 제기하게 되고 있었다. 물론 地代를 인
하하더라도 지주제를 그대로 인정할 것을 전제로 하는 경우가 있었지만
(자료 4c 官田), 그러나 우리가 이곳에서 주목하고자 하는 것은, 토지겸병
을 억제하고 대토지소유제·지주제 자체를 부정하는 입장에서 이를 제론
하고 있는 견해이다.

7 a. 凡田 不自耕而給人幷作者 定爲著令 作者食五分之四 田主取其一分
　　　[租稅 仍今出於田主] 違者許告官 分給如法 而幷沒其一分 如是則
　　　力農者得食其力 而不自作者 無所利於剩田 雖不曲爲之防 而兼幷之
　　　弊自息矣[28]

　b. 富人所受之私稅 亦依公稅之數 使貧民假田者 亦公稅什一之外 又
　　　給一分之稅於田主 則是不過什稅二也 …… 視前大半之稅 雖似太減
　　　亦不全失矣[29]

자료 7a는 磻溪가 당시 일반적으로 여론화되고 있었던 減租論을 기술한
것인데, 그 내용은 自耕하지 않고 幷作시키는 地主制에 대해서는 법령으
로서 수익분배의 원칙을 재조정하되, 作人은 수익의 5분의 4, 田主는 5분
의 1을 취하고, 租稅는 지금과 마찬가지로 田主가 내도록 하며, 만일 地主
가 이 규정을 지키지 않을 경우에는 作人이 官에 고하여 규정대로 분배하
도록 하고 지주 몫도 몰수한다는 것이었다. 이같이 하면 力農하는 佃作農
民도 살아갈 수 있고, 地主는 병작을 준 토지로부터의 잉여가 적어지는 데

---

28) 『磻溪隨錄』卷2, 田制 下, 46쪽.
29) 『雪溪隨錄』卷25, 雜識 29장.

서 국가가 權力으로서 그 所有權을 억제하지 않더라도 土地投資를 하지 않게 되고, 따라서 토지겸병의 폐단은 종식될 것이라는 것이었다.

자료 7b는 朴致遠(雪溪, 肅宗 6~英祖 40)이 제론한 것인데, 그것은 요컨대 국가가 받고 있는 稅가 10분의 1이면, 地主도 地代조로 10분의 1만 더 받으라는 것으로서, 減租를 통해 地主制를 쇠퇴시키려는 견해였다.

地代를 法으로써 輕減하는 것이 所有權을 수용하거나 제약하는 것보다 쉬운 일이라면, 이 개혁론은 확실히 겸병을 억제할 수 있는 효과적인 방법일 수 있었다. 그러나 이 개혁론은 겸병을 억제하는 데는 적극적이었으나, 均産을 추구하는 데는 限田論과 마찬가지로 소극적이어서, 그것은 減租政策을 법제화한 후의 자연의 추세에 맡겨지고 있었다.

均耕均作論 : 土地改革이 어렵다는 사실은, 기본적으로 그것을 주장하는 논자들이나 그것을 수용해야 할 국왕에게 大土地所有者・豪勢家・兩班士大夫階級을 누를 수 있는 힘이 없는 데서 연유하는 것이므로, 그것이 어떠한 방안이든 어렵기는 마찬가지였다. 그러므로 이 같은 사실을 충분히 인식하고 있는 논자들은 土地改革이 아니 될 경우의 차선책으로서 折衝論을 마련하고도 있었다. 이 시기에는 어떠한 형태로든 農民經濟가 안정되지 않으면 아니 되었기 때문이었다. 그러한 절충론 가운데서도 이곳에서 주목하게 되는 것은 均耕均作論이다. 이 論은 鄭尙驥(農圃子, 肅宗 4~英祖 28)에 의해서 제론되고 있었는데, 그는 이 방안이 井田論만은 못하지만, 그러나 貧富를 비교적 고르게 할 수 있다고 보는 데서 이를 자신있게 제론하고 있었다. 그 기본 골격은 다음과 같았다.

8 a. 今有一法 …… 無論諸宮家各衙門各司各驛各官及他公私上下之田通計一國之田 以分授於民 而隨其地之寬狹及民之多少 或授一結或七八十負或五六十負 且觀其田之膏瘠 又加減其結數.

  b. 人年二十受田 六十還田 家有餘夫年十五 授田二十負 俟其壯而有家 始授一夫之田 若士之不能自耕者 加給農夫之倍 工商之事末利者 減於農夫之半 若仕於朝而有祿者及軍卒與皂隷之有常祿者不授 盖非永授爲業者故也 鰥寡無子者 授二十負 廢疾之有妻者 授二十

五負 流離丐乞者及兩班之使役奴子 不授之.

c. 凡耕他人之田者 什取其伍 以其伍納於田主 田主之自耕其田者 亦
無過一夫之所授 而雖有餘田 不得濫耕 只取佃夫所納之稅而食之
民不爲農則已 若爲農則寸地尺土 非受之於官 則不敢耕也.[30]

이에 의하면 그의 均耕均作論은, 전국의 모든 土地에 대하여 土地所有
權은 종전과 마찬가지로 그 소유주에게 그대로 인정하되, 그 管理權을 국
가가 장악함으로써, 지방단위로 그 지방 농지의 耕作權을 그 지방농민에게
均等하게 배분하려는 것이었다(자료 8a). 이 경우 그 농지의 균분방법은
농민은 20세에 일정 면적을 受田하고 60세에 還田하되 15세의 餘夫가 있
으면 20負를 더 주고, 兩班士大夫는 농민 소경전의 2배, 工商人은 농민 소
경전의 반, 鰥寡로 자식이 없으면 20부, 病者의 아내는 25부를 주도록 하
며, 官人·軍卒·皂隸 등 녹봉을 받는 자, 流離乞食者나 양반집 奴僕에게
는 농지를 주지 않는 것이었다(자료 8b). 그리고 이같이 耕作地를 배분했
을 때, 남의 토지를 경작하게 되는 佃作농민은 地主에게 수익의 10분의 5
를 地代로서 바쳐야 하고, 그 대신 地主는 자기 토지를 自耕할 경우에도
농민 1夫의 소경면적을 초과할 수 없고, 그 외의 농지는 모두 佃作농민에
게 경작시켜야 한다는 것(자료 8c) 등등이 그 내용이었다.

農圃子의 이 토지론은 말하자면 地主制를 그대로 인정하고, 耕作權만을
정부 관리 하에 均分하려는 것으로서, 엄격히 말하면 土地改革論으로 간
주될 수 있는 견해가 아니었다. 그러나 그렇기는 하더라도 이 견해는 토지
개혁론이 현실적으로 실천에 옮겨지지 못하고 있는 이 시기의 상황 하에
서 일정한 의미가 있는 것이 아닐 수 없었다. 이 시기에는 노동력을 절약
할 수 있는 農法(移秧法)이 보급되는 가운데 농지의 經營擴大(廣作)현상
이 일고, 그 결과로서는 많은 영세한 佃作농민들이 토지 차경에서 조차도
배제되고 있었기 때문이었다.[31] 토지개혁론을 지주제를 해체시킨 위에서

---

30) 『農圃問答』 均田制.

31) 宋贊植, 「朝鮮後期 農業에 있어서의 廣作運動」, 『李海南博士華甲紀念史學論
叢』, 1970 ; 金容燮, 『(增補版)朝鮮後期農業史研究』 Ⅱ, 일조각, 1990.

근원적으로 소농경제체제를 수립하려는 방안이었다고 한다면, 이 균경균
작론은 지주제를 중심한 농업체제 내에서 소농경제를 안정시키려는 방략
이 되는 것이었다고 하겠다.

3. 18세기 중엽~19세기 중엽의 改革論

朝鮮後期에는 18세기 중엽 이후 商品貨幣經濟 및 農業技術, 農業生産
力이 한층 더 발달하는 가운데, 兩班官僚·地主·猾吏·豪商 등의 土地
兼幷과 經營地主 經營型富農層의 경영확대현상이 또한 더욱더 현저해지
고 있었으며, 그 뿐만 아니라 郡摠制로 운영되는 三政의 구조적 모순 또한
가일층 심화되고 있었다. 그리하여 이 시기에는 그 결과로서 농촌사회의
분해가 앞시기에 비하여 더 심화되고, 貧農層 沒落農民의 처지가 더욱 어
려워지고 있었다. 그러므로 이 단계에 이르러서는 土地改革문제에 관심을
갖는 논자들이 더 많아지고, 농업문제가 심각해지고 있는 정도만큼, 그 문
제를 해결하기 위한 방안 또한 더욱 철저하고 과감하며 다양해지지 않을
수 없었다.

그것은 앞 시기에 논의되었던 제방안과 기본적으로 같은 것이었으나, 그
러나 그러면서도 여러 가지 새로운 내용으로 質的인 변화를 보이고 있었
다. 그뿐만 아니라 이 시기에는 그러한 동향이 정부의 農政문제에 대한 관
심과도 관련하여 하나의 여론으로까지 화하고도 있었다. 농정문제에 관한
國王의 求言敎에 응지하여 農書나 農政疏를 쓰고 있는 知識人들 중 토지
개혁론을 제기하는 논자가 적지 않았음은 그 한 표현이었다.[32]

井田論 : 이 시기의 農業問題 타개에 있어서도 많은 논자들이 우선 생
각할 수 있었던 것은 井田論이었다. 英祖·正祖 연간에 徐命膺의『箕子外
紀』와 李家煥 등의『箕田攷』가 편찬되고 있었음은 그 한 표현이었다. 土

32) 金容燮,「18세기 農村知識人의 農業觀 - 正祖末年의 應旨進農書의 分析」,『朝鮮
後期農業史研究』Ⅰ, 일조각, 1970 참조.

地改革이 國家財政과 小農經濟의 안정을 목표로 하는 것이라고 할 때, 儒
敎思想을 교육받은 儒者들에게 있어서 그것을 실현시킬 수 있는 지표가
되는 것은 中國 古代의 井田制度였기 때문이었다. 그러나 이 시기의 논자
들도 井田制의 시행을 제론할 때, 그것을 儒敎經典에 보이는 中國 古代의
井田 그대로로서 실현시키려고 하는 것은 아니었다. 이 시기에 있어서도
그들은 儒敎經典의 井田制를 그대로 시행하려는 것이 무리라는 것을, 井
田制를 연구하거나 先儒의 견해를 정리 검토하는 가운데 분명하게 파악하
고 있었다. 그러므로 이 때 井田論을 제기하는 논자들은 井田制를 융통성
있게 해석하고 그 시행을 제창하고 있었다. 保晩齋 徐命膺·文巖 丁志宬
·茶山 丁若鏞 등의 견해는 그 예가 되겠다.

> 9 a. 程子論井田曰 形不必方 只用數法 折計授民 知乎此則 後世田制 雖
>   有井區圍圩櫃塗淤梯圃架之別 若以井田數法 行於其間 三代之丘賦
>   鄉遂 未必不可復也[33]
>   b. 若以結數 分作九區 勿論地之散處 均排土之厚薄 定爲九家之産 而
>   使八家分耕八區 其一區 則爲公田 通力合作 爲公家之用 則可倣古
>   之井田矣[34]

여기서 자료 9a는 保晩齋의 井田制 시행 방안인데, 이는 요컨대 程子의
計畝授民하는 방안을 알고 있다면, 후대의 農地가 아무리 복잡다기하게
조성되어 있다 하더라도, 이 計畝授民하는 원리로써 三代의 토지제도를
복구하지 못할 이유가 없다는 것이었다. 그는 더 이상 구체적인 언급을 하
지 않았으므로 그 井田방략의 구체적 내용을 알 수는 없지만, 그것을 실현
하기 위한 원칙만은 程子의 방안을 그대로 따르는 것이었다고 하겠다.
자료 9b는 文巖이 제론한 견해였는데, 그는 井田制를 현행의 結負制를
전제로 하고서 시행할 것을 구상하고 있었다. 즉 結數에 의거해서 농지를
9區로 分作하여 9家의 産으로 하되, 8區는 8家로 하여금 私田으로서 分耕

---

33) 『本史』卷2, 井牧志 序.
34) 『文巖集』卷2, 雜著 漆室空談.

케 하고, 1區는 公田으로서 8家의 농민이 通力合作, 즉 공동경작하여 국가에 바치도록 한다는 것이었다. 이 경우 9區를 나누는 데 있어서는 農地가 분산되어 있어도 구애되지 않으며 厚薄한 토지는 균배하도록 하였다. 朝鮮의 結負制를 그대로 유지하면서 그리고 농지를 井井方方으로 구획하는 大役事없이 그 이념만을 살리는 井田制를 시행하자는 것이었다.

茶山은 젊은 시절에는 井田制度를 經典에 기술된 그대로인 것으로 보고 있었으며, 따라서 다른 사람들과 마찬가지로 이는 시행 불가능한 것이리고 생각하고 있었다[田論]. 그리고 그러한 점에서 그는 뒤에 언급하는 바와 같은 그 특유의 독창적인 견해인 閭田論을 제기하고 있었다. 그의 土地改革論의 궁극적 이상적인 방안이었다. 그러나 이 방안은 이를 어떻게 실천에 옮길 것인가 하는 시행방법을 제시하지 아니하고 있었다. 이는 평상시의 심상한 방법으로써는 결코 이루어지기 어려운 것이었다. 이 시기에는 平安道 農民戰爭 그리고 좀더 내려오면 三南지방의 農民抗爭 등 농업 사정이 심각하였는데, 실현되기 어려운 방안을 구상하면서 그 시기만을 기다리고 있을 수는 없었다. 그는 이 시점에 있어서도 그 실현이 가능한 융통성 있는 방안을 제시하지 않으면 아니 되었다.

그리하여 茶山은 그 후 유배지에서 노년기를 맞으면서 儒敎經典에 대한 연구를 심화시키는 가운데, 井田制에 대하여 새로운 해석을 내리게 되고 있었는데, 그것은 당시의 조건 하에서 井田制度의 시행이 가능하다고 보는 것이었다.35) 그러한 그의 井田論은 두 가지 점에서 일반적으로 운위되는 井田論과 다른 점이 있었다. 그 하나는

井田 …… 其云盡天下而爲之井者 先儒之說也 …… 其可井者井之 其不可井者 規焉町焉萊焉菑焉 壹冒之以井田之率 升除折補 束之以井田

35) 『經世遺表』, 地官修制, 田制 1~12. 이 같은 井田制에 관해서는 근년에 다음과 같은 연구가 있어서 그 성격이 대체로 파악되고 있다. 朴宗根, 「茶山 丁若鏞의 土地改革思想의 硏究」, 『朝鮮學報』28, 1963 ; 朴贊勝, 「丁若鏞의 井田論 考察」, 『歷史學報』110, 1986 ; 愼鏞廈, 「茶山 丁若鏞의 井田制土地改革思想」, 『金哲埈博士華甲紀念史學論叢』, 1983 ; 金容燮, 「18·9세기의 農業實情과 새로운 農業經營論」, 『韓國近代農業史硏究』, 1975(增補版 上, 1984).

之總36)

이라고 한 것으로서, 井田制라고 天下의 농지를 모두 井井方方으로 구획
하는 것은 아니라는 것이었으며, 그렇게 말해 온 것은 다만 先儒의 說일
뿐이라는 것이었다. 그의 연구에 의하면, 井田制라 하더라도 井田으로 구
획할 수 있는 平原의 농지는 이를 井井方方으로 구획하되, 그렇게 할 수
없는 規田·町田·萊田·畬田 등은 井田의 率로서 헤아려 升除折補함으
로써 井田의 總額으로 파악하는 데 불과하였다는 것이었다. 그에게 있어
서는 이제 지형상의 난점이 井田制를 거부하는 이유가 될 수 없었다. 그리
고 다른 하나는 다음과 같은 점으로서,

　　井田 …… 其云計口而分田者妄也 …… 冢宰以九職任萬民 唯其可農
　者 任之以農 故九職農居一焉 盡天下之民 而計口分田 有是理乎37)

라 하여 井田制度에서 농지를 분급하는 원칙이 天下의 民에게 모두 그 가
족수를 헤아려 농지를 준다고 하는 것은 井田制를 잘못 이해하고 있는 말
이라는 것이었다. 그는 井田制度를 農者有田의 제도로 이해하고 있었다.
그의 연구에 의하면, 周나라 冢宰는 九職으로서 萬民에게 職을 주는 가운
데 農事할 수 있는 사람에게만은 유독 농지를 주었다는 것이며, 따라서 九
職 중에는 農業이 하나의 직으로 들어 있다는 것이었다. 그는 井田制度를
九職 속에서 "唯農者受田" 또는 "農者得田 不爲農者 不得田"하는 제도로
보는 것이었으며,38) 그러한 점에서 그것을 社會的 分業, 流通經濟가 발달
하고 있는 그의 시대에 잘 어울리는 제도라고 보고 그 시행을 역설하는 것
이었다.
　　그러나 茶山도 井田制度의 재현이 쉬운 일이 아니라는 사실은 다른 사

36) 『經世遺表』, 地官修制, 田制 1, 井田論 2, 『與猶堂全書』 下(경인문화사 영인본.
　　이하 『全書』라 略稱함), 82쪽.
37) 『經世遺表』, 地官修制, 田制 1, 井田論 3, 『全書』 下, 82~83쪽.
38) 『經世遺表』, 地官修制, 田制 5, 『全書』 下, 108, 109쪽.

람들과 마찬가지로 분명하게 인식하고 있었다. 그것은 다음과 같은 사정에
서였다.

  古者天子諸侯爲田主 今也羣黎百姓爲田主 斯其所難圖也[39]

  즉, 中國 古代에는 토지의 소유권이 天子 諸侯에게 있어서 그 분급이
쉬웠지만, 지금은 그것이 백성에게 있기 때문에 그 제도의 재현을 기도하
기가 어렵다는 것이었다. 土地收用의 어려움을 말하는 것이었다. 그러므로
그는 이 같은 조건 하에서 井田制를 시행할 수 있으려면 일정한 방법이 있
어야 한다고 생각하였다. 그 방법은 다음과 같아야만 하였다.

  必持之數百年 不撓 收之有漸 行之有序而後 乃可以復先古之法 其始
  也 爲限田 爲名田 爲均田 及其久也 還太阿之柄 瀉建瓴之水 庶乎其沛
  然無闗矣[40]

  즉, 반드시 그것을 數百年 지속적으로 추진하되 굽히지 아니하며, 토지
의 수용은 점진적으로 하고, 그 제도의 시행은 선후를 따라 순차적으로 한
연후에야 그 복구가 가능하리라는 것이었다. 그러므로 이같이 하노라면 처
음에는 限田이 되기도 하고, 名田이 되기도 하며, 均田이 되기도 하겠지만,
마침내는 太阿의 柄을 다시 잡은 듯이 그리고 建瓴의 水를 높은 곳에서
내려 붓듯이, 막힘 없이 잘 이루어지리라는 것이었다.
  그의 그와 같은 점진적 井田制 추진방안은, 일반적으로 운위되는 井田
制復舊의 방법이나 井田論과는 그 내용이 적지 않게 달랐고, 그 분량 또한
파격적으로 방대하였다. 이제 그러한 방대한 연구의 요점을 간추리면 다음
과 같이 정리할 수 있다.

  10 a. 宜勅諸道 凡平原衍沃之地 先畫井田 或三里一井 或五里一井

---

39)『經世遺表』, 地官修制, 田制 1, 井田論 3,『全書』下, 82~83쪽.
40) 위와 같음.

其平原廣野 可以加畫者 或作四井 或作九井 或作十六井 或作二十五井 別選材幹之士 使掌其事 經界旣畫 授以初仕 各陞遷有差

b. 今國中之田 無非私田 將若之何 將大有爲 奚顧細節 凡可井之地 不問其肯與不肯 畫之爲井 然後 乃問其價 其公田一區 官出其價 大約從厚

其私田八區 問其時占 若其八區 都係一家之田 亦令仍舊無使分裂 但使時占 嚴選八夫 分授八區 毋使一夫得佃二區 於是乎井田也

c. 凡此八夫 必其家有壯男三人 然後乃得授田 每二家有犁牛一頭 然後乃得合耦[41]

d. 凡宮房之田 其折受者 以列邑之勸粟 逐年移畫 其自置者 束之於井 勸 收其九一[42]

王者買田 募民耕作 收其什五 非禮也 宜以此田 悉畫爲百畝 取附近民田八百畝 使其佃夫 治此百畝 於是乎井田也 收其九一 以納于內需司 不亦宜乎[43]

其所謂官屯田 本是軍卒之所食 …… 亟宜釐正 以復祖宗之舊典 …… 總於一井之內 耕其私田 每以八畎 助治公田 不可殊也

五營所置諸路屯田 並宜革罷 屬之本縣 俾作軍田 其在近郊者 屬之三營 俾作軍田[44]

e. 凡新起之田 其滿一井者 方其起墾之初 官給役丁 田旣成 以其九一 畫爲公田 …… 一井九畎 都是公田 其八畎 唯編伍之軍 可以耕作[45]

凡可堰之地 築堰以拒潮 凡可渠之地 鑿渠以引水 以作水田 別爲軍田 亦百畝爲一畎 九畎爲一井 收其九一 輸于公 八夫治田 以待師旅 其私家築堰開渠者 嚴禁[46]

f. 公田不糞 不敢糞其私 公田不耕 不敢耕其私 公田不櫌 不敢櫌其私 公田不灌 不敢灌其私 公田不播 不敢播其私 公田不秧 不敢秧其私 公田不耘 不敢耘其私 公田不穫 不敢穫其私

---

41) 『經世遺表』, 地官修制, 田制 9, 井田議 1, 『全書』 下, 138쪽.
42) 『經世遺表』, 地官修制, 田制 12, 井田議 4, 『全書』 下, 154쪽.
43) 『經世遺表』, 地官修制, 田制 8, 『全書』 下, 132쪽.
44) 『經世遺表』, 地官修制, 田制 12, 井田議 4, 『全書』 下, 155·156쪽.
45) 『經世遺表』, 地官修制, 田制 10, 井田議 2, 『全書』 下, 142쪽.
46) 『經世遺表』, 地官修制, 田制 12, 井田議 4, 『全書』 下, 157쪽.

g. 於是 定其勸粟之額 每田二畝有半 [卽一斗之落] 一等百斗 二等八
   十斗 三等六十斗 四等五十斗 五等四十斗 六等三十斗 七等二十五
   斗 八等二十斗 九等十五斗47)

h. 凡勸農之政 宜分六科 各授其職 各考其功 登其上第 以勸民業 ……
   田農爲一科 [治九穀] 園廛爲一科 [種百果] 圃畦爲一科 [種百菜] 嬪
   功爲一科 [出布帛] 虞衡爲一科 [種百材] 畜牧爲一科 [養六畜]48)

井田制의 복구를 논할 때 가장 큰 난제로 지적되는 것의 하나는 井田의
설치와 그 區畫정리의 문제였는데, 茶山은 이 문제를 그의 방법대로 하면
어렵지 않을 것으로 생각하고 있었다. 그는 이에 관하여 두 가지 방법을
제시하고 있었다. 그 하나는 黃鍾之井으로서 이는 우선 國家가 井田을 설
치할 만한 전국의 肥沃한 平原에 3里 또는 5里 단위로 1井씩 井田 설치
지역을 고시하고, 民의 원·불원을 막론하고 權力으로써 이를 설치하는 것
이었으며, 다른 하나는 推廣之井으로서 이는 黃鍾之井에 이어서 井田을
확대 설치하되, 그 지방의 유능한 人材로 하여금 民을 설득하여 民意에 의
하여 이를 설치토록 하려는 것이었다. 이 때 규정된 수의 井田을 설치하면
그 有力者를 官職으로서 시상하도록 규정하였다(자료 10a). 이 경우 井田
1井은 9·9區로서 중앙의 1구는 公田, 주위 8구는 私田이었으며, 이러한
井田의 각 1·1區는 1頃(100畝, 40斗落)이 되는 농지로서,49) 이 같은 井田
에 대한 구획정리의 役事는 그 井田을 경작하게 되는 私田 8區의 農民이
담당하도록 하였다.50) 그리고 전국에는 井田을 설치할 수 없는 협착한 지
역이 많았으므로, 이 같은 지역의 농지는 公田만을 설치하거나, 다만 計數
로서 파악하여 이를 井田制의 원리로써 운영토록 하되,51) 이 농지를 모두
魚鱗圖로 작성함으로써 이를 일목요연하게 파악하려 하였다.52)

---

47) 『經世遺表』, 地官修制, 田制 10, 井田議 2, 『全書』 下, 144, 145쪽.
48) 『牧民心書』, 戶典, 勸農.
49) 『經世遺表』, 地官修制, 田制 9, 井田議 1, 『全書』 下, 135쪽 ; 『經世遺表』, 地官修
    制, 田制 10, 井田議 2, 『全書』 下, 141쪽.
50) 『經世遺表』, 地官修制, 田制 9, 井田議 1, 『全書』 下, 138쪽.
51) 『經世遺表』, 地官修制, 田制 9, 井田議 1, 『全書』 下, 139~140쪽.

井田制를 실현시키기 위한 土地收用과 土地分給은 참으로 점진적이었
다. 土地改革에 있어서 이 문제는 최대의 난제라고 생각하는 데서였다. 이
경우 宮房田(折受地)·官屯田·營屯田 등 國有地를 井田制나 그 일환으
로서의 軍田으로 재편성하는 데는 이론이 있을 수 없었고(자료 10d), 新田
을 개발할 경우에도 그것을 井田制로서의 軍田으로 편성하는 데 어려움이
있는 것은 아니었다(자료 10e). 그리하여 이와 같이 地主制로 경영되던 여
러 國有地를 井田制로 개편하게 되면, 그러한 井田制에 편입된 농민들은
자동적으로 自營農民이 될 수 있었다. 물론 宮房田과 같은 경우에는 그
모두가 국가에서 折受한 국유지가 아니라, 宮房이 자력으로 설치(開荒 築
堰 買置)한 永作宮土도 있었으므로, 이러한 경우의 宮房田은 井田으로 전
환시키는 것이 그렇게 간단하지가 않았다. 그래서 茶山은 이 같은 宮土에
대해서는 혹 地代를 징수할 것을 말하기도 하였으나, 그러나 그러면서도
그는 이 같은 宮房田의 地主經營은 非禮이고(자료 10d), 따라서 이러한
宮土도 원칙적으로 井田制의 편성에서 예외이어서는 아니 된다고 생각하
였다. 그는 이러한 토지는 公田으로 삼고 주위에 私田을 예속시켜 井田制
로 편성함으로써 국왕 스스로가 토지개혁에 모범을 보여야 할 것임을 강
조하였다.[53]

그러나 일반 民人의 私有地를 井田制로 전환시키는 일은 간단한 문제
가 아니었다. 아무리 국가권력이라 하더라도 개인의 사유지를 마음대로 수
용 처리할 수는 없는 일이라고 생각하였기 때문이었다. 그러므로 이 같은
私有地에 대해서는 茶山은 井田으로 편입될 부분의 公田을 국가가 매수
하는 방법을 구상하고 있었으며(자료 10b), 따라서 국가는 公田을 매수하
는 데만도 많은 자금을 마련하지 않으면 아니 되었다. 정부 재정으로써 충
당할 수 있는 여러 가지 방법과, 양반 관료층의 헌금, 부유한 토지소유자의
토지 기증 방안 등이 구상되었다.[54] 국가가 매수하지 못하거나 기증받지
못한 개인의 私的 所有地는 여전히 그것을 소유하고 있었던 개인에게 그

---

52) 『經世遺表』, 地官修制, 田制 10, 井田議 2, 『全書』下, 142쪽.
53) 『經世遺表』, 地官修制, 田制 12, 井田議 4, 『全書』下, 155쪽.
54) 『經世遺表』, 地官修制, 田制 9, 井田議 1, 『全書』下, 135쪽.

소유권이 있었다. 그러므로 국가에 의해서 公田이 확보되고 井田制의 복구작업이 추진된다 하더라도, 自作農이거나 地主層의 농지경영은 당분간은 여전히 그대로일 수밖에 없었다. 그들의 농지가 井田으로 편입되면, 自作農은 자기의 토지로서 私田 8區의 농민이 되고, 地主層은 私田 8區로 재편성된 자기 농지에서 그것을 경작하는 佃作농민을 지배할 수 있었다 (자료 10b). 이 경우의 전작농민은 지주층의 농지가 井田制로 개편되어도 당분간은 여전히 전작농민인 것이었다.

茶山은 물론 그의 井田制를 이 같은 내용으로서 영구히 정착시키려는 것은 아니었다. 그가 井田制를 당시의 사회에 실현시키려는 것은, 당시 사회모순으로 되어 있는 封建的 地主制를 해체시킴으로써, 지주층에게 긴박되어 있는 佃作농민을 井田制 내의 私田 8區를 경작하는 獨立自營農으로 해방시키려는 데 목표가 있었다. 그는 그의 井田制를 周 井田制를 표본으로 하였고 그것의 복구를 강조하였는데,55) 그 井田制에는 地主制는 없었다. 그 뿐만 아니라 그는 農者만이 得田하는 井田制를 강조하고 있었는데, 이는 軍田의 경우는 예외이었지만,56) 不農之民이 득전하면 地主制가 발생할 것으로 염려하는 데서였다.57) 그런데 이 같은 井田制를 구상하면서도, 그는 다른 한편으로는 위에서 보는 바와 같이, 井田制 내에서의 地主層의 존재를 인정하고 있었다. 이는 그가 이 제도를 地主制를 혁파하는 가운데 일거에 수립하려는 것이 아니라 數百年에 걸쳐 점진적으로 추진할 것을 구상하고 있었기 때문이었다. 그의 井田制 시행방안은 국유지와 자영농민의 농지를 먼저 정상적인 井田制로 개편하고, 지주층의 농지는 장기간에 걸쳐 점진적으로 전환시켜 나가려는 것이었다. 앞에서 지적한 바와 같이 그가 그의 井田制를 數百年에 걸쳐 차례를 따라 점차적으로 실현시키되, 처음에는 그것이 限田이 되기도 하고, 名田이 되기도 하며, 均田이 되기도 한다고 하였음은 그 때문이었다.

그러나 茶山의 井田制가 처음에는 이와 같이 사유지에 대하여 그 所有

---

55)『經世遺表』, 地官修制, 田制, 井田議 1~3,『全書』下.
56)『經世遺表』, 地官修制, 田制 12, 井田議 4,『全書』下, 158~159쪽.
57)『經世遺表』, 地官修制, 田制 5,『全書』下, 109쪽.

權을 인정하고 있었다 하더라도, 그것이 이 제도가 사유지에 대한 국가적
통제를 포기하고 있었음을 뜻하는 것은 아니었다. 그의 井田制에 있어서
는 그 시행 초기부터 국가가 두 가지 점에서 사적 소유권을 크게 제약하고
있었다. 그 하나는 그 소유권자의 의사와 관계없이 私有地에 대해서도 구
획정리를 강요하고 있는 일이었다(자료 10a, b). 즉 국가는 公田을 매입하
고, 이를 기점으로 하여 그 주위의 農地를 이에 예속되는 私田으로 하여
井井方方으로 구획정리를 하려는 것이었으므로, 이에 따라서는 公田 주위
의 私有地가 조만간 국가의 이 같은 정책에 의해서 井田制 내에 편입되고
井井方方으로 정리되지 않을 수 없었다. 그리고 이에 따라서는 그 소유권
자들이 그 소유지를 매매하거나 교환함으로써 조정하지 않으면 안되었
다.58)

다른 하나는 국가의 井田制적인 농업생산계획과 관련하여 地主層의 地
主經營을 일정하게 견제하는 일이었다. 즉 地主層이 그들의 사유지를 佃
作농민에게 대여하고 지대를 징수할 경우, 作人 1夫가 경작할 수 있는 농
지를 井井方方으로 구획한 井田의 私田 8區 중 1區로 제한하고 2區를 차
지하지 못하도록 하고 있었음은 그것이다(자료 10b). 佃作농민의 경영확대
현상도 일정한 선에서 제한하고 또 지주층의 작인지배도 견제하자는 것이
었다. 茶山의 井田論은 당분간 均耕均作論도 겸하는 셈이었다.

이는 주로 糧食作物을 재배하는 田農에게 토지를 분급하는 규정이었지
만, 茶山의 井田制에서는 농업의 分業化·商業化를 구상하고 있어서, 이
러한 문제와 관련하여서는 園廛·圃畦·嬪功·虞衡·畜牧 등을 경영하는
농민에게도 토지를 분급하고 있었다(자료 10h). 그러나 이들 농업은 그 業
의 특수성에 비추어 분급 토지의 면적에 융통성이 있었다.

이밖에 茶山의 井田制는 그 경영방침 또한 다른 井田論에 비하여 특이
하였다. 私田을 수전하게 되는 농민이 1區를 받으려면 3人 이상의 壯男 勞
動力과 최소한 每 2家에 쟁기와 牛 1필이 있어야만 하였으며(자료 10c-原
夫), 그렇지 않을 경우에는 여러 명의 농민이 1區를 수전하였다(餘夫).59)

---

58) 『經世遺表』, 地官修制, 田制 9, 井田議 1, 『全書』下, 138쪽.

그리고 私田 8區를 수전한 농민들이 井田을 경작함에 있어서는, 公田을 共同耕作하되, 모든 농업생산의 과정을 그들 자신의 私田 경작에 앞서서 먼저 수행하도록 하였다(자료 10f). 국가에 대한 납세는 公田의 소출로써 담당하되, 그 稅額은 그 농지의 비척을 헤아려 1등에서 9등으로 구분징수 토록 하였는데(자료 10g), 그 액수는 많은 편이었으나, 종전의 중간수탈을 제거하는 가운데 국가의 수입을 늘릴 것을 목표로 하고 있었다.

그리하여 그의 井田制에서는 이 같은 1年간의 생산활동이 끝나면, 지역 별·분야별(6科)로 그 생산활동의 성과를 평가하되, 가장 우수한 生産者들 을 정부에 천거하여 관직에 임용토록 함으로써, 정전농민의 근면한 생산활 동을 장려하고 생산력을 한층 더 발전시키고자 하였다(자료 10h). 그는 이 를 권농으로서 말하였지만, 그러나 이러한 정책이 단순한 권농의 뜻만을 갖는 것은 아니라고 생각되며, 이와 함께 그에게 있어서 더욱 중요하였던 점은, 이들을 農業改革의 동반자, 社會改革의 주체로 형성시켜 나가려는 데도 그 목적이 있었던 것으로 생각된다.

井田制를 이와 같이 경영하기 위해서는 농민들과 항상 접촉하는 가운 데, 농지를 관리하고 농민을 감독하는 책임자가 있어야 했는데, 茶山은 그 것을 당시의 鄕村사회를 "四井爲村 四村爲里 四里爲坊 四坊爲部"[60]하는 村里制로 재편성하고, 村의 長인 村監으로 하여금 담당케 하고자 하였다. 村監은 옛날의 田畯에 해당하는 職으로서, 士族이나 良民의 신분에 구애 되지 아니하고 廉謹·綜核·解事한 자로써 임명하도록 하고 있었다.[61]

閭田論 : 茶山은 당시의 시점에서 가장 합리적이고 시행가능한 토지개 혁 방안은 그의 井田論이라고 생각하고 이를 크게 주장하고 있었지만, 그 러나 이것이 그가 추구하는 土地改革論의 궁극적 목표는 아니었다. 앞에 서 지적했듯이, 그는 이에 앞서 젊은 시절에는 일반적으로 운위되는 井田

59) 『經世遺表』 地官修制 田制 3, 『全書』 下, 96쪽 ; 『經世遺表』, 地官修制, 田制 12, 井田議 4, 『全書』 下, 158쪽.
60) 『經世遺表』, 地官修制, 田制 10, 井田議 2, 『全書』 下, 143~144쪽.
61) 『經世遺表』, 地官修制, 田制 10, 井田議 2, 『全書』 下, 143~144쪽, "村監不拘士 族·良民 必廉謹綜核解事者 乃可爲之".

論·均田論·限田論 등의 개혁방안에는 불합리한 점이 있고, 따라서 이로
서는 토지개혁을 철저하게 시행하기 어려운 것이라고 보는데서, 그의 이른
바 「田論」을 저술하여 閭田的 개혁방안을 제기하고 있었다. 이는 正祖 23
년(己未)의 일로서 전국에서 국왕의 求言敎에 應旨하여 많은 사람들이 進
農書를 써 바치고 있었던 때의 일이었다.62)

그도 이 때 谷山府使로 있으면서 「應旨論農政疏」를 써 바치고 있었는
데, 「田論」은 이와 관련된 글로서 「應旨論農政疏」에서 말할 수 없었던 그
의 견해를 서울로 돌아온 후 별도로 정리한 것이었다. 당시의 시점에서 볼
때 그때까지 나와 있는 여러 가지 土地改革論 중 가장 합리적이고, 개혁방
안으로서 가장 철저한 것이었다. 그러나 그렇기 때문에 그것은 그만큼 실
천에 옮겨지기 어려운 것이기도 하였다.

이러한 사정은 茶山도 잘 알고 있었던 듯하며, 따라서 노년기에 접어들
면서는 中國古代의 井田制를 깊이 연구하는 가운데, 앞에 기술한 바와 같
은 그의 井田論을 구성 제론하였었다. 그는 이를 『經世遺表』로서 발표하
였는데, 『遺表』는 그의 필생의 대작인데다 노년기의 저술이었으므로, 井田
論은 흔히 그의 土地論의 평생의 定論인 듯이 보여지기도 한다. 그뿐만 아
니라 그것은 당시의 시점에서도 실현 가능한 개혁론이었으므로, 실현성 여
부의 관점에서 볼 때 그것이 茶山 土地論 중에서도 중심이 되는 것이라고
하는데 異論이 있을 수는 없겠다. 그러나 그러면서도 茶山은 『經世遺表』
이후에도 「田論」의 견해를 포기하지 아니하고 있었다. 그것은 그가 『經世
遺表』의 부편인 『經世遺表』 續1에 이 「田論」을 수록하고 있었던 점이라
던가,63) 스스로 그의 글을 모아 그의 文集을 편찬하게 되었을 때, 「田論」,

---

62) 『與猶堂集』, 雜文 「田論」 1, 「加筆本」, 『農書』 卷7, 411쪽. 「田論」에는 初稿本과
加筆本이 있는데, 老年期에 加筆한 이 「田論」은 初稿本 「田論」과 함께 奎章閣所
藏 『與猶堂集』에 수록되어 있다. 그런데 거기에는 그 서두에 "此是己未間所作[三
十八歲時] 與晚來所論不同 今亦錄之"라고 기술되어 있다. 근자에 『農書』 卷7에
수록한 「田論」은 이 加筆本이다. 閭田을 중심한 근년의 연구로서는 다음과 같은
글이 있다. 鄭奭鐘, 「茶山 丁若鏞의 經濟思想」, 『李海南博士華甲紀念史學論叢』,
一潮閣, 1970 ; 愼鏞廈, 「茶山 丁若鏞의 閭田制土地改革思想」, 『丁茶山研究의
現況』, 1985 ; 金容燮, 앞의 글, 1975(증보판 上, 1984).

즉 閭田論의 논지를 "皇斂時五福 用敷錫厥庶民 斯大義也"라고 하여,『尙書』를 통해 그 당위성[大義]을 말하고, 이를 그의 소중한 토지개혁론으로서 수록하고 있었던 점으로써 그와 같이 이해할 수 있다.[64] 그는 말하자면 儒學者로서 閭田論을 지금의 사회에서는 실현시킬 수 없다 하더라도, 儒敎經典의 말씀에 비추어 궁극적으로는 반드시 성취해야 할 방안으로 생각하고 있는 것이었다고 하겠다.

그의 두 토지개혁론은 비록 閭田論→井田論의 순서로 저술되었지만, 그러나 그에게 있어서 閭田論은 井田論을 넘어서는 이상적 개혁사상이었다고 하겠으며, 따라서 그가 궁극적으로 도달하고자 하는 바도 이로써 개혁되는 경제사회였다고 하겠다. 그 내용은 잘 알려져 있는 바이지만, 요컨대 井田論이 현실의 경제제도를 개혁하여 빈농층, 무전농민을 獨立自營農으로 육성하는데 목표가 있는 것이었다고 한다면, 閭田論은 현실의 경제제도를 개혁하고 농업생산을 閭(촌락) 단위로 집단화·공동화함으로써, 즉 集團農場·共同農場을 설치함으로써 농민경제를 새로운 차원에서 근원적으로 안정시키려는 것이었다고 하겠다. 그리고 바로 그러한 점이, 이 토지론을 그 자신의 井田論이나 다른 논자들의 그 어떠한 개혁론과도 차이가 나게 하는 점이 되는 것이었다고 하겠다.

茶山의 閭田, 즉 共同農場은 토지제도로서 몇 가지 중요한 특징을 지니고 있었다. 그 첫째는 土地는 국왕의 지배 하에 있을 것, 즉 土地國有化를 전제로 하는 것이었다. 그는 그것을 앞에서 지적한 바와 같이 "皇斂時五福 用敷錫厥庶民"이라던가 또는 "王斂是國中田 用敷錫厥庶民"이라고 표현하고 있었다. 皇帝나 국왕은 土地를 포함한 五福을 收取하고 授受할 수 있는 지배권을 갖는다는 것이었다. 따라서 이 경우는 井田論의 경우와는

---

63) 이는 미국 버클리대학에 소장되어 있는 淺見文庫本인데, 鄭奭鐘 교수가 조사하고 복사해 온 영인본을 통해서 확인할 수 있었다.『經世遺表』에 續篇을 붙인 本이 어느 만큼 보급되어 있는지는 미상이지만, 일반적으로는 그렇게 되어 있지 않는 점으로 보아, 이는 茶山 자신이 특별한 목적으로 편찬한 것이 아니었을까 생각된다.

64) 鄭奭鐘, 앞의 글, 1970 ; 愼鏞廈, 앞의 글, 1985 ; 金容燮, 앞의 글, 1975(증보판 上, 1984).

달리 전국의 토지를 일시에 국유화할 수 있을 것임을 전제로 하며, 이렇게 국유화한 토지를 閭에 위임하여 하나의 集團農場·共同農場을 이루도록 하려는 것이었다.

다음은 社會的 分業을 전제로 하고 있는 점이었다. 그는 그것을 "天官 太宰 以九職任萬民 九職農居一焉 工商嬪牧虞衡之等 固未嘗得田"65)이라 고 하여, 직업을 9종으로 구분한 『周禮』의 기술을 통해 설명하고 있었다. 그러므로 농업은 農者에 의해서 행해지는 직업으로서, 土地는 "使農者得 田 不爲農者不得之"66)해야 한다는 것이었다. 이 점은 井田論의 경우와 같 았다. 농장의 농업생산에 참여하지 않은 상공업자나 양반사대부는 각각 그 들이 종사하는 직업에서 얻은 수입으로서 농장의 생산물을 매입하지 않으 면 아니 되었다.67)

셋째는 農者에게 農地를 배분하는 문제인데, 그러나 이 경우 閭田에서 의 농지 배분은 농민에게 직접 농지를 분급하는 것이 아니었다. 농민들에 게 業을 주는 방법은, 그들을 閭단위 共同農場의 한 구성원으로 편성하여 그 농장의 生産勞動에 참여토록 하는 것이었으며, 그 소득은 그들이 농장 의 생산노동에 참여하는 정도만큼 분급하는 것이었다. 閭田論의 특징, 그 均産을 위한 토지개혁론으로서의 특출함은 바로 이 점에 있었던 것으로서, 다른 토지개혁론과 근본적으로 다른 점도 바로 여기에 있었다. 이 같은 노 동력을 중심한 閭農場의 운영방법, 所得분배의 요령은 다음과 같았다.

11 a. 凡一閭之田 令一閭之人 咸治厥事 無此彊爾界 唯閭長之命 是聽 有閭焉 三十家共一閭 閭長曰 某甲耕彼 某乙芸彼 …… 有閭焉 二 十家共一閭 閭長曰 某甲畬彼 某乙糞彼
   b. 每役一日 閭長注於冊簿 秋旣成 凡五穀之物 悉輸之閭長之堂 [閭 中之都堂] 分其糧 先輸之公家之稅 次輸之閭長之祿 以其餘 配之 於日役之簿68)

65) 「田論」 2.
66) 「田論」 2, 3.
67) 「田論」 5.

이는 閭田論의 중핵이 되는 바로서, 閭를 중심한 이 農場에는 농민들 개개인의 내 땅 네 땅의 경계가 없었으며, 閭의 농지 전체를 다만 하나의 생산단위, 하나의 공동농장으로서 운영하고 있었다. 그리고 그러기 위해서는 일정한 관리인을 두되 그 임무는 閭長이 맡도록 하고 있었다. 그러므로 이 농장에서는, 閭의 규모가 20戶가 되건 30戶가 되건, 그 농장에서의 여러 가지 농업생산 활동은 閭長의 계획과 지시에 의하여 운영되었으며(자료 11a), 그 소득을 분배하는 것도 閭長이 치부한 日役簿(勞動臺帳)에 의거하여, 국가에 상납할 公稅 및 閭長의 祿을 제외한 나머지로써 분급한다는 것이었다(자료 11b). 그러므로 이 농장에서는 노동력을 많이 낸 農家는 보수가 많고, 반대로 그것을 적게 낸 農家는 그 보수가 적었다.

閭田論에서의 閭長은 井田論에서의 村長에 해당하는 것으로, 閭農場의 경영의 성패는 이 閭長에 달려 있다고 해도 좋을 만큼 대단히 중요한 존재였다. 그만큼 閭長은 농업에 관한 식견과 閭民을 통솔할 수 있는 능력을 갖추어야 했다. 그러므로 茶山은 閭長에게 그만한 직권을 주어야 할 것으로 생각하였으며, 이를 위해서는 향촌사회를 "閭三爲里 里五爲坊 坊五爲邑"[69]하는 새로운 閭里制로 재편성한 후, 閭의 行政을 담당하는 閭長으로 하여금 閭의 軍을 지휘하는 哨官을 겸하게 하고,[70] 그로 하여금 농업생산을 관리 경영하는 農場의 長도 겸임토록 하고자 하였다. 그는 閭農場의 농업생산을 엄격한 지휘계통 하에 일사불란하게 수행하려는 것이었다.

茶山은 이와 같이 閭長이 閭農場의 농업생산을 담당 지휘할 것을 말하면서도, 그 농업기술이 구체적으로 어떠해야 할 것인지에 관해서는 언급하고 있지 않았는데, 그러나 이는 그가 이 같은 문제의 중요성을 도외시하고 있었던 까닭은 아니었다. 기술문제에 관하여 茶山은 누구보다도 관심이 많았고, 그런 점에서 농업기술문제에 관하여는 이미 「田論」과 표리관계에 있는 「應旨論農政疏」에서 그의 생각하는 바를 상론하고 있었기 때문이었다. 그 농업기술론은 구래의 낡고 粗放的인 農業技術·農法을 개량하고 개선

---

68) 「田論」 3, 4.
69) 「田論」 3.
70) 「田論」 7.

함으로써 "占區不闊 而用力得盡"하는 농업, 즉 소면적의 농지를 보다 集約的으로 경영함으로써 농업생산력을 한층 더 발전시켜야 한다는 것이었다.71) 「應旨論農政疏」의 이 같은 농업기술이 곧 「田論」의 그것이었음은 말할 것도 없었다. 閭農場은 말하자면 농업문제의 해결을 토지개혁 외에도 농업생산력의 발전을 추구하는 가운데 성취하려고 하는 생동하는 농장이기도 한 셈이었다.

均田論: 이 시기에 있어서도 井田制적인 土地改革이 어렵다고 생각되는 개혁론자들은, 井田制와 형태는 다르지만 井田의 이념에 가장 가깝다고 생각되는 均田論을 제기하고 있었다. 이 무렵에 있어서의 그러한 논자로서는 湛軒 洪大容과 燕巖 朴趾源을 그 대표적인 인물로 들 수 있다. 더욱이 이들은 그 均田論을 中國唐代의 均田制와 꼭 같게 하려는 것도 아니었다. 그들은 그 均田制에 상당한 융통성을 두고 있어서, 그것은 다만 均田의 이념을 취하고 있을 뿐 中國의 그것과는 거리가 먼 均田論이었다. 당시의 조선에서 쉽게 행할 수 있는 均田制의 방안을 생각하고 있는 것이었다.

湛軒은 그것을 다음과 같이 기술하고 있었다. 그는 평소에 井田의 복구[土地改革], 즉 농민경제의 안정이 없으면 王道政治를 실현시킬 수 없을 것이라는 점을 강조하면서, 이를 제언하고 있었다. 국가유지를 위해서는 최소한 이 같은 均田制라도 시행해야 한다는 것을 말하고자 하였던 것으로 생각된다.

  12. 均九道之田 什而取一 男子有室以上 各受二結 [限其身 死則三年之
      後 移授他人]72)

이는 아주 간단하게 그 기본원리만을 말하고 있는 것이었는데, 이에 의하면 그는 조선의 結負量田制를 그대로 인정한 위에서, 1戶당 평균 2結씩

---

71) 「應旨論農政疏」, 『農書』 卷7, 390쪽 ; 金容燮, 『朝鮮後期農學史研究』, 一潮閣, 1988, 323쪽.
72) 『湛軒集』, 內集 卷4, 林下經綸.

의 농지를 배분하되 限身制로 할 것을 구상하고 있었다. 토지수용 등 그것을 실현시키는 방법에 관해서는 구체적인 언급이 없었으나, 이는 토지의 수수가 한신제와 사후 3년에 이급하는 등으로 되어 있는 점으로 보아, 그의 견해도 이 문제에 관한 일반적 여론과 마찬가지로, 土地國有化를 전제로 하고 있었던 것으로 생각된다.

均田制를 제론하되 그것을 실현시킬 수 있는 방법까지 제시한 것은 燕巖이었다. 그는 그것을 그가 郡守로서 다스리고 있는 沔川郡에 관하여 사례연구로서 예시하되, 다음과 같이 기술하고 있었다.

13 a. 元帳田摠五千八百九十六結四負三束 …… 有戶四千一百三十有九 …… 得時起實摠二千八百二十四結九十二負 …… 臣以境內田結排比郡中戶口 …… 盖戶非五口 則無以糞田力作 不能力作 則無以相養以生 所以戶必五口然後 始責其爲農也 故每戶以結分排 則一戶所得 旱田四十二負五束 水田六十負三束 一夫所耕 合田不過一結二負八束 此臣之所以默計農土民口 以驗古之均田任地之制也

b. 況一境之內 不能無士大夫焉 不能無世嫡及有親有蔭之類 在所當厚者 則平民所均又將不滿一結

c. 誠立爲限制曰 自某年某月以後 多此限者 無得有加 其在令前者 雖連阡跨陌不問也 其子孫有支庶而分之者聽 其或隱不以實 及令後加占過限者 民發之與民 官發之沒官 如此 不數十年 而國中之田可均[73)]

이에 의하면 燕巖의 均田論은 그 지향하는 바가 비록 民의 토지소유를 균등하게 하려는 것이기는 하였지만, 그러나 그것이 모두 民戶에 농지를 균등하게 배분할 것을 전제로 하는 균전론은 아니었다. 그것은 농업생산에서 최저의 單位戶를 설정하여 그것을 基準戶로 삼고, 그 戶에 대하여 균등한 분배를 지향하는 균전론이었다고 하겠다. 이 고을의 農地는 量案上의 田摠이 5,896結 4負 3束, 時起結이 2,824結 92負였으며, 民戶는 戶가

---

73)『課農小抄』, 限民名田議.

4,139, 口가 13,508이었는데, 그는 이러한 농지 중에서도 時起結만을 배분
의 대상으로 하되, 受田할 수 있는 民戶를 대소의 모든 戶가 아니라 정상
적으로 농업생산을 영위할 수 있는 5人가족의 戶로 보고, 이러한 戶를 土
地分給의 基準戶로 삼고 있었음은 그것이었다. 그는 이만한 人力을 갖춘
농가가 아니면 농업생산을 糞田力作, 즉 집약적으로 수행하기 어렵다고
보는 데서였다(자료 13a).

물론 이 경우, 그가 비록 基準戶를 설정하고 이들에 대해서 토지를 분급
할 것을 말하고 있었다 하더라도, 이러한 사실이 그 이하의 民戶를 토지분
급의 대상에서 제외함을 뜻하는 것은 아니었다. 이 시기에는 현실적으로 5
人 이하 가족의 民戶가 많았으므로, 이들에 대해서는 그 民戶를 5人이상
의 戶가 되게 編戶하여, 따라서 自然戶에 대하여는 기준 이하로 분급할 것
을 구상하였던 것으로 생각된다. 그것은 그가 基準戶에 토지를 분급할 것
을 말하면서, 이 지방의 호구를 5人가족이 되는 民戶로 환산하면 2,701戶
가 될 것으로 보고, 이들 民戶에 각각 1結 2負 8束(旱田 42負 5束, 水田 60
負 3束)씩 분급할 수 있을 것임을 자연스럽게 말하고 있는 것으로서 그와
같이 이해할 수 있겠다(자료 13a). 그의 균전론은 말하자면 노동력의 다과
에 따라 토지분급의 규모가 조정되는 토지론이었다고 하겠다.

燕巖의 均田論은 이와 같이 民戶의 노동력에 따라 토지분급에 차등을
두는 것이었지만, 그러나 토지분급에 차등을 두는 바가 이에서 그치는 것
은 아니었다. 그의 토지론에서는 농지를 農者에게만 주는 것이 아니라 모
든 民戶에 분급하는 것이었는데, 그러한 가운데서도 양반사대부계급에게
는 일반 농민보다 厚給하도록 하고 있었다(자료 13b).

燕巖 均田論의 특징은 이를 실현시키는 방법에도 있었다. 均田論을 제
기하는 논자들은 그것을 실현시키는 방법으로서 토지수용·토지국유화를
드는 것이 일반적이었는데, 그는 限田의 방법으로써 그 목적을 달성할 수
있을 것으로 보고 있었다. 일정한 시기를 기준으로 限田令을 내려 그 이상
의 토지를 소유하지 못하게 하고, 多田者들이 그 소유한 토지를 자손에게
분급하거나 방매하기를 수십 년간 기다리면, 국중의 토지가 자연 균등해지

리라는 것이었다(자료 13c). 그의 均田論은 말하자면 종래의 均田論의 원리와 限田論의 방법을 종합하고 있는 것이었다. 이 限田의 방법은 宋 蘇老泉의 방안이었는데, 燕巖은 이같이 하면 井田制를 시행하지 아니하고서도 정전제를 시행한 것과 같은 효과를 거둘 수 있을 것이라고 생각하였으며, 그런 점에서 그는 그의 주장에 확신을 가지고 있었다.

限田論：이 시기에는 토지개혁의 필요성이 절실하였던 만큼, 限田論도 井田論이나 均田論과 마찬가지로 여러 사람에 의해서 제론되고 있었다. 正祖 말년에 있었던 應旨進農書者들의 견해나 楓石 徐有榘·沆瀣 洪吉周 등의 견해는 그러한 예이었다. 그리고 이 시기에는 井田論이나 均田論이 이 시기의 朝鮮에서 시행할 수 있는 융통성 있는 방안으로서 제론되고 있었던 것과 마찬가지로, 限田論도 전통적으로 주장되어 오는 방안이 아니라 보다 새로운 방안으로서 제론되고 있었다. 그것은 앞 시기의 聾菴의 別四民 原則을 보다 분명하게 정착시키고 있는 견해로서, 限田의 원칙을 토지소유의 上限을 제한하는 데 두는 것이 아니라, 耕者만이 受田토록 하는 것, 즉 그 基準을 달리하게 되고 있는 것이었다. 限田論의 성격이 질적으로 달라지고 있는 것이었다.

14 a. 井田可行乎 曰不可 均田可行乎 曰不可 今之田制可從乎 曰不可
…… 欲制民之産 使斯人無阽於飢餓者 唯使之耕而后食而已
b. 誠能盡籍邦內之田 勸民以耕耨之 及其穡也 使耕者 受其田之收 以共王稅而私其贏 它人之欲粟者 必貨諸農夫而后得焉 雖王公大人之家 手不秉耰鋤 則不得有其田 如是 則天下之民 苟不爲農而有其田 必爲工賈而生 其貨以謀食[74]

이 같은 방안을 제기한 것은 沆瀣였는데, 그는 현행의 토지제도는 빈부의 차, 사회적 모순이 너무나도 심각하고 불합리한 데서 따를 수 없고, 정전제는 지형관계로 시행할 수 없으며, 균전제는 奪富人田해서 均給貧民하게 되는 관계로 부민들의 원한을 사 법이 시행되기도 전에 반란이 일어날

74)『縹礱乙幟』卷1, 雜著 制田.

것이라는 점, 그리고 인구는 변동하게 마련인데 그때마다 토지를 인구수에 맞추어 균급하는 것은 쉽지 않다는 점에서 시행될 수 없는 것으로 보고 있었다. 그리고 그런 까닭으로 토지문제는 다른 방안으로써 해결해야 할 것으로 생각하였다. 그는 그것을 耕者有田, 즉 직접 農耕에 종사해서 먹고사는[唯使之耕而后食] 生産者에 한해서 農地를 주는 것이 가장 좋은 방안이라고 생각하였다(자료 14a). 그러한 한전론의 운영요령은 다음과 같았다.

첫째, 政府에서는 전국의 農地를 모두 정확히 파악하여 토지대장에 올리고(토지수용), 民에게 권하여 누구든지 농업을 하고자 하는 사람에게는 이를 분급하도록 한다. 단 이 경우 그는 그 면적을 제한하지는 않았다.

둘째, 농업을 한다는 것은 그 집에서 직접 農業生産에 종사하는 것, 즉 自耕함을 뜻하며, 王公大人家라 하더라도 自耕하지 않을 경우에는 농지를 받을 수 없었다. 단 이 경우 그는 노동력의 종류에는 제한을 두지 않았다.

셋째, 추수가 끝나면 농업생산에 종사한 자만이 그 田畓의 소출을 받되 王稅만을 정부에 바치고 나머지는 모두 그가 소유한다.

넷째, 농업을 하지 않는 商工業者 등은 農地를 받을 수 없으며, 그들이 종사하는 業에서 얻은 수입으로 농민에게서 양식을 사 먹어야 한다(자료 14b).

沈澳의 限田論을 이같이 정리하고 보면, 이 견해는 土地改革論으로서 다음과 같은 두 가지 특징을 지니는 것이었다고 하겠다. 그 하나는 이 제도에서는 受田대상을 自耕者만으로 한정시키고 있으면서도, 그 농지의 자경한도를 제한하거나 경작 노동력의 종류를 규제하고 있지 않았으므로, 농가에 따라서는 家作, 自耕의 범위 내에서 그 경영규모를 크게 확대하여 大農經營을 할 수 있었으리라는 점이다. 이는 봉건적인 토지소유관계를 해체시키면서도, 토지수용에 따르는 갈등을 최소한으로 줄이고, 아울러 토지개혁 후에도 농업생산력을 계속 발전시켜 나가기 위해서는, 당시 직접 농업생산에 참여하면서 이를 주도해 나가고 있었던 大農層의 협력을 얻지 않으면 아니 되는 까닭이었다고 하겠다.

다른 하나는 위와 같은 限田制에서의 농업경영이 社會的 分業·商業的

인 農業을 전제로 하고 있었다는 점이다. 이는 茶山의 井田論이나 閭田論의 경우와도 같은 것으로서, 당시 현실적으로 전개되고 있는 그 같은 농업 생산의 현실을 그의 개혁론에 그대로 반영시키고 있는 것이었다. 그리고 그런 점에서 그것은 앞시기 聾菴에게서 볼 수 있었던 別四民으로서의 限田論의 입지조건과는 다른 바가 있는 것이었다고 하겠다.

　屯田論 : 이 시기에는 土地改革의 필요성이 절실하였던 데서, 위에 언급한 바와 같이 그 改革論이 여러 가지로 제기되고 있었지만, 그러나 이 시기에는 國家權力의 성격 또한 지극히 보수적이었으므로, 그 개혁론이 철저할수록 그것이 정부에 수용될 가능성은 희박하였다. 그러므로 토지개혁을 반드시 실현시켜야 한다고 생각하는 논자는, 그것을 실현시킬 수 있는 다른 가능한 방안을 제시하지 않으면 안 되었다. 이런 경우 그 방안은 보수적인 지배층도 어느 정도 수긍할 수 있어야 했으므로, 그것은 타협안이나 절충안이 되지 않을 수 없었다.

　그러한 절충안 중에는 여러 가지가 있었지만, 여기 제시하게 되는 屯田論은 그러한 여러 안 중의 하나로서 楓石 徐有榘에 의해서 제론된 것이었다. 그는 본시 井田制를 시행할 수 없다면 限田制라도 시행해야 할 것임을 말하고,75) 말년에 이르기까지 정전제 복구의 꿈을 버리지 아니한 인물이었다.76) 그러나 그의 자세가 그렇다 하더라도, 正祖末 純祖初의 진보적 정치세력에 대한 대탄압의 政局과 平安道農民戰爭 후의 혼란한 농촌실정 속에서, 그 실현이 불가능한 철저한 개혁론만을 고수하고 있을 수는 없었다. 그는 이 시점에 있어서는 최소한 이 상황 하에서 시행할 수 있고, 농업문제 해결에도 기여할 수 있는 방안을 마련하지 않으면 아니 될 것으로 생각하였다. 그리하여 그러한 방안으로서 구상된 것이 이 둔전론이었다.

　屯田論은 물론 전적으로 楓石에 의해서 처음으로 제기된 개혁론은 아니었다. 이와 유사한 견해는 이미 그에 앞서 제기되고 있었다 星湖가 新田開發을 위한 屯田설치를 제기하고, 朴齊家와 朴趾源이 模範農場으로서의

---

75) 『楓石全集』, 金華知非集 卷10, 農對.
76) 『林園經濟志』, 本利志 卷1, 田制 諸田, 箕子井田.

屯田설치를 제기하고 있었음은 그것이었다.[77] 그러나 그것은 농업문제를 해결하기 위하여 그 둔전을 전면적으로 설치하자는 것은 아니었으며, 다만 그러한 목적을 달성하기 위한 하나의 과정으로서 이를 일종의 실험농장으로서 설치해 보자는 것이었다. 그리고 中國에서도 농업개발을 위한 정책으로서의 둔전론과 토지개혁론으로서의 屯田論이 이미 여러 사람에 의해서 제론된 바 있었다. 虞集, 徐貞明, 徐光啓의 둔전론[78]과 黃宗羲의 田制에 관한 연구[79]는 그것이었다. 그러므로 둔전의 설치를 통해서 농업개혁·토지개혁을 시도하려는 것이 아주 생소한 일은 아니었으며, 따라서 楓石은 그의 둔전론에 확신을 가지고 이를 건의하고 그 시행을 강조할 수 있었다. 농업생산력을 발전시키는 문제와 토지개혁의 문제를 屯田의 설치를 통해서 하나의 문제로서 해결해 보자는 것이었다.

楓石이 설치하려고 하는 屯田에는 크게 두 가지가 있었는데, 그 하나는 官이 정부재정을 출자하여 설치하려는 國屯(京屯·營屯·邑屯·鎭堡屯)이고, 다른 하나는 富民으로 하여금 사재를 출자하여 설치케 하려는 民屯이었다. 전자는 일종의 국영농장이고, 후자는 민영농장인 셈이었다. 전자 중에서 京屯은 서울의 동서남북에 총 千頃 규모, 營屯은 각도 監營의 營下에 7~8百頃에서 4~5百頃규모, 邑屯은 內地면 數百頃에서 7~80頃 邊地면 5千頃규모, 北方邊地의 鎭堡屯은 3千頃규모가 되게 설치하려는 것이었으며, 이밖에 전자에서는 水陸節度營이나 島嶼지방에도 적정규모의 둔전을 설치할 수 있었다. 그의 둔전론은 전국에 무수히 많은 둔전을 설치하려는 것이었다. 民屯은 官職취득을 원하는 사람이 그 재력에 따라 邊地屯田의 후방에 능력껏 설치할 수 있었다.[80]

이같이 설치되는 屯田은 다음과 같이 경영할 것을 구상하고 있었는데,

77) 『藿憂錄』 生財 ; 『進北學議疏』 屯田之費 ; 『課農小抄』 田制 箕子田記.
78) 『徐光啓集』 卷5, 屯田疏稿 ; 『農政全書』 卷9, 農事 開墾 下.
79) 『明夷待訪錄』 田制 2.
80) 『楓石全集』 金華知非集 卷12, 擬上經界策 下, 廣屯田而富儲蓄. 徐有榘의 農業論 전반에 관해서는 유봉학, 「徐有榘의 學問과 農業政策論」, 『奎章閣』 9, 1985 ; 金容燮, 앞의 글, 1975(증보판 上, 1984) ; 金容燮, 앞의 책, 1988의 서를 참조.

이는 이 둔전론의 큰 특징이 되는 것이라고 하겠다.

15 a. 每十頃 用耦犁四牛役車二乘佃夫五人 …… 其佃夫之治稻田者 當
募嶺南左道人 是善治稻田也 治粟田者 當募海西關西人 是善治粟
田也 皆使與畿人錯居而教習之

b. 治田如此 …… 一屯得二三萬斛 用其半 爲本屯官民廩食裹葛及餹
田飼牛葺理室廬 修補器械之費 儲其半 爲水旱不測之費

c. 每一屯 選明於農務者一人 爲典農官 領其事 如漢搜粟都尉農都尉
之制[81]

令八道道臣 訪求明於農務者一二人 每歲首薦剡 與經明行修同擬
以聞 先試京外屯田典農官 如有實蹟卓異者 畀以字牧之任[82]

d. 聽富民欲得官者 募佃夫備工本入耕 能以百夫耕者 授以百夫之地
爲百夫之長 能以千夫耕者 授以千夫之地 爲千夫之長

e. 於是 就距江十里以內之地 畫井分田 一如內地屯田之制 三年之後
視田高下 定什一之稅 用其半 爲本屯長俸祿 儲其半 以備緩急

f. 擧天下而可行井地之制者 惟此地爲然 …… 今將提封百萬頃之地
盡倣古聖王經國 畫野之大鋪敍 亦千古一大快事[83]

屯田經營을 효과적으로 하기 위하여 楓石은 數百頃의 屯田, 즉 大農場
을 10頃의 작은 單位農場으로 세분하고 이를 5人의 佃夫로 하여금 집단적
으로 경영하도록 하고 있었다. 佃夫들에게 농지를 분급하는 것이 아니라,
5人의 전부가 농장소유의 겨리용 쟁기와 牛 4필, 役車 2승을 이용하여 농
사를 집단적으로 하는 것이었다(자료 15a). 이 경우 그는 전국의 농지를 頃
畝制로 바둑판 같이 구획정리하고,[84] 농장은 그 위에 설치하려는 것이었
으므로, 이 10頃은 전국적 구획정리 속의 한 구역이 되는 것이기도 하였다.
그리고 이러한 구획정리에서의 量田단위 頃은, 磻溪나 茶山이 이용하고

81) 『楓石全集』 金華知非集 卷12, 「擬上經界策」 下, 廣屯田而富儲蓄.
82) 『楓石全集』 金華知非集 卷12, 「擬上經界策」 下, 教樹藝以盡地力.
83) 『楓石全集』 金華知非集 卷12, 「擬上經界策」 下, 廣屯田而富儲蓄.
84) 『楓石全集』 金華知非集 卷11, 「擬上經界策」 上, 改結負爲頃畝法・用方田以括
隱漏.

있었던 것과 같은 古尺(또는 그것에 준하는 尺)을 이용한 頃으로서, 약 1.5
町步, 따라서 10頃의 單位農場은 약 15町步가 되는 넓은 면적의 농지였다.
楓石은 이러한 농장을 농업기술을 발전시키기 위한 實驗農場으로서도
운영하려 하였으므로, 國營農場으로서 먼저 시작하게 되는 京屯을 경영함
에 있어서는 이에 참여하게 될 佃夫의 구성에 관하여 특히 유의하고 있었
다. 그는 그들을 水田農業과 旱田農業이 각각 모범적으로 발달하고 있는
지역에서 모집하여 구성함으로써, 농장의 농업생산 또한 모범적인 것이 되
게 할 것을 구상했다. 그리고 그러기 위해서는 그들을 水稻作을 위해서는
嶺南左道人 旱田作을 위해서는 海西·關西人을 모집하여, 그들을 他지방
사람과 錯居케 함으로써 타지방 사람이 그 농업기술을 배우도록 해야 할
것으로 생각하였다(자료 15a). 嶺南人은 군역을 지기 위해 上番하는 청년
중에서 선발하고, 海西·關西人은 특히 현지에서보다도 雇價를 후하게 주
어 많은 농업노동자를 고용하라고 하였다. 그러한 위에서 중국 농법을 수
용하고 재래 농법을 개량할 것을 꾀하였음은 말할 것도 없었다. 그리하여
각 지방에 농장이 확대 설치됨에 따라서는 그 농법을 익힌 佃夫들을 신설
되는 다른 지방의 農場으로 확산시킴으로써, 모범적인 농법·모범적인 농
업기술을 전국적으로 보급시켜 나가려 하였다.[85]

農場경영에서 얻은 소출은, 內地屯田의 경우 半은 屯田官民의 급료·
식량 기타 등 농장경영을 위한 제반 경비에 쓰고, 半은 비상용으로 저축하
도록 하고 있었으며(자료 15b), 邊地屯田의 경우에는 3분의 1을 저축하도
록 하고 있었다. 이 저축분은 종래 지주제에서의 地代에 해당하는 것으로
서, 楓石의 屯田論은 요컨대 종래의 지주제를 새로운 농장경영 형태로 개
편 전환하는 가운데, 농업생산력을 발전시키고, 국가재정을 늘리며, 民屯
의 경우와도 아울러 전작농민을 안정시키려는 것이었다고 하겠다.

國屯은 전체로 국가가 출자하여 설치한 것이므로 그 경영주체는 국가였
다. 그러므로 국가는 農場의 管理를 담당하는 官人을 임명하지 않으면 아
니 되었다. 楓石은 이 같은 임무를 수행할 官人으로서 典農官을 임명할

---

85) 『楓石全集』金華知非集 卷12, 「擬上經界策」下, 廣屯田而富儲蓄.

것을 제의하고 있었는데, 이 경우 이 典農官은 단순한 官人이나 일반적인
行政官이 아니었다. 농장은 生産力을 발전시키고 治財를 위한 경영활동을
하는 곳이므로, 그 官人은 이 같은 문제에 관하여 일정한 전문적 식견과
추진력, 통솔력을 갖춘 인물, 즉 "明於農務者"가 아니면 아니 되었다. 楓石
은 그 같은 인물의 표본을 이 시기의 농촌에서 흔히 볼 수 있는 力農者에
게서 발견하고 있었으며, 따라서 그는 이 같은 力農者·明農者를 每 1屯
에 1名씩 선출하여 그 屯田의 典農官으로 임명하기도 하고,·8道 道臣으로
하여금 매년 1~2명씩 추천하여 임명하라고도 하였다. 그리고 이들 典農官
중 농장경영에서 특히 훌륭한 성과를 올린 사람은 일반 "字牧之任"에도
임명할 것을 건의하였다(자료 15c). 이는 그가 이들을 농업발전, 농업개혁,
사회개혁을 위한 동반자 주체로 끌어들임으로써, 이 시기의 시대적 과제를
해결하려 하였음을 뜻하는 것이었다고 하겠다.

　民屯은 그 설치목표가 國屯과는 좀 달랐으므로 그 경영내용도 국둔의
경우와 차이가 있었다. 民屯은 富民이 그들의 자금으로 둔전을 개발 설치
한 것이기는 하였지만, 그러나 그들은 그 대가로 百夫之長·千夫之長 등
그 농장을 관리경영할 수 있는 官職을 받았으므로(자료 15d), 地代에 해당
하는 수익분배를 받을 수 없었다. 이 民屯에서는 佃夫는 다만 "什一之稅"
를 부담하면 되었으며, 그 반으로써 屯長의 녹봉을 지급하고 나머지 반은
완급에 대비하여 儲置하도록 하였다(자료 15e). 民屯에서의 佃夫의 경제
적 지위는 獨立自營農 그것이었으며, 그러한 점에서 민둔의 개설은 무전
농민에게 産業을 줄 수 있는 좋은 방법일 수 있었다. 그러므로 그는 천하
에 井田制를 실현시킬 수 있는 곳은 오직 이 邊地屯田 후방에 민둔을 설
치할 수 있는 지역뿐이라고 하였으며(자료 15f), 그의 民屯을 井田制의 한
형태라고 강조하기도 하였다.

　均耕均作論: 토지개혁의 필요성을 인정하면서도 그것을 실현할 수 없
을 때, 논자들은 절충론을 구상하게 되고 있었거니와, 이 단계에 있어서도
그러한 절충론이 均耕均作論으로서 많은 사람들에 의하여 널리 주장되고
있었다. 茶山의 정전론이나 楓石의 둔전론도 이와 적지 않게 관련되고 있

었다. 農法이 변동하는 데 따라 농촌사회의 부유하고 활동적인 농업생산자
들이 兼並廣作을 하게 되고, 따라서 小貧農層은 借耕地에서조차도 밀려
나는 분해현상이 심각하게 전개되고 있었기 때문이었다.

이 토지론에서 농민들의 농업생산을 균경하고 균작케 하려는 방법은 여
러 가지로 제시되고 있었지만, 그러나 그것은 요컨대 그들의 농지가 자경
지이거나 전작지이거나를 막론하고 균등해야 한다는 점으로 집약되고 있
었다. 그런 점에서 그것은 앞 단계의 이 토지론과 다를 것이 없었다. 그러
나 이 토지론은 이앙법의 보급에 따르는 겸병광작의 산물이었으므로, 이
단계에 있어서는 이 토지론이 앞 단계에 비하여 더욱 널리 주장되지 않을
수 없었고, 또 그 내용 또한 질적으로 달라지지 않을 수 없도록 되고 있었
다. 正祖~純祖 연간의 여러 農政書를 통해서 兼並廣作과 관련되는 이 토
지론을 쉽게 접할 수 있었던 것은 그 때문이었다.[86] 이제 그러한 여러 견
해 중에서 이 토지론의 표본이 될 수 있는 한두 견해를 예시하면 다음과
같다.

16 a. 每年冬至后 郡邑之長 各以其邑之卜數 分給其邑之民人 而必從戶
口之多寡壯弱 以壯口一人幾卜 弱口一人幾卜 分其田等 逐其口數
无貴賤均給 而公私之稅 一依今制 則多田者不敢獨耕 分與无田者
而分其所出 則一如俗所稱幷作 有何損於田主 …… 使有土者 无得
廣作 獨搏其利 使无田者 无至廢農 得參耕作 則斯亦一旹救民之一
策[87]

b. 私田亦是王土 而其所收租 獨無限節耶 今宜一依兩稅之例 貧人之
佃耕私田者 …… 較兩稅 稍加一二分 [假如一卜 公取什一 私取什
二 而若田結最歇處 私取什三之類] 則富人多田者 取其什二 猶足
自饒 貧人佃耕者 勤力其中 亦足爲生 如此則貧富之業 庶可少均矣

c. 授田之制 若無定限 則富人有田者 恨失取半之利 不許貧人佃作 亦
自朝家 定其均授之制 …… 士夫則限五結 常漢限三結 聽其自耕

86) 李潤甲, 「18세기 말의 均並作論」, 『韓國史論』 9, 1983 ; 宋贊植, 앞의 글, 1970 ;
金容燮, 앞의 글, 1970 등 참조.
87) 『五洲衍文長箋散稿』 卷13, 倣井田均授均稅辨證說 上, 429쪽.

而以其餘田 許其佃耕於貧族隣里 則授田之制 亦庶均矣[88]

자료 16a는 李圭景(五洲)의 견해인데, 이에 의하면 그의 均耕均作의 방안은 각 郡縣의 수령이 그 고을의 結卜수와 戶口의 다과 및 그 노동력의 壯弱을 헤아려서 경작지를 분급하되, 토지를 많이 소유한 多田者라도 多耕할 수 없고, 身分의 貴賤에도 구애됨이 없이 그것을 균등하게 배분하며, 국가에 상납하는 田稅와 佃作農民이 地主에게 바치는 私稅(地代)는 현행의 제도대로 한다는 것이었다. 이같이 하면 地主層에게는 손해될 것이 없고 무전자는 耕作을 할 수가 있어서 잠정적으로나마 救民의 一策이 되리라는 것이었다. 國家權力이 지주경영에 깊숙이 개입하고 이를 통제함으로써, 地主制를 중심한 봉건적인 경제제도 내에서나마 소농경제를 안정시키자는 것이었다. 이 방략은 앞 단계의 農圃子의 그것과 같고, 또 이 무렵에는 李光漢이 이와 유사한 견해를 제시하고 있었는데,[89] 이로써 보면 이 방략은 이 단계에 있어서의 均耕均作論의 주류를 이루는 견해였던 것으로 생각된다.

그러나 그러면서도 이 단계에 있어서는 그 均耕均作論이 농업문제 해결의 초점을 단순히 경작지의 균등한 배분에만 두고 있는 것이 아니었다. 자료 16b, c를 통해서는 그러한 사정을 엿볼 수 있다. 이는 正祖 연간의 愼師浚의 견해인데, 그는 均耕均作의 문제를 地代를 인하하는 減租문제와 일괄 처리해야 할 것으로 보고 그 방안을 제기하고 있었다. 私田의 지주들이 받을 수 있는 私稅(地代)를 公稅의 2배, 즉 정부에서 兩稅를 중심한 公稅를 什一을 취할 때 私稅는 什二를 취하면 된다는 것이었다. 그리고 그러한 위에서 정부에서는 그들이 自耕하는 농지의 上限을 정하되 兩班은 5結, 常民은 3結로 하고, 그 이상의 농지는 貧族과 이웃 사람들에게 경작케 하라는 것이었다. 이같이 하더라도 지주층은 아직 饒足하게 살 수 있고, 가난한 전작농민 또한 비교적 넉넉하게 살 수 있으며, 그뿐만 아니라 빈부간의

88) 『承政院日記』1760冊, 正祖 20년 3월 7일(영인본), 93冊, 327쪽 ; 宋贊植, 앞의 글, 1970.
89) 『日省錄』, 正祖 23년 3월 22일 ; 『農書』卷8, 228~229쪽.

産業이 어느 정도 균등해지리라는 것이었다. 이 시기의 均耕均作論은 말하자면 지주층의 수입에 상당한 희생을 요구하고, 지주제의 존속을 어렵게 하는 減租論과 결합된, 즉 그 성격이 강화된 均耕均作論으로 변모하고 있는 셈이었다.

4. 結語

이상에서 우리는 朝鮮後期에 大土地所有制 封建的인 地主制를 해체시키고자 하는 土地改革論이 많은 儒者들에 의해서 계속적으로 끊임없이 제기되고 있었음을 살폈다. 그것은 箕田論·井田論·均田論·限田論·減租論·閭田論 그리고 屯田論·均耕均作論 등 다양하였으며, 그 改革論의 내용 또한 다기하였다. 朝鮮王朝의 國定教學은 朱子學이었고, 이 朱子學에서는 地主制를 인정하는 가운데 土地改革(井田) 難行說을 定論으로 내세우고 있었는데, 그 사상풍토 속에서 성장하고 그 학문을 교육받고 있는 많은 유자들이 그러한 지주제를 개혁하고자 하는 것이었다. 그들은 그들의 사회적 처지, 학문의 내용, 현실사회에 대한 인식의 정도에 따라 혹은 강한 반론으로서 혹은 소극적 타협론으로서 이를 제기하고 있었다.

이 같은 현상은 이 시기의 경제사정에서 연유하고 있었다. 兩亂 후에는 국가에서 전란으로 파괴된 농업생산을 재건하기 위하여 新田開發, 農民教導 등을 地主層에게 의존하는 정책으로 내세우고 있었는데, 그 결과로서는 宮房田·官屯田·營屯田·民田地主 등 大土地所有制가 발달하고 있었으며, 농업생산자들은 농업생산력을 발전시키는 일환으로서 農法을 전환시키고 있었는데[移秧法], 이로 인해서는 절약되는 노동력으로 농지의 經營規模를 擴大시켜 나가는[兼幷廣作] 현상이 전개되고 있었다. 그뿐만 아니라 그 후에는 商品貨幣經濟가 발달하는 가운데 농촌사회가 크게 양극으로 분해되어 나가고도 있었다. 그리하여 이 같은 제사정으로 인해서는 大土地所有者와 無田者, 大農層과 小貧農層 사이에 토지문제를 위요하여 사회적 갈등이 심화되고 있었다. 이 경우 토지에서 배제되는 것이 주로 힘

없는 농민이었음은 말할 것도 없지만, 그러나 그것이 전적으로 일반 농민 층에게만 한하는 것은 아니었으며, 양반층 내에도 그러한 사람이 적지않이 있었다. 收租權에 입각한 經濟制度가 소멸되고 있는 상황 하에서, 상속받 은 토지가 없거나, 政治權力에 참여하지 못하고 또 理財에도 밝지 못한 사 람이면, 으레 零細土地所有者나 無田者로 전락하게 마련이었다. 兩班사회 도 분해되고 있는 것이었다. 그러므로 이 시기에는 토지개혁에 대한 요청 이 사회적으로 광범하게 확산되고 절실하게 요청될 수밖에 없었다.

朝鮮後期의 이 같은 土地改革論은 당시의 시대적·사회적 요청에 의해 서 제론되고 있었으므로, 그 改革論으로서의 性格 또한 그 시대적·사회 적 성격을 반영하여 변동하지 않을 수 없었다. 그것을 우리는 몇 가지 국 면으로 정리할 수 있을 것이다.

첫째로 주목되는 것은, 이 시기 토지개혁론에서의 토지배분의 규모는 朝 鮮前期 中宗朝의 정부에서 논의하였던 바 限田論에서의 그것과 비교하여 크게 차이가 나고 있었다는 점이다. 즉 中宗朝의 정부에서는 토지소유의 상한, 限田의 상한을 50結로 정하고 있었는데, 이 시기에는 井田論이나 均 田論의 경우는 말할 것도 없고, 限田論을 제기하는 논자도 그 限田의 상한 을 이같이 높게는 잡고 있지 않았다. 中宗朝의 限田論이 地主制의 존속을 전제로 하는 것이었으므로, 이 시기에 있어서도 그러한 입장에서의 한전론 을 든다면 南塘의 경우에서 볼 수 있듯이 兩班士大夫의 경우 그 상한이 10結이었고, 지주제를 부정하는 입장에서의 그것은 그 상한이 더욱 아래로 내려가서 霞谷과 星湖에서 볼 수 있듯이 3結과 1頃이었다. 대토지소유자 의 입장에서 볼 때 이러한 정도의 농지라면 大農層과 富農層이 겨우 만족 할 수 있는 소규모의 농지에 불과하였다. 양 시기의 토지론에서 限田의 상 한에 이 같은 차이가 있었던 것은, 앞 시기의 토지론에서는 그 목표하는 바가 주로 中小地主의 입장에서 巨大地主를 견제하는 데 있었음에 대하 여, 이 시기 토지론에서는 그 관심의 초점이 주로 지주제 자체를 부정하는 가운데 獨立自營農을 확립하고 小農經濟체제를 수립하려는 데 있었기 때 문이었던 것으로서, 이는 곧 토지문제를 위요한 時代思潮·思想風土의 변화를 반영하는 것이었다고 하겠다.

다음으로 주목되는 것은, 이 시기에 있어서는 17세기에서 19세기에 걸치면서 그 토지개혁론이 활발하게 전개되는 데 따라, 토지배분의 대상, 즉 授田者의 자격 규정에 변화가 일어나고 있었다는 점이다. 가령 17세기 磻溪의 경우에서 보면 대단히 치밀하고 엄격한 均田制를 제론하되 여기서는 일반 농민뿐만 아니라 농사를 직접 짓지 않는 兩班士大夫·商人·工人에 이르기까지 모든 民戶에 농지를 분급하는 것으로 규정하고 있었으며, 같은 시기 다른 井田論에서도 모든 戶口를 수전대상으로 하고 있었는데, 18세기 말 19세기 초의 茶山의 단계에 이르면 井田論에서의 授田이거나 閭田論에서의 소득분배이거나를 막론하고 '農者得田'의 원칙을 관철시키고 있었다. 그리고 새로운 차원의 限田論이 農者得田의 원리를 제시하되, 17세기 龔菴단계에서는 그것을 四民 중의 農者(農業者－地主도 포함될 수 있다)로서 제론하고 있었는데, 19세기 초의 沈鑨는 그것을 農業生産에 참여한 자에 한하는 것으로 규정하고 있었다. 農業生産에 참여하지 않는 사람들은 수전대상에서 제외되고 있는 것이었다.

그러나 이는 이들의 토지론이 편협한 데서 연유하는 것은 아니었으며, 이 시기에는 시대상황이 그렇게 하는 것이 합리적이고, 그렇게 해도 무방한 데서 연유하고 있었다. 그들에게는 한편으로 非農者가 농지를 받는 불합리를 배제해야 한다는 뜻도 있었지만, 보다 중요하게는 그간 현실적으로 상품화폐경제가 발달하는 가운데 사회적 분업과 상업적 농업이 또한 크게 진전하고 있어서 그것은 지극히 자연스러운 것으로 생각되었다. '農者得田'의 강조는 단적으로 말하여 이 시기 사회경제조건의 발전을 반영하는 한 표현이었다.

셋째로 지적될 수 있는 것은, 이 시기에는 토지개혁론의 일환으로서 토지개혁이 안 될 경우의 차선책으로서, 地主制를 인정하는 가운데 耕作權만이라도 均分케 하려는 均耕均作論이 또한 제기되고 있었는데, 이 토지론도 17세기에서 19세기에 이르면서는 그 개혁론으로서의 성격이 강화되고 있었다는 점이다. 처음에는 耕作權의 均分을 減租문제와 관계없이 제론하고 있었지만, 나중에는 경작권의 균분과 감조문제를 하나의 문제로서 동시에 요구하게 되고 있었음은 그것이었다. 이는 이 토지론을 말하는 논자에 있어서도, 단순한 경작권 균분이 이 시기 농업문제 해결의 근본방안이 될 수 없다는 사실을 충분히 인식하고 있었음을 뜻하는 것으로서, 이 토지론도 결국에는 지주제 내에서의 생산관계의 변혁, 즉 토지개혁의 방향으로 가지 않을 수 없었음을 표현하는 것이었다고 하겠다.

끝으로 특히 우리의 관심을 끄는 것은, 이 시기에는 토지개혁론자들이 農學을 활발하게 연구하는 가운데, 농업기술을 개량하고 농업생산을 집약화함으로써 생산력을 한층 더 발전시킬 것을 강조하고 있었는데, 이 같은 기술론이 이 때에는 단순한 기술론으로 그치는 것이 아니라 토지개혁론과 연결되고 있었다는 점이다. 이를테면 그 토지 개혁론이 獨立自營農의 육성을 목표로 하는 것일 경우, 이 토지개혁론은 그 육성을 위한 전제조건으로서 농업기술의 개량과 집약화, 즉 小農經濟체제 하에서의 농업생산력의 발전을 전제로 하는 것이 되고 있었으며, 그 토지개혁론이 農業生産의 大型化를 목표로 하는 것일 경우에는 농민을 集團化하고 共同化하여 大農場을 형성하되, 그 농장을 농업기술상으로 생산력을 크게 발전시킬 수 있는 集團農場·共同農場이 되게 하고도 있었다는 것이다. 전자는 井田論·均田論·限田論·減租論 등이 그 예가 되겠고, 후자는 茶山의 閭田論이나 楓石의 屯田論 등이 그 예가 되겠다.

그런데 農業改革을 중심한 사상계의 이러한 동향에서 우리가 특히 관심을 갖게 되는 것은 다음과 같은 사실이다. 즉 이러한 두 종류의 農業改革論 중에서도 이 때 일반적으로 널리 주장되고 있었던 것은 獨立自營農·小農生産 체제를 확립하는 것이었으나, 그런 중에서도 최신의 견해, 최신의 새로운 農業改革論으로서 등장하고 있는 것은 農業의 集團化와 大單位·大型生産을 위한 개혁론이었다는 점이다. 물론 이 경우 농업의 집단화와 대단위·대형생산론에는 농민적 입장에서의 그것과[閭田農場] 지주적 입장에서의 그것이[屯田農場] 있었고, 이 양자는 그 성격이 달랐지만, 그러나 그것을 제기하고 있는 논자들이 농업생산을 집단화하고 대단위화

하는 것이 필요하다고 생각하는 점에서는 공통되는 바가 있었다. 이는 그
들이 농업생산을 小單位·小農生産으로서 하는 것보다 大單位·大型生
産으로서 하는 것이 유리하다고 판단한 데서였을 것이다. 그런 점에서 당
시의 시점에서 농업개혁을 한다고 하면, 우선은 독립자영농을 확보하고 소
단위·소농생산체제를 수립하는 것이 목표가 되었겠지만, 그러나 먼 앞날
에 있어서는 그 농업개혁의 목표하는 바가, 사회경제조건의 변동에 따라
그 성격이 달라지기는 하겠지만, 농업집단화에 의한 대단위·대형생산체
제를 수립하는 데까지 이르게 될 것임을 예상할 수 있는 것이라 하겠다.

(『東方學志』62, 1989. 6)

實學者의 貨幣思想發展에 대한 考察
－金・銀貨의 流通論을 中心으로－

元 裕 漢

1. 序言

先史時代에 있어 韓民族의 交換形態가 어떠한 것이었는지 자세히 알수 없다. 그러나 일반적으로 物物交換이 지배적이고 武器와 여러 가지 생산수단・裝身具・家畜・衣料・穀物 등이 교환수단으로 사용되었으리라는 점은 쉽게 짐작할 수 있을 것이다. 明刀錢을 비롯한 각종의 中國貨幣가 국내에서 출토된 사실을 미루어 일찍이 중국화폐가 전래된 것은 틀림없으나, 과연 어느 정도의 화폐기능을 발휘했는지 구체적으로 파악할 수 없다.

韓國貨幣發達史上에서 볼 때, 三韓時代에 鐵을 교환수단으로 사용하고, 新羅時代에는 金・銀을 素材로 한 無文錢이 있었다는 기록이 보인다. 그러나 당시 사용되었다고 하는 鐵이나 金・銀錢 등은 자연 발생적 교환수단이었을 뿐, 국가가 정책적으로 그 體裁와 品質을 규격화해서 주조 유통한 화폐는 아니었던 것으로 보인다. 국가에서 화폐유통의 필요성을 느끼고

政策的으로 화폐를 만들어 쓰려고 한 것은 高麗 成宗年間, 즉 10세기 말에 철전을 주조 유통하려 했던 사실에서 비롯된다. 당시 고려정부가 철전을 주조 유통하려 한 것은 실용가치를 전제로 한 물품화폐의 유통이 지배한 화폐성립 초기단계의 자연경제질서를 극복하고, 명목화폐의 유통을 지향한 최초의 시도로 보여진다.

고려정부는 철전의 주조 유통을 시도한 이후 銀瓶·碎銀 등 秤量貨幣와 동전·楮貨 등 명목화폐를 유통 보급함으로써 선사시대 이래로 중요한 교환수단으로 사용된 곡물과 포류 등 물품화폐 유통체제를 극복하려 하였다. 대체로 고려시대의 화폐정책 시행면에서 엿보이는 위와 같은 정책 성격의 본질은 조선왕조로 계승되어서, 조선정부는 그 전기에 역시 저화나 동전 등 명목화폐를 유통 보급하고 米·布 등 물품화폐의 유통을 억제하는데 중점을 둔 화폐정책을 추진 전개하였다. 그러나 조선전기에는 고려시대와는 달리, 銀瓶·碎銀 등과 같은 貴金屬을 素材로 하는 화폐의 유통을 시도하지 않았던 것이다. 조선정부가 王朝 전기에 귀금속화폐를 유통하려 하지 않은 것은 金·銀이 국내에서 생산되지 않는다는 점을 이유로 明에 대한 金·銀歲貢을 면제받은 15世紀 20年代 末부터 金·銀採掘을 統制하고, 금·은의 국내 유통과 對外流出을 엄격히 금지한 데 그 중요한 원인이 있었던 것이다.

倭亂(1592~1598) 중 朝鮮에 파병되어 온 明軍은 제반 군사비에 충당하기 위해 운반이 편리한 은을 가져와 사용하였다. 명군이 다량의 은을 搬入하여 국내에서 화폐로 사용하게 되자, 朝鮮軍隊에서도 軍糧과 軍賞에 은을 사용하기에 이르렀다. 이로부터 銀은 국내의 公私 유통계에서 米·布 등 물품화폐와 함께 주요한 通貨의 기능을 담당했고, 對淸·對日貿易의 결제수단으로 사용되었다. 은은 17세기 70년대 말에 동전이 法貨로 채택되어 유통 보급된 이후에도 국내의 유통계에서는 물론, 국제무역거래에서 秤量貨幣로서 계속 유통되었다. 18세기 中葉부터는 은이 '錠'과 같은 형태의 秤量貨幣가 아니라, 體裁와 品質을 一定하게 規格化한 명목화폐로서 銀貨를 주조하여 동전과 함께 법화로 사용하자는 주장이 종종 일어났다. 開

化期에 이르러서는 金·銀本位 貨幣制度를 시행해야 될 당시의 절실한
시대적 요청에 부응해서 金·銀貨의 유통이 시도되고, 19세기 80년대 초
마침내 大東錢[大東一·大東二·大東三錢]이란 銀貨가 주조 유통되었던
것이다.

本稿에서는 그들의 생애가 조선후기를 포괄하는 磻溪·星湖·燕岩·茶
山 등 선후배 실학자들의 금·은화 유통론을 분석 고찰하고자 한다. 이들
생존시기를 달리하는 실학자들의 금·은화 유통론의 발전과 성격을 파악
하는 일은 그들의 화폐사상 내지 사회경제사상의 발전과 성격은 물론, 그
들의 생애가 포괄하는 조선후기의 역사적 성격을 이해하는 데도 도움이
될 것이다.

2. 磻溪·星湖의 銀貨流通論

1) 磻溪의 銀貨流通論

磻溪 柳馨遠(1622~1673)은 조선후기의 貨幣流通普及期(17세기 초~90
년대 말)가 포괄하는 17세기 중엽의 貨幣流通政策과 流通經濟發展을 실
제로 견문, 체험하였다. 또한 문헌을 통해서 中國 歷代王朝와 周邊 諸國
및 高麗朝의 貨幣政策 등, 국내외의 화폐문제에 대한 역사적 사실을 검토
고찰하였다. 여기에 그는 서양의 화폐유통실태까지도 탐문하여 자신의 화
폐정책론을 구상 제시하였다.[1]

반계는 화폐정책론 중에서 화폐는 국가재정을 돕고 민중생활을 넉넉하
게 하는 것으로서 국가가 마땅히 갖추어야 할 제도라 하였다.[2] 반계는 국
가경제 면에 있어 화폐의 가치 내지 기능을 중요시하면서, 銅錢을 法貨로
鑄造流通할 것을 골자로 한 화폐정책론을 구상 제시했던 것이다. 그는 銅
과 錫을 주원료로 하고, 그 무게가 1錢인 '東國通寶'[銅錢]라는 단 한 종류

---

1) 元裕漢, 『朝鮮後期 貨幣史硏究』, 韓國硏究院, 1975, 180~183쪽.
2) 『磻溪隨錄』 卷8, 田制後錄攷說 下, 錢貨條 참조.

의 鑄貨만을 법화로 주조 유통하자고 하였다.[3] 그는 동국통보와 素材를 달리하는 銅錢·錫錢·銀貨 등 각종 鑄貨나, 또한 楮貨는 국가가 법화로서 유통하는 것이 적합치 않다고 주장했던 것이다.[4]

반계가 철전·석전·저화 등과 함께 법화로 사용하는 것이 부적합하다고 생각한 은화는 앞에서도 지적했듯이, 秤量貨幣로서 倭亂 때부터 중요한 통화기능을 담당했던 것이다. 16세기 90년대에는 酒肉·豆泡·鹽醬·柴草 등과 같은 日用品을 구입하는데도 은화를 사용해야 되었으리만큼, 칭량화폐로서 은화의 유통은 상당히 널리 보급되었던 것으로 보인다.[5] 1653년(효종 4) 조선에 漂着해서 1666년(현종 7)에 탈출한 和蘭人 하멜(H. Hamel)은 자신이 체험한 당시의 貨幣流通狀況을 다음과 같이 기술하였다.

> 우리 친구(하멜의 친구)들은 조그만 오막집을 사느라고 銀錢 아홉 냥 내지 열 냥을 지불하고 나머지 돈으로는 될 수 있는 대로 따뜻한 옷을 사 입느라고 애는 썼지만……[6]
>
> 그들(조선인)은 銀을 무게로 달아서 지불하는데 그 단위는 우리(화란인)가 일본에서 가져오는 것과 비슷한 조그만 銀錠이다.[7]

사실상 銀貨는 17세기 50년대에 조선정부가 銅錢을 法貨로 채택, 流通 普及하는 과정에서 貨幣의 流通價値를 결정하는 標準이 되는 등, 本位貨幣로서의 기능도 담당하였다.[8] 그리고 은화는 동전[常平通寶]이 법화로서 계속 유통되기 시작한 17세기 70년대에도 칭량화폐로서 일반 유통계에서 널리 유통되었음은 다음과 같은 기록을 통해 짐작할 수 있다.

---

3) 『磻溪隨錄』卷4, 田制後錄 下, 錢幣.
4) 『磻溪隨錄』卷8, 田制後錄攷說 下, 錢貨.
5) 『萬機要覽』, 「財用篇」 4, 金銀銅鉛 ; 『宣祖實錄』卷98, 宣祖 31년 4월 壬戌.
6) 레드야드 編, 朴允熙 譯, 『하멜漂流記 - 朝鮮王國見聞錄』, 三中堂, 1975, 230쪽.
7) 레드야드 編, 朴允熙 譯, 위의 책, 277쪽.
8) 『孝宗實錄』卷11, 孝宗 6년 12월 癸亥 참조.

近來 이래로 公私의 모든 物貨의 매매가 오로지 銀貨에 의존되고 있어서 柴炭·蔬菜와 같은 보잘 것 없는 물건도 반드시 銀貨가 있어야만 거래가 이루어진다.9)

한편 은화는 對淸·對日貿易의 決濟手段으로서 사용되어 國際通貨로서의 기능을 담당하기도 하였다.10) 倭亂과 胡亂을 거친 이후 對日·對淸 관계가 再定立되고, 이에 따라 兩國과의 經濟的 接觸이 점차 빈번해지자 국제통화로서의 은화의 가치는 중요시되고, 그 수요량도 증가되었던 것으로 보인다. 반계는 이상과 같이 은화가 국내 일반 유통계와 국제무역거래에서 칭량화폐로 널리 사용되고 있는 사실을 견문, 체험했던 것이다.

뿐만 아니라, 반계는 문헌을 통해 고려시대에 銀瓶이 유통되고 일찍이 中國에서는 은화가 사용되었다는 역사적 사실을 파악하였다.11) 그리고 그는 다음 기록을 통해서 알 수 있듯이 당시 朝鮮에 漂到한 和蘭人을 만나서 西洋에서는 銀錢을 사용한다는 사실을 탐문하기까지 하였다.

前日 내가 친히 漂流되어 온 西洋人을 만나서 물어 보니 그 나라에서는 오히려 銀錢을 사용한다고 한다. 西洋나라는 옛날 西域 여러 나라의 남쪽에 있는 나라인데, 지금 우리나라에서는 혼동하여 南蠻이라고 칭한다.12)

이상과 같이 磻溪는 국내에서 銀貨가 유통되고 있다는 사실을 견문 체험하고, 문헌을 통해 고려 시대와 중국에서 은화를 사용한 사실을 검토 고찰하는 한편, 서양에서 은화가 유통된다는 사실을 探聞하여 얻은 지식을 토대로 하여 화폐로서 은화의 가치를 評價, 認識하였을 것으로 짐작된다. 반계는 은화에 대해서는 鐵錢·錫錢·楮貨 등과 같이 지적해 말하지 않고

---

9) 『備邊司謄錄』34冊, 肅宗 4년 윤3월 24일.
10) 『承政院日記』649冊, 英祖 3년 11월 11일 ; 元裕漢, 「18世紀에 있어서의 貨幣政策-銅錢의 鑄造事業中心으로 -」, 『史學研究』19, 1967.
11) 『磻溪隨錄』卷8, 田制後錄攷說 下, 本國錢貨說附.
12) 위와 같음.

있지만, 앞에서도 말했듯이 은화는 법화로서 적합하지 않다고 생각했던 것
이다. 그러나 당시 一部 流通界에서 통화기능을 담당했던 麤布의 유통을
금지하자고 했듯이,[13] 秤量貨幣로서 사용되는 은화의 유통 자체를 부인하
려했던 것은 아니다. 즉 반계는 米·布 등 物品貨幣와 함께 칭량화폐로서
은화의 통화기능을 인정했던 것이다. 이와 같은 점은 반계가 "銅錢 二百文
으로써 銀 一兩을 准한다"고 했듯이, 자신이 法貨로 사용할 것을 제의한
동전의 價値標準을 은화에 두었고, 또한 은화를 미·포 등 중요 商品 내지
物品貨幣의 價値尺度로 보았던 사실 등을[14] 통해 짐작할 수 있다.

그러면 반계가 당시 일반 유통계에서 칭량화폐로서 중요한 통화기능을
담당한 은화의 유통을 부인하지는 않으면서도, 燕岩이나 茶山처럼 은화를
법화로 鑄造流通할 것을 주장하지 않았음은 물론, 星湖처럼 칭량은화가
가지는 화폐로서의 중요성을 강조하지도 않았는데, 그 이유는 무엇인가?
대체로 다음의 몇 가지 사실을 들 수 있을 것이다.

첫째, 조선정부는 17세기 초부터 國家經濟 再建策의 一環으로서 동전을
법화로 유통 보급하기 위한 화폐정책을 추진했고, 반계는 그러한 국가의
화폐정책과 유통계 실정을 견문 체험하였다. 당시 政府當路者를 비롯한
知識階層 거의 모두가 동전이 국가의 법화로서 가장 적합한 화폐라고 생
각했고, 그 점에 있어서는 磻溪 역시 예외는 아니었다.[15] 즉 반계는 鐵
錢·錫錢·楮貨나 銀貨 등에 비해 동전이 국가의 법화로서 가장 적합한
화폐라고 생각하게 되었던 것이다.

둘째, 앞에서 지적했듯이, 왜란 이후에 秤量銀貨는 일반 유통계에 널리
유통 보급되어, 그 수요량은 점증되었다. 그러나 조선초기 이래의 일관된
鑛業開發 消極化政策의 타성으로 인해 宣祖朝부터 은광개발 의욕이 어느
정도 높아졌다고는 하지만, 국내생산은 부진한 상태였다.[16] 여기에 해마다

---

13) 『磻溪隨錄』卷4, 田制後錄 下, 麤布.
14) 『磻溪隨錄』卷4, 田制後錄 下, 錢幣.
15) 元裕漢, 앞의 책, 1975, 180~183쪽.
16) 『備邊司謄錄』34冊, 肅宗 4년 1월 23일, "……領議政許積所啓 …… 自近年以來
以銀爲通貨 我國之産 …… 出銀之路狹 而用銀之路廣……".

定例使行・別使行을 통해서 수십만 냥의 銀이 중국으로 유출되었으며, 중국 및 日本國과의 公・私・密貿易의 결제수단으로서 다량의 은화가 필요하였다.[17] 흔히 "出銀之路狹 而用銀之路廣"[18]이라 했듯이, 생산량은 적고 용도는 컸기 때문에 국내 일반 유통계에서 유통되는 銀貨量은 크게 줄어들지 않을 수 없었다. 이로써 일반 대중은 은화를 손쉽게 취득 보유할 수 없고, 이것은 은화가 당시 일반 유통계에서 화폐로서의 중요한 구성요건인 일반성을 상실하게 된 원인이 되었던 것으로 보인다. 또한 일반 유통계에서는 은화의 절대 유통량부족으로 가치가 상승해서, 소액거래에 불편해졌다는 것이다. 한편 은화의 유통량이 줄어들어서 가치가 상승하게 되자 은화의 위조행위가 성행하여 칭량화폐로서의 은화의 순도가 크게 낮아지는 폐단이 일어났다는 것이다.[19] 이처럼 은화가 가지는 화폐로서의 결함이 컸기 때문에 "物貨가 流通되지 않고 利源이 점점 막히게 되었다"[20]는 기록이 보인다. 당시의 政府當路者들은 화폐로서의 銀貨가 가지는 결함과 은화유통으로 말미암은 사회경제 발전의 저해적 요인을 배제, 극복하기 위해서는 素材의 共給이 비교적 쉽고 화폐로서의 일반성이 큰 銅錢을 法貨로 鑄造流通하는 것이 최선의 방법이라고 생각하게 되었던 것이다.[21]

磻溪는 위에서 살펴보았듯이, 은화가 가지는 화폐로서의 결함, 은화의 유통으로 인한 사회경제적 모순과 폐단 등이 어떠한 것인가를 견문 체험하고, 견문 체험을 통해 얻은 지식을 토대로 秤量銀貨에 대한 價値를 평가 인식하였을 것이다. 그래서 은화의 가치를 평가 인식함에 있어, 은화를 법화로서 주조 유통해야 한다든지, 또는 칭량은화의 통화기능을 중요시하는 입장을 취하지는 않았던 것이다. 다만 반계는 자신이 가장 이상적 형태의 화폐로 보는 동전이 법화로서 유통 보급되지 못하는 상황 하에서, 종래부터 일반 유통계에서 중요한 통화기능을 담당하고 있는 米・布 등 物品貨

---

17) 『承政院日記』 649冊, 英祖 3년 11월 11일.
18) 『備邊司謄錄』 34冊, 肅宗 4년 1월 23일.
19) 『備邊司謄錄』 34冊, 肅宗 4년 1월 23일, 윤3월 24일.
20) 『備邊司謄錄』 34冊, 肅宗 4년 윤3월 24일.
21) 『備邊司謄錄』 34冊, 肅宗 4년 1월 24일.

幣와 함께 칭량은화의 유통을 그대로 인정하는 입장을 취했던 것으로 보인다.

2) 星湖의 銀貨流通論

星湖 李瀷(1681~1763)은 그가 생존 활약한 17세기 말부터 18세기 전반기에 걸치는 시기의 화폐정책과 유통경제발전을 견문 체험하였다.[22] 또한 문헌을 통해 中國 古代로부터 唐·宋代에 이르는 시기의 貨幣問題와 당시 政府當路者나 改革思想家의 貨幣論, 그리고 高麗王朝 이후의 화폐문제에 관련한 역사적 사실들을 분석 고찰하였다.[23] 성호는 위와 같은 화폐유통정책에 대한 견문 체험과 문헌에 의한 역사적 고찰을 통해 얻은 지식을 토대로 하여, 자신의 화폐정책론을 구상 체계화했던 것이다.

성호는 조선후기 화폐경제발전과정에서 볼 때, 주로 화폐유통에 대한 反動期(18세기 초~30년대 초)를 배경으로 하여 형성된 화폐정책론에서 17세기 70년대 말부터 法貨로 채택되어 국내 각지로 유통 보급된 동전의 유통을 극히 부정적으로 평가하였다. 그는 동전의 유통 보급으로 촉진된 조선사회의 중세적 생산양식과 가치체계의 변화를 심각한 사회경제적 내지 가치체계 상의 모순이요, 폐단이라고 생각했기 때문이다. 성호는 중농사상과 민본의식 그리고 均産主義를 중요한 국가정치이념으로 채택하고, 節儉과 淳朴性을 生活美德으로 중시한 봉건 조선사회에 있어 동전의 유통은 '百害無益'한 것이라 하였다.[24] 그래서 당시 일반 流通界에 널리 流通普及되고 있는 동전, 즉 名目貨幣의 유통을 금지하고, 米·布 등 물품 화폐 유통체제로 복귀하거나, 物品貨幣로서의 屬性이 강한 高額大錢을 주조 유통할 것과 絹布貨의 사용의욕을 迂廻的으로 표시하였다.[25] 이와 동시에 성

22) 元裕漢, 앞의 책, 1975, 190~193쪽.

23) 『星湖僿說』 卷4, 「萬物門」 古錢, 銀瓶, 錢鈔會子, 銀鑛, 金銀, 銀貨 참조.

24) 元裕漢, 앞의 책, 1975, 193~198쪽 ; 元裕漢, 『朝鮮後期 貨幣流通史』, 正音社, 1975, 166~173쪽.

25) 위와 같음.

호는 역시 물품 화폐로서의 속성이 강한 칭량은화의 通貨機能을 중요시하면서, 後論할 은화유통을 제의하였다.

　星湖가 秤量貨幣로 사용할 것을 제의한 銀貨는 앞에서도 지적했듯이, 倭亂 때부터 일반 유통계에 널리 유통 보급된 것이다. 銀貨는 17세기 70년대 말부터 銅錢을 法貨로 채택하여 국내 각지로 유통 보급한 이후에도 동전의 유통가치를 결정하는 척도가 되고, 또한 중요한 商品이요 물품화폐인 米·布의 가치척도가 되었다.26) 은화는 국가의 중요한 재화비축수단이 되고, 家屋·土地의 매매 등 비교적 큰 거래에 사용되는 한편, 국가의 일부 징세수단으로서도 사용되었다.27) 그러나 보다 다량의 은화는 對淸外交使節의 來往 등 淸과의 외교관계 유지에 필요한 막대한 경비로 지출되고, 대청무역거래를 비롯한 국제무역의 결제수단으로 사용되었던 것이다.28)

　국내 유통계와 국제무역에서 중요한 통화기능을 담당한 은화의 수요량은 급격히 증가되었던 것으로 보인다. 그래서 은화를 사용하기 시작하면서부터 점증된 은화의 수요에 충당하기 위해 국내은광의 개발의욕은 그만큼 증대되었다. 조선정부는 宣祖朝에 端川銀鑛을 개발하기 시작, 1651년(효종 2)에 坡州, 交河, 谷山, 春川, 公州等地의 銀鑛을 채굴했으며, 1687년(숙종 13)에는 成川, 江界, 寧遠, 定平, 長淵, 黃州, 密陽, 迎日, 伊川, 平昌, 古阜, 丹陽, 靑山 등 全國 68個邑에서 銀鑛을 채굴하는 등29) 國內 銀鑛開發에 보다 적극적인 의욕을 보였다. 이후 18세기 前半에도 점차 증가되는 은화의 수요량에 충당하기 위해 계속 은광개발에 힘썼다.

　한편 국내에는 日本과의 무역거래를 통해 다량의 은화가 流入되었다. 조선정부는 米·布 등 生必需品이나 人蔘과 같은 藥材를 일본에 수출하고, 그 代價로 다량의 은화를 받아들였던 것이다.30) 또한 中國商品을 수입

26)『備邊司謄錄』34冊, 肅宗 4년 윤3월 24일 2條 참조.
27) 元裕漢,「朝鮮後期 貨幣流通에 대한 一考察 - 錢荒問題를 中心으로 -」,『韓國史硏究』7, 1972, 131~150쪽 ; 元裕漢,「李朝肅宗朝의 鑄錢動機」,『東國史學』9·10, 1966, 37~52쪽.
28)『星湖僿說』卷6,「萬物門」, 金銀 ;『燕岩集』卷2,「賀金右相履素書」別紙.
29)『萬機要覽』,「財用篇」4, 金銀銅鉛.
30) 韓㳓劤,『李朝後期의 社會와 思想』, 을유문화사, 1961, 305~308쪽.

해 와 日本商人에게 파는 등, 仲介貿易을 통해 다량의 은화가 일본으로부
터 유입되었던 것이다. 中·日間의 중개무역이 활발하게 이루어지지 않을
경우에는 일본으로부터 은화의 수입이 부진하여 국내에는 심각한 은화부
족현상이 일어났다는 기록을 미루어, 국내의 銀貨需給에 있어 日本銀貨가
차지하는 비중이 적지 않았다는 사실울 짐작할 수 있다.[31]

위에서 성호가 견문 체험한 시기의 칭량은화 유통상황과 그 공급실태를
槪觀하였다. 그가 선배학자 磻溪와는 달리, 당시 일반 유통계와 국제무역
에서 칭량화폐로 널리 유통된 銀貨의 통화기능을 중시하여 유통을 제의하
게 된 이유는 어디 있는가? 대체로 다음 몇 가지 이유를 들 수 있을 것이
다.

첫째, 은화는 귀금속으로서 환물가치가 크기 때문에 국가가 전쟁과 같은
위기에 직면해서 응급한 재정을 조달하는데 편리한 것이다.[32] 또한 은화는
귀금속으로서 단위가치가 크고 보존성이 커서 재화를 보장하고 운반하는
데도 편리한 것이라고 하였다.[33] 따라서 星湖가 秤量貨幣로서 은화의 유
통을 제의한 것은 은화가 가지는 화폐로서의 구성요건을 중시한 데 이유
가 있다는 것을 짐작할 수 있다.

둘째, 성호는 다음과 같은 그의 주장에서 엿볼 수 있듯이, 상업의 발달과
농민의 토지이탈을 조장하는 동전유통에 대한 반동으로서 명목화폐인 동
전의 유통을 금지하기 위한 한 방법으로서 칭량은화 유통의 필요성을 느
끼게 되었으리라는 점을 짐작할 수 있다.

> 무릇 商人이 많기로는 지금 보다 더 한 때가 없는데, 그것은 銅錢 때문
> 이다. (銅錢이 없어서) 장사하는 것이 不便해지면 農業으로 돌아갈 뿐이
> 다. 부득이 장사를 하지 않을 수 없는 자는 銀[秤量銀貨]을 사용하게 될
> 것이다.[34]

---

31) 『正祖實錄』卷36, 正祖 16년 10월 辛未 ; 元裕漢, 「李朝期後 淸錢의 輸入 流通에
　　대하여」, 『史學硏究』21, 1969, 144~155쪽.
32) 『星湖僿說』卷6, 「萬物門」, 金銀, 銀貨 참조.
33) 위와 같음.
34) 『星湖先生文集』卷30, 「雜著」, 論錢貨.

성호가 秤量貨幣로서 은화를 사용하자고 제의한 것은 명목화폐인 동전의 유통을 금지하고 종래의 米·布 등 물품화폐 유통체제로 復歸할 것을 주장했던 것과 本質的으로는 性格을 같이하는 것으로 보아야 할 것이다. 칭량화폐인 은화도 미·포 등과 같은 물품화폐로서의 屬性이 큰 것이라고 생각하기 때문이다.

셋째, 성호는 국내에서 생산한 은화와 日本으로부터 수입한 은화가 모두 淸으로 흘러 들어가고,[35] 그 대신 소비품 내지 사치품을 바꿔 오기 때문에 국가는 크나큰 경제적 손실을 입게 된다는 점을 심히 우려하였다. 이 점은 성호의 다음과 같은 주장을 통해 알 수 있다.

그리고 우리나라에서 사 오는 物品중에 가장 해로운 것은 비단이다. 이 외도 좋은 藥이니, 食品이니, 이상한 장난감 등 모든 물건을 한량없이 수레에 실어 온다. 이 소중한 銀貨를 잠깐 동안에 써 버리니 어찌 애석한 일이 아니겠는가.[36]

國外로 보낸 銀과 金은 되돌아오지 않고 國內로 들여온 쓸데없는 장난감은 쉽게 망가질 뿐이니, 이렇고서야 나라가 어찌 가난하지 않을 수 있겠는가.[37]

그래서 성호는 金·銀이 중국으로 유출되는 것을 막음으로써 國富를 증진할 것을 다음과 같이 제의하였다.

만약 邊邑에 금령을 내려서 좋은 음식, 좋은 의복, 이상한 장난감과 화려한 그림 등 일체를 사들이지 못하도록 한다면 몇 해가 안 가서 나라는 富裕해질 것이다.[38]

---

35) 韓㳓劤, 앞의 책, 1961, 305~308쪽.
36) 『星湖僿說』 卷6, 「萬物門」, 銀貨.
37) 『星湖僿說』 卷6, 「萬物門」, 金銀.
38) 위와 같음.

위와 같이 星湖는 조선측에서 생산재요 자본재인 은화를 가지고 가서 소비품 내지 사치품을 수입함으로써 초래되는 국가의 막대한 경제적 손실을 깊이 우려하고, 그러한 비실리적 대청무역을 금지할 것을 주장했던 것이다. 이와 동시에 국내에서 은화를 秤量貨幣로 유통함으로써, 그처럼 큰 국가경제의 손실을 가져오는 대청무역의 폐단을 극복할 것을 제의하였다. 이러한 그의 주장은 다음의 기록을 통해 알 수 있을 것이다.

  (銅錢이 없어서) 장사하는 것이 불편해지면 農業으로 돌아갈 뿐이다. 부득이 장사를 하지 않을 수 없는 자는 銀[秤量銀貨]을 사용하게 될 것이다. 이같이 하면 銀錠의 값이 치솟아 市場에서 통용되는 것이 줄고 中國 商品도 덜 수입되어 사치한 풍습도 없어질 것이다. 오늘날 商人들이 外國에 쫓아가서 利益을 다투는 것은 銀이 賤한 때문이 아닌 것이 없다.[39]

성호가 이민족과의 경제적 접촉, 즉 대청무역에서 초래되는 국가의 경제적 손실을 막아야 한다고 했다든지, 또한 그러한 손실을 막기 위한 방법으로서 칭량은화를 사용해야 한다고 한 그의 주장은 민족적 각성이랄까, 민족의식이 뒷받침되어 있다고 보아야 할 것이다. 이처럼 성호의 경제사상 내지 화폐론에서 엿보이는 민족주의 지향의식은 후론 되겠지만, 燕岩과 茶山에게서 보다 농도 짙게 나타나고 있는 것이다.

3. 燕岩·茶山의 金·銀貨流通論

1) 燕岩의 銀貨流通論

燕岩 朴趾源(1737~1805)은 대체로 그가 생존 활약한 18세기 후반의 화폐정책과 유통경제발전을 견문 체험하면서 자신의 화폐정책론을 구상 제시하였다. 그가 1780년(정조 4) 中國에 들어가 견문 체험한 그곳의 貨幣流

---

39) 『星湖先生文集』 卷30, 「雜著」, 論錢貨.

通에 대한 지식도 화폐정책론 구상과정에 참고 활용되었을 것이다.[40] 그는
1792년(정조 16) 安義縣監 在職 중에 화폐정책론을 別紙에 써서 右議政에
임명된 金履素(1735~1789)의 榮轉을 축하하는 글과 함께 보냈다. 연암은
당시 중요한 정책과제로 제기되어, 심각하게 논란된 화폐문제에 대한 자신
의 견해와 주장을 右議政 金履素를 통해 화폐정책 운용에 반영하겠다는
생각을 가지고 있었던 것으로 짐작된다.[41]

燕岩의 貨幣政策論은 조선후기의 貨幣經濟發展過程에서 볼 때, 貨幣
經濟 擴大發展期(18세기 30년대~19세기 60년대)를 배경으로 하여 구상
체계화되었기 때문에, 화폐유통에 대한 反動期(18세기 초~1740년대 초)를
배경으로 하여 형성된 星湖의 화폐정책론과는 성격을 달리하고 있다. 즉
성호는 앞에서도 지적했듯이, 명목화폐인 동전의 유통을 금지하고 종래의
물품화폐 유통체제로 복귀할 것을 주장했는데 반해서, 연암은 국가경제에
있어 화폐의 가치 내지 기능이 중요하다고 보았던 것이다. 이와 같은 사실
은 연암의 다음과 같은 주장을 통해서 알 수 있다.

　　생각컨대 오늘날 백성의 憂患과 국가의 계책이 오로지 財賦에 있습니
다. …… 그런데도 불구하고 官民이 匱渴되어 있고 上下가 모두 곤궁해
져 있는 것은 무슨 까닭인가. 이것은 財賦의 관리방식이 온당치 못한 까
닭이다. 대개 貨幣가 貴해지면 物件이 賤해지고 貨幣가 천해지면 물건이
귀해지기 마련이다. 물건이 귀해지면 백성과 나라가 다 함께 피폐하고 물
건이 천해지면 농민과 商人이 모두 타격을 받게 된다. …… 그러므로 財
賦를 잘 관리한다는 것도 별 방도가 있는 것이 아니다. 貨幣의 輕重을 헤
아려서 物價의 高低를 조절하되 막힌 것은 트고 넘치는 것은 가둬서 지
나치게 重하거나 輕하게 되는 현상이 없도록 하고, 귀하거나 천하게 되는
시기가 없도록 함에 지나지 않는 것이다.[42]

연암의 화폐정책론 형성 배경이 된 화폐경제 확대발전기를 일관해서 나

40) 『燕岩集』 卷2, 「賀金右相履素書」 別紙 ; 元裕漢, 앞의 글, 1979, 93~110쪽.
41) 위와 같음.
42) 『燕岩集』 卷2, 「賀金右相履素書」, 別紙.

타난 시대적 특징은 일반 유통계에 錢荒이 심화되고 있다는 사실이다. 그리하여 당시 政府當路者나 실학자 등 各界人의 화폐문제에 대한 관심은 거의 전황극복문제로 집중되어 있었다. 전황은 화폐경제의 원활한 발전을 저해했을 뿐만 아니라, 여러 가지 사회경제적 모순과 폐단을 조장하고 있었기 때문이다.[43] 연암 역시 전황의 극복을 당시 화폐정책의 당면과제로 보았기 때문에 전황의 극복방안을 모색, 제시하는데 중점을 두고 화폐정책론을 구상 체계화했던 것이다.[44]

당시 정부당로자를 비롯한 각계인들이 錢荒을 극복하기 위해 구상 제시한 여러 가지 방안 중에 다음과 같은 것이, 그 대표적인 것이라 할 수 있다.

첫째 한정된 원료를 가지고 보다 다액의 유통가치를 조성하기 위해 當二·當五·當十·當百錢 등 高額錢을 鑄造流通한 것, 둘째 中國銅錢을 싼값으로 수입하여 銅錢과 함께 法貨로 사용할 것, 셋째 銅錢과 原料를 달리하는 銀貨를 鑄造해서 銅錢과 法貨로 사용할 것, 넷째 高利貸業者나 富商 등의 銅錢退藏行爲를 억제할 것 등이[45] 그것이다. 연암 역시 전황의 克服方案으로서 고액전과 小額錢을 법화로서 倂用할 것과, 은화를 주조하여 동전과 함께 법화로서 사용할 것을 제의했던 것이다.

燕岩은 "(錢荒克服을 위한) 당연한 계책으로서 가장 중요한 것은 먼저 銅錢의 流通을 맑게 하고 銀貨가 北(中國)으로 흘러 들어가는 문을 닫아버리는 일입니다"[46]라고 했듯이, 錢荒을 극복하기 위한 방안의 하나로서 國內의 銀貨가 중국으로 유출되는 것을 막고자 하였다. 그는 계속해서 "어떻게 銀貨가 (中國으로) 빠져나가는 문을 닫을 것인가"[47]라는 自問에, 다음과 같이 銀貨를 鑄造流通해야 한다고 自答하고 있다.

---

43) 元裕漢, 앞의 글, 1972.

44) 『燕岩集』卷2, 「賀金右相履素書」, 別紙.

45) 元裕漢, 앞의 글, 1972.

46) 『燕岩集』卷2, 「賀金右相履素書」, 別紙.

47) 위와 같음.

官民이 소장하고 있는 土産銀을 地銀 그대로 쪼개서 貨幣로 사용치 못하게 하고, 전부 戶曹에서 수집해서 대개 5냥·10냥 단위로 크고 작은 銀錠을 만들어 天馬·朱雁의 형태로 鑄造하여 본래의 소유주에게 돌려주되, 10분의 1에 해당하는 稅金을 부과할 것이다.[48]

위 記錄을 통해 알 수 있듯이, 연암은 은화를 사용하되 종래처럼 地銀 形態, 즉 秤量銀貨를 쪼개어 쓸 것이 아니라 체재·품질을 규격화한 '天馬'와 '朱雁' 형태의 은화를 주조 유통할 것을 제의하였다. 또한 국가재정 관리 주무관청인 호조가 은화주조업무를 관장하고 鑄造한 은화의 10분의 1에 해당하는 세금을 징수할 것을 제의하는 등, 은화주조업무에 대한 국가 관리의 필요성을 강조하였다.

燕岩이 은화를 주조하여 동전과 함께 유통할 것을 제의하게 된 동기의 하나가 전황을 극복하는데 있다는 점은 앞에서 지적하였다. 그 외로 다음 두 가지 사실을 연암이 은화의 주조 유통을 제의하게 된 동기로서 들 수 있을 것 같다.

첫째, 연암이 다음 기록을 통해 알 수 있듯이, 은화가 가지는 화폐로서의 구성요건을 중요시하였다.

그리고 銀으로 말하면 財賦 중에서도 으뜸가는 貨幣이고 天下 사람들이 모두 보배로 여기는 것이다. 지금 우리나라 풍속이 銅錢을 貨幣로 사용하는데 익숙하고 銀을 화폐로 사용하는 데는 익숙치 못해서 마침내 물품으로 취급되고 貨幣로 사용되지 못한다.[49]

위와 같은 기록 내용으로써, 연암이 은화가 가지는 화폐로서의 구성요건을 중요시하여 은화의 주조 유통을 제의하게 되었다는 사실을 짐작할 수 있다.

둘째, 연암은 화폐로서의 중요한 구성요건을 갖춘 은화를 국내에서 주조

48) 『燕岩集』卷2, 「賀金右相履素書」, 別紙.
49) 위와 같음.

유통하지 못하고 中國의 소비·사치품을 수입하는 데 충당되고 있다는 사실을 지적 비판하고, 국내에서 은화를 주조 유통함으로써 은화의 국외 유출을 막는 한편, 국가의 경제적 損失을 초래하는 對淸貿易을 억제하려 했던 것이다. 이 점은 다음과 같은 그의 주장을 통해서 알 수 있다.

    그리하여 燕市에서 貨幣로 삼지 않으면 곧 무용지물과 같이 다루어지는 동시에 正朝使·冬至使·齎曆官·齎咨官이 가지고 가는 包銀은 1년에 10만 냥을 내리지 않아서 10년 분을 통계하면 이미 1백만 냥이나 된다. 그런데 이 막대한 양에 달하는 銀으로 바꾸어 오는 것은 다만 털벙거지뿐이다. 털벙거지는 겨울 석 달만 쓰고 나면 폐물로 버리게 되는 것이다. 천년을 지나도 부스러지지 않는 물건을 겨울 석 달만 지나면 폐물로 버리게 되는 물품을 수입해 오고, 매장량이 한계가 있는 寶貨를 한 번 들어가면 돌아오지 않는 곳에 실어 내고 있으니, 天下에 拙計치고 이보다 더 심한 것은 없을 것이다.50)

    그리고 연암은 국내에서 법화로 주조 유통할 은화의 소재를 풍부하게 하기 위해서는 사행에 따라가는 불필요한 수행원을 줄이고 교역을 목적으로 은을 가지고 가는 상인의 수행을 금지할 것도 제의하였다.51)
    위와 같은 燕岩의 銀貨幣鑄造流通論의 내용 중 다음의 몇 가지 점에 주목하게 된다.
    첫째, 연암이 銀貨를 주조 유통할 것을 제의하게 된 동기의 하나가 국내 은화[秤量銀貨]의 國外 流出을 통제하여 막대한 경제적 손실을 초래하는 대청무역을 억제하려는데 있다는 점이다. 즉 생산재요 자본재인 은화를 다량 가지고 가서 소비·사치품을 바꿔 오는 대청무역에서 초래되는 국가 내지 민족의 막대한 경제적 손실을 막자는데, 연암이 은화의 주조유통론을 제의하게 된 동기가 있는 것이다. 이상 연암의 화폐정책론 내지 그것과 관련한 국제무역론을 통해, 다른 나라 또는 異民族과의 경제적 접촉에서 국

---

50) 『燕岩集』 卷2, 「賀金右相履素書」, 別紙.
51) 위와 같음.

가 내지 민족의 경제적 손실을 가져와서는 안되겠다는 의식, 즉 민족주의 지향의식을 엿볼 수 있다. 星湖의 貨幣政策論에서부터 엿보이기 시작한 민족주의 지향의식은 연암의 화폐정책론에서 보다 농도 짙게 나타나고 있다.

둘째, 연암은 國內에서 은화를 사용하되, 칭량은화의 유통을 제의한 성호와는 달리, 體裁·品質을 일정하게 規格化한 은화를 주조 유통할 것을 제의했다는 사실을 주목해야 할 것이다. 이와 같은 연암의 은화주조유통론에서는 칭량은화의 流通段階를 극복하고, 보다 名目貨幣化한 은화의 주조 유통을 志向하려는 의지를 엿볼 수 있다고 생각되기 때문이다. 이상 명목화폐화, 다시 말해서 近代貨幣化를 지향하는 연암의 은화주조유통론은 1742년(영조 18)에 政府當路者들 사이에 錢荒克服의 一環策으로서 銀을 녹여 1錢과 2錢 무게의 小銀片을 주조 유통하자는 논의가 있는 것을[52] 미루어 볼 때, 그 당시의 시대적 요청에 부응해서 구상 제시된 것이었다.

2) 茶山의 金·銀貨流通論

茶山 丁若鏞(1763~1836)은 그가 생존 활약한 18세기 후반과 19세기 전반의 화폐정책과 유통경제발전을 견문 체험하였다. 또한 문헌을 통해 周代의 貨幣制度 등 中國의 貨幣制度를 역사적으로 고찰하였다. 그리고 19세기 초의 中國을 비롯한 東南亞 여러 나라의 국제무역거래에 金·銀貨가 사용되고, 西洋에서 銀貨가 사용된다는 소식도 傳聞하였다.[53] 다산은 이상 국내외의 貨幣問題에 대한 정보와 지식을 토대로 하여 화폐정책론을 구상 제시하였다.

燕岩 보다 25년 늦게 나서 31년을 더 생존한 다산은 조선후기 貨幣經濟 발전과정에서 볼 때, 역시 연암처럼 貨幣經濟 擴大發展期(18세기 40년대~19세기 60년대)를 배경으로 하여 화폐정책론을 구상 체계화하였다. 그

---

52)『英祖實錄』卷55, 英祖 18년 6월, "癸卯條 …… 趙尙綱曰 或以爲以銀鎔爲小銀片 作一錢二錢重 京外官府 皆以此代錢而行之 則錢自不貴玄矣".
53) 元裕漢, 앞의 책, 198~203쪽.

래서 다산은 貨幣(銅錢)流通을 부정적으로 평가했던 星湖와는 달리, 연암처럼 국가경제 면에 있어 화폐가치 내지 기능을 중시하였다. 즉 화폐는 상품유통의 매개체로서 나라의 큰 보배이며 민중생활에 꼭 필요한 것이라고 생각했던 것이다.[54] 따라서 다산은 당시 일반 유통계에 널리 유통 보급된 銅錢의 유통을 전제로 하고 화폐정책 내지 화폐제도의 개선 개혁을 통해 錢荒을 극복함으로써 화폐유통구조를 개선하는 방안을 구상 제시하였다. 그는 화폐제도개혁론에서 동전만 法貨로 사용한 종래의 단일법화 유통체제를 지양하고 金·銀錢을 鑄造하여 동전과 함께 法貨로 유통할 것을 제의하였다.

茶山은 동전을 當一錢·當十錢·當百錢 등 額面價値가 다른 세 종류의 高·小額錢을 주조 유통하자고 하였고, 金錢과 銀錢의 경우도 각기 大·中·小錢을 주조하여 모두 아홉 종류의 金·銀·銅錢을 주조 유통하자고 하였다. 金·銀錢에 錢文을 새기고, 금·은·동전의 比價는 금전 1에 은전 50, 은전 1에 동전 50, 금전 1에 동전 2,500으로 결정할 것을 제의하였다. 또한 금·은전에 전문을 새겨서 유통하게 되면 죽음을 무릅쓰고 함부로 金銀을 가지고 중국에 들어가는 자가 없기 때문에 다량 금은의 중국 유출을 막을 수 있을 것이라 하였다.[55]

위와 같이 茶山이 金·銀錢을 銅錢과 함께 法貨로 鑄造流通할 것을 제의하게 된 배경이랄까, 그 동기로서 대체로 다음의 몇 가지 사실을 지적할 수 있을 것 같다.

첫째, 다산은 유일한 법화인 동전은 유통 보급에 편리하나, 재화보장수단으로서는 불편하다고 하였다. 그는 변방에서 전쟁이 일어날 경우 응급한 재정수요에 충당하기 위해서는 金·銀貨를 비축하는 것이 편리하다고 하였다.[56] 이러한 다산의 견해를 미루어 볼 때, 그는 星湖가 주장한 바 있듯

---

54) 『茶山全書』上, 「詩文集·文」 9, 問錢幣.
55) 『茶山全書』上, 「詩文集·文」 9, 問錢幣 ; 『茶山全書』下, 「經世遺表」 2, 典圜署 ; 元裕漢, 「朝鮮後期 貨幣政策에 대한 一考察 - 高額錢의 鑄用論議를 中心으로」 『韓國史研究』 6, 1971, 75~102쪽.
56) 『茶山全書』下, 「經世遺表」 7.

이, 金・銀의 재화보장기능을 중시하여 금・은전의 주조 유통을 제의했으리라는 것을 짐작할 수 있다.

둘째, 다산은

　마땅히 金・銀으로 鑄貨를 만들어서 각각 제값대로 사용하게 하면 大商과 원거리 商人이 반드시 金・銀錢을 다투어 취할 것이니, 이것은 金・銀錢이 수송하기가 어렵지 않기 때문이다.[57]

고 하였다. 이러한 다산의 주장을 미루어 그가 금・은전을 수조 유통할 것을 제의하게 된 동기의 하나는 금・은전을 유통하면 재화운반이 편리해진다는데 있음을 짐작할 수 있다. 이로써 다산의 금・은전유통론은 國內商業과 國際貿易의 發達, 增進을 필요로 하는 시대적 요청에 부응해서 구상 제시된 것이라고 볼 수 있을 것이다.

　셋째, 茶山은 金・銀・銅錢 등 原料를 달리하는 貨幣를 각기 大・中・小錢으로 鑄造하여, 모두 아홉 종류의 貨幣를 流通하면 '九府圜法'의 정신과 일치하는 것이라 하였다.[58] 이처럼 다산은 周의 貨幣制度를 理想的인 것으로 생각했고, 그 화폐제도에서 금・은화주조유통론이 發想되었던 것으로 보인다. 이 같은 점은 茶山의 저서 『經世遺表』에서 土地・租稅의 管理로부터 산업・기술・무역정책에 이르기까지, 그것들을 논함에 있어서 周禮的 體制를 國內 現實에 맞추어서 縮小, 再編成하고 있었다[59]는 사실을 미루어 충분히 짐작할 수 있을 것이다.

　넷째, 다산은 中國 또는 東南亞 여러 나라와 西洋에서 金・銀貨를 사용한다는 사실을 傳聞했고, 이처럼 새로운 지식을 기반으로 하여 金・銀錢 流通論을 구상 제의하게 되었다. 다산은 1801년(순조 1)에 黑山島人 文淳得이 西南海에서 漂流하여 中國各地와 琉球・安南國・呂宋國 등 東南亞 여러 나라를 돌아다니면서, 그 곳에서 大商들이 금・은전과 銅錢을 사용

57) 『茶山全書』 上, 「詩文集・文」 9, 錢幣議.
58) 『茶山全書』 下, 「經世遺表」 2, 典圜署.
59) 洪以燮, 「퍼지 못한 牧民心書=丁若鏞」, 『韓國의 人間像』 4, 1965, 406~423쪽.

하는 것을 보았다는 소식을 전문하였다.[60] 문순득이 견문 체험한 내용 그
대로, 즉 금・은전과 동전 등 原料를 달리하는 화폐를 각기 大・中・小錢
을 鑄造하여 아홉 종류의 高・小額錢을 유통하는 것이 理想的 화폐제도
라고 생각한 것이다. 한편 다산은 당시 朝鮮에 漂到한 西洋人의 배에 無
孔의 은전이 있더라는 소식을 전문함으로써[61] 서양에서 銀貨를 사용한다
는 사실을 짐작할 수 있었을 것이다. 이 사실 역시 다산이 金・銀錢流通論
을 구상 제의하게 된 계기가 되었을 것으로 짐작된다.

  다섯째, 다산은 燕岩 등 實學者나 일부 政府當路者들이 그러했듯이, 다
량의 金・銀을 가지고 가서 비단과 같은 소비・사치품을 수입해 오는 對
淸貿易에서 초래된 막대한 국가의 경제적 손실을 막기 위해서 國內에서
金・銀貨를 鑄造하여 銅錢과 함께 法貨로 유통할 것을 제의하였다. 이 점
은 다산이 쓴 '典圜署'條 중의 다음과 같은 내용을 통해서 알 수 있다.

  우리나라의 金・銀이 매년 中國으로 흘러 들어가는 것은 나라를 깎아
  내는 것입니다. 마땅히 金과 銀으로 鑄貨를 만들어 각각 제값대로 사용토
  록 하면 …… 또 이어 錢文이 새겨져 있고 또한 錢文이 새겨 있으면 비록
  譯官들이 利益을 重히 생각하고 생명을 가벼이 여기더라도 감히 몰래 숨
  겨서 燕京으로 가져가지는 못할 것입니다. 金・銀을 燕京으로 가지고 가
  는 것은 비단을 貿入하기 위해서입니다. …… 生産이 限定되어 있는 보
  배를 가지고 限 없는 실을 當하며, 삭지 않는 보배로써 쉽게 해지는 물건
  을 교역하게 되니 나라의 不利함이 이와 같은 것이 없습니다. …… 신(茶
  山)은 말합니다. 金・銀錢을 國內에서 通用하면 中國으로 흘러 들어가는
  金・銀은 줄어들 것입니다. 또한 비단 등속을 일체 中國에 가서 무역해
  오게 하지 말고 利用監으로 하여금 비단 짜는 법을 배워 와서 國內에 보
  급하면 역시 兩利가 되지 않겠읍니까.[62]

  위 기록으로서, 茶山은 주로 소비・사치품인 비단 등을 수입하려고 生

---

60) 『茶山全書』 下, 「經世遺表」 2, 典圜署.
61) 『茶山全書』 上, 「詩文集・雜評」 22.
62) 『茶山全書』 下, 「經世遺表」 2, 典圜署.

産財요 資本財인 金·銀이 中國으로 流出되는 것을 막기 위한 한 방법으로써 國內에서 金·銀錢을 法貨로 鑄造流通하자 했고, 그러한 주장의 보다 본질적인 동기는 대청무역으로 초래되는 국가의 경제적 손실 내지 비단 직조업과 같은 민족산업의 위축을 막으려는데 있다는 사실을 알 수 있을 것이다. 이것은 곧 星湖나 燕岩의 경우에서도 찾아볼 수 있는 것으로서, 다산의 화폐정책론 내지 경제사상에 내재된 민족주의 지향의식의 한 표출로 이해하여 할 것이다.

여섯째, 끝으로 다산은 화폐경제 확대발전기를 거의 일관해서 일반 유통계에 나타난 錢荒을 극복하려는 데도, 그가 金·銀錢을 鑄造流通할 것을 제의하게 된 동기가 있다고 볼 수 있을 것이다. 이 점은 당시의 일부 정부 당로자나 연암 같은 실학자도 전황극복방안의 하나로서 은화의 주조 유통을 제의했던 사실을 미루어 그 개연성을 인정할 수 있을 것이다.63)

다산은 위에 지적한 사실들을 직접·간접적인 동기로 하여 금·은전을 주조하여 동전과 함께 법화로서 유통할 것을 제의했던 것이다. 이 같은 다산의 금·은전유통론 내지 貨幣制度改革論에 내재된 주목할 의식형태로서 다음의 두 가지 점을 지적할 수 있을 것이다.

첫째, 다산이 금·은전유통론을 골자로 하여 구상 제시한 그의 화폐제도개혁론에서는 연암의 단계에서 엿볼 수 있는 것 보다 농도 짙은 근대지향의식을 찾아볼 수 있다. 다산이 金·銀·銅錢 등 원료를 달리하는 주화를, 그것도 각 주화마다 액면가치가 서로 다른 아홉 종류의 주화를 유통할 것을 제의한 점과, 주화의 체재·품질을 규격화하고 각 화폐간의 통용비가를 명확히 규정해 놓은 점등을 미루어 볼 때, 近代 金·銀本位制度를 연상하게 된다. 다산이 근대화폐의 주조 유통을 친히 견문 체험하지는 못했을 지라도, 中國 또는 東南亞 여러 나라와 西洋 여러 나라와의 무역거래에 서양 근대화폐를 사용하고 있다는 소식을 전문했고, 이처럼 새로운 지식은 그의 화폐제도개혁론 구상에 참고 활용되었던 것으로 보인다. 따라서 금·은전의 주조 유통을 골자로 한 다산의 화폐제도개혁론에서 농도 짙은 근대지

63) 元裕漢, 앞의 글, 1972.

향의식을 찾아볼 수 있다는 것은 지극히 당연한 일일 것이다.

둘째, 다산의 화폐제도개혁론에는 민족주의 지향의식이 농도 짙게 나타나 있다. 앞에서도 지적했듯이, 茶山이 金·銀錢流通論을 제의한 동기는 生産財요 資本財인 金·銀을 가지고 가서 비단과 같은 소비·사치품을 바꿔 오는 對淸貿易에서 초래된 국가경제의 손실을 막자는 데 있다. 또한 그는 중국으로부터 비단을 수입해 오기보다는 비단을 짜는 기술을 도입하여 국내의 비단 직조업을 진흥하자고 하는 등, 민족경제의 주체적 성장 발전을 지향하려 했다. 이상의 사실로서 다산의 화폐정책론 내지 그것과 관련된 국제무역론에 농도 짙게 나타난 그의 민족주의 지향의식을 찾아볼 수 있는 것이다.

4. 結論 —金·銀貨流通論의 發展—

이상에서 실학자의 화폐사상발전 내지 조선후기 화폐사상의 발전을 이해하기 위한 작은 시도로서, 대체로 그들의 생애가 조선후기를 포괄하는 磻溪·星湖·燕岩·茶山 등 선후배 實學者들의 金·銀貨流通論을 살펴보았다. 이상 실학자들의 금·은화유통론에 대한 분석 고찰을 통해서 밝혀진 사실을 요약하는 동시에, 그들이 구상 제시한 금·은화유통론의 발전을 개관하여 본고의 결론에 대신하고자 한다.

倭亂 이후 일반 유통계에 널리 유통 보급된 은화는 덩이[錠]모양의 秤量銀貨였다. 이러한 칭량은화는 17세기 70년대 말 銅錢[常平通寶]이 法貨로서 유통 보급되기까지는 米·布 등 물품화폐와 함께 중요한 통화기능을 담당하였다. 또한 칭량은화는 동전의 유통이 국내 각 지역으로 확대 보급된 후에도 19세기 말 근대화폐제도를 도입하기까지는 계속 국내 일부 유통계와 국제무역거래에서 통화기능을 담당하였다. 그러므로 반계·성호·연암·다산 등 선후배 실학자들이 각기 생존시기는 다르다 할지라도, 그들은 모두 칭량은화가 국내 유통계에서 혹은 국제무역에서 중요한 통화기능을 발휘한 시기의 화폐정책과 유통경제발전을 경험하면서 화폐정책론을

구상 체계화했던 것이다.

반계는 일찍이 中國과 高麗時代에 은화가 유통되었다는 사실을 알고 있었다. 또한 西洋에서는 銀錢이 사용되고 있다는 소식도 傳聞하였다. 그럼에도 불구하고 반계는 은화를 법화로 사용하는 문제는 고려하지 않았고, 당시 일반 유통계에서 미·포 등 물품화폐와 함께 칭량화폐로 사용되는 은화의 유통을 묵인하는 정도에 그쳤다. 이 같은 반계의 칭량은화에 대한 인식은 다음과 같은 점에 연유했을 것으로 짐작된다. 즉 당시 정부당로자를 비롯한 지식계층 대부분이 그러했듯이, 법화로서의 동전에 대한 반계의 選好度가 높고, 또한 당시 일반 유통계에 유통된 秤量銀貨가 가지는 화폐로서의 결함이 반계에게도 간과되지 않았을 것이라는 점이다.

성호는 화폐유통에 대한 봉건사회의 反動期를 배경으로 해서 구상 제시한 화폐정책론에서 칭량은화의 유통을 주장하였다. 칭량은화는 財貨保藏과 운반이 편리하다고 하는 등, 은화가 지닌 화폐로서의 구성요건을 중요시하였다. 또한 은화를 국내에서 사용함으로써 생산재요 자본재인 은화를 가지고 소비·사치품을 바꿔오는 대청무역에서 초래된 국가의 막대한 경제적 손실을 막자고 하였다. 이처럼 이민족과의 무역거래에서 경제적 손실을 보아서는 안 된다는 민족적 각성 내지 민족주의 지향의식은 성호의 화폐정책론에서 처음 보이기 시작한다. 그리고 성호는 당시 公·私 流通界에 널리 유통 보급된 동전의 유통을 금지하는 대응조치로서 칭량은화의 유통을 고려하게 되었던 것이다. 따라서 성호가 秤量銀貨의 유통을 고려한 것은 그가 명목화폐인 동전의 유통을 금지하고 米·布 등 물품화폐나 물품화폐의 屬性이 큰 高額大錢 絹布貨의 유통론과 본질적으로 性格을 같이하는 것으로 볼 수 있다.

燕岩은 貨幣經濟 擴大發展期를 배경으로 하여 구상 체계화한 자신의 화폐정책론에서 은화를 主造하여 동전과 함께 법화로 유통할 것을 제의하였다. 그는 성호처럼 명목폐화인 동전의 유통을 금지하고 종래의 물품화폐 유통체제로 되돌아가려는 과거 복귀적 입장에서 은화를 사용하자는 것이 아니었다. 공·사 유통계에 만연된 錢荒을 해소 극복하고 貨幣流通構造를

改善하기 위해 은화를 주조 유통함으로써 동전만을 法貨로 사용하는 단일 법화 유통체제의 한계를 극복하려 했던 것이다. 또한 연암은 덩이[錠]모양의 칭량은화를 그대로 사용하자던 성호와는 달리, 국가가 그 체재·품질을 일정하게 규격화한 은화를 주조 유통할 것을 제의하였다. 즉 戶曹가 민간 소유의 지은을 수집하여 5兩 또는 10兩 무게로 天馬와 朱雁 형태의 칭량 은화를 주조 유통하자는 것이다. 이러한 그의 貨幣制度改革論은 국가가 은화를 法貨로 鑄造하여 純度와 重量을 보장, 公信性을 높임으로써 은화의 통화기능을 강화하려는데 목적을 두고 구상되었을 것이다. 이로써 연암의 은화주조유통론에서는 종래 地銀 형태의 秤量銀貨 流通段階를 극복하고, 보다 改良된 秤量銀貨 制度 내지 名目貨幣化한 銀貨의 주조 유통을 지향하려는 의지를 엿볼 수 있다. 이처럼 보다 개량된, 다시 말해서 近代的 貨幣制度에 접근하려는 近代化 지향의식을 연암의 은화주조유통론에서 찾아볼 수 있는 동시에, 星湖의 銀貨流通論에서 엿보이기 시작한 민족주의 지향의식이 농도 짙게 表出되어 있음을 확인할 수 있다.

燕岩 보다 25년 뒤늦게 出生한 茶山은 은화뿐만 아니라 金貨도 주조하여 동전과 함께 法貨로 유통할 것을 골자로 한 貨幣制度改革論을 구상 제시하였다. 그는 金·銀·銅錢을 각기 大·中·小錢으로 區分하여 액면가치가 서로 다른 아홉 종류의 鑄貨를 주조 유통하되, 金·銀錢에 錢文을 새길 것을 제의하였다. 이 같은 다산의 화폐제도개혁론은, 體裁·品質을 규격화한 秤量銀貨를 주조하여 동전과 함께 유통하자고 한 연암의 화폐제도개혁론의 수준을 극복한 것임은 말할 것도 없다. 그리고 다산이 西洋의 近代 貨幣制度에 대한 새로운 지식을 참고 활용하여 구상 체계화한 화폐제도개혁론에서 近代 貨幣制度 受容을 위한 강한 집념, 즉 농도 짙은 근대 지향의식을 찾아볼 수 있다. 한편 다산은 金·銀錢의 주조 유통을 제의하게 된 중요한 동기를 金·銀의 國外 流出을 수반하는 對淸貿易을 통제함으로써 국가의 막대한 경제적 손실을 막겠다는데 두고 있었다. 이런 점을 미루어 볼 때 다산의 화폐제도개혁론에도 星湖에게서 비롯해서 연암을 거쳐 다산으로 이어지는 강한 민족주의 지향의식이 표출되어 있음을 알 수

있다.

다산이 제의한 金·銀錢鑄造流通論 내지 화폐제도개혁론은 國家政策에 반영, 실현될 수 없었음은 물론이다. 그 중요한 이유는 동전만이 유일한 법화로 사용된 단순 미숙한 사회경제적 여건 하에서 額面價值가 서로 다른 아홉 종류의 金·銀·銅錢 등이 수용될 수 없었기 때문이다. 그러나 근대 금본위제도를 연상하게 하는 다산의 화폐제도개혁론은 초기 개화사상가 矩堂 兪吉濬(1856~1914)의 화폐정책론으로 이어졌다. 그리하여 구당은 近代 貨幣制度 受容期(19세기 60년대~20세기 초)를 배경으로 하여 두 차례에 걸쳐 금본위제도 수용론을 구상 제시하였다.[64]

다산이 금·은전주조유통론을 골자로 한 화폐제도개혁론을 제의한 이후 시기에도 칭량은화를 법화로 동전과 倂用할 것을 제의하는 政府當路者들이 있고, 한때 그 문제가 결정된 일도 있다. 1830년(순조 30)에 당시 領議政 南公轍(1760~1840)이 칭량은화를 동전과 함께 법화로 유통할 것을 제의, 결정된 일이 있다.[65] 그러나 이와 같은 결정은 실시의 단계에 이르지 못한 듯하다. 1855년(철종 5)에 당시 領議政 金左根(1797~1869) 역시 국제교역의 결제수단으로서 중요한 통화기능을 담당하는 칭량은화를 동전과 법화로 병용할 것을 제의했으나, 右議政 趙斗淳(1796~1870)의 反論으로 실현되지 못하고 말았다.[66] 이들 정부당로자들의 은화유통론에서도, 星湖·燕岩·茶山등 實學者의 金·銀貨流通論에 表出된 민족주의 지향의식은 찾아볼 수 있다. 그러나 그들의 은화유통론에서는 연암·다산 등의 화폐제도개혁론에서 찾아볼 수 있는 진보성 내지 근대지향의식은 퇴색되어 있다.

홍선대원군은 그의 집권기에 안으로 중앙집권체제를 재확립하고 밖으로 외침에 대비하여 군비를 증강하는데 필요한 거액의 재정을 조달하기 위해 惡貨 當百錢과 中國銅錢을 濫發하였다.[67] 朝鮮政府는 惡貨의 남발로 인

---

64) 元裕漢, 「矩堂 兪吉濬의 화폐사상」, 『윤병석교수화갑기념 韓國近代史論叢』, 지식산업사, 1990.
65) 『增補文獻備考』 卷159, 財用篇 6.
66) 위와 같음.

한 화폐제도의 문란 내지 유통경제의 혼란을 주체적으로 수습, 정비하지
못한 채로 1876년(고종 13)에 개항을 맞게 되었다. 개항으로 일본과의 통
상무역거래가 빈번해지고, 양국간 무역의 결제수단으로서 국내의 전근대
적 화폐와 일본의 근대화폐가 사용되었다. 일본의 본위은화나 멕시코은화
등 근대화폐와의 접촉을 가지게 되자, 체재와 품질의 통일성이 없고 가치
변동이 심하며 운반이 불편한 국내 화폐가 가지는 결함을 보다 절실히 느
끼게 되었다. 따라서 조선정부는 근대화폐제도를 도입, 전근대적 국내 화
폐제도를 개혁함으로써 안으로 화폐제도의 문란 내지 유통경제의 혼란을
막고, 동시에 밖으로는 일본을 비롯한 諸 外國과의 通商去來上에서 초래
된 어려움과 거액의 경제적 손실을 극복하려 하였다. 이처럼 전근대적 화
폐제도를 개혁하고 근대화폐제도를 수용하려는 근대지향의식과, 외국과의
경제적 접촉에서 초래되는 어려움과 국가의 경제적 손실을 막으려는 민족
주의지향의식을 기저로 하여 金·銀貨의 주조 유통이 정부당국에 의해 시
도되었다.[68] 조선정부가 1882년(고종 19)에 여러 나라와의 通商에 전근대
적 동전[常平通寶]만을 사용하기 때문에 군색하고 불편한 일이 많았다는
점을 이유로 하여 만국이 유통하는 金·銀錢을 사용하기로 결정하고, 우선
대동전이라는 3종류의 銀貨를 鑄造한 사실이 바로 그것이다.[69] 뒤이어
1883년에 위 사실과 같은 동기에서 상설 조폐기관으로 전환국을 설치하고
근대 金·銀本位貨幣制度의 도입을 위한 화폐정책을 적극 추진하였다.[70]

　　이로써 앞에서 지적한 것처럼, 다산이 그의 화폐제도개혁론에서 金·銀
貨의 주조유통론을 제의한 의식기반과 개항 이후 개화기에 정부당로자들
이 금·은화의 주조 유통을 제의, 시도한 의식기반은 본질적으로 성격을
같이하는 것으로 보인다. 이런 점을 미루어 실학자 다산의 금·은화주조유

---

67) 元裕漢, 「大院君執權期의 貨幣政策에 대한 考察」, 『사회과학연구』 1, 1973, 1~
　　16쪽.
68) 元裕漢, 「韓國開化期의 近代貨幣制受容에 대한 考察」, 『鄕土서울』 35, 1977, 59
　　~102쪽.
69) 『承政院日記』, 高宗 19년 7월 25일.
70) 元裕漢, 앞의 글, 1977.

통론이 개화기에 근대화폐제도를 도입하기 위해 금·은화를 주조 유통하려 했던 사실과 무관하다고 보기는 어려울 것 같다. 그 이유는 실학사상이 개화사상에 연결된다는 견해가 거의 일반화되었음은 물론, 1883년(고종 20)에 근대화폐제도를 도입, 실시하기 위해 상설 조폐기관으로서 전환국을 설치한 것이 다산의 전환서 설치운용론의 실현이라고 볼 수도 있기 때문이다.71)

(『東方學志』 23·24합집, 1980. 2)

---

71) 柳子厚, 『朝鮮貨幣考』, 學藝社, 1930, 531~532쪽.

丁若鏞의 身分制改革論

趙 誠 乙

1. 머리말

兩班·常民·賤民으로 이루어지는 上下關係的 身分秩序는 地主佃戶制와 아울러 우리나라 중세사회의 기반을 이루는 것이었다. 중세사회가 동요·해체하는 조선후기에 중세체제에 대한 강력한 비판자로 등장하였던 이른바 실학자들은 이러한 상하관계적 신분질서에 많은 비판을 가하였으며 실학의 집대성자라 일컬어지는 丁若鏞의 경우도 예외는 아니었다.[1] 정약용에 대하여는 여러 방면에 걸쳐 많은 연구가 행하여졌으나[2] 신분제개

---

1) 중세적 신분제에 대한 대표적 비판자로서 유형원·이익·유수원·박지원·박제가 등을 들 수 있겠다. 이들에 대한 포괄적 연구로는 김용덕, 「실학파의 신분관」, 『한국사상』15, 1977이 있다. 개별 연구로는 천관우, 「반계 유형원 연구」, 『歷史學報』2~3, 1952~3 ; 정구복, 「반계 유형원의 사회개혁사상」, 『歷史學報』45, 1970 ; 김채윤, 「유형원의 계층관념에 대한 사회학적 고찰」, 『민병대박사 화갑기념논총』, 1970 ; 송주영, 「정다산의 계급관」, 『카톨릭 청년』20-9, 1966(『韓國實學思想大要』, 박영사, 1979에 재수록) ; 신용하, 「다산 정약용의 신분관」, 『茶山思想의 綜合的 研究』, 민음사, 1982 등이 있다.
2) 정약용에 관한 연구의 저작목록은 1982년 다산학 학술회의 자료인 「茶山研究著

혁론에 대하여는 별로 연구가 진척되어 있지 않다.[3] 정약용의 신분제개혁
론에 대한 연구는 그의 사회사상 전반을 이해하는 데, 토지개혁론에 대한
이해와 더불어 필수적이다.

정약용의 이러한 신분제개혁론에 관한 자료들은 初期著作 및 『經世遺
表』에 수록된 것, 『牧民心書』에 실려 있는 것의 3가지가 있다. 그의 이 3
가지 저술은 그 성격 및 저술동기에 있어서 차이가 있다. 이 3자의 성격과
저술동기의 차이 및 상호관계에 대한 이해가 선행되어야 이 3가지 저술에
나타나는 身分制에 관한 主張과 그들의 相互關係를 올바로 파악할 수 있
다.

한편 정약용의 身分制改革論과 관련하여 그가 朱子學에서의 差等的 人
間觀과는 매우 다른 平等的 人間觀을 주장하고 있음이 注目된다. 한 사람
의 사상에 있어서 人間觀과 身分觀은 밀접히 관련되어 있으며 대개 양자
는 論理的 一貫性을 갖는다. 따라서 정약용이 인간관의 고찰은 그의 신분
제개혁론을 이해하는 데 있어 必須인 基本前提이다.[4] 정약용의 經學은
朱子學과는 다른 元始儒教로의 回歸의 志向으로 이해되는데 그의 인간관
의 考察은 그의 經學의 性格을 살피는 데에도 도움이 될 것이다.

中世의 身分秩序를 구성하는 兩班·常民·賤民 가운데 본 논문에서는
양반과 천민에 중점을 두고 다루어 가기로 한다. 그것은 조선후기에 신분
제의 문제로서 부각된 것은 양반층의 특권과 奴婢制 革罷였으며 정약용의

作目錄」을 참조.
  3) 정약용의 신분관을 대상으로 한 논문으로는 위의 송주영과 신용하의 것이 있다.
    후자는 초기저작과 『牧民心書』 戶典의 「戶籍」을 자료로 한 것으로 노비제의 문
    제는 다루고 있지 않으며 정약용의 신분관을 매우 긍정적으로 보고 있다. 전자는
    『牧民心書』, 禮典 「辨等」의 노비관계 부분의 자료를 근거로 하여 정약용의 노비
    관을 다룬 것으로 정약용의 신분관을 이익·유형원보다 후퇴한 보수적인 것으로
    파악하였다. 본 논문에서는 정약용의 신분관에 관련된 자료를 전면적으로 검토함
    으로써 그의 신분관의 진보와 그것이 궁극적으로 지향하는 바를 살피고자 한다.
  4) 한 사람의 사회사상이 아무리 급진적으로 보인다 하더라도 이의 이론적 기초가
    되는 인간관·세계관이 전대의 그것에 비하여 질적인 전환을 보이지 않으면 이
    사회사상은 전대의 사회사상을 근본적으로 부정하는 것이 될 수 없다는 한계를
    지닌다.

신분제 개혁론도 이 두 가지 문제를 중심으로 하고 있기 때문이다.

양반층의 특권은 役의 면제와 官職獨占이라는 신분적 특권 외에 그들의 경제적 기반인 地主佃戶制에도 있었다. 정약용은 이 3가지 문제에 근본적인 개혁을 생각하였다.

다음으로 노비제 혁파의 문제에는 奴婢從母法과 奴婢世襲制의 撤廢가 관련된다. 정약용의 노비관은 자료 상 문제점이 있으므로 비판적 관점에서 자료를 철저히 검토할 필요가 있다. 이상 양반층과 노비제 개혁에 대한 정약용의 견해를 고찰하고 이를 선배 실학자인 유형원·이익과 비교함으로써 정약용의 신분제개혁론의 성격과 그 역사적 위치를 파악하고자 한다.

2. 身分制에 관한 資料와 그 性格

신분제에 관한 자료는 『與猶堂集』雜文에 수록되어 있는 초기저작 및 『經世遺表』에 실려 있는 것, 『牧民心書』에 수록되어 있는 것의 3가지가 있다.[5] 초기저작 가운데 신분적 특권에 관한 것으로 「身布議」, 「戶籍議」,

---

5) 본 논문에서는 초기저작에 관한 자료로 新朝鮮社 本 『與猶堂全書』를 영인한 경인문화사본 『與猶堂全書』 1(이하 『全書』로 약칭) 및 정신문화원 소장의 『與猶堂集』 雜文, 『洌水全書』 續集(이하 정본으로 약칭), 규장각 소장의 『與猶堂集』 雜文, 『與猶堂集』 續集을 이용하였다(이하 규본으로 약칭). 현존의 『全書』 1의 시문집은 정약용 자신이 「自撰墓誌銘」 集中本(『全書』 1, 337쪽)에 정리된 묘지명 체계에서 論·策·議·序·跋·記 등의 잡문을 전편과 후편으로 하여 論·策·序·記·跋 등의 분야가 각기 전후편에 둘로 나뉘어 있던 것을 각 분야별로 하나로 통합한 것이다(이에 대하여는 조성을, 「정약용 著作의 체계와 與猶堂集 雜文의 재구성」, 『奎章閣』 8, 1984 참조). 여기에서 정약용 저작의 시기에 혼선이 일어난 것으로 생각된다. 정본이 정약용 자신이 편집한 원형에 가장 가까운 것으로 여겨지며 정본 『與猶堂集』 잡문과 규본 『與猶堂集』 잡문은 정약용 자신의 저작체계로는 잡문 전편에, 정본 『洌水全書』 속집과 규본 『與猶堂集』 속집은 잡문 후편에 해당된다. 잡문 전편은 대체로 전기작으로, 후편은 후기작으로 생각된다. 『牧民心書』는 완성본과 초고본의 2가지 형태가 있다(이에 대하여는 안병직, 「牧民心書考異」, 『春堂 丁炳休博士 환력기념논문집』, 比峰出版社, 1983 참조). 초고본은 1918년 강진에서 이루어진 것이고 완성본은 고향인 마재에 돌아와 증보한 것이다.

「應旨論農政疏」,「田論」,「人才策」,「通塞議」,「栗谷請許通」,「庶孼論」,「農策」 등이 있으며, 양반신분의 부정과 관련된 것으로는「身布議」,「田論」,「跋顧亭林生員論」 등이 있고, 노비신분의 부정과 관련된 것으로는『餛飩錄』에 실려 있는「芝峯亦憂奴婢」와 祭文인「祭荑甫文」 등이 있다.『經世遺表』가운데 신분적 특권에 관한 것으로 권8 地官修制「田制」12, 권1 校書監 관계기록, 권2 宣敎局 관계기록, 권3 天官修制의「三班官制」, 권13 地官修制의「敎民之法」, 권15「科擧之規」1,「選科擧之規」2 등이 있으며 노비신분의 문제와 관련된 것으로는 권1 引(邦禮艸本序)의 奴婢從母法 관계기록, 권2 掌隷院 관계기록 등이 있다.『牧民心書』가운데 신분적 특권에 관한 것으로 권8 兵典「簽丁」, 권17 戶典「勸農」·「戶籍」 등이 있으며 노비신분 문제와 관련된 것으로는 권8 禮典「辨等」의 노비종모법 관계기록이 있다.

그런데 정약용의 초기저작『經世遺表』,『牧民心書』사이에는 성격 및 저술동기에 서로 차이가 있다. 이에 대하여 정약용 자신이「自撰墓誌銘」集中本에서

經世者何也 …… 不拘時用 立經陳紀 思以新我之舊邦也 牧民者何也 因今之法 而牧吾民也[6]

라 하고 있다. 여기에서『經世遺表』는 당시 국가체제를 대폭 개혁할 것을 주장한 것이며『牧民心書』는 당시 국가체제를 인정한 위에서의 牧民을 위한 것임을 알 수 있다.『牧民心書』는 제도개혁을 위한 저술이 아니므로『牧民心書』에서는 제도개혁에 대한 주장이 나타나지 않는다. 그러나『牧民心書』에서도 장기적으로는 제도개혁이 있어야 할 것으로 생각하고 있으

『全書』에 수록된 것은 완성본이다. 본 논문에서『全書』에 수록된 완성본에 더하여 光武 5년 양재건 등이 간행한 廣文社本『牧民心書』를 아울러 이용하였다. 이것은 다산초당의 주인이었던 윤박의 아들 윤종수에게서 나온 초고본을 저본으로 한 것이다(광문사본『牧民心書』제1책, 7쪽의 發凡 참조).『經世遺書』는『全書』의 것을 사용하였다.

6)『全書』1, 337쪽.

며 이를 위한 過渡的 措置를 생각하기도 한다.[7]

그러면 『經世遺表』에서 주장하는 개혁의 성격은 무엇인가.[8] 『經世遺表』는 정치제도 면에서는 『經國大典』의 六典體制를 전면적으로 부정하지 않고 이를 토대로 하되 대폭적인 개혁을 주장하고 있다.[9] 토지제도에 대하여는 종전 「田論」에서 토지국유제를 기초로 한 공동농장적 경영을 주장한 것과 달리 독립자영농적 경영에 기초한 개혁론을 전개하고 있다.[10] 여기에서는 매입의 방식을 통한 公田의 설치, 田稅를 公田을 경작시켜 수취함으로써 조세부담의 균등화 및 輕減을 꾀하고 胥吏의 수탈을 제거할 것, 경작능력에 따른 경작지 분배, 지주전호제를 점진적으로 지양하여 갈 것, 소작농의 자영농민화 등이 주장되고 있다.[11] 조세문제는 이를 田稅인 田과, 人丁·家戶 등을 대상으로 한 賦의 2가지로 개혁하려는 것이 『經世遺表』에서의 조세개혁의 이념으로 생각된다.[12] 종래의 田稅는 公田耕作을 통하여 해결하려 하였다. 이는 田賦의 2가지 조세 가운데 田에 해당한다.[13] 軍布

---

7) 군포문제에 대하여 궁극적으로 戶布口錢으로 개혁해야 할 것이라 생각하고 잠정적으로는 軍布契, 役根田을 시행할 것을 주장하고 있으며(제4장 제1절의 (1)을 참조) 관직의 문제에 대하여 장기적으로 力農科를 실시할 것을 생각하였고(제4장 제1절 (2) 참조) 지방관의 권한이었던 民庫에 대하여는 민고절목을 만드는 제도의 개혁을 생각하고 있다(戶典의 「軍賦」 上의 민고관계 기록 참조).

8) 「自撰墓誌銘」(집중본 『全書』 1, 337쪽)에 "經世遺表 四十八卷 未卒業"이라 되어 있으며 『全書』에 수록된 『經世遺表』는 夏官修制의 鎭堡之制에서 끝나고 있다. 하관수제 자체가 미완성이며 하관수제 다음에 있어야 할 秋官修制 및 冬官修制가 완전히 빠져 있는 셈이다.

9) 이에 대하여는 『經世遺表』 卷1~3에서 다루고 있다.

10) 김용섭, 「18·9세기 농업실정과 새로운 농업경영론」, 『韓國近代農業史硏究』, 一潮閣, 1975, 110쪽 이하 참조. 이밖에 井田議에 대한 연구로는 윤용균, 「茶山의 井田考」, 『尹文學士遺稿』, 1933 ; 朴宗根, 「茶山 丁若鏞의 土地改革思想의 考察」, 『朝鮮學報』 28, 1964 ; 신용하, 「다산 정약용의 정전제 토지개혁사상」, 『김철준박사 화갑기념사학논총』, 지식산업사, 1983 등이 있다.

11) 김용섭, 앞의 글, 1975, 110쪽 이하 참조

12) 조세문제를 『經世遺表』 卷5~12에서 다루고 있으나 이에 대한 포괄적 연구는 아직 없다. 『經世遺表』에서 理想으로 하는 조세제도는 토지를 대상으로 한 田과 人丁 및 家戶 등을 대상으로 한 賦의 이원체계이다. 기존의 연구로 홍이섭, 『丁若鏞의 政治經濟思想硏究』, 韓國硏究圖書館, 1959, 113쪽 참조.

에 대하여는 언급이 없는데 이는 兵制를 다룰 夏官修制가 未完成인 채로 책이 끝났기 때문이다. 이 軍布 개혁의 방향과 田·賦 가운데 賦와의 관계가 문제이다.14) 還穀에 대하여는 환곡운영의 폐단을 합리적으로 개선하는 것과 「還餉議」에서와 같은 제도개혁론의 2가지가 있다.15)

이상에서 『經世遺表』는 당시 국가체제를 대폭적으로 개혁하려고 하는 것이면서도 그것을 전면적으로 부정한 것은 아니며 지주전호제를 점진적으로 止揚하려 하였고 조세의 문제에서도 환곡 등을 당장에 폐지하려 한 것은 아님을 알 수 있다. 그러나 조세문제에 있어서 이상은 당시 조세제도와 근본적으로 다른 田賦 체계에 있고 토지문제에 있어서도 지주전호제를 점진적으로 해소하여 갈 것을 생각하면서 궁극의 목표를 모든 토지의 국유화에 두고 있었다.16) 이는 「田論」에서의 개혁론과 『經世遺表』적인 개혁론의 연결성을 보여주는 것이라 하겠다.17)

「田論」의 토지개혁론은 『經世遺表』의 그것과는 달리 매우 급진적인 성격을 띠고 있다. 「田論」에서는 토지의 국유화, 공동경작에 의한 경영, 투하노동력에 따른 생산물의 분배가 주장되고 있다.18) 이것은 중세적 지주전호제에 대한 전면적 부정이라 할 수 있다.19)

---

13) 이 전세는 공전의 경작을 통하여 징수한다. 이렇게 되면 노동지대의 성격을 갖게 되는데 역사적으로 人丁에 대한 부과가 점차 전세화되는 것이 일반적 추세라는 점을 고려하면 이것은 문제가 된다. 이에 대한 천착이 필요하리라 생각된다.

14) 이 문제는 제4장 제1절의 (1)에서 다루기로 한다.

15) 신용하, 「정약용의 還上制度 改革思想」, 『사회과학과 정책연구』 2~3, 1981.

16) 김용섭, 앞의 글, 1975, 118~119쪽 참조.

17) 김용섭, 위의 글, 114쪽에서는 정전의가 이상적인 농업경영에 이르는 과도적 조치로 파악되고 있다.

18) 김용섭, 위의 글, 89쪽 이하 참조. 이밖에 「田論」에 대한 연구로는, 高橋亨, 「朝鮮學者の土地平分說と共産說」, 『服部先生古稀祝賀記念論文集』, 1936 ; 정석종, 「다산 정약용의 경제사상」, 『이해남박사 화갑기념논총』, 一潮閣, 1970 등이 있다. 그러나 이들은 모두 「田論」을 「井田議」 다음에 이루어진 것으로 보는 문제점이 있다. 최근의 논문으로는 신용하, 「다산 정약용의 閭田制 土地改革思想」, 『奎章閣』 7, 1983 이 있다.

19) 「田論」은 38세 때의 作으로(김용섭, 위의 글, 90~91쪽 참조), 그의 초기의 개혁론이 일단 여기에서 정리되는 것으로 생각된다. 「田論」에 이르기까지의 여러 개혁

이상에서 『牧民心書』·『經世遺表』·「田論」은 그 성격이 다름을 알 수 있었다. 그러면 어떠한 이유에서 이러한 性格上의 차이가 나타났는가. 『經世遺表』와 『牧民心書』는 후기의 저술이므로 이것을 후기에 정약용의 사상이 보수화한 것으로 생각하여야 하는가. 그는 「田論」의 주장을 끝까지 철회하지 않았으며[20] 일종의 사회계약론인 「湯論」과 같은 급진적인 저술

론이 모두 중세체제를 부정하는 것은 아니나, 대체로 급진적 경향을 띠고 있으며 이러한 여러 개혁론의 급진적 입장이 궁극적으로 「田論」으로 수렴되는 것으로 여겨진다. 또한 이 무렵은 정조가 전국에서 광범위하게 農書를 구하여 서울로 올리게 하였는데 정약용은 이렇게 하여 서울로 올라온 농서를 보았을 것이고 이것이 그가 「田論」을 쓰도록 자극하였을 것이다.

20) 「田論」은 정본『與猶堂集』잡문 3 과 정본『洌水全書』속집 7에 중복되어 수록되어 있다. 이 양자는 내용에 약간의 차이가 있다. 후자에 실린 것은 전자에 수록된 내용을 만년에 약간 수정한 것이다(규본『與猶堂集』잡문 3과 규본『與猶堂集』속집 8에도 중복되어 수록되어 있는데 전자는 정본『與猶堂集』잡문 3의 것과, 후자는『洌水全書』속집 7의 것과 그 내용이 일치한다). 이하 원래의 것은 원작, 수정된 것을 수정작으로 부른다. 원작과 수정작의 내용상의 차이를 검토하여 보면 수정작은 원작의 앞에 "此是己未間所作(三十八歲時) 與晚來所論不同 今亦錄之 書曰 皇敍時五福 用敷錫厥庶民 斯大義也"라 덧붙이고 있으며(書曰은『尙書』의 「洪範」인용)「田論」1 "不能均制其産而並活之者 負君牧者也" 다음에 수정작에서는 "王敍是國中田用敷錫厥庶 又惡可已哉"라는 귀절이 추가되었고, 다음 "旱田 回十五萬七千白結零" 아래에 수정작에서는 "奸吏漏結及山"이 빠졌다. 다음의 "然後其産爲均" 아래에 也자가 빠졌다(이렇게 也나 矣와 같은 어조사를 정약용은 만년에는 젊은 시절에 비하여 적게 사용하는 것 같다). 다음 "戶栗千石者甚衆"의 甚衆을 多로 바꾸고, "唯損富益貧 以均制其産之爲務者"를 "以敍是田用敷錫 爲務者"로 바꾸고 있다. 「田論」의 "其有不盡天下而爲農者 亦聽之而已" 다음에 "故 天官太宰 以九職任萬民 九職農居一焉 工商嬪牧虞衡之等 固未嘗得田"이라는 구절을 수정작에서 추가하고 있다. 「田論」3의 "假令得穀爲千斛而注行爲二萬日"에서 爲자 두 개를 빼고 있으며, 「田論」4에는 수정 내용이 없다. 「田論」5의 "工以其器易 商以其貨易" 다음에 수정작에서는 "虞以其絲麻皀 牧以其牛羊易 虞與衡以其材木皮革易"을 보충하고 있으며 "夫士也何人" 다음에 "士者任也 古者 任者謂之士 又其學先王之道 將進而化於朝者 謂之士 故學也 祿在其中 今之所 謂士者 不化不擧道 冒士之名而無所爲焉"을 추가하고 있으며 "士轉而緣南畝而 地利闢 士轉而緣南畝而風俗厚"를 빼고 있다. 「田論」6·7에는 수정 내용이 없다. 이상에서 정약용이 원작의 토지개혁 내용을 수정작에서『尙書』표현으로 바꾸어 보다 명확히 하고 있거나 사회적 분업에 대한 자기 주장을『周禮』로 보충하거나 양반층에 대한 비판에 士의 개념 정립을 통하여 이론적 토대를 제공하고 있음을

을 후기에 하고 있다.[21] 따라서 그의 사상이 후기에 와서 保守化되었다고
볼 수 없다.

하지만 「田論」과 같은 급진적 개혁론은 당시 상황으로서는 당장 실현할
수 없는 것이었다. 당시 토지는 지배층에 의하여 독점되었으므로 급격한
토지개혁은 지배층의 강력한 반발에 직면할 것이기 때문이다. 여기에서 현
실적으로 가능한 개혁방안을 모색한 것이 『經世遺表』의 「井田議」에서의
점진적 토지개혁론이며[22] 『經世遺表』에서 조세개혁의 문제를 점진적으로
해결하려고 한 것도 기존세력의 이해관계를 고려한 위에서의 방안으로 생
각된다.

그러나 閥閱政治가 극단화된 세도정치 아래의 당시의 상황은 이러한 온
건하고 점진적인 개혁론조차 허용하지 않았으며 농민은 토지소유의 모순

알 수 있다(이 士의 개념은 경전 연구를 통하여 이루어진 것으로 여겨진다. 『全
書』, 2, 「論語古今注」 285쪽에 "士者任也 任者 治人者也 故學治人之術者 亦謂之
士"라 하고 있다). 따라서 수정작이 서두에서 "與晚來所論不同 今亦錄之"의 의미
는 이 「田論」은 晚來所論인 『經世遺表』의 「井田議」의 주장과는 다르지만 처음
「田論」의 입장을 철회하지 않겠다는 뜻으로 해석된다. 수정된 내용을 보면 『尙
書』, 『周禮』 등을 인용하여 초기의 입장을 확실히 하고 있다. 이것은 후기에 『尙
書』, 『周禮』 등의 경전을 연구하여 38세에 체계화되었던 자신의 사회개혁론에 더
욱 스스로 확신을 얻었음을 뜻하는 것이라 하겠다.

21) 「湯論」은 보통 초기작으로 보고 있다. 이것은 잡문 후편에 속하는 정본 『洌水全
書』 속집 7 제1권(규본은 『與猶堂集』 속집 8)에 실려 있다. 잡문 후편은 대체로
후기저작이며 정본 『洌水全書』 속집 7 제1권에는 「湯論」 외에 易論·田論(수정
작)·鄕吏論·立後論(第三首)·五學論이 실려 있는데 이들은 모두 후기작이며
제2권에는 海潮論·穩城論·甲乙論·風水論·孝子論·烈婦論·忠臣論이 실려
있는데 海潮論·甲乙論은 명백히 후기작이며 나머지도 대체로 후기작으로 여겨
진다(조성을, 앞의 글, 1984 참조). 그리고 「湯論」에서 혁명의 근거로 인용된 湯王
의 이야기는 『尙書』와 관련되는 것인데 『尙書』에 대하여 그는 후기에 『尙書知遠
錄』·『尙書古訓』 등의 저술을 하고 있으므로 「湯論」의 구상은 이러한 『尙書』의
연구 과정에서 이루어진 것이 아닌가 한다.

22) 정약용도 초기부터 토지개혁의 어려움을 인식하고는 있었다. 「應旨論農政疏」에
서(정본 『與猶堂集』 잡문 1) "昔張橫渠 謂井田可行 朱子曰 若欲行之 須有機會
平世 則誠爲難行 今戶布之難行 無異井田"이라 하고 있다. 그러나 戶布를 시행할
수 있다고 생각하였으므로 토지개혁은 가능하리라 생각하였을 것이다.

의 심화와 더불어 이른바 三政의 紊亂으로 극도의 피폐와 궁핍에 처해 있었다. 이러한 절망적인 상황에서 당장에 농민을 위하여 무슨 조치이건 취해야 하였다.[23] 여기에서 지배층, 구체적으로 지방관의 도덕성, 즉 양심에 호소함으로써 당시의 모순에 찬 제도 아래서나마 그 운영을 합리화하여 농민의 곤궁을 조금이라도 경감시켜 주려고 한 것이 『牧民心書』라고 생각된다.[24]

이상에서 「田論」의 주장이 후기까지 철회되지 않았으며, 후기에 제도개혁을 위하여는 『經世遺表』를 저술하였고, 당시 제도를 인정한 위해서 제도의 합리적 운영을 위하여는 『牧民心書』를 저술하였음을 알 수 있었다. 그러면 후기 정약용에 있어서 이 3가지 개혁안이 공존하고 있었다고 볼 수 있다. 이 3가지 개혁안이 공존하고 있다면 이들은 앞서 살핀 것과 같이 서로 다른 성격과 저술동기를 가진 것이므로 이들의 상호관계가 문제로 된다.

『牧民心書』가 장기적으로는 제도개혁을 해야 할 것을 이야기하고 있는 점, 『經世遺表』에서의 토지개혁론이 궁극적으로는 「田論」적인 목표에 있고 따라서 『經世遺表』와 「田論」 사이에 연결성이 있는 점, 「田論」의 입장이 후기까지 유지되고 있는 점 등을 아울러 생각하면, 정약용의 사회개혁론은, 『牧民心書』를 저술하는 시기에 와서는, 제1단계로 『牧民心書』적인 제도의 運營改善을 시행하고 다음 단계에서 『經世遺表』적인 제도개혁을 실시하고 궁극적으로는 「田論」적인 것으로 가려고 하는 단계적 施行論에

---

23) 이러한 民의 곤궁에 대하여 정약용은 飢民詩 · 哀絶陽 같은 여러 사회시에서 깊은 동정과 지배층에 대한 분노를 표시하고 있다. 정약용의 사회시에 관하여는, 金相洪, 「丁茶山의 社會詩 硏究」, 『國文學硏究』 9, 1978 ; 宋載邵, 「茶山詩의 對立的 構造」, 『창작과 비평』, 1978 ; 宋載邵, 「다산의 寓話詩에 관하여」, 『漢文學硏究』 3 · 4, 1979 등이 참조된다.

24) 예컨대 戶典 「戶籍」에서는 호적을 통한 民의 파악에 있어 민을 하나도 빠짐없이 파악하는 覈法 대신에, 그 原總을 보고 원총 수 만큼만 戶를 세우도록 하여 원총에 맞추고 다소 더 많이 가호를 세우지 않는 寬法을 쓰도록 하고 있는데 이는 民의 役 부담을 줄이기 위해서이다. 兵典(簽丁)에서도 첨정을 하지 않고 원래 군액만큼 軍布契 · 役根田 등을 통하여 군포를 징수하도록 하였는데 이도 민의 부담을 경감시키기 위한 것이다(제4장 제1절 (1) 참조).

도달하고 있다고 볼 수 있다.[25] 이것은 그의 사상이 후기에 보수화 되고
있는 것이 아니라 점차적으로 현실성을 획득하여 왔음을 뜻한다.

정약용의 사회개혁론이 「田論」과 같은 초기저작 및 『經世遺表』와 『牧
民心書』에서 이렇게 서로 성격 및 저술동기가 다르고 이 3가지 사회개혁
론을 단계적으로 시행하여 가려고 한 것이라면, 이 3가지 저작에 나타나는
신분제에 관련된 주장도, 이들 3가지 저작의 성격과 저술동기의 차이 및
단계적 시행이라는 특징에 조응하는 성격을 가졌음을 염두에 두고 다루어
야 할 것이다.

3. 丁若鏞의 平等的 人間觀

한 사람의 정치·사회사상은 그가 인간을 어떻게 보는가 하는 것과 깊
이 결부되어 있다. 정치란 인간을 다루는 것이므로 어떻게 인간을 다루는
가 하는 문제는 인간을 어떻게 보는가 하는 것과 밀접한 관련을 갖고 있으
며, 사회란 인간이 모여 이룩한 것이므로 사회의 문제는 결국 인간의 문제
로 환원되기 때문이다. 정약용의 政治·社會思想 가운데 중요한 일부를
차지하는 신분제개혁론이라는 문제도 또한 그가 인간을 어떻게 보는가 하
는 것과 밀접히 관련되어 있으며, 논리적 일관성을 갖는다.

정약용의 신분제 개혁론을 다루기에 앞서 본장에서는 그의 인간관을 먼
저 다루기로 한다.[26] 그런데 정약용의 초기의 인간관을 살필 수 있는 자료

25) 이러한 단계론적 실행방안은 이미 초기에 「應旨論農政疏」에서 군포개혁을 단계
   적으로 시행하려 한 것 등에서 그 맹아적인 것이 보이며 『牧民心書』적인, 제도의
   운영개선을 위하여 초기에도 『從政要覽』과 같은, 목민관을 위한 지침서를 짓고
   있다. 그러나 초기에는 여러 가지 제도개혁방안과 제도의 운영개선 방안이 체계화
   되어 상호연관을 갖고 정연하게 단계적인 것으로 정리되었던 것으로는 생각되지
   않는다.
26) 인간관의 문제는 신분관의 문제에 대하여 논리적으로 선행하는 것이므로 본 논문
   에서는 인간관을 신분관에 앞서서 다루기로 한다. 그러나 인간관이 논리적으로 신
   분관에 선행한다고 해서 신분관의 변화보다 인간관의 변화가 선행하는 것은 아니
   다. 현실적으로 신분관이 먼저 변화되고 여기에는 사회변동 등이 영향을 준다. 신

는 불충분하므로 본장에서는 『中庸講義補』, 『中庸自箴』, 『論語古今注』, 『孟子要義』, 『周易四箋』과 같은 후기에 이룩된 유교 경전의 주석에 보이는 자료를 통하여 정약용의 인간관을 살펴보기로 한다. 따라서 본장에서 다루는 것은 그의 후기의 인간관이 되겠다.[27]

정약용의 인간관의 출발점은 주자학에서 자연과 인간을 통하여 하나의 理法이 존재한다고 본 것을 비판하고 자연과 인간을 분리시켜 생각한 데에 있었다.[28] 그는 『孟子要義』에서

　　鏞案 後世之學 都把天地萬物 無形者有形者靈明者頑蠢者 並歸之於一理 無復大小主客 所謂 始於一理 中散爲萬殊 末復合於一理也 此與趙州萬法歸一之說 毫髮不差 …… 斯豈洙泗之舊觀哉[29]

라 하고 있다. 이는 주자학의 통일적이고 일원적인 세계관이 분해되어 새로운 세계관, 인간관이 대두된다는 점에서 매우 중요한 의미를 갖는다.[30]

분관의 변화에 의하여 인간관이 변화된다. 논리가 있고 현실이 있는 것이 아니라 현실이 있고 논리가 있는 것이다. 이렇게 변화될 인간관이 다시 신분관에 영향을 주게 되어 양자는 끊임없는 상호관계를 통하여 논리적인 통일체를 형성하여 간다.
27) 여기서 후기라고 한 것은 초기와 후기의 인간관의 변화를 염두에 둔 것은 아니다. 자료가 후기의 것이라는 의미에서 후기의 인간관이라 한 것이다. 초기의 인간관과 후기의 그것이 성격상 차이가 있는지는 그의 인간관의 발전과정을 면밀히 추적해 보아야 알 수 있을 것이다.
28) 정약용 사상에 있어 자연과 인간의 분리에 대하여 朴忠錫, 『韓國政治思想史』, 삼영사, 1982의 127쪽 이하 참조. 다만 여기서 정약용이 자연이 인간사회에 있어서 효용적인 것이라고 하는 이용후생파의 지향을 받아들이면서도 이것을 철학적 레벨에서 기초지울 수 없었다고 한 것은 의문이 있다. 정약용에 있어 太極은 原氣를 의미하며 그의 『周易』해석의 체계에서는 인간사가 자연에 기본적으로 제약받는 것으로 되어 있기 때문이다. 정약용의 『周易』해석서인 『周易四箋』의 체계에 관하여는 方仁, 「茶山易學思想에 대한 研究」, 한국대학원 한국철학전공 석사학위논문, 1982이 참고되며 이밖에 정약용의 역학사상에 대하여는 李乙浩, 「茶山의 易理에 관하여」, 『전남대논문집』 2, 1958 ; 琴章泰, 「茶山의 易學精神과 西學」, 『한국유교의 재조명』, 전망사, 1982 등의 두 논문이 있다.
29) 『全書』 2, 144쪽.
30) 여기서 일원적이란 자연과 인간을 분리시키지 않고 자연과 인간을 일관하는 하나

이러한 자연과 인간의 도의 분리에 대하여 『孟子要義』에서는,

> 道者 人所由也 …… 夫 陰陽造化 金木水災之變動 非吾身之所得由 則
> 豈吾道乎 若云一陰一陽之謂道 本之易傳 則是言天道 不是人道 是言易
> 道 不是天道 豈可以吾人率性之道 歸之於一陰一陽乎[31]

라 하여 음양의 조화와 오행의 변동은 '우리의 도'가 아니라 하고 있다.[32]
『周易』에서 一陰一陽을 道라고 한 것은 天道이지 人道는 아니며, 나아가
易道이지 天道는 아니라 한다. 이는 『周易』의 「繫辭傳」上에서 "一陰一陽
之爲道 繼之者善也 成之者性也"라 한 것에 대한 정약용 나름의 해석이다.
여기서 陰陽의 변화를 人道가 아니라 天道라고 한 것은 이해되나, 나아가
易道이지 天道는 아니라고 한 것은 문제이다. 이는 정약용이 『周易』에서
음양을 실체라기보다 하나의 상징으로 이해하였으며, 易道를 현실자체의
변화법칙이 아니라 상징체계의 변화법칙으로 파악한 것과 관련된다.[33] 즉
그는 「繫辭傳」의 주석에서는 一陰一陽을 현실 자체를 추상화한 상징으로
보았기 때문에 자연 자체의 변화법칙인 天道라기보다 상징체계의 변화법
칙인 易道라 한 것으로 여겨진다. 그러나 이 「繫辭傳」의 주석에서는 一陰
一陽을 정약용 자신이 天道라고도 하였다.[34] 하여튼 정약용이 음양의 조
화 및 五行의 변동과 같은 자연의 변화법칙 혹은 그 상징체계의 변화법칙

의 원리가 있다고 본 점을 의미한다. 理氣一元論이니 二元論이니 하는 것과는 다
른 의미로 사용하였다. 주자학의 일원적이고 통일적인 세계관의 분해를 일본 古
學派의 전개과정과 결부시켜 생각한 것으로 丸山眞男, 『日本政治思想史硏究』,
東京大出版部, 1952가 있다.

31) 『全書』 2, 144~145쪽.
32) 정약용에게 있어서 '우리 도'(吾道)라는 개념은 주의를 요한다. 우리는 儒家를 의
미하며, 그는 진정한 유가를 원시유교에서 찾으려 한다. 그리고 그에게서 道는 인
간적인 것을 의미한다. 『中庸自箴』(『全書』 2, 46쪽)에서는 道에 대하여 "道者 自
此至彼之路也 率道心而前進殀壽不貳 至於所止者 謂之道也 斯道也 生而起程
死而後到 任重致遠(인용자 : 致는 道의 誤字) 非斯之謂歟"라 하고 있다.
33) 方仁, 앞의 글, 1982, 6~7쪽 참조.
34) 『全書』 2, 「周易四箋」, 463쪽.

을 인간의 도와 나누고 있는 것은 분명하다.35) 상징체계의 변화도 결국 상
징의 대상 자체의 변화로 환원될 수 있기 때문이다.

　天道와 人道의 분리는 정약용이 『周易』의 64괘를 天地·四時·日月과
같은 자연을 상징한 14辟卦와 人間事의 변화를 상징한 50衍卦의 두가지로
엄격히 나누고 있는 것에서도 인정될 수 있다.36) 하나 흥미로운 점은 14벽
괘가 주인이 되고 여기에서 50연괘가 파생되어 50연괘의 변화가 14벽괘의
기본적 틀 속에서 일어난다고 보고 있는 점이다.37) 이것은 정약용이 人間
事가 기본적으로 자연의 변화에 의하여 규정된다고 생각한 것을 의미한다.

　정약용의 인간관에서 다음으로 주목되는 것은 그가 人物性異論의 입장
을 취하는 점이다. 이것은 그가 자연과 인간을 분리하여 본 것과 논리적으
로 一貫된다.38) 그는 荀子를 인용하여,

---

35) 자연과 인간에 일관된 법칙에서 天道와 人道로 분리되는 것이 갖는 의미는, 천도
　와 인도를 하나의 법칙으로 파악하는 것이 인간사회의 질서를 자연과 같이 보아
　하나의 '자연법적 질서'로서 보게 되므로 당시의 지배체제를 영원불변한 것으로
　하여 이를 옹호하는 것으로 기능하는 데 반해, 자연과 인간의 도가 분리되면, 인
　간사회는 인위적인 것(역사적 소산)이 되고 따라서 변화가능한 것으로 된다. 그런
　데 이러한 변화를 가능하게 하는 이론적 문제로서 성리학 내부에서 理先氣後에
　비하여 理氣不分을 강조하는 입장(중국에서는 羅欽順, 조선에서는 栗谷 李珥)이
　있다. 이것은 理와 氣와를 서로 결부되어 있는 것으로 파악함으로써 현실의 변화
　를 가능하게 하는 것으로 기능할 수 있다. 그러나 理가, 자연과 인간을 관통하는
　일관된 법칙으로 남아 있고 理의 초월성과 역동성이란 관념적 요소가 청산되지
　않는 한, 그 변화는 한계를 가진 것으로 된다. 李珥의 理氣不分이 갖는 의미에 대
　하여는 박충석, 앞의 책, 40쪽 이하 참조. 다만 박충석이 이이의 理氣不分이 이황
　의 理先氣後에서 한단계 발전된 것으로 파악하였는데 논리적으로는 그렇게 볼 수
　있으나 구체적인 조선후기의 역사과정에서는 양자가 서로 대립적 구조를 이루고
　발전해 간다.
36) 方仁, 앞의 글, 1982, 46쪽·99쪽 참조.
37) 方仁, 위의 글, 99쪽.
38) 자연과 인간의 분리를 人物性同異論과 연결시켜 생각한 논문으로는 柳仁熙, 「實
　學의 哲學的 方法論-柳磻溪와 朴西溪, 李星湖를 중심으로-」, 『동방학지』 35,
　1983이 있다. 다만 이 논문은 정약용에 대하여는 다루고 있지 않다. 정약용 사상
　에 대하여 자연과 인간의 분리를 처음으로 논한 박충석의 앞의 책은 이를 人物性
　同異論과는 연결시키지 않고 있다. 人物性同異論의 문제를 경제사상과 관련시켜
　생각한 논문으로는 유봉학, 「북학사상의 형성과 그 성격」, 『韓國史論』 8, 1982가

> 荀子曰 水災有氣而無生 草木有行而無知 禽獸有知而無義 人有氣有生
> 有知有義

라 하여 人과 自然을 4등급으로 나누고 있다. 이를 표로 나타내면 다음과
같다.

> 人有氣 有生 有知 有義 (인간)
> 禽獸有氣 有生 有知 (동물)
> 草木有氣 有生 (식물)
> 水火有氣 (무생물)

여기에서 인간은 義를 가진 점에서 동물과 구별되는 것인데 이 義가 무
엇인가 하는 것이 문제이다. 그는 『孟子要義』에서,

> 蓋其受性之品 凡有四等 而人與禽獸 最相近 …… 所異者 惟是一箇道
> 心[39]

이라 하고 있으므로 위의 義는 道心을 가리키는 것임을 알 수 있다. 정약
용에 있어서 이 道心은 人心과 대립하는 것으로서 道義之性(윤리성)을 의
미한다.[40] 정약용은 이 道義之性만을 인간성으로 파악하고 있다.[41]

있다. 이는 人物性同論을 북학파의 사상과 연결시킨 것이다. 정약용의 경우는 人
物性異論에 속한다.

39) 『全書』2, 124쪽.
40) 이을호, 『茶山經學思想硏究』, 을유문화사, 1966, 77쪽 참조.
41) 『全書』2, 「中庸講義補」, 62쪽에서 "人心者 氣質之所發也 道心者 道義之所發也
人則可有此二心……然則 孟子所言者 道義之性也(人之所獨有) 告子所言者 氣
質之性也(人物所同得)"이라 하고 있다. 그는 '人之所獨有'를 맹자가 人性이라고
한 것으로 보고 있다. 정약용은 인간성을 선한 것으로 보았는데(이을호, 앞의 책,
1966, 75쪽 이하 참조) 이것은 그가 인간에 고유한 이 道義之心만을 인간성으로
보았기 때문으로 생각된다. 그는 인간에게 物性이 있음을 인정하였으나 이 物性
에서 道心에 대립하는 人心이 일어나는 것으로 보았으므로 이 物性을 인간성에
포함시켰다면 인간성이 선하다고 할 수 없었을 것이다. 人性의 선악을 논할 때 주

위와 같이 人性과 物性이 차이가 나는 것의 유래에 대하여는,

　　草木禽獸 天於化生之初 賦生以生之理 以種傳種 各全性命而已 人則
　　不然 天下萬民 各於胚胎之初 賦此靈明 超越萬類 享用萬物[42]

이라 하여 동식물은 種에서 種으로 그 性命이 전해지는데 반해 인간은 天
에게서 개별적으로 靈明한 性이 부여되므로 인간은 만물 가운데 뛰어난
존재라는 것이다. 여기서 다시 天의 개념이 문제가 되는데 정약용의 天의
개념은 일반적으로 主宰者적인 人格的 존재로 이헤되고 있다.[43]

　이렇게 인격적 주재자로 천을 파악하면 일견 이것은 기독교적인 것이
아닌가 하는 생각이 든다.[44] 그러나 정약용의 천의 개념의 형성을 천주학
의 영향만으로 설명할 수 있는가 하는 것이 문제이다. 유교경전인『詩經』
등에는 천이 주재자적 의미로 쓰이고 있으며,[45] 정약용 자신도 인격적 주

　　의할 점은 인간의 어떤 부분을 人性으로 파악하고 있는지, 그리고 性善 혹은 性
　　惡이라 할 때, 반대측면을 인간이 갖고 있음을 인정하는지의 여부도 문제된다.
42)『全書』2,「中庸講義補」, 61쪽.
43) 정약용의 天의 개념에 대하여는 이을호, 앞의 책, 1966, 58쪽 이하「茶山의 天命
　　觀」; 금장태,「정다산의 사상에 있어서 서학의 영향과 의의」,『국제대논문집』3,
　　1975 ; 韓鍾萬,「茶山의 天觀」,『茶山學報』2, 1979 등을 참조.
44) 정약용 사상에 대한 천주학의 영향에 대하여는 금장태, 위의 글 ; 하우봉,「정다산
　　의 서학관계에 대한 일고찰」,『교회사연구』1, 1977 ; 금장태,「정약용과 천주교 신
　　앙」,『한국학』24, 1981 등을 참조. 이벽하고의 관계에서 천주학의 영향을 다룬 것
　　으로는 김옥희,『광암 이벽의 서학사상』, 카톨릭출판사, 1979의 제5장 1.「이벽의
　　경학론과 정다산의 중용강의」가 있으며 이밖에 정약용과 천주학과의 관련에 대하
　　여 최석우,「알레가 인용한 정약용의 한국복음전개사」,『이해남박사 화갑기념사학
　　논총』, 一潮閣, 1970 ; 김옥희,「서학의 수용과 그 의식구조」,『한국사론』1, 1973
　　; 이원순,「天眞庵走魚寺 講學會論辨」,『김철준박사 화갑기념사학논총』, 지식산
　　업사, 1983 등이 있다.
45) 森三樹三郎,『上古より漢代に至子性命觀の展開』, 創文社, 1971(중국 상고에서
　　漢代에 이르기까지 天의 개념의 변화를 다루면서『詩經』,『春秋』등에 보이는 天
　　의 개념을 인격적인 주재자로 파악하고 있다) ; 朱生用,『先儒의 天主思想과 祭祀
　　問題』, 경향잡지사, 1958(원시유교에서의 天의 문제를 다루면서 고대 중국인이 天
　　의 개념을 인격적 주재자로 파악했다고 한다. 다만 여기서 원시유교에서의 天을

재자로서의 천의 개념을 논증하기 위하여 『詩經』을 인용하고 있다.[46] 그리고 일본의 古學派인 荻生徂徠도 天을 주재자적인 것으로 보고 있으며,[47] 이 오규 소라이의 제자인 太宰春臺(太宰純)에 대하여는 정약용이 『論語古今注』에서 여러 차례 인용하고 있다.[48] 따라서 이들이 정약용에 영향을 주었을 가능성을 인정할 수 있다.[49] 정약용이 주재자적인 天의 개

기독교의 天主와 동일시하고 있는 것은 좀 더 검토를 요하는 문제이다).

46) 『孟子要義』에서 "詩云 明明在上 赫赫在上 詩云 蕩蕩上帝 下民之辟 詩云 昊天上帝 則不我遺 天之牖民 如塤如篪……先聖言天 若彼 其眞切分明"(『全書』 2, 38~39쪽)라 하고 있다.

47) 이 荻生徂徠에 대하여는 丸山眞男의 고전적 연구인 『日本政治思想史硏究』가 있다. 丸山에 의하면 오규 소라이 등도 天을 인격적인 주재자로 파악한 것으로 되어 있다(丸山眞男, 앞의 글, 1952, 80~81쪽).

48) 『論語古今注』에는 荻曰, 純曰이라는 표현이 자주 보이며 때로는 바로 太宰純이라 한 곳도 있다(鄭똘, 「정다산저 논어고금주의 구조적 분석과 그 孔子思想」, 其一, 『다산학보』 3, 24~25쪽 ; 하우봉, 「다산 정약용의 일본관」, 『김철준박사 화갑기념사학논총』, 지식산업사, 1983, 671쪽). 이에서는 荻을 荻生徂徠, 純을 太宰純으로 추정하고 있다. 『論語古今注』에 인용된 부분을 荻生徂徠의 『論語徵』과 太宰의 『論語古訓』에서 찾아본 결과 위의 추정이 타당함을 확인할 수 있었다. 다만 정약용이 純으로 인용한 것 가운데 『論語古訓』에서 찾아본 결과 없는 것들이 있고 荻이라고 인용한 부분 가운데에도 『論語徵』에 없는 것들이 있으며 인용된 부분이 『論語古訓』, 『論語徵』 등에 있다 하더라도 내용이 약간 틀리거나 표현이 다소 다르다는 문제점이 있다. 일단 『論語徵』, 『論語古訓』 이외에 오규 소라이와 다자이 슌다이의 다른 『논어』 관계 저술이 있는지 검토해 보아야 할 것이다. 다른 하나의 가능성으로 정약용이 이러한 인용을 직접 원전을 대조하면서 하지 않고 기억에 의존하여 행하지 않았나 하고 생각해 볼 수 있을 것 같다. 이러한 가능성을 배제할 수 없는 것은 정약용은 유배 이전에 이들 서적을 접했다고 생각되며 유배지에 이런 책을 갖고 가기도 어려웠을 것이고 또 유배지에서 이런 책을 구할 수도 없었을 것이기 때문이다. 그가 젊은 시절 이러한 책들을 읽었으리라 생각되는 것은 정본, 『洌水全書』 속집3, 卷2의 맨끝 「示二兒」에 "日本近者 名儒輩出 如物部雙栢 號徂徠 稱爲海東夫子 其從甚多 往在信使之行 得篠本廉文三度 而來文皆精銳"라 하여 수신사를 통하여 오규 소라이의 저술을 얻어 본 것으로 하고 있으므로 이는 조정에 있을 때의 일이라고 여겨지기 때문이다. 정약용과 일본 儒者와의 관계에 대하여는 今村與志雄, 「丁若鏞と日本の儒學者」, 季刊 『三千里』 16, 1978이 있다.

49) 그러나 정약용은 일본 古學派의 인용에서 이들에 매우 비판적인 입장을 취하고 있다. 「跋太宰純論語古訓外傳」, 정본 『與猶堂集』 잡문6에서는 太宰純을 신랄하

넘을 형성하는 데에는 儒教經典 자체에 그러한 소지가 있었다는 점을 인
정하여야 하며 유교경전을 자기 나름대로 재해석하여 가는 과정에 天主學
의 영향은 물론 일본 古學派의 영향도 있다고 할 수 있다.50)

　그러나 보다 중요한 문제는 천의 개념이 그의 사상 전체에서 차지하는
위치와 그 기능이다.『周易四箋』에서 정약용은 주재자로서의 天(上帝)을
자연의 변화와 인간사를 초월하는 최고의 위치에 놓고 있다.51) 64괘 가운
데 주인이 되는, 자연의 변화를 상징하는 14벽괘가 이에서 파생된, 人間事
의 변화를 뜻하는 50衍卦의 上位概念으로 자리하고 있으며 이러한 자연의

　게 비판하고 있다. 특히 정약용의 인간관과 荻生徂徠의 그것과는 많은 차이가 있
　는 것으로 여겨진다. 오규 소라이는「辨名」下 性情才七則에서 "唯下愚不移 故
　曰 民可使由之 不可使知之 故氣質不可變 聖人不可至"라든가 "故其所謂性相近
　者 亦語中人已"라 하여 기질의 변할 수 없음과 차등적 인간관을 주장하고 있다.
50) 정약용의 사상의 성격을 이을호의 앞의 책은 洙泗學(원시유학)으로 이해하고 있
　다. 이것은 일본의 古學派가 원시유교적인 지향을 갖는 것과 같으며 일본고학파
　와의 관련을 생각할 수 있다. 그러나 양자 사이에는 차이가 있으며 조선의 洙泗學
　은 기본적으로는 조선적인 전통에서 수립되는 것이 아닌가 한다. 四書에 비하여
　五經을 강조하며 언어학적 방법(古文辭學)에 의하여 경전을 연구하려는 경향은
　이미 淸南의 기수 許穆에서 나타나며(이에 대하여는 민족문화추진회의 국역『미
　수기언』I, 1979의 이우성의 해제 및 정옥자,「眉叟許穆研究」,『韓國史論』5, 서
　울대학교 국사학과, 1979를 참조) 이익의 학문도 아직 그의 經學에 대한 체계적인
　연구는 없으나 한우근,『星湖李瀷研究』, 서울대학교 출판부, 1980의 一의 3,「星
　湖의 學風」에서 '洙泗學的 修己治人'으로 이익의 학문을 이해하고 있다. 보다 중
　요한 것은 이익의 제자인 鹿菴 權哲身의 사상이 정약용과 유사점이 많다는 사실
　이다(鹿菴에 대해서는 이우성,「권철신의 사상과 그 경전 비판」,『퇴계학보』29,
　1982를 참조). 권철신이 "大學 以爲格物者 格物有本末之物 致知者 致知所先後
　之知 又以孝弟慈爲明德 而舊本不必有錯簡……中庸 以所不聞所不睹 爲天載之
　無聲無臭"(정본『洌水全書』속집8,「鹿菴墓誌銘」)이라 한 것은 정약용의 새로운
　『中庸』,『大學』의 해석과 일치한다. 흥미로운 점은 "以爲格物者 格物有本末之物
　致知者 致知所先後之知"가 박세당의『思辨錄』에서의 格物致知의 해석과 일치한
　다는 점이다. 少論인 박세당의 학문과 淸南과의 연결 문제는 이 양자의 정치적·
　혈연적 연결 가능성 문제와 관련하여 주목을 요한다.
51) 方仁, 앞의 글, 1982, 79쪽.『周易四箋』의 종교적 성격에 관하여는 정약용의「湯
　論」1·2, 정본『洌水全書』속집7 ; 금장태「다산의 역학사상과 서학정신」을 참
　조.

변화의 상위개념으로 天(＝上帝)이 자리하고 있다.[52] 인간은 기본적으로 자연에 의하여 제약되는 것이나 자연 변화의 배후에는 천이 있다고 본 것이다. 이러한 천이 모든 인간에게 개별적으로 靈明(＝道義之性)을 부여하였다고 그가 생각한 것이다. 따라서 인간은 누구나 소중하며 도덕적 성품으로서의 인간성은 존엄한 것으로 된다.[53]

이렇게 인간성을 존엄한 것으로 파악한 정약용은, 朱子가 氣質의 淸濁에 따라 인간성을 차등적으로 본 데 반하여,[54] 氣質之性으로 인간성의 差等을 설명하는 것을 비판하였다.[55] 그는 『論語古今注』에서 공자가 말한 "性相近也 習相遠也"에 대하여

> 好德恥惡之心 聖凡皆同 以此之故 本相近也[56]

라 주석하고 있다. 이 好德恥惡은 앞서 말한 人間의 도덕성을 의미하는 것인데[57] 이 도덕성이 聖人이나 凡人이 다 같다는 것이다. 정약용에게 있어서는 인간의 도덕성만이 인간성이므로 이것은 인간성이 다 같다는 것을 의미한다. 이리하여,

> 性相近 只是一等而已 安有上中下三等乎[58]

라 하여 性一品說을 주장한다. 이것은 정약용이 평등적 인성관에 도달하

---

52) 방인, 위의 글, 1982, 98~99쪽.
53) 인간이 만물의 영장이며 인간성이 존엄하다는 생각은 성리학이나 원시유교에도 이미 보인다. 이러한 인간의 존엄성이 인격적 天과 관련하여 평등적 관점에서 추구되는 것이 정약용 사상의 특징이다.
54) 「大學章句序」에서 朱子가 "蓋自天降生民 則旣莫不與之以仁義禮智之性矣 然 其氣質之稟 或不能齊 是以 不能皆有以知 其性之所有而全之也"라 하고 있다.
55) 『全書』 2, 「孟子要義」, 135쪽에서 "伏惟 本然氣質之說 不見六經 不見四書"라 하고 있다.
56) 『全書』 2, 337쪽.
57) 이을호, 앞의 책, 1966, 76쪽.
58) 『全書』 2, 「論語古今注」, 338쪽.

였음을 뜻하는 것이라 하겠다.

이렇게 인간성을 평등하게 본 것은, 그가 인간을 누구나 소중하게 생각한 것, 인간성이 尊嚴하다고 본 것 등과 아울러 고려하면, 그는 평등적 인간관을 갖고 있었다고 생각하여야 할 것이다.[59] 이러한 평등적 인간관은

---

59) 종래의 성리학에서도 인간을 다른 物에 비해 존엄한 것으로 보았으나 인간 내부에 있어서는 기질에 의한 인간성의 차등을 인정하므로 결국 인간을 차등적으로 파악하게 된 것이다. 정약용에 있어 인간의 존엄성은 인간성을, 절대적인 주재자인 天에 근거 지움으로써 보다 공고한 것으로 되었다. 본 논문에서는 人物性異論이 인간평등과 연결되었다. 이것은 정약용 사상이 자연과 인간이 분리된 체계를 갖기 때문이다(물론 양자는 다시 天에 의하여 재통합된다). 북학파의 홍대용・박지원 등은 人物性同論을 갖고 있는데 이들의 신분관이 문제이다. 박지원은 양반신분에 매우 비판적이었다. 이것은 정약용의 경우와 비교하여 모순인 것처럼 보인다. 이 문제와 관련하여서는 박지원・홍대용의 사상의 전체구조와 거기에서 人物性同論이 차지하는 위치 및 그들 사상 가운데 신분제 비판을 가능하게 하는, 人物性同論과는 다른 차원의 어떠한 요소가 있는지 하는 것을 검토하여 보아야 할 것이다. 다른 차원의 요소에 대하여는 별도의 천착이 요구된다. 원래 人物性同異論은 율곡계통의 학자 遂庵 權尙夏의 문하에서 발달한 것이다. 주자가『中庸』의 天命之謂性章의 주석에서는 “人物之生 因各得其所賦之理 以爲健順王常之德 所謂性也……性道雖同 而氣稟或異 故不能無過不及之差”라 하여 人物의 性이 같은 듯이 이야기하고 있으며『孟子』生之謂性章의 주석에서는 “人物之生 莫不有是性 立莫不有足氣 然 以氣言之 則知覺運動 人與物若不異者也 以理言之 則仁義禮智之稟 豈物之所得而全哉……蓋徒知 知覺運動之蠢然者 人與物同 而不知仁義禮智之粹然者 人與物異也”라 하여 人物性異를 말하고 있다. 여기에 논쟁의 소지가 있었다. 南塘 韓元震은 人은 五常을 모두 갖추지만(全), 物은 그 일부만 갖고 잇는 점(偏)에서 人物性異를 주장하였다. 그는 그러나 人과 物이 갖고 있는 五常을 질적으로 동일한 것으로 보았다. 巍巖 李柬은 氣不齊로 인해 人과 物이 五常의 全과 偏의 차이가 있게 됨을 인정하면서도 그들의 본연지성이 같다는 의미에서 人物性同을 주장하였다. 人物性異論은 屛溪 尹鳳九에 와서는 人만이 五常을 가진 것이며 物은 五常에 방불한 것만을 갖고 있다는 질적인 차이에서 주장되게 되었다. 한원진이 양적인 차이에서 人物性異를 주장하는데 비해 윤봉구는 질적인 차이에서 人物性異를 주장하는 것이다. 한편 홍대용은 人과 物이 五常을 모두 갖추고 있다는 점에서 人物性同論을 주장하고 있다(『湛軒集』, 內集 1,「心性門」). 그는 이러한 人物性同을 理라는 관점에서 보고 있으며 이는 박지원의 경우도 마찬가지이다. 박지원이 人物性同을 物이 五常을 모두 갖추었다는 점에서 주장하는지의 여부는 분명하지 않으나 人과 物의 차별을 적극적으로 부정하고 있는 것은 분명하다. 人物性同異論은 원래 성리학자, 그 가운데에서도 율곡계통의 학

그의 신분제개혁론과 밀접한 관련이 있다.

인간성을 평등한 것으로 파악하면서도 정약용은 인간의 능력에는 차이가 있음을 인정하였다. 우선 공자가 말한 "惟上知與下愚 不移"의 주석에서,

又接(인용자 : 案의 誤字) 知愚者 知慧之優劣[60]

이라 하고 있으며 공자의 "中人以上 可以語上也 中人以下 不可以語上也"에 대한 타인의 여러 주석 가운데 "人之才識 凡有九等"[61]을 지지한다. 이 9등급설을 부연하여,

---

자들 사이에서 발달한 것이다. 따라서 이들 사이에서의 논쟁은 주자가 자연과 인간을 一理로 파악하고 氣質의 차이로 만물의 차별을 설명하는 방식을 기본 전제로 한 것이다. 성리학자인 한원진 · 윤봉구의 人物性異論은 근본적으로 성리학의 체계를 벗어난, 새로운 학문체계를 구축한 정약용의 그것과는 질적으로 다른 것이다. 한원진의 人物性異論은 기질에 의하여 人 · 物의 차이를 설명하고 人 · 物이 一理로 일관되어 상호 연결되어 있으므로 결국 인간내부에서도 기질에 의한 차별을 인정하게 되며 이는 윤봉구의 경우도 마찬가지이다. 정약용의 人物性異論은 理氣論的 설명의 틀을 벗어난 것이며 人物性의 차이를 인간만이 도덕성을 갖춘 점에 두고 인간내부에서는 도덕성의 차이를 인정하지 않고 있다. 따라서 그의 人物性異論은 평등적 인간관으로 기능하게 된다. 한편 李柬의 人物性同論은 人物性同을 이야기하면서도 기질의 차이에 의한 五常의 偏 · 全이라는 점에서 人 · 物의 차이를 인정하고 있으며 인물이 하나의 체계 속에 있으므로 이 기질의 차이로 인간내부에서의 차등도 당연히 인정하게 된다. 홍대용의 경우 人物性同의 근거를 物이 五常을 모두 갖춘 데 두고 있으므로 人과 物의 평등이 강조되게 된다. 이것은 인물이 일관된 체계에서는 결국 인간내부에서의 평등이 보다 강하게 되는 것이므로 그의 人物性同論은 신분제비판으로 기능하게 된다. 그러나 홍대용의 사고가 이기론적 설명의 틀을 벗어나지 않는 한, 기질에 의한 인간의 도덕성의 차이를 용인하게 되는 것이다. 성리학적 사유의 틀 속에서는 人物性異論보다 人物性同論이 오히려 보다 인간평등의 쪽에 가까운 것으로 볼 수 있으나, 기질의 차이에 따라 만물의 차등을 설명하는 한 인간내부에서의 차등을 용인한다는 한계를 갖는다.

60) 『全書』 2, 337쪽.
61) 『全書』 2, 209쪽.

案 …… 九等之說 精覈詳明 深中經旨 不可易也 皐陶設九德之科 則唐
虞以九等選人矣[62]

라 하고 있다. 여기서 이 능력의 9등급을, 皐陶가 관리선발을 9등급으로 한
것과 연결시키고 있는 점이 주목된다. 즉 정약용은 인간능력의 차이를 인
정하면서 이에 따라 관리의 선발이 행해질 것을 생각한 것이다.

그런데 우수한 능력자가 특정신분에서만 배출된다고 생각하면, 능력에
따른 처우라는 것이 오히려 身分制를 유지시키는 방향으로 기능할 수 있
다. 그러나 정약용은 「夏日對酒」라는 시에서 "山嶽鍾英華 本不揀氏族"이
라 하고 있고[63] 다른 한 詩에서도 "皇天生材賢 未必揀華胄"라 하고 있으
며[64] 「通塞議」에서도,

何天地之聚精神 山川之亭毒 其氣液也 必種之於數十家之産 而以其穢
濁之氣 挿于餘哉 以其所生之地而棄之歟 金日磾 生於休屠西戎之人也
…… 以其母家之賤而棄之歟(指庶孼) 韓魏公 官婢之子也

라 하여 훌륭한 능력자는 지역과 신분에 관계없이 배출되고 있음을 말하
고 있다.[65] 따라서 정약용이 능력에 따른 관직선발을 생각하는 것도 신분
제의 비판으로 기능하게 된다.[66]

---

62) 『全書』 2, 209쪽.
63) 『全書』 1, 79쪽.
64) 『全書』 1, 33쪽.
65) 정약용은 「相論」에서 환경에 의한 인간형성을 강조하였다(정본 『與猶堂集』, 잡문
   3).
66) 따라서 능력도 환경에 의한 영향을 많이 받게 되는 것이 된다. 여기서 기회 균등
   이 문제될 수 있는데 정약용은 이 기회균등과 관련하여 교육의 기회균등, 교육을
   받을 수 있는 경제적 능력의 균등, 국가에 대한 의무·권리에 있어서의 기회균등
   등을 생각하였다. 이러한 점들에 대하여 다음 장부터 다루기로 한다.

4. 兩班身分 改革의 問題

1) 身分的 特權의 問題

(1) 戶布, 口錢의 주장

조선후기에 양반층은 상민이 내는 군포가 면제되었다. 이는 양반층의 신분적 특권이었다. 그런데 조선후기는 신분제의 동요에 따라 양반층의 숫자가 대폭 증가하고 있었다.[67] 이것은 국가의 입장에서는 재정수입의 減少를 의미하는 것이며 그대로 상민으로 남아 있는 사람에게는 稅役부담이 가중되는 것을 뜻하는 것이다.[68] 이리하여 양반층에도 군포를 부과하자는 논의가 여러 차례 있었다. 그러나 이것은 양반층의 신분적 특권과 관련되는 문제이므로 양반층은 그들의 특권의 상실과 명분질서의 동요라는 점에서 이에 반대하였다.[69] 이러한 군포 문제와 관련하여 정약용은 대폭적인 개혁을 생각하였고 이런 입장은 후기의 『經世遺表』에서도 유지된다.

「身布議」에서는 "夫人孰無身 身皆有也 身皆有之 何身乎徵布 何身乎不徵乎"[70]라 하여 신분에 따라 군포를 걷고 안 걷는 차별을 두는 것을 비판하였고 다시,

> 兩班多則人力削 人力削則地利不闢 地利不闢則國貧 國貧則無以勸士 士不勸則民益困 究其源 卽軍布之所爲也 臣 故曰 軍布不罷 則太平之治不興矣[71]

---

67) 조선후기 신분제 동요에 관한 연구로는, 四方博, 「朝鮮人口に關す子ー硏究」, 『朝鮮社會法制史硏究』, 1937 ; 四方博, 「朝鮮人口に關す子身分階級別的觀察」, 『朝鮮經濟の硏究』, 1938 ; 정석종, 『朝鮮後期社會變動硏究』, 일조각, 1983 등이 참고된다.

68) 김용섭, 「朝鮮後期의 賦稅制度 釐正策」, 연세대학교 사학과 박사학위논문, 1982, 54쪽.

69) 김용섭, 위의 글, 1982, 51쪽 이하 참조. 군포를 호포제로 개혁하여 가려고 했던 당시 추세에 대한 논문으로는 西田信治, 「李朝軍役體制의 解體」, 『朝鮮史硏究會論文集』, 1984가 참고된다.

70) 정본 『與猶堂集』, 잡문 1.

라 하여 국가빈곤과 백성곤궁의 원인은 軍布(군포 때문에 이를 피하기 위하여 양반이 늘어나는 것)에 있다고 하여 군포의 혁파를 주장하였다. 이러한 군포개혁의 방향으로는 호포와 구전을 실시할 것을 생각하였다. 「身布議」에서 "行戶布口錢之法 而虛戶自息矣 …… 行戶布口錢之法 而疊籍自息矣"라 하고 있는 것이 그것이다.[72] 이렇게 되면 稅 부담이 각 계층에 균등하게 되어 상민층의 稅 부담은 줄어들게 된다.

그러나 이 호포와 구전을 당장에 실시하기는 어려웠다. 민심의 동요와 기존 특권층의 반발이 있기 때문이었다. 정약용 자신은 「應旨論農政疏」에서 "有言戶布者 有言口錢者 今行之 民將胥動"이라 하고 있다.[73]

여기서 생각하게 된 것이 軍布契와 役根田이라는 방식이다. 「應旨論農政疏」에서는 호포와 구전을 시행하기 어렵다고 말한데 이어서,

然 處之有術 行之以漸 則民不駭而事可擧矣 今海西有軍布之契 有役根之田 …… 則不出十年 身布俱成里布 旣成里布 則以之爲戶布 一轉移也[74]

라 하고 있는 것이다.

군포계란 한 마을의 민이 신분을 가릴 것 없이 모두 돈을 내어 이를 자본으로 殖利하여 군포를 내는 것이고 役根田이란 한 村里의 민이 공동으로 토지를 구입하여 이를 지주전호제로 경영하여 군역에 응하는 것을 말한다.[75] 이렇게 되면 신분에 관계없이 군역을 부담하는 셈이 된다. 이러한 군포계와 役根田이 점차 확대된 다음에는 궁극적으로는 戶布制를 시행하려 하였음은 "身布俱成里布 旣成里布 則以之爲戶布 一轉移也"[76]라 한 것에서 알 수 있다. 「田論」 7에서는 "大較 一閭之民 三分其率 其一出戶

---

71) 정본 『與猶堂集』, 「身布議」.
72) 위와 같음.
73) 위와 같음.
74) 위와 같음.
75) 軍布契·役根田에 관하여는 김용섭, 앞의 글, 1982, 35쪽 이하 참조.
76) 정본 『與猶堂集』, 잡문1, 「應旨論農政疏」.

丁 以應編伍 其二出戶布 以應軍需"라 하여 戶布制에의 지향을 보이고 있다.77) 「田論」이 정약용의 사회개혁론의 궁극적 입장이라고 한다면 戶布가 그의 군포개혁론의 궁극적 입장임을 알 수 있다.

『經世遺表』에서 직접 개혁문제를 다룬 자료는 눈에 띄지 않는다. 그러나 地官修制 「田論」 12에서는 井田의 설치 후의 軍隊 편성을 이야기하고 있다. 여기에서는 군을 中央軍·地方軍·일반농민군으로 나누어 편제할 것을 생각하고 있다.

먼저 中央軍에 대하여 살펴보면,

> 三營之軍 以衛王宮 其騎兵 一千六白七十四人 其步卒八千三百十六人 自王宮 三十里內 迺疆迺理 約 得田 一萬四千四百畝 經之以什一 其一千四百四十畝 除之爲公田 其四千一百八十五畝 分授騎兵 各以二畝有半 爲其餼田 其八千三百二十六畝 分授步卒各以一畝 自耕以爲糧 餘田四百四十九畝 分授將官 以補其餼78)

라 하고 있다. 여기서 三營이란 訓練都監·御營廳·禁衛營을 의미한다.79) 기병과 보졸의 두 계통의 군졸이 이 三營에 소속되는데 기병은 직업군인이며 보졸은 兵農一致의 농민군이다. 기병은 특별한 기능이 요구되어 일반 농민은 해내지 못하므로 직업군인화하여 이들에게는 2畝半을 주고 步卒에게는 1畝을 준다는 것이다. 步卒은 1畝을 자가경영하는 것인데 반해 기병은 이것을 竝作半收의 지주전호제적 경영을 한다. 2畝半에서의 收入 가운데 1畝의 所出은 급료로, 一畝半의 소출은 鞍馬의 비용으로 한다는 것이다.80)

다음으로 地方軍에 대하여는,

---

77) 정본 『與猶堂集』, 잡문 3.
78) 『全書』 5, 159쪽.
79) 『全書』 5, 159쪽.
80) 『全書』 5, 159쪽.

中京西京 各騎兵二哨 步卒十哨 諸路監司以下 大州諸郡諸縣 各養兵
有差 宜以還域五里十里之內 置軍田以養之[81]

라 하여 역시 騎兵과 步卒로 나누고 軍田을 지급하는 것은 중앙군과 마찬
가지인데 기병과 보병의 차이에 대한 언급이 없는 것은 지방군의 경우 기
병을 크게 중요하게 생각하지 않았기 때문으로 여겨진다.

마지막으로 軍田이 지급되지 않는 일반농민에 대하여는,

經界旣畢 乃以八夫 編爲隊伍 四井爲邨 四邨爲里 每井八夫 則一里 一
百二十八人也 編之爲十隊 則正卒百人 火兵十人 隊長十人 旗總五人 敎
鍊官二人 哨官一人 〇一里者 一丘也 出戎馬一匹 輜車一乘 牛二頭 以
待師旅 〇每一隊 弓手二人 銃手二人 槍手二人 鎧鈀手二人 筤筅手二
人[82]

라 하여 그 편성을 이야기하고 있다. 그러나 일반농민에게는 軍田이 지급
되지 않으므로 軍籍에 편입하여 그 대오를 알게 하고 仲冬에는 그 마을에
서 하루만 인원점검을 하도록 할 뿐이며 지방군과 병영은 이에 관여하지
않아야 할 것이라 하였다.[83]

이상에서 『經世遺表』에서의 군제개혁론을 살펴보았는데 이것의 특징의
하나로 軍役이, 軍田을 매개로 하여 군전 지급에 대한 반대급부로서 부담
된다는 것이다. 그런데 위에서 이야기한 군역은 實役으로서의 군역의 문제
이며 조세로서의 성격을 갖는 군포에 대한 개혁안은 『經世遺表』에서 직접
으로는 찾아볼 수 없다. 이것은 『經世遺表』가 夏官修制의「鎭堡之制」에
서 끝나는 未完成의 책이기 때문이다. 이에 대하여는 앞서 언급하였다.

『經世遺表』에서는 조세개혁의 이상을 地稅로서의 田과 人丁·家戶에
대한 稅, 商稅 및 山林·水澤의 稅를 망라한 賦의 二元體系를 생각하고

81) 『全書』5, 160쪽.
82) 『全書』5, 159쪽.
83) 『全書』5, 159쪽.

있다. 그가 조세로서의 田을 공전경작을 통해서 수취하려 하였음은 앞서 2
장에서 이야기하였다.[84] 賦에는 宅廛과 人丁에 대한 조세부담과 商稅, 山
林·水澤의 稅 등 새로운 稅源이 있다. 이 새로운 세원의 포착을 지향함으
로써 이들을 통하여 조세부담의 공평 및 농민 부담의 감소, 재정수입의 확
대를 도모하였다. 그러면 人丁을 대상으로 한 軍布의 문제는『經世遺表』
적인 조세개혁안에서는 이 賦와 관련된다.[85] 이렇게 볼 수 있는 증거의 하
나로 그의 賦로의 조세개혁안이 군포에 대한 대안으로 제시된 것을 들 수
있다. 그는,

> 所謂邦賦者 惟於傭幻流離之甿 徵其軍布 …… 國計莫急於平賦 臣請
> 得而言之[86]

라고 한 다음, 賦로서의 개혁안에 대하여 논의하고 있는 것이다.
   이렇게 보면 賦에서 人丁을 대상으로 한 稅를 어떻게 파악하려 하였는
가하는 것이 군포 개혁의 방향이 된다.「賦貢制」1에서의 논의는 人丁에
대한 稅인 夫家之布에 대하여,

> 鄕師 以國比之法 以時稽其夫家衆寡 辨其老幼遺賤廢疾牛馬之物 辨其
> 可任者 與其施舍者 …… 乃是丁錢 不是口錢 …… 老者·幼者·窮者·
> 病者·貴者·賢者 皆不征[87]

이라 하고 있으므로 귀족에 대하여는 免稅를 생각한 것이다. 이것은『經世
遺表』가 당시의 신분제를 곧바로 부정하게 한 것은 아니기 때문이라고 해
석하여야 할 것이다. 이것은『經世遺表』에서 당시의 地主佃戶制를 당장에
철폐할 것을 주장하지 않은 것과 대응된다. 그러나「賦貢制」1·2에서의

---

84)『全書』5, 180~181쪽.
85)『全書』5, 180쪽.
86)『全書』5, 180쪽.
87)『全書』5, 183쪽.

논의는 대체로 免役을 점차 줄여야 할 것으로 생각하고 있다.

한편 『牧民心書』에서도 軍布 문제에 대하여,

> 大抵 賦斂之法 以戶以口 均敷而公斂之 禹貢九等之賦 周官九職之賦
> 以至漢魏唐宋凡賦稅之法 莫不皆然[88]

이라 하여 戶布나 口錢을 이상으로 생각하고 있다. 그러나 戶布나 口錢으로의 개혁이 불가능한 당시의 상황에서는,

> 戶布口錢 朝廷疑之不行 於是 下民自設便宜之法 以應軍役 無戶布口
> 錢之名 而其實乃同 其一曰 軍布契 其二曰役根田 二法行而民小安[89]

이라 하여 일단 軍布契나 役根田을 실시할 것을 생각하고 있다.

이상 군포개혁에 관한 정약용의 논의를 정리하면 초기저작에서는 한결같이 戶布制를 주장하고 있으며(「應旨論農政疏」에서는 이미 軍布契·役根田을 통해서 호포제로 가려고 하는 단계론적 발상이 보인다)『經世遺表』에서는 賦로의 개혁을 통하여 商稅, 山澤之稅 등의 새로운 稅源의 확장 및 免役者 층을 줄임으로써 役의 균등과 경감 및 재정안정을 期하는 방안을 생각하였고 『牧民心書』에서는 軍役制의 궁극적 목표를 戶布·口錢에 두면서도 당장에는 軍布契·役根田의 방향을 생각하였다. 따라서 정약용의 군포개혁론은 그의 사회개혁론의 단계론적 성격에 비추어 1단계 軍布契·役根田, 2단계 賦, 3단계 戶布制의 실시라는 단계적 시행 방안을 갖고 있었다고 생각된다.[90]

---

88) 『全書』 5, 482쪽.

89) 『全書』 5, 482쪽.

90) 군포문제에 관하여 유형원은 鮮初의 兵農一致制로 돌아감으로써 軍布를 폐지할 것을 생각하였다. 그러나 實役으로서의 군역에 있어서 관료와 士는 군역이 면제된다. 이에 대하여는 천관우, 「반계 유형원 연구」, 『역사학보』 2~3, 1952~3(『近世朝鮮史研究』, 일조각, 1979에 재수록, 239쪽 및 277쪽 참조). 이익은 양반층에 대한 收布인 호포제를 반대하였다. 이에 대하여는 한우근, 『李朝後期의 社會와

⑵ 官職의 開放

중세사회에서는 관직이 양반층에 의하여 독점되었다. 이는 역의 면제와
아울러 양반층의 신분적 특권이었다. 따라서 관직을 광범위한 계층에 개방
하자는 것은 양반층의 신분적 특권을 부정하는 것이었다. 정약용은 초기저
작에서 양반층의 관직독점과 관직참여 문제에서의 신분 및 지역에 따른
차별을 맹렬히 비판하고 관직의 개방을 주장하였다.

身分 및 地域에 따른 차별과 관련하여 「通塞議」에서는,

> 臣伏惟人才之難得也 久矣 盡一國之精英而拔擢之 猶懼不足 況棄其八
> 九哉 …… 小民其棄者也 中人其棄者也 西關北關其棄者也 …… 庶孼其
> 棄者也[91]

라 하여 이를 비판하고 있다. 「人才策」에서는 蕩平策이 西北民이나 賤類
에게는 관직참여의 혜택이 없다는 것을 지적한 다음 이들에게도 관직참여
의 기회를 부여하자고 하였다.[92]

정약용의 신분제개혁론의 특색의 하나로 서얼에 대한 깊은 배려를 들
수 있다. 「栗谷請許通」에서는,

> 萬歷癸未 栗谷判兵曹 因邊患建言 庶孼納粟米者許通赴擧 議者以爲不
> 可 至於參劾 …… 其心已公矣[93]

思想』, 을유문화사, 1961, 291~292쪽 참조. 이렇게 되면 유형원과 이익은 양반층
의 신분적 특권인 軍役의 면제를 인정하고 있는 셈이다. 다만 이익은 궁극적으로
는 軍布를 田稅化할 것을 생각하였다. 이에 대하여는 한우근, 앞의 책, 1980, 201
쪽 참조.

91) 정본 『與猶堂集』, 잡문 1.
92) 규본 『與猶堂集』, 속집 1(정약용이 관직 참여에 있어서 신분과 지역에 따른 차별
을 철폐하자는 것은 당시 관리충원의 사회적 기반이 극도로 축소되어 인재를 얻
기 어렵게 되었다는 문제의식에서도 기인하고 있다. 이는 그가 앞에서 본 바와 같
이 「通塞議」에서 "人才之難得也 久矣 盡一國之精英而拔擢之 猶懼不足 況棄其
八九哉"라 한 것에서도 알 수 있다).
93) 정본 『與猶堂集』, 잡문 12.

라 하여 율곡의 서얼허통의 주장을 찬성하고 있으며 「庶孼論」에서도 英祖
의 서얼허통의 뜻을 찬성하고 있다.

　그러나 영조의 서얼허통은 제한적인 것이었다. 정약용은 한 걸음 더 나
아가 「通塞議」에서는 서얼에 대한 차별의 완전 철폐를 주장하여,

　　庶流通淸之議 或行或格 然行之而庶流不足喜也 使注擬於三望者 而必
　皆庶流 則是得爲庶流正言 而未嘗爲正言也 限某職焉 限某品焉 是皆棄
　人也[94]

라 하였다.

　이렇게 지역·신분에 따른 차별 및 庶孼差待를 반대한 정약용은 茂才異
能科라는, 서북민, 개성·강화인 및 中人·庶孼과 民 가운데 賤한 자를 대
상으로 하여 종래의 科擧와는 별도로 새로운 과거를 설치할 것을 주장하
였다.[95]

　그 구체적인 시행방법으로는,

　　凡有經明行修 文學政事之拔類超羣者 令廟堂館閣臺省之臣 各薦所聞
　又令方伯居留之臣 各薦要知 大約薦百人 聚之京師 試其經學 試其詩賦
　試其論策 詢之以往古興敗之跡 訪之以當世經濟之務 取十人 賜之以科
　目[96]

이라 하여 경전에 밝고 행실이 바른 자와 문학 및 정사에 뛰어난 자를 廟
堂·館閣·臺省의 신하 및 지방관과 지방에 거주하는 신하로 하여금 대략
100명을 추천하도록 하여 서울에 모아서 經學·詩賦·論策 및 지난날의
歷史와 經世濟民을 시험하여 10명을 선발하여 과거의 名目을 준다는 것
이다.

---

94) 정본『與猶堂集』, 잡문 1.
95) 정본『與猶堂集』, 잡문 1, 「通塞議」.
96) 정본『與猶堂集』, 잡문 1, 「通塞議」.

이러한 茂才異能科는 기존의 과거제를 그대로 둔 위에서의 개혁방안이
었다. 이것은 그가,

> 賢者苦少 愚者苦多 公正者苦少 偏私者苦多 言之而莫之行也 行之而
> 且有亂矣[97]

라 하고 있는 것과 같이 현실적인 여건을 고려한 것이었다. 그러한 그의
理想은 "太上 東西南北 無所障礙 邇邇貴賤 無所揀擇"[98]이라 하고 있는
것과 신분과 지역에 따른 차별을 완전히 철폐하는 데 있었다.

관직참여 문제와 관련하여『經世遺表』, 春官修制, 科擧之規1, 選科擧之
規2에서는 과거제도 개혁을 논의하였다.[99] 과거의 폐단을 제거하기 위하여,
"科擧之規 凡先定擧額 擧額定 而百弊可祛"[100]라 하여 첫째 과거응시자
의 정원을 정할 것을 생각하였다. 과거급제자의 수를 40명으로 하고 이의
6배에 해당하는 240명을 會試에서 뽑아 進士로 하였다. 이 진사가 科擧應
試 자격자인 擧人이 되는 것이다. 진사의 갑절을 省試에서 뽑고 省試의
갑절을 邑擧로 하여 邑擧에 그 글을 더하여 邑選으로 하도록 하는데 이
邑選을 選士라고 한다. 이 選士가 되어야 과거응시의 첫 관문을 들어서는
것이다.[101]

이 邑選에는 다소 신분상의 차별이 있다고 할 수 있다. 이 邑選(=選士)
의 선발에 대하여,

> 或曰 一聚之內 第宅多少 各自不同 而選士之數 槩之以一聚三人 抑何
> 故也 臣以爲有敎無類 雖爲王者之大法 而人才之興 每在於貴族 今選士
> 之法 多取於貴族 而寡取於賤族 亦公理之所不得不然也[102]

---

97) 정본『與猶堂集』, 잡문 1,「通塞議」.
98) 정본『與猶堂集』, 잡문 1,「通塞議」.
99)『經世遺表』에서의 과거제도개혁론에 관하여는 李秉烋,「다산 정약용의 과거제
　　개혁론」,『東洋文化』13, 1972 참조.
100)『全書』5, 278쪽.
101)『全書』5, 282쪽.

라 하여 취락 안의 가옥의 수효가 서로 다른데, 개략적으로 3명씩 뽑는 이유를 말하고 있다. 이것은 귀족들이 거주하는 지역을 한 취락에 거주하는 가옥수가 賤族이 거주하는 지역보다 적은 데 選士를 동일하게 3인으로 하면 不公平하지 않은가 하는 문제에 대한 해답이다. 일률적으로 3명씩 뽑는 것은 신분상의 차별인 것으로 보인다.

그러나 이러한 差等조차 "人才의 일어남이 매양 貴族에게 있는 것"이라는 이유에 그 근거를 두고 있다. 이것은 選士의 불공평이 신분상의 불평등의 형태로 나타나는 것을 능력으로 설명하고 있다. 신분에 따라 이러한 능력의 차이가 생기는 것은 어쩌면 당연한 일인지 모른다. 그것은 우월한 신분일수록 보다 좋은 환경과 특권을 누리기 때문이다. 정약용은 이미 이 점을 충분히 인식하면서도 『經世遺表』가 중세적인 체제를 당장에 전면적으로 부정하려 한 것은 아니므로 보다 좋은 환경에서 자란 지배층의 자제 가운데 보다 많은 인재가 배출되는 것을 그대로 용인하였다. 즉 기회의 불균등에서 생긴 능력의 차이를 일단 인정한 위에서 관직참여 문제를 생각한 것이다.

하지만 이 邑選에 신분에 의한 제약은 두지 않고 있으며 능력이 아니라 門閥에 의하여 관직을 차지하는 것을 점차 止揚하려 하였다. 우선 蔭職에 대하여,

南行入仕者　一年再政　小不下二三十人　通計三年　必不下七八十人
…… 今文武科 每式年 各取三十六人 南行 亦當取三十六人[103]

이라 하여 南行(＝蔭職)의 수가 당시 3년에 70~80명 되는 것을 文武科의 수와 같이 36명으로 줄이자는 것이다. 이는 그가 능력 위주의 관리선발을 지향하고 있음을 보여 준다. 음직은 지배층이 그들의 관리로서의 신분을 세습적으로 유지하기 위한 안전장치의 하나이므로 이는 지배층의 관직독점을 제한하는 의미를 갖는다.

102)『全書』5, 253쪽.
103)『全書』5, 20쪽.

과거에 선발된 자에 대하여는,

> 臣謹案 …… 今新及第分舘之法 承文院爲首 成均館次之 校書館㝡卑
> 承文以待貴族 成均以待西北之人 校書以待庶類賤族 法之不善 莫此若
> 也[104]

라 하여 과거급제자의 신분과 지역에 따라 차등을 두던 당시의 관리임용
을 비판하고 이어서,

> 臣謂 每大比之年 取及第三十六人 於是 九卿三院 會議都堂 其文學超
> 等者 取十二人 屬之校書監 其經術超等者 取十二人 屬之國子監 其才諝
> 超等者 取十二人 屬之承文監 以付初任 貴族賤族 不令歧分[105]

이라 하여 일단 及第者의 경우 관리임용에 신분적 차별을 두지 말자고 하
고 있다.

한편 신분적으로 낮은 자의 관직참여를 위하여 별도의 길도 열어 두고
있다. 서얼에 대하여는 "庶流之南行 初入仕 十有二窠 其陞而遷之者 亦十
有二窠"[106]이라 하여 서얼을 위하여 따로 12자리의 蔭職을 둘 것을 생각
하고 있다. 그 이유에 대하여는 서얼은 별도의 자리를 두지 않으면 음직에
참여하기 어렵기 때문이라는 것이다.[107] 이것은 신분이 상대적으로 낮은자
를 위한 약자보호 조항이다. 이렇게 별도의 방책을 마련하고 있는 것은 「
通塞議」에서의 茂才異能科와 흡사하다.[108] 「井田議」 1에서는 井田 설치
에 功이 있는 자에게 관직을 줄 것을 주장하면서,

---

104) 『全書』 5, 17쪽.
105) 위와 같음.
106) 『全書』 5, 50쪽.
107) 『全書』 5, 51쪽.
108) 「通塞議」에서는 차별의 완전한 철폐를 이상으로 하고 있다. 그렇다면 이 茂才異
     能科는 차별의 완전한 철폐로 가기 위한 과도기적인 것으로 이해된다.

宜選高貲幹局之人 使作此井 貴族續文者 賞之以東班之任 冷族無文者
賞之以西班之任[109]

이라 하고 있으므로 귀족이 아닌 冷落한 氏族(양반 이외의 계층)에도 관직
을 부여할 것을 주장한 것이다.

『經世遺表』에서는 관직참여의 문제를 과거에서 귀족의 優待・蔭職과
같은 신분적 특권을 인정하면서도 음직의 수를 제한하려 한다든가 邑選에
신분적 제한이 없고, 일단 과거급제자의 경우 관리임용에서의 신분적 차별
의 폐지 등을 통하여 신분적 특권을 제한하려 하는 동시에 서얼을 위한 별
도의 음직을 설치, 정전 설치에 공이 있는 冷族의 기용과 같은 별도의 길
을 마련함으로써 상대적으로 열악한 신분층에 대하여 관직을 개방할 것을
생각하고 있다. 이것은 신분적 특권을 인정한 위에서의 능력에의 지향으로
볼 수 있다.

『牧民心書』에서도 농사에 공이 있는 사람에게 관직을 주어야 한다는 주
장이 보인다. 戶典「勸農」에서는 "凡勸農之政 宜分六科 各授其職 各考其
功 登其上第 以勸民業"[110]이라 하고 있는 것이다. 그러나 이것의 시행에
대하여는,

　　此非要今之守令便當施措也 若田政大正 百度咸貞 職貢如法 萬民受業
　　如余田制考所論 斯可以議到也 聊此附著 以補田制之缺 非謂今之守令
　　按而行之也[111]

라 하여 田政이 크게 바로 잡히고 여러 법도가 모두 곧으며 관직과 공납이
법과 같고 모든 백성이 업을 받아「田制考」에서 논한 바와 같아야 이 6科
를 의논할 수 있다는 것이다. 여기에서 田制考는 물론『經世遺表』地官修
制의「田制」1~12를 가리킨다. 그리고 "여기에 붙여서 전제에서 결여된

109)『全書』5, 139쪽.
110)『全書』5, 446쪽.
111)『全書』5, 446쪽.

것을 보충한다"고 하였으니 이 6科의 주장은 『經世遺表』에 속해야 하는 것임을 알 수 있다. 이상에서도 『牧民心書』는 제도개혁을 위한 책이 아님을 알 수 있다.

관직참여의 문제와 관련하여 정약용은 『牧民心書』적인 제도의 운영개선이라는 단계에서는 관직 개방의 문제를 고려하지 않았고 『經世遺表』적인 개혁안에서는 신분제를 긍정한 위에서 능력본위의 방향을 지향하면서 力農層을 위한 6科의 설치라든가 정전 설치에 功이 있는 자에게 관직을 除授하는 것과 같은 별도의 통로를 통하여 관직참여의 폭을 넓히려 하였다. 그러나 관직참여의 문제에 있어서 그의 이상은 「通塞議」에서 볼 수 있던 것과 같이 신분과 지역의 차별을 완전히 철폐하는 데 있었다. 이것은 그의 이상이 양반의 신분적 특권인 관직독점을 궁극적으로 철폐하는 데 있었음을 뜻하는 것이라 하겠다.[112]

2) 兩班身分의 否定

정약용은 지주전호제라는 경제적 기반 위에 서서 군포의 면제와 같은 신분적 특권을 누리면서 놀고 먹는 양반층에 대하여 매우 비판적이었다. 「田論」 5에서 "士何爲游手游足 呑人之土 食人之力哉"[113]라 하고 있거나 「身布議」에서 "身皆有之 何身乎徵布 何身乎不徵布"[114]라 하고 있는 것이 그것이다. 그러나 정약용의 양반층에 대한 비판은 단지 이러한 사회적 불평등이라는 이유에서만이 아니라 양반층 증대에서 야기되는 地利不闢(생산력의 침체)이나 國貧(재정빈곤)과 같은 폐단 때문이기도 하였다. 즉 그

---

112) 그의 관직참여의 문제의 해결도 궁극적으로 단계적 방식임을 알 수 있다. 「通塞議」에서의 茂才異能科나 『經世遺表』에서의 관직 참여 문제에 대한 개혁론은 궁극적으로 차별의 완전한 철폐로 가기 위한 과도적인 것으로 생각된다. 관직참여 문제에서 차별을 완전히 철폐하는 것을 그가 어떻게 구상하고 있었는지 살필 수 있는 자료는 눈에 띄지 않는다. 「田論」은 그 주제가 토지개혁론이므로 관직참여 문제에 대한 구상은 여기서 찾아 볼 수 없다.

113) 정본 『與猶堂集』, 잡문 3.

114) 정본 『與猶堂集』, 잡문 1.

는「身布議」에서,

> 兩班多則人力削 人力削則地利不闢 地利不闢則國貧 國貧則無以勸士
> 士不勸則民益困[115]

이라 하고 있는 것이다.

이리하여 정약용은「田論」에서는 양반층의 경제적 기반인 지주전호제를 전면적으로 부정하게 된다.「田論」에서의 토지개혁안은「田論」2에서,

> 夫盡天下而爲之農 固吾所欲也 其有不盡天下而爲之農者 亦聽之而已
> 使農者得田 不爲農者不得之 則斯可矣[116]

라 하고 있는 것과 같이 철저히 耕者有田의 원칙에 서 있었다.

이렇게 하여 토지에서 배제되게 되는 양반층에 대하여 정약용은 그들을 생산자화할 것을 생각하였다. 즉 그는「田論」5에서,

> 知游之不可以得穀也 則亦將轉而緣南畝矣 …… 曰有必不得轉而緣南
> 畝者 將奈何 曰有轉而爲工商者矣 有朝出耕夜歸讀古人書者矣 敎授富
> 民子弟以求活者矣 有講究實理 辨土宜 興水利 制器以省力 敎之樹藝畜
> 牧以佐農者矣[117]

라 하여 양반층을 농부·상공인·교사·토양과 수리의 연구자, 새로운 기구를 만드는 자, 원예와 牧畜을 敎授하는 자로 전업하게 할 것을 생각하였다. 이것을 그가 양반층의 신분적 특권인 역의 면제와 관직 독점을 부정한 것 및 地主佃戶制를 부정한 것 등과 아울러 생각하면 그의 양반층에 대한 비판이「田論」에서는 양반층의 부정에 이르고 있다고 여겨진다.[118]

---

115) 정본『與猶堂集』, 잡문 1.
116) 정본『與猶堂集』, 잡문 3.
117) 정본『與猶堂集』, 잡문 3.
118) 유형원의 개혁론의 경우 현직관료는 물론, 벼슬이 없는 士에게도 토지를 급여하

그의 양반층 비판이 양반신분 부정에 이르고 있음은 그가 「跋顧亭林生員論」에서,

> 中國之有生員 我牧邦之有兩班 亭林憂盡天下而爲生員 若余憂通一國
> 而爲兩班 …… 雖然 若余所望 則有之 使通一國而爲兩班 則通一國而無
> 兩班矣 有少斯顯長 有賤斯顯貴 苟其皆尊 卽無所爲尊也[119]

라 하여 양반층이 증가하는 데 따른 폐단을 걱정하다가 이를 역전시켜 "자신의 바램은 온 나라가 양반이 되는 것이니 이렇게 되면 곧 양반이 없어지게 되는 것이다"라고 한 것에서도 확인된다. 그리고 앞서 살핀 바와 같이 「田論」에서의 주장을 晩年까지 견지하므로 만년까지 양반신분의 부정이라는 입장은 견지된다고 볼 수 있다.

한편 「田論」 6에서는 지배층의 문제와 관련하여

> 公稅旣什一矣 國用旣倍增矣 祿不可不厚也 今旣無兼幷之田 又從而薄
> 其祿 則國無君子者矣 令仰足以事父母 俯足以育妻子 又足以周族黨 養
> 賓客 宇僕隸 崇第宅 美衣馬 而後有願立於朝者矣[120]

도록 하며, 관직참여의 등용문이 되는 학교의 입학에 신분적인 차별을 부정하고 있고 양반층은 군역이 면제된다. 유형원의 토지개혁론에 대하여는 천관우, 앞의 책, 249쪽 이하 참조. 유형원의 군역개혁에 대하여는 강만길, 「군역개혁론을 통해 본 실학의 성격」, 『동방학지』 22, 1979 참조. 학교입학 자격에 대하여 "大夫士子弟志學 及凡民俊秀者 年十五以上 皆許入學……工商市井之子 巫覡雜類之子 及公私賤口 不許入"(『磻溪隨錄』 卷10, 「敎選之制」 下)이라 하여 신분적 제한을 두고 있다. 이익의 경우 양반층에 대한 收布를 반대하였으며 관직참여의 문제에 있어서 과거와 貢擧(추천)를 아울러 생각하고 있었다. 추천제의 경우 향약에 의한 운영을 생각한다. 향약이 양반층의 향촌통치를 위한 제도이니 결국 貢擧制가 양반층의 이익에 부합하게 되는 것을 의미한다(『星湖先生全集』 下, 「論貢士」, 192쪽). 이렇게 되면 결국 유형원과 이익은 양반의 신분적 특권을 부정하지 않고, 따라서 양반신분을 부정하지 않았음을 알 수 있다. 양반신분에 대한 부정이 정약용의 신분제 개혁론이 이익·유형원의 신분제 개혁론과 구별되는 점이라 하겠다.

119) 정본 『與猶堂集』, 잡문 6.
120) 정본 『與猶堂集』, 잡문 3.

라 하여 君子라고 하는 지배층에 대한 優待를 이야기하고 있다. 이 君子는
朝廷에서 벼슬하는 자를 의미하는 것으로 생각되는데 이들에게 祿을 후하
게 할 것을 주장한 것이다. 여기에서 군자에게 토지가 아니라 祿을 厚하게
줄 것을 생각하고 있는 점이 주목된다. 「田論」에서의 토지개혁론이 耕者
有田의 원칙이므로 관리에게 토지를 줄 수 없는 것이다. 祿의 내용이 문제
이겠는데 公稅로 거둔 國用 가운데에서 주는 것이므로 이것은 미곡과 같
은 現物이거나 화폐 따위를 염두에 두었을 것으로 생각된다. 조정의 관리
인 군자는 이러한 祿을 받는 데 불과한 것이다. 이것을 그가 초기의 다른
저작에서 戶布制의 실시를 주장한 것 및 관직을 점차 광범위한 계층에 개
방하여 가려고 한 것과 아울러 생각하면 이 군자는 歸屬身分이 아니라 獲
得身分으로서의 성격을 띤 것으로 생각된다.

　후기저작인 『經世遺表』에서는 양반신분을 부정하는 것이 눈에 뜨이지
않는다. 아니 오히려 귀족층에게 役의 면제를 생각하고 科擧制에서 귀족
층에 다소 유리하게 하려 하였음은 앞서 살핀 바와 같다.[121] 그리고 가옥
의 크기를 관직의 등급에 따라 차이를 두면서 일반인보다 관리의 가옥을
더 크게 할 것을 규정하고 있다.[122] 그러나 及第者를 현직에 임용할 때 신
분적 차별을 철폐할 것, 力農層이나 井田의 설치에 功이 있는 자에게 관직
부여를 생각한 것, 蔭職을 대폭 줄이려고 한 것, 과거 응시의 첫 관문인 邑
選에 신분적 제약이 없는 점 등을 생각하면 그가 당시의 신분제를 인정하
면서 양반층의 신분적 특권을 점차로 解消하려고 하였음을 알 수 있다. 이
것은 그가 「井田論」에서 地主佃戶制를 점진적으로 해소하려고 한 것과
조응한다.

　『牧民心書』 禮典의 「辨等」에서는 "辨等者 安民定志之要義也 等威不
明 位級以亂 則民散而無紀矣"라 하여 身分秩序[123]를 강조하고 있다. 그
러나 이것은 『牧民心書』가 제도개혁을 위한 책이 아니라 당시 국가체제를
인정한 위에서의 제도의 운영개선을 위한 책이기 때문이다.[124] 그러나 이

121) 제4장 제1절과 2절 참조.
122) 『全書』 5, 54~59쪽.
123) 『全書』 5, 475쪽.

「辨等」에서도,

> 然嚴於辨等者 俗謂之正名分 斯則過矣 君臣奴主 斯有名分 截若天地
> 不可階升 若上所論者 可曰等級 不可曰名分也[125]

라 하여 신분질서를 명분이 아니라 등급이라 하고 있는 것이다. 여기에서
그가 신분질서를 名分的인 것과 같이 엄격히 생각한 것이 아님을 알 수 있
다.
  또 戶典「戶籍」에서도 幼學을 冒稱하는 것에 대하여,

> 余謂冒稱幼學 在所嚴禁 然我去之後 還冒幼學者 必納賂於籍吏 依舊
> 冒稱 無補頹綱 徒使吏肥 究何益矣 …… 大抵 綱紀之頹敗 久矣 非一縣
> 之令 所能振整 艱築沙隄 水到還崩 權且闔眼 未爲不可[126]

라 하여 당시의 현실에 따라 이를 묵인하라 하고 있다. 『牧民心書』가 당시
국가체제를 인정하면서도 현실적으로 신분제가 해체하고 있는 것을 용인
하고 있는 것이다. 이것은 『牧民心書』가 어디까지나 현실에 토대하고 있
는 책이기 때문이다. 당시 신분질서도 현실이었고 신분질서의 해체도 현실
이었다.[127]
  양반신분의 부정이 『經世遺表』와 『牧民心書』에 나타나지 않고 있는 것
은 이들 저서의 성격상 당연한 것이나 『牧民心書』에서도 신분질서가 해체
하는 현실을 용인하고 있었고 『經世遺表』에서는 양반층의 신분적 특권을

---

124) 『全書』 5, 422쪽의 戶籍의 經緯表에서는 신분을 上, 中, 良, 私, 鄕, 驛 등으로 표
    시하고 있다. 鄕은 鄕丞, 良은 卑而不賤者, 士는 士官之族, 私는 私家의 奴屬, 驛
    은 驛屬을 의미한다. 따라서 『牧民心書』에서 당시의 신분제를 그대로 용인하고
    있음을 알 수 있다.
125) 『全書』 5, 475쪽.
126) 『全書』 5, 425쪽.
127) 현실을 토대로 하여 이를 기초로 개혁의 방향을 생각하는 것이 정약용 사상의 특
    징의 하나이다. 그가 호포제로의 개혁을 軍布契, 役根田을 기초로 하여 출발하려
    한 것이 한 예가 되겠다. 즉 그는 현실에서 이념의 계기를 찾는 것이다.

점차 해소시켜 나갈 것을 생각하였다. 그리고 앞서 2장에서 살핀 바와 같이 「田論」의 입장이 후기까지 포기되지 않았으므로, 후기까지 그의 양반신분의 부정이라는 입장은 견지되었다고 보아야 한다. 이것을 그의 사회사상의 단계론적 성격과 아울러 생각하면 『經世遺表』적인, 신분적 특권의 제한이라는 방식을 통하여 점차로 양반신분의 부정이라는 이상에 도달하려고 하였다고 여겨진다.

마지막으로 문제가 되는 것은 정약용에게서도 士大夫 의식이 강하게 나타난다는 점이다. 「跋擇里志」에서,

余家 苕川之墅 …… 所取 唯江山絶勝 然士大夫之占地而傳世也 如上古諸侯之有其國遷徒寄寓 而不能大振 則與亡國者等 余所以眷係遲徊而不能去苕川也[128]

라 하여 가문에 집착하고 있는 것이나 「示二兒家誡」(庚午 : 1810 首秋 書于茶山東菴)에서,

吾今名在罪籍 使汝曹姑遯田廬 …… 唯王城十里之內 可以爰處 …… 自古禍家餘生 必高翔遠遯 唯恐入山之不深也 爲麕爲兎焉而已 …… 及至兒孫之世 得存心科擧 留神經濟 天理循環 不必一路而不起也 若不勝一朝之忿 勃然流徒者 終於甿隷而已矣[129]

라 하여 가문의 부흥과 관직에 집착하고 있는 것이 그것이다. 그러나 이것은 정약용 개인생활에서의 면모이다. 한 사람이 현실의 개인생활에서 추구하는 바가 반드시 그가 이상으로 추구하는 것과 일치하는 것은 아니다. 급진적인 이념을 추구하는 사람에 있어서 그 이념의 추구와 개인생활이 相互矛盾될 수 있다. 그렇다고 하여 그가 추구하는 이념의 의미가 손상되는 것은 아니다. 정약용의 경우 그가 추구하는 양반신분의 부정이라는 목표를

---

128) 정본 『與猶堂集』, 잡문 6.
129) 정본 『洌水全集』 속집 3, 제1권.

장기간에 걸쳐 점진적으로 달성하려 한 것이니만큼 이러한 개인생활에서
의 면모와 그의 양반신분의 부정이라는 이념이 논리적으로 모순되는 것은
아니다.

5. 奴婢身分 改革의 問題

1) 奴婢觀에서의 의문점

정약용의 노비관에서는 자료상 의문점이 있다. 문제가 되는 자료는 『餛
飩錄』에 실려 있는 「芝峯亦憂奴婢」와 『牧民心書』 禮典 「辨等」의 노비관
계 기록이다.

「芝峯亦憂奴婢」는 정본에 수록된 것은 원래의 내용이 줄을 긋고 수정되
어 있는데 수정 전과 수정 후의 내용이 정반대이다(규본에는 수정 후의 내
용으로 된 것이 수록되어 있다). 정본의 「芝峯亦憂奴婢」는 다음과 같이 되
어 있다.

> 奴婢之法 始於新羅 芝峯曰 壬辰亂後 或以軍功 或以納粟 輒許免賤 昌
>   在古至嚴
> 僞滋多 以至登科頂玉者 比比 蔑視七族 凌侮其生 至有叛弑之變 後日之
>
> 慮 有不可言 嘗見高麗史 忠烈王時 元世祖勅罷奴婢世傳之法 王再三哀
>   廣   從良
> 懇乞因舊俗 其意以爲 此法一罷 國必亡滅 意亦過矣 至我英宗辛亥 如行
>
> 從母役之法 而國中奴婢 已減其半矣 貴族大抵凋敝 而百姓蓋熙熙矣 聖
>   日以   皆亂民   畢
> 烈不其偉與 有言我東名分風俗之有別 而沮美法者 其心多不公也[130]
> 竟紀綱壞 而血脈不行 其亡可立而待矣
> (줄친 부분은 수정전의 것이며 줄 밑의 내용으로 수정되었다. '意亦過矣'와 '矣'는

---

130) 정본 『與猶堂集』, 잡문 12.

줄을 그어 지웠을뿐 수정 내용이 없다.)

여기서 보면 처음의 내용은 고려 충렬왕이 奴婢世傳의 법이 혁파되면
국가가 망하리라 생각한 것은 그 뜻이 지나치다 하고 영조의 노비종모법
실시를 위대한 일로 찬양하고 있다. 그러나 수정내용은 처음의 주장을 완
전히 뒤집어 '충렬왕의 뜻이 지나치다'고 한 부분을 삭제하고 '奴婢世傳'도
'奴婢從良'으로 표현을 바꾸었으며 영조의 노비종모법 시행도 기강을 무너
뜨리고 나라를 망하게 하는 것이라 하였다. 그러면 이러한 수정자가 누구
인가 하는 것이 문제이다.

「邦禮艸本序」에서는 "英宗大王 改奴婢法 改軍布法 改翰林薦法 斯皆
合天理而協人情 如四時之不能不變"[131]이라 하여 영조의 노비종모법 실
시를 찬성하고 있는데 『經世遺表』의 저술시기가 1818년이므로 노비종모
법에 대한 지지의 태도는 정약용이 끝까지 견지하고 있었다고 생각된
다.[132] 이것은 제3장에서 살핀 바와 같이 정약용이 후기에 평등적 인간관
을 확립하고 있는 것에서도 확인된다. 또 「芝峯亦憂奴婢」는 정약용이 자
신의 회갑때 정리한 자신의 저작체계인 묘지명체계[133]의 雜文에 속하는
것이다. 이 때 잡문은 정약용 자신에 의하여 정연하게 전후편으로 정리되
었다. 정리과정에서 내용수정이 필요하면 새로 쓰면 될것이지, 굳이 옛내
용을 그대로 쓴 다음 글을 긋고 수정하지는 않을 것이다. 따라서 회갑 때
까지도 내용수정은 없었다고 보아야 한다. 이상에서 「芝峯亦憂奴婢」의 개
작자를 정약용 자신으로 볼 수 없다.

그런데 『牧民心書』, 禮典, 「辨等」의 노비관계 기록에 『酉山筆談』이 인
용되어 있다. 인용된 내용은 다음과 같다.

酉山筆談云 前輩謂 奴婢世傳之法 惟我東有之殊 不然也 …… 高麗之

---

131) 『全書』 1, 259~260쪽.
132) 「邦禮艸本序」는 『經世遺表』의 서문이다.
133) 이에 대하여는 졸고, 「정약용 저작의 체계와 여유당집 장문의 재구성」, 『규장각』
    8 참조.

法 八世入籍 不干賤類 然後 乃得筮仕 若父若母 一爲賤類 則縱其本主
放許 爲良所生子孫 却還爲賤 故欲開其從良之路而已 非謂世傳之法 因
可革也 然而忠烈王奏乞仍舊 其辭哀惻 以爲此法一變 國必危亡 夫豈無
故而爲是哉 然則辛亥變法 不惟於古不合 並非元人之意也 …… 愚謂 奴
婢之法不復 則亂亡不可救也[134]

여기에서 元世祖가 고려의 노비제에 대하여 하려고 한 것은 從良의 길
을 열려고 한 것이지 世襲制를 혁파하려 한 것은 아니라 한 것과 충렬왕이
노비제에 반대한 것은 까닭이 있다고 한 것, 그리고 영조의 奴婢從母法 실
시가 잘못되었다고 한 것은 「芝峯亦憂奴婢」의 수정내용과 완전히 일치한
다. 따라서 이『酉山筆談』의 저자가 누구인가 하는 것은 「芝峯亦憂奴婢」
의 수정자가 누구인지와 관련된다고 여겨진다.[135]

『經世遺表』와『牧民心書』에 여러 차례 이『酉山筆談』과『酉山日鈔』가
인용되어 있으나 인용된 내용만으로는 두 책의 저자를 알기 어렵다. 그런
데 다산초당 주인의 아들 尹種洙에게서 나온, 1818년의『牧民心書』초고
본을 저본으로 한 廣文社本의 본문(본문은 원문에 있었던 것이고 후의 완
성본에서 증보된 부분은 이 책에서는 뒤에 補遺로 붙어 있다)에 여러 차례
『酉山筆談』을 인용하고 있는 것으로 보아 이『酉山筆談』은 강진시절에
이미 존재하고 있었다고 볼 수 있겠다.

이 酉山은 정약용의 고향인 마재 근처의 산이름이며,[136] 정약용의 맏아
들 丁學淵의 호이기도 하다. 정약용이『酉山筆談』을 지었다면, 酉山이 자
신의 호가 아니므로, 그것은 그가 마재에 살던 시기가 될 것이다. 그가 마
재에 살던 시기는 15세에 서울로 이사하기 전과 정조가 죽은 후에서 辛酉
邪獄까지 약 6개월간 및 유배에서 풀려난 이후의 시기이다. 15세 이전에는

---

134)『全書』5, 477쪽.
135) 茶山研究會,『譯註牧民心書』Ⅲ, 창작과비평사, 1981, 196쪽. 유산필담은『茶山
錄』,『茶山筆談』,『酉山日鈔』등과 함께 다산의 저서인 듯하나 확실하지 않다. 후
에『與猶堂全集』속에 편입된 것으로 보인다"라 하고 있다.
136)『全書』1, 69쪽의 고향을 두고 읊은「酉山四章」에 "酉山之下受有我盧(酉子谷)
冽之洋洋有物其鮮"이라는 구절이 보인다.

『酉山筆談』을 지을 능력이 없었을 것이고, 유배에서 풀려난 이후의 작품
은 아니므로 정약용의 저술이라면 결국 정조가 죽은 후 6개월간이 가능한
저작시기가 되겠다. 하지만 이『酉山筆談』은 여러 가지 성격이 다른 내용
이 실려 있고 어떤 통일적인 체계를 가진 것이 아니므로 비교적 오랜 기간
에 걸친, 그때 그때의 기록을 모아 놓은 것으로 생각된다. 정조가 죽은 이
후 신유사옥에 이르기까지 6개월간은 시기적으로 너무 짧고 당시의 급박
한 정치적 상황으로 이러한 저술을 할 정신적 여유도 없었을 것이다. 따라
서『酉山筆談』을 정약용의 저술로 볼 수 없다.

그렇다면『酉山筆談』의 저자는 누구인가, 우선 酉山이 정학연의 호이며
그가 정약용의 저작과정에 많이 관여하였던 사실에서[137] 정학연을『酉山
筆談』의 저자로 추정해 본다. 한편 정본『與猶堂集』잡문 3에는 정학연의
추기와 정약용의 曾孫인 丁文燮이 본문의 내용을 수정한 부분이 있다.[138]
따라서 정약용의 저술이 후손에 의하여 수정되었을 가능성이 있다. 이것을
『酉山筆談』의 저자가 정학연일 가능성 및『牧民心書』「辨等」에 인용된
『酉山筆談』의 내용의「芝峯亦憂奴婢」의 수정내용과 일치한다는 점과 아
울러 생각한다면 이「芝峯亦憂奴婢」의 수정자도 정학연일 가능성이 있다.

『牧民心書』禮典「辨等」의 奴婢條에는,

蓋自奴婢法變之後 民俗大渝 非國家之利也 雍正辛亥以後 凡私奴良妻
所生 悉皆從良 自此以後 上弱下强 紀綱陵夷 民志以散 不相統令[139]

이라 하여 영조의 노비종모법 실시를 비판하는 구절이 있다. 이것은 후기
작인「邦禮艸本序」에서 영조의 노비종모법 실시를 찬양한 것과 모순된다.

---

137) 정약용은 두 아들에게『備禦考』의 편집 방침을 알려주어 이에 따라 자료수집을
할 것을 명하고 있으며(정본『洌水全書』, 속집 3, 제3집의 7번째「寄兩兒」,『周易
四箋』에도 여러 곳에서 "男學淵曰"이라 하는 대목을 찾아 볼 수 있다.
138) 제3책,「家乘遺事」를 수록한 7번째 페이지의 윗부분에 "妹非李也 似是權公鵬也
學淵識"와 "文燮按 權公登第 在辛酉 大司憲公登第 在丁卯 則同年及第 傳之誤
也"라는 추기가 있다.
139)『全書』5, 476~477쪽.

그런데 『牧民心書』「辨等」의 노비관계 기록은 초고본을 저본으로 한 광
문사본에는 누락되어 있다. 이와 관련하여 광문사본의 發凡에서,

　　編戶目次中　公私奴婢一案　屢經列聖朝燉棄　一視同仁之澤　卓越前古
　　跨歷之洲　天下萬國　未能或之先也　今成具文　故刪之[140)]

라 하고 있는 것이 주목된다. 광문사본은 초고본을 저본으로 한 것이므로
여기에서 노비관계 기록을 깎아 버렸다고 한 것은 초고본에 노비관계 기
록이 있었음을 의미한다. 이제 具文[형식적인 글]이 되었다는 것은 여러
차례 노비제 개혁을 거쳐 갑오개혁에서 노비제가 폐지된 이제는 소용이
없다는 뜻으로 해석된다. 즉 『牧民心書』가 牧民官을 위한 책이니만큼 노
비제가 이미 폐지된 光武年間에는 『牧民心書』의 노비제 관계부분은 현실
적 의미가 없는 형식적인 글이므로 깎는다는 것이다.[141)]

　이렇게 보면 초고본의 노비관계 기록은 노비제를 인정한 위에서의 내용
임을 알 수 있다. 이것은 『牧民心書』가 당시 체제를 인정한 위에서의 책이
니만큼 당연한 것이다. 다만 문제는 앞서 인용내용과 같이 굳이 적극적으
로 노비해방을 반대하여 『經世遺表』와 모순되는 주장을 한 점이다. 이것
은 우선 『牧民心書』가 유배의 처지라는 긴급상황에서 목민관을 대상으로
한 책이라는 점을 들 수 있다. 다음으로 이 내용에는 정학연의 의견이 많
이 반영되었지 않았나 한다. 정학연은 정약용의 저작과정에 많이 관여하였
고 앞서 측정한 바와 같이 『酉山筆談』의 저자라면 영조의 노비종모법 실
시에 비판적이었기 때문이다. 어쨌든 『牧民心書』는 제도개혁을 위한 책은
아니며, 정약용의 사회사상의 段階論的 성격에 비추어 『經世遺表』가 『牧
民心書』보다 정약용의 궁극의 이념에 한 단계 더 접근한 것이므로 『經世
遺表』에서의 영조의 노비종모법 실시에 대한 찬성이 정약용의 본의라고

---

140) 광문사본 『牧民心書』 제1책, 8쪽.
141) 이러한 편집 태도는 "編內 目次中 原有西路支勅條例 然物換星移 鳥用是饌也 今
　　去之"(광문사본 『牧民心書』 제1책, 8쪽 '發凡」)라 하여 西路(황해도와 평안도)에
　　서 淸나라 사신을 영접하기 위한 西路支勅條例를 빼고 있는 것에서도 확인된다.

볼 수 있다. 이렇게 보아야 그가 후기에 평등적 인간관을 확립한 것과 논리적으로 일치한다.

2) 奴婢身分의 否定

노비관에 관련된 초기의 자료를 살펴보면 정약용은 노비에 대하여 매우 동정적이었다. 그는 자기의 죽은 종을 위하여 「祭春甫文」이라는 제문을 지어주었는데 여기에서,

> 春甫 汝有可能唯輭唯樂 易不深險 可思而易喜怒 若孩嬰 前年 聖維死 今年 汝又死 吾誰與度平生 嗟乎 尙能諦聽[142]

이라 하여 자기의 죽은 종인 춘보를 자신의 인생의 동반자로 생각하고 있다.

자신이 성균관 앞의 泮村에서 기거할 때 그 집의 주인이었던 金石太를 위하여도 「祭菽甫文」이라는 제문을 지어주기도 하였다. 이 泮村에는 푸줏간을 해서 성균관에 税를 바치는 白丁들이 살고 있었으므로 김석태는 매우 신분이 낮은 사람으로 생각된다.[143] 이 「祭菽甫文」에서 "遲徊尙在我側 九原雖邃逝將相憶"[144]이라 하고 있으므로 이 제문은 단순한 동정이나 연민을 넘어서는 것으로 생각된다.

한편 그는 放良된 것으로 여겨지는 자기의 예전의 종을 찾아가 그 집에 묵기도 하였다.[145] 이에 대하여 정약용은 「宿平邱」라는 시에서,

---

142) 『全書』 1, 354쪽.

143) 이 김석태와 정약용과는 개인적으로 밀접한 관계가 있는 것으로 여겨진다. 『正祖實錄』 卷12, 正祖 5년 辛亥 11월 甲申條에 천주교 집회인 이른바 丁未泮會를 고발하는 李基慶의 상소문에 "臣來會而傳聞 三人會干泮村金石太家 時或不入食堂 專看厥朋云"이라 하여 정약용이 관계된 이 丁未泮會가 김석태의 집에서 있었음을 알리고 있다.

144) 『全書』 1, 354쪽.

145) 송재소 역, 『茶山詩選』, 창작과비평사, 1981, 151쪽의 주.

奴崔與汝別十年 今宵我來汝家眠 …… 度絜衡秤與汝爭 我眞百輸汝百
贏 秋風會借蕫鱸輿 雪耻酬憤與汝幷146)

이라 하여 노비와 자기를 대등한 입장에 놓고 생각하는 듯이 말하고 있다.
이상에서 정약용이 노비에 대하여 단순한 동정이나 연민 이상의 생각을
갖고 있으며, 어느 정도 대등한 입장에서 생각하려는 태도를 갖고 있었음
을 알 수 있었다.

이러한 그의 태도는 그로 하여금 자신의 노비들에 대하여 개인적으로
온정을 베푸는 것에 그치지 않고 노비제도의 개혁을 찬성하게끔 하였다.
이것은 정약용이 「芝峯亦憂奴婢」의 수정전의 내용에서,

英宗辛亥 如行從母役之法 而國中奴婢 已減其半矣 貴族大抵凋敝 而
百姓蓋熙熙矣 聖烈不其偉歟147)

라 하여 영조의 노비종모법을 찬양하고 있는 점에서도 알 수 있다. 이 노
비종모법은 정약용 이전에 유형원·이익 등에 의해서도 주장되었다.148) 어
머니가 良人이더라도 아버지가 賤人이면 천인으로 하던 것을 고쳐서 이
경우 良人으로 한다는 것인데 이렇게 되면 세습되는 노비의 수가 줄어들
게 된다.

유형원의 경우 이러한 종모법의 실시를 노비세습제의 폐지로 가기 위한
과도적 단계로 생각하였는데, 이것은 정약용의 경우도 마찬가지이다. 「芝
峯亦憂奴婢」의 수정전 내용에서 "元世祖勅罷奴婢世傳之法 王再三哀懇

---

146) 『全書』 1, 59쪽.
147) 정본 『與猶堂集』, 잡문 12.
148) 유형원은 노비종모법의 실시를 주장하고 노비세습제의 폐지를 통하여 궁극적으로
    노비의 소멸을 생각하였다(『磻溪隨錄』 卷92, 續集下, 「奴隸」). 이익도 유형원의
    노비종모법의 실시와 노비세습제의 폐지라는 주장을 계승하면서 이에 더하여 限
    奴法의 실시, 노비의 과거응시 및 관직참여 인정 등을 주장하였다(『星湖先生文
    集』 下, 「論奴婢」, 209쪽). 정약용은 노비문제에서 이들 유형원·이익의 견해를
    계승하고 있다.

乞 因舊俗 其意以爲 此法一罷 國必亡滅 意亦過矣"라 하고 있는 것이다.
이렇게 노비세습제가 부정되면 점차로 노비는 소멸하게 된다.

이러한 노비제 혁파라는 입장은 후기까지도 견지된다. 후기작인「邦禮
艸本序」에서 영조의 奴婢從母法을 지지하고 있다.149)『牧民心書』에서 奴
婢從母法을 비판하고 있는 것이 자료상 문제점이 있음은 앞서 말하였다.
설사 그것이 정약용 자신의 글이라 하더라도, 정약용이 후기에 평등적 인
간관을 확립하고 있는 점,「邦禮艸本序」에서는 노비종모법을 지지하고 이
쓴 점,『牧民心書』에서도 冒稱幼學과 같은 신분변동의 현실을 용인하고
있는 점 등에서, 그것을 정약용의 본의라고 보기는 어렵다.150)

6. 맺음말

이상에서 정약용의 사회사상은『牧民心書』→『經世遺表』→「田論」이라
는 순서의 단계적 施行論이며 따라서 그의 신분제개혁론도 이것을 염두에
두고 고찰하여야 한다는 점, 정약용이 후기에 평등적 인간관을 확립하고
있는 점, 양반층의 신분적 특권과 관련되는 군포의 문제를『牧民心書』에
서는 軍布契·役根田의 방식으로, 다음단계인『經世遺表』에서는 賦로,「
田論」에서는 戶布制로 개혁할 것을 주장한 점, 관직참여 문제는『經世遺
表』에서는 신분적 차별을 점진적으로 해소하려고 하였으며「通塞議」같은
초기저작에서는 궁극적 이상을 차별의 완전한 폐지에 두고 있는 점, 정약

---

149)『經世遺表』(『全書』5, 33쪽)에 "臣謹按 掌隸院 本是要職 近復革之 合于刑曹 然
　奴隸者 我國之大政也 不可不別爲一司專掌其事 凡寺奴婢 驛奴婢 官奴婢 私奴
　婢 皆當修其法禁 聽其爭訟也"라 하고 있으므로 일단『經世遺表』적인 단계에서
　노비제는 인정하는 것으로 된다. 그러나『經世遺表』는 당장에 중세적 신분제를
　전면적으로 부정하는 것은 아니므로 문제될 것은 없다.
150) 정약용의 사회사상이『牧民心書』→『經世遺表』→「田論」이라는 순서의 단계적 시
　행론이므로「邦禮艸本序」에서 노비종모법을 찬양한 것이(설사『牧民心書』禮典
　「辨等」의 노비관계 기록이 정약용 자신의 것이라 하더라도)『牧民心書』의 것보
　다 그의 개혁의 이념에 더욱 가까움은 앞서 지적한 바와 같다.

용이 「田論」에서 양반신분의 부정에 이르고 있으며 이러한 입장은 후기까지 지속된다는 점, 그가 초기에 노비제의 문제를 奴婢從母法→奴婢世襲制否定→奴婢의 消滅이라는 순서로 해결하려고 하였으며 이러한 입장은 후기까지 지속된다는 점 등을 살펴보았다. 이러한 정약용의 신분제개혁론은 어떠한 성격과 역사적 위치를 가진 것인가.[151]

조선후기에는 사회경제적 발전에 따라 중세사회가 動搖·解體하는 급격한 사회변동이 일어나고 있었으며 이 시기 중세체제에 대한 강력한 비판의 학문으로서 이른바 실학이 대두·발전하여 왔다. 그러나 실학도 무려 200년에 걸쳐 발전한 것이므로 시기에 따라 많은 성격 차이가 있다. 이는 학문 자체의 발달의 결과이기도 하지만, 보다 근본적으로는 사회적 상황의 변화에서 기인한다고 보아야 할 것이다.

유형원이 살았던 시기는 중세사회가 동요하고 있었으나 아직 해체하는 시기는 아니였다. 유형원의 개혁론은 중세사회 동요기의 모순을 시정하여 중세사회를 재건하려 한 것이다.[152] 이익의 경우 신분관에 있어서 노비에게까지 과거 응시 자격과 관직참여를 허용할 것을 주장하는 것과 같은 매우 진보적인 일면이 있으나, 양반층의 신분적 특권을 인정하고 양반층에 의한 향촌 통제를 생각하는 보수적인 일면도 있다.[153] 이러한 그의 사상의 兩面性은 시대적인 상황에서 기인하는 것으로 생각된다. 유형원의 단계보다는 중세체제의 모순이 심화되었으면서도 아직 해체의 단계에까지는 이르지 않은 것이 그의 시대였다. 그의 사상의 양면성은 그가 죽은 뒤 제자들이 星湖左派와 星湖右派로 갈라지는 원인이 된다.[154]

---

151) 시기와 黨色에 따라서 실학자들 사이에 성격상의 차이가 있는 것 같다. 여기에서는 남인학자인 유형원·이익과의 비교에 한정시켜 정약용의 신분제 개혁론의 성격을 규정짓고자 한다.

152) 유형원은 천민의 폐지를 생각하나 양반층의 특권을 강조한다. 천민을 폐지하여 常民化함으로써 양반위주의 중세국가의 기초를 굳건히 하려 하는 것이다. 유형원의 사회개혁론의 전반에 관하여는 천관우, 앞의 글, 1952~3 참조. 유형원의 신분제개혁론의 성격에 관하여는 김채윤, 앞의 글, 1973 참조.

153) 이에 대하여는 앞의 주 118) 참조.

154) 이우성, 앞의 글, 1982 참조.

성호좌파의 분위기 속에서 성장한 정약용이[155] 살았던 시기는 이미 중세사회가 해체하는 시기였다. 그는 兩班·常民·賤民으로 이루어지는 중세적 신분제에 대하여 양반신분과 천민신분을 부정하였다.

천민 신분의 부정은 선배 실학자인 유형원과 이익을 계승한 것이지만 양반 신분의 부정은 정약용의 단계에 이르러 비로소 나타나고 있다.[156] 중세적 신분질서 가운데 양반과 천민을 동시에 부정하는 것은 결국 그의 신분제 개혁론이 중세적 신분질서의 해체를 지향하는 것임을 의미한다. 이러한 그의 신분제 개혁론의 根底에는 平等的 인간관이 확립되어 있었다.[157]

(『東方學志』 51, 1986. 6)

---

155) 정약용은 경전주석에 성호좌파의 주도자인 권철신과 유사한 부분이 있음은 주 50)에서 이야기하였다. 권철신은 走魚寺 講學會를 주도하였으며 정약전의 스승이기도 하다(정본 『洌水全書』, 속집 8 「鹿菴墓誌銘」 참조).

156) 정약용보다 다소 앞서는 박지원의 한문소설에 나타나는 양반풍자의 성격이 양반신분을 부정하는 것인지 하는 것은 재고하여 볼 문제이다. 본 논문에서는 유형원→이익→정약용으로 이어지는 南人계보의 실학자에서만 신분제의 문제를 비교하였다.

157) 본 논문에서는 정약용의 신분관을 그의 시대의 사회경제적 배경과의 관련 및 정약용이 속하였던 南人淸論의 정치적 입장과의 연관해서 살피지 못하였다는 한계를 가지며 그의 文集에 나타나는 자료를 근거로 한 표면적인 정리이다.

茶山 丁若鏞의 國營鑛業政策·經營論
─社會改革思想의 發展 및 社會改革論 體系와 관련하여─

林炳勳

1. 머리말

18·9세기는 사회·경제·정치·사상 등 여러 면에서 중세봉건체제가 동요·해체되면서 일련의 내재적 성장 발전이 이루어지고 있었다. 이에 따라 사회적 제 모순도 심화되어 광산지대나 농촌이나를 막론하고 민중의 광범한 저항을 초래하고 있었다. 그러므로 이 시기의 시대적 과제로서 당시의 내적발전의 조건 속에서 사회적 제 모순을 해결하면서, 동시에 성장하고 있는 새로운 발전 요소들을 더욱 발전시켜 나갈 개혁이 요청되고 있었다. 이러한 상황에 대응하여 지배층이나 식자층에서는 정책적인 배려가 필요하여 여러 사람에 의해 사회개혁을 위한 조치가 마련되고 있었다. 이러한 사회개혁을 위한 노력은 봉건적인 사회경제체제의 모순이 광범위하고 심각했던만큼 조선후기 전 기간에 걸쳐 여러 단계에서, 그리고 정부 지배층에서 실학자에 이르기까지 여러 계통에서 그 주체와 내용에 따라 다

양한 정책적 대응 및 사회개혁론이 제기·논의되고 있었다.

특히 實學思想은 이러한 시대적 과제에 가장 충실했던 의식체계로 이해
되어 실학사상의 성격을 파악하기 위한 연구작업이 여러 면에서 이루어져
왔다. 실학사상은 정치·경제·사회·사상·문화일반 등 여러 내용을 포
괄하는 사상으로 시대의 추이에 따라 질적으로 향상 발전하고 있던 사상
이었다. 따라서 실학사상에 대한 성격규명은 조선후기 전 기간에 걸친 발
전과정으로 파악될 때 더욱 분명해진다. 나아가 여러 계통으로부터 제기되
고 있던 제 문제를 중심으로 한 특정개혁론을 당시의 객관적 여건인 정
치·경제·사회구조와 변동 속에서 비교 분석하는 구체적 작업과 그 개혁
론의 발전과정에 대한 체계적인 검토가 이루어지고, 또 이러한 각각의 특
정개혁론을 전 사회체제 개혁론의 체계와 관련하여 파악할 때 실학자의
주장·사상이 객관적으로 해명될 수 있을 것이다.[1]

당시 사회는 농업경제를 바탕으로 세워지고 있어 중세봉건체제 해체기
에는 바로 농민경제나 국가재정·국가경제의 중요한 비중을 차지하는 농
업문제를 중심으로 여러 사회문제가 발생되고 있었다. 그것은 농촌사회의
분화·농민층 분해의 심화현상으로 중세적 질서와 그 경제기반의 동요를
가져오고 계급간의 대립·갈등을 초래하여, 지배층에게는 왕조의 존립문
제로까지 이해되는 커다란 사회문제로 되고 있었다. 따라서 이를 해결하는
것이 당면과제로 되어 사회적 모순이 집중되고 있던 토지문제나 농민문제
를 해결하기 위한 농업문제를 중심으로 경제체제 개혁론과 함께 국가체제
전반에 걸친 개혁론이 제기되고 있었다. 즉 농업문제는 농업이 차지하는
비중이 절대적이었던 만큼 전 사회개혁사상의 성격·구조를 파악하는 기
본이 되는 것이다.

그러면서도 이러한 농업문제와 상호밀접한 관련을 가지는 상공업 분야
에도 커다란 변화 발전이 이루어지고 있었고, 이를 둘러싼 여러 사회문제

---

1) 실학사상의 연구동향 및 연구과제·방법론에 관하여 특히 다음의 글이 참조되었
다. 鄭昌烈,「實學」,『韓國學研究入門』, 지식산업사, 1981 ; 金容燮,「朝鮮後期의
農業問題와 實學」,『東方學志』17, 1976 ; 姜萬吉,「軍役改革論을 통해 본 實學
의 性格」,『東方學志』22의 문제제기, 1979.

가 발생되고 있었다. 이러한 사회적 諸矛盾을 해결하면서 그 성장발전을
지속시켜야 하는 과제를 위한 일련의 상공업 개혁론이 제기되고 있었다.
이 역시 농민경제나 국가재정·국가경제의 중요한 비중을 차지하는 농업
문제와 유기적인 관련 속에서 경제체제 전반에 걸친 사회개혁론의 일환으
로 제기되고 있었다. 따라서 이러한 상공업개혁론도 각기 제 문제를 중심
으로 한 당시의 객관적인 여건 속에서 분석적인 작업과 그 변화 발전과정
에 대한 검토가 이루어지고, 농업문제 등 경제체제 전반에 걸친 사회개혁
론 체계와 관련하여 파악되지 않으면 안 된다.

　본 논문에서는 이러한 문제의식에서 조선후기 실학자의 광업론 가운데
특히, 茶山 丁若鏞의 鑛業改革論을 검토하고자 한다. 조선후기 중세체제
의 변동을 수반하는 일련의 사회경제적 변화 발전 가운데 광업부문에도
뚜렷한 변화가 이루어지고 있었다.[2] 農本抑末政策의 테두리 안에서 국가
재정 확보의 필요에 따라 봉건국가의 일정한 광업개발정책이 추진되고, 유
통경제의 발전·무역의 확대 등에 따른 사회적 수요의 증대로 상업자본
등의 투자와 농촌사회의 분화과정에서 창출된 광산노동자의 증가 등에 바
탕하여 광업생산의 확대와 광업경영의 발전이 이루어졌다. 당시 광업의 대
종을 이루었던 금광업에서는 18세기 말 초기 매뉴팩처 단계의 德大制 鑛
業經營形態가 형성되고 있었다. 동시에 광업문제를 둘러싼 여러 사회문제
가 발생되고 있었다. 그것은 농민층 분화와 관련한 '避役投入'하는 광산노
동자의 증가와 농업노동력의 부족, 전답파괴, 농촌에서 봉건질서의 파괴
등에 따른 '妨農'과 '召亂'의 문제에 집중되었다. 또 광세징수와 관련된 국
가재정의 문제, 금은의 국외유출 등에 따른 국가경제의 손실 등의 문제가
그것이다. 이러한 사회문제를 해결하여 국가재정·국가경제의 향상과 농
촌사회의 안정을 가져오면서 광업생산의 확대발전을 촉진시키지 않으면

　2) 柳承宙,「朝鮮後期 鑛業政策硏究 - 鉛銀鑛을 둘러싼 論議를 중심으로」,『民族文
　　化硏究』9·10, 1975·6 ; 柳承宙,「李朝 開港前後의 鑛業政策硏究 - 金銀開發을
　　둘러싼 論議를 중심으로」,『亞細亞硏究』19-1, 1976 ; 林炳勳,「朝鮮後期 鑛業經
　　營의 發展 - 金銀鑛을 中心으로」,『韓國史硏究』32, 1981 ; 柳承宙,「朝鮮後期
　　金銀銅鑛業의 物主制硏究」,『韓國史硏究』36, 1982.

안되었다.

이러한 광업현실에 대응하여 정부 지배층은 부정적 광업관에 지배되어 적극적인 대응책을 마련할 수 없었다. 신분질서의 유지를 목표로 토지소유를 통한 농민수탈, 토지에 바탕을 둔 봉건적 재정수입의 증대, 군역확보 등을 통한 중세봉건체제를 유지하려는 농본억말정책을 고수하여 상공업은 봉건적 제 관계에 의해 규제되고 국가수요에 의한 조직·편성으로 장악코자 하였으며, 중국중심의 질서가 유지되는 가운데 무역의 확대에 따른 금·은의 유출을 꺼리면서도 광세징수에 의한 국가재정 확보를 위한 소극적이고 임시변통적인 광업정책을 전개했다. 광업과 관련한 사회문제가 심화되면 곧 봉건체제를 유지하기 위한 禁令·廢鑛論이 논의되고, 그 정책방향은 지배층 내의 논의를 왕이 조절하는 정치권력의 특질과 관련하여 금령과 규제는 더욱 강화되었다. 그러한 저지조건 속에서 성장하고 있던 광업 생산경영은 봉건적인 제 관계에 의해 규제되어 성장이 억제되고 있었다.

한편 실학자들 가운데에는 농촌사회분화 등 농촌문제를 해결하여 농촌사회의 안정을 도모하고 금은의 유출을 막으면서 광업생산의 증대를 통한 국가재정·국가경제를 향상시키고자 광업문제를 둘러싼 사회문제를 해결하고 광업생산의 발전을 촉진시켜 나갈 방안을 모색·제기하고 있었다. 광업문제가 이 시기 중요 비중을 차지하는 문제가 아니었고 사회적 독립분업론 등에 대한 사회개혁사상의 미성숙으로 체계적이고 진보적인 광업론이 다양하게 제기되지는 못하였다. 그러한 가운데 18세기 말~19세기 초에 걸쳐 활동한 실학사상의 집대성자로 일컬어지는 茶山 丁若鏞의 광업론 구상은 특출한 바가 있었다. 다산은 농민경제의 안정이나 국가재정·국가경제의 향상을 위하여 농업문제를 중심으로 국가체제 전반에 걸친 진보적이고 체계적인 사회개혁 사상이 결실을 맺어가는 가운데 그의 전 사회개혁사상의 일환으로 광업문제에 대해서도 자기 견해에 기초한 독특하고 새로운 국영광업개혁론을 구상하고 있었다.[3]

---

3) 현재까지 茶山의 鑛業論에 대해서는 洪以燮, 『丁若鏞의 政治經濟思想硏究』, 한

그런데 다산에게도 광업문제는 중심되는 문제가 아니었기에 『經世遺表』의 미완성과도 관련하여 완성된 독립체계의 광업개혁론은 이룩하지 못하였다. 다만 그의 저작 가운데 관련된 개혁론 저술들 속에 언급된 단편적인 광업관계 자료들이 산재해 전해지고 있다. 이러한 자료들을 검토 분석하여 그의 전 사회개혁사상의 발전 및 사회개혁론의 체계와 관련하여 종합함으로써, 그의 광업개혁론의 전개과정을 살피고 그 광업개혁론의 구상을 재구성하여 그 성격을 파악하고자 한다. 특히 다산의 사회개혁사상의 구조를 파악하는데 기본이 되는 농업개혁론을 중심으로 하여 농업·상공업 등의 생산력 증진을 위한 생산의 사회화 문제 및 사회적 독립분업론 등에 대한 사회개혁사상의 발전과정을 주목하면서, 그의 사회개혁사상의 발전과정 및 사회개혁론 체계의 대략을 기존의 연구성과에 의존하여 이해 정리함으로써, 이를 그의 광업 개혁론의 구상을 재구성하여 그 성격을 파악하는 바탕으로 삼고자 한다.

국연구도서관, 1959, 179쪽 ; 金泳鎬, 「朝鮮後期 手工業發展과 새로운 경영형태」, 『大東文化硏究』19, 1972, 211쪽 ; 柳承宙, 앞의 글, 1976, 42~43쪽 ; 金炳夏, 『한국경제사상사』, 1977, 119·360쪽 ; 林炳勳, 앞의 글, 1981, 133~145쪽 ; 鄭聖哲, 『朝鮮實學思想의 系譜』, 1982, 534~535쪽 ; 劉元東, 『韓國實學槪論』, 1983, 311~312쪽 등에서 극히 단편적으로 언급되고 있었으나, 최근 보다 구체적인 다음의 연구가 이루어지고 있다. 姜萬吉, 「丁若鏞의 商工業政策論」, 『朝鮮時代 商工業史硏究』, 한길사, 1984(『丁茶山硏究의 現況』, 민음사, 1985에서도 수록) 제3장 鑛工業政策論, 257~264쪽 ; 元裕漢, 「朝鮮後期 實學者의 鑛業論硏究 - 茶山 丁若鏞의 國營鑛業論을 중심으로 - 」, 『韓國近代社會經濟史硏究』(魯山 劉元東博士華甲記念論叢), 1985.

前者는 茶山의 商工業政策論의 하나로 鑛業政策論을 검토하여, 鑛山國營論은 閭田論의 土地改革論과 함께 광산경영에 있어 민간자본의 존재를 배제하고 광업생산을 국가재정과 직접 연결시키려는 경제정책이었으며, 그 경제사상의 성격은 기본적 생산수단을 국유화하여 중세적 귀족세력 및 그와 결탁된 경제세력의 기반을 무너뜨리고 왕권 내지 국가 권력을 강화시키려는 것으로 파악하고 있다.

後者는 茶山의 鑛業論을 처음 독립된 논문으로 다룬 글로서 역시 광업정책론을 중심으로 하면서 광업경영론도 검토하고 있다. 茶山의 국영광업론은 임노동에 의한 광업경영은 인정하나 민영광업경영에서 기대되는 근대적 생산양식의 맹아발생이 억제되리라는 한계를 가져 진보성과 보수성이 균형있게 수용된 특수한 광업론으로 파악하고 있다.

최근 학계에서는 다산의 실학사상을 "茶山學"의 차원에서 그의 전 사회개혁사상을 총체적으로 해명하려는 노력들이 전개되고 있는데, 이와 관련하여 광업론을 한 특정개혁론의 분석이라는 부분작업만으로서가 아니라 체제 전반에 걸친 사회개혁사상의 전개 및 구조와 상호 관련하여 파악함으로써 다산의 사회개혁사상의 성격을 이해하는 데에도 작은 도움이 되었으면 한다.

2. 다산의 사회개혁사상의 발전 및 사회개혁론 체계

다산의 개혁사상의 발전은 대체로 생애와 학문과정을 중심으로 1801년 신유사옥에 따른 유배를 획기로 크게 전기와 후기로 구분하여 이해한다. 또 전기 가운데 「田論」 이후를 개혁사상의 질적인 성장 발전을 보이는 시기로 파악하기도 한다.

다산 스스로는 자신의 학문적 관심과 학문과정을 술회하면서 학문적으로 주요한 결실을 맺게 되는 유배시기의 학문과정과 그 성과를 정리하는 데 초점을 두면서 그 이전과는 구분하고 있다. 즉 20대에 '宇宙間事'를 일제히 해명 정리하고자 학문의 뜻을 세워 3~40대에 그 뜻이 쇠하지 않았다. 그러나 20여년 동안의 관료생활로 田制·官制·軍制·財賦 등과 같은 '民國之事' 즉 經世濟民의 일에 매달려 뜻을 이루지 못하였다. 그러다가 1801년 유배의 세월을 기회삼아 유교경전 연구에 몰두함으로써 그 뜻을 이루려 하였다.[4] 그 결과 '六經四書'에 대한 독자적인 경학체계를 세우고, 이를 토대로 '一表二書'를 중심한 정치 경제 등 사회 전반에 걸친 사회개혁론 체계를 이룩하였다. 「自撰墓誌銘」에서 특히 '육경사서'에 대한 자신의 학설을 요약 정리하고 '一表二書'의 내용과 저술동기를 집약하여 밝힌 다음,

4) 『增補與猶堂全書』 1, 卷16, 詩文集, 「自撰墓誌銘 - 集中本」(영인본 : 경인문화사) 334~337쪽(이하 「自撰墓誌銘」 集中本으로 略記함) ; 『全書』 1, 卷18, 詩文集, 「贐學游家誡」 381쪽.

'육경사서'로서 자신을 닦고 '일표이서'로서 천하국가를 다스리고자 했으니 본말이 구비되었다고 하겠다.[5]

고 한 것이 그것이다. 그리고 『與猶堂集』의 詩文集에 수록한 저작은 대개 관료생활 중에 저술한 것인데,[6] 그 가운데 雜文을 '전편 36권, 후편 34권'으로 나누어 별도로 배치정리하고 있다.[7] 이 역시 자신의 학문활동을 전·후기로 구분하고 있음을 보여주는 것이다.[8]

일단 이렇게 그의 생애와 학문과정을 전·후기로 나누어 살필 수 있다. 전기는 주로 관료생활의 시기이다. 일찍이 星湖 등을 통해 학문의 뜻을 세웠지만 곧 관료로의 진출을 위해 과거준비에 열중했고, 관료로 진출해서 30대초까지는 아직 젊은 중앙관료로서 경학사상 등 학문인식은 물론 사회현실에 대한 경험과 인식이 깊지 못하였다. 그러나 33세(1794)부터 경기 암행어사를 비롯하여 金井察訪(1795), 谷山府使(1797~1799) 등의 직무를 수행하면서 농촌사회의 모순과 폐해를 직접 구체적으로 목격할 수 있었다. 그는 관료로서 특히 谷山府使 등 지방관으로서 時務를 통해 현실제도의 운영개선적인 일을 처리해 가면서 사회적 모순을 해결하기 위한 방안을 다각적으로 모색해 가고 있었으며, 이를 실용해 보기로 하였다. 이렇게 다각도로 제도의 운영개선과 제도개혁의 방안을 모색해 가는 가운데 그의 개혁사상의 성장계기가 마련되었고 장차 체계적인 사회개혁론의 바탕도 마련될 수 있었다. 그리하여 전기 중에서도 38세(1799)에 저술한 「田論」에서부터는 사회개혁사상의 내용에 뚜렷한 질적인 진전을 보이고 있다. 그러

---

5) 「自撰墓誌銘」集中本, 337쪽, "六經四書以之修己 一表二書以爲天下國家 所二備本末也".

6) 『全書』1, 卷16, 詩文集 「自撰墓誌銘」壙中本, 329쪽, "詩文集所編共七十卷 多在朝時作".

7) 「自撰墓誌銘」集中本, 337쪽, "又所作詩律十有八卷 刪之可之六卷 雜文前編三十六卷 後篇二十四卷".

8) 趙誠乙, 「丁若鏞 著作의 體系와 『與猶堂集』 雜文의 再構成」, 『奎章閣』8, 1984에서 書誌學의 검토를 통해 墓誌銘체계에 따라 『與猶堂集』 雜文을 전·후편으로 재구성하고 있다.

나 전기의 저작들은 詩律·雜文 등의 단편적인 저술형태로 이루어져 있을
뿐, 각각의 저작에서의 특정문제에 대한 개혁방안들이 상호 밀접한 연관을
가지면서 사회 전반에 걸친 개혁론으로서의 체계성을 가지는 것은 아니었
다.

　후기는 주로 유배생활의 시기이다. 전기의 중앙 및 지방의 관료생활 중
에서 구체적 사회현실을 목격 관찰하고 이를 통한 현실인식의 성장이 있
었는데, 더욱이 유배생활에서 봉건지배층의 횡포를 몸소 체험하면서 직접
적으로 사회모순이 심화되고 있었던 농촌사회의 실정을 더욱 구체적으로
체험 관찰하는 가운데 사회적 모순에 대한 구체적이고도 정확한 인식을
가지게 되었다. 이런 가운데 유배시기 억류의 세월을 현실과 學理를 연계
하여 보다 더 현실성 있는 학문으로서 완성하는 세월로 삼았다.『周禮』등
'六經四書'의 경전연구에 몰두하여 고금 내외의 학설을 종합하고 비판·분
석·고증을 통해 자신의 독특한 경학체계를 세움으로써 철학·사회·정치
사상 면에 커다란 진전을 가져 왔다. 이를 바탕으로 경학사상과 밀접한 상
관관계 속에서 당대까지의 제 문제에 대한 논의를 종합 검토하여 사회개
혁사상의 내용에 있어서도 보다 더 진전된 구상을 하게 되었고, 나아가 사
회·경제·정치 등 제 문제를 상호 유기적인 관련하에 체제 전반에 대한
사회개혁론으로 체계화하였다. 이렇게 후기의 학문활동의 결실은 자신의
견해에 기초한 체계적 저술로서 '六經四書'에 관한 경학체계와 '一表二書'
를 중심한 사회개혁론 체계로 이루어졌다.

　이상과 같이 생애와 학문활동과정을 통해 전·후기를 파악할 수 있지만,
이것만으로는 그의 사회개혁사상의 질적인 성장 발전과 사회개혁론 체계
의 구조를 파악하는데에 충분하지 못하다. 몇 가지 예를 들어보자. 먼저 같
은 전기 저작 중「農策」,「應旨論農政疏」에 비해「田論」은 사회개혁사상
의 뚜렷한 진전으로 그 성격에서 질적인 차이를 보이고 있다.[9] 또 이「田
論」과 기본이념을 같이 하면서도「原政」,「原牧」등은 전기저작이지만「

---

9) 金容燮,「18·9세기의 農業實情과 새로운 農業經營論」,『韓國近代農業史研究』,
　　일조각, 1975 ; 朴宗根,「茶山 丁若鏞의 土地改革思想」,『朝鮮學報』28, 1963.

湯論」은 만년에 저술된 후기저작이다. 「田論」도 만년에 다시 수정보완되어 잡문후편에 재수록되고 있다.10) 이렇게 「田論」 이후 「原政」, 「原牧」, 「湯論」 등에서의 급진적이고 이상적인 개혁사상의 기본이념은 만년까지 버리지 않고 있다. 그리고 후기의 유배 후 경학연구를 통한 개혁사상의 진전을 바탕으로 사회개혁방안을 체계화한 '一表二書'는 저작과 수정과정에서 상호 선후관계를 가지면서 보완되어 1817년에서 1822년 사이의 동시기에 기초 완성되어 상호 유기적인 관련 하에 이루어졌다.11) 그런데도 각기 그 저술동기와 내용, 그리고 개혁의 차원과 성격을 달리하고 있다. 이들은 후기에도 견지했던 「田論」, 「湯論」 등과도 다른 차원의 개혁을 지향하고 있음은 물론이다. 이러한 같은 시기에 공존하면서도 개혁의 차원과 성격을 각기 달리하는 각 저작 상호관계와 그의 개혁론 체계를 어떻게 이해해야 할 것인가. 일반적으로 초기 개혁론이 모두 중세를 부정하는 것은 아니나 대체로 급진적 경향을 띠었으며, 이러한 급진적 개혁론의 이론이 궁극적으로 「田論」으로 수렴되었고, 후기 저작은 보다 온건적이라는 일면적 이해는 설득력이 부족하다.

　이러한 다산의 사회개혁사상의 발전과 사회개혁론의 체계를 해명하는 연구과제는 필자의 한계를 넘는 것이어서 다만 기존의 연구성과에 의존하여 그 대략을 파악하는데 머물 수밖에 없다. 특히 그의 사회개혁사상의 구조를 파악함에 기본이 되는 농업개혁론을 중심으로 하여 농업·상공업 등의 생산력 증진을 위한 생산의 사회화 문제 및 사회적 독립분업론 등에 대한 사회개혁 사상의 발전에 주목하면서, 그의 전 사회개혁사상의 발전과정을 단계적으로 살피고, 각 저작체계의 상호관계 및 사회개혁론 체계를 대략적으로 정리하려 한다.

　먼저 다산의 사회개혁사상의 발전과정을 전·후기로 나누어 살펴 보고자 한다. 다시 전기는 두 단계로 나누어 볼 수 있다. 1) 초기 時務를 통해

10) 趙誠乙, 「丁若鏞의 身分制改革論」, 『東方學志』 51, 1986, 80~81쪽 ; 趙誠乙, 앞의 글, 1984, 주 8) 참조.
11) 安秉直, 「『牧民心書』 考異」, 『産業經濟의 理論과 分析』(春堂 丁炳烋博士 還曆記念論文集), 1983, 658~663쪽.

현실제도의 운영개선적인 일을 처리하면서 다각적인 개혁방안을 모색하던 「農策」, 「應旨論農政疏」 등에서의 초기 사회개혁 방안의 모색 단계와 2) 「田論」 이후 일단의 사회개혁사상의 진전과 함께 기본이념을 같이하는 「原政」, 「原牧」 등의 정치론을 통해 사회개혁사상의 기본이념이 확립되어 가는 단계이다. 다음 후기는 3) 유배 이후 독자적인 경학체계의 확립과 이에 바탕한 '一表二書'를 중심으로 한 사회 전반에 걸친 사회개혁론의 체계화 단계이다.

1) 초기 사회개혁방안의 모색단계

이 시기는 아직 젊은 정부관료로서 주로 근본적인 개혁방안을 바라는 것이 아닌 국왕의 求言敎에 답하는 應旨進疏의 형태로 제기된 「農策」, 「應旨論農政疏」에서와 같이 時務를 통해 현실제도의 운영개선적인 일을 처리해 가면서 다각적인 사회개혁방안을 모색해 가고 있었다.

여기서는 현 사회체제의 개혁을 제시함이 없이 農政문제를 개선하려는 것이었다. 주로 농업기술의 개량을 통해 농업생산력을 발전시키며, 다른 계층에 비해 농민층의 불평등을 제거하기 위한 방안으로 戶還法을 중심으로 한 환곡제의 운영개선, 里布·戶布制로의 점진적 良役變通方案, 과거제 개정을 통한 '游食士人'의 歸農政策, 農本抑末 등 重農的인 제 정책을 수행함으로써 농민들의 생산의욕을 고취할 것을 목표로 하고 있다. 「農策」에서는 '立民之本'이 오직 均田에 있음을 지적하나 구체적 방안은 제시하지 않고 있다. 이들 초기 농업론은 농업문제 전반에 대해 다루면서도 토지개혁 등 근본적인 사회개혁의 문제에 연결시키거나 농업생산의 사회화 문제에는 주목하지 못한 18세기 농업론의 수준을 넘지 못하는 것이었다.[12] 그리고 商工業觀에 있어서도 유형원, 이익 등의 종래 보수적인 농본주의적 경향이 농후하게 그대로 잔존하고 있어,

---

12) 金容燮, 앞의 글, 1975, 78~88쪽.

棄本趨末 …… 卽重本敎抑末技 卽王政之首務[13]

今欲上農 抑末而自尊矣[14]

라 하고 있다. 또 '上農' 方案의 하나로 과거제 개정을 통해 游食士人의 귀농을 주장하여 四民 중 士와 農의 신분적 차등, 士農分爲二技 현상을 타파하고 사농일치를 주장하여 적어도 士農의 관계는 비신분적으로 파악하고 있으나 農과 商工의 관계는 농본주의적 경향을 극복하고 있지 못하다.[15] 따라서 후일의 독립적 사회분업론의 사상은 형성되지 않고 있다.

이 단계의 이러한 한계에도 불구하고 사회계층의 평등화 문제를 다각도로 고려하여, 그 해결단서를 모색하고 있어 후일 보다 진전된 새로운 이론으로 집약될 수 있는 바탕이 마련되고 있었다.[16] 또 軍布制 개혁안에서와 같이 여러 단계의 방안을 고려하는 단계론적 시행론의 맹아도 보이고 있다.[17] 후술하게 되는 국영광업정책방안의 단서도 이 단계에서 마련되고 있다.

2) 사회개혁사상의 기본이념 확립단계

「田論」의 저술을 획기로 사회개혁사상에 일단의 진전과 함께 기본이념을 같이 하는 정치개혁사상이 담긴 「原政」, 「原牧」 등을 통해 개혁사상의 기본이념이 확립되어 가는 단계이다. 「田論」은 「農政疏」보다 시기적으로 거리가 멀지 않은 이듬해(1799)에 저술되어 초기농업론과 밀접한 관련을 가진다. 그러면서 그 해 5월 병조참의로 중앙정계에 복귀하여 당시 조정에서 검토하고 있던 전국 각지에서 올라온 '應旨進農書'의 검토를 통해, 토지문제를 농업문제・농촌문제 전반과 연결시켜 구상할 수 있는 계기를 가지

---

13) 『全書』 1, 卷9, 「農策」, 175쪽(이하 「農策」).

14) 『全書』 1, 卷9, 「應旨論農政疏」, 196쪽.

15) 金泳鎬, 「茶山의 職業觀 - 四民九職論을 중심으로 - 」, 『千寬宇先生華甲紀念史學論叢』, 1986, 727~732쪽.

16) 金容燮, 앞의 글, 1975, 88쪽.

17) 趙誠乙, 「丁若鏞의 身分制改革論」, 연세대학교 석사학위논문, 1986, 82~83쪽.

게 되었다. 그리하여 이 시기 봉건적인 농업체제의 모순격화와 관련하여
현 농업체제를 철저히 부정한 위에서 경제적으로 평등화를 지향하는 근본
적인 농업체제 개혁론인 동시에 새로운 사회개혁론으로서의 '閭田制'라는
독창적 개혁방안을 제기하게 되었다.

'閭田制'의 구상내용은 토지사유를 기반으로 하는 지주전호체제를 부정
하고 토지공유 내지 국유를 원칙으로 하는 기초 위에서, 향촌사회를 최소
기본 행정단위인 '閭'로 재편성하여 閭 내의 토지를 閭에 위임하고 閭民이
공유토록 한다는 것이다. 閭民은 閭長의 통솔하에 공동노동을 통해 경작
하고 閭民의 투하노동력을 기준으로 생산물을 분배하도록 하는 것이다. 또
조세제도 개혁으로서 田稅는 什一稅를 원칙으로 하고 있으나 이것은 井田
시행이 있어야 가능하다 하여 차선책으로 定額制를 취하고, 役의 문제는
재편성된 향촌제도와 관련시켜 役을 제도화하여 兵農一致를 원칙으로 하
면서 戶布制로의 개혁을 고려하고 있다.

閭田制의 개혁목표는 농업기술상의 개량범위를 넘어서서 생산력 발전
에 질곡이 되고 국가재정의 궁핍과 농민생활 파탄의 원인으로 파악한 토
지소유관계의 재편을 통해 봉건적인 생산관계인 지주전호제를 타파하고
농민통치에서의 '均制其産'을 기본이념으로 하여 농민경제의 균산화와 안
정을 도모하려는 토지국유원칙의 토지개혁론이다. 동시에 생산성 향상을
통한 사회적 부의 증대를 위해 노동력을 중시하고 노동력을 충분히 이용
함으로써, 농업생산력을 증진시키기 위한 농업협동에 관한 이론을 종합한
공동농장·협동농장제적 경영론이다. 이는 종전의 限田論·均田論 등 토
지분배에만 초점을 맞춘 개혁론에 비해 농업생산의 사회화 문제 등 농업
생산이나 농업경영 전반의 변혁까지도 배려한 탁월한 진전을 보인 혁신적
인 사회개혁론이다. 그러나 이를 실시하기 위한 공유화의 방법 등 구체적
인 실천방법을 제시하지 못한, 현실적으로 당장 실현 불가능한 이상론적
토지개혁 방안으로 되고 있다.[18]

---

18) 閭田論에 대한 논문은 다음을 참조함. 鄭奭鐘, 「茶山 丁若鏞의 經濟思想 - 그의
    田制改革案을 중심으로」, 『李海南博士 華甲紀念史學論叢』, 일조각, 1970 ; 金容
    燮, 「18·9세기의 農業實情과 새로운 農業經營論」, 앞의 책, 1975 ; 愼鏞廈, 「茶山

특히 「田論」에서 주목할 것은 농업생산의 사회화 문제와 연결하여 工商을 농업에서 완전 분리시켜 독립적 사회분업론의 차원에서 농업·상업·공업을 각기 독립적 사회분업으로서 발전시키고자 하는 탁견을 보이고 있는 점이다. 이는 당시 상품화폐경제와 수공업 발전의 현실에 대응하여 사회적 독립분업론이 전면에 나타난 것이다. 閭田制에서는 "使農者得田 不爲農者不得田"의 원칙이 확립되고 있다. 토지분배는 농업에 종사하는 농민에게만 한정하고 토지 분배에서 제외된 수공업자 상인은 토지경작과 관계없이 각자의 독립 분업에 의해 자기 직업에 전념하여 생계를 마련할 것을 주장하는 것이다. 실업양반도 농업은 물론 상공업에 종사할 것을 예상하여 직업에 있어 평등관을 지향하고 있다. 또 생산에 종사하지 않는 양반들은 교육에 종사하거나, 기술노동을 강조하여 농업, 상공업 등 생산에 관계되는 학문을 연구하고 기술향상에 종사하도록 하여, 생산력 향상의 기여도에 따라 우대할 것을 주장하고 있다.[19]

따라서 공동농장과 상공업은 사회적 분업 관계에 있어 각기 독립된 사회분업으로서 발전시키고자 하였다. 이러한 사회적 독립분업론은 직업관, 나아가 사회구성에 대한 인식의 커다란 변화 발전이다. 「農策」, 「應旨論農政疏」의 초기 농업론에서는 士農의 관계는 적어도 비신분적으로 파악했지만 전체적으로 士農과 商工의 차등을 두는 農本抑末的 四民觀에서 벗어나지 못하고 있었다. 「田論」 단계에서는 이러한 농본억말적 사민관에서 벗어나 농본주의적 경향이 후퇴하고 있다. 그러나 아직 농업생산에 주력하는 중농정책이 견지되어 士農과 같은 士商·士工의 개념을 적극적으로 전개하고 있는 것은 아니다.[20]

이상의 이상론적인 사회개혁을 지향하는 「田論」과 농민통치에 있어 均民政治라는 기본이념을 같이하는 것으로 혁신적 정치개혁 이념이 담긴 「原政」, 「原牧」 등의 저작시기도 연대는 확실치 않으나 이 단계이다.[21] 「原

丁若鏞의 閭田制 土地改革思想」, 『奎章閣』 7, 1983.
19) 『全書』 1, 卷11, 詩文集, 「田論」 2·3·5, 223~224쪽.
20) 金泳鎬, 앞의 글, 1986, 729~730쪽.
21) 趙誠乙, 앞의 글, 1984.

政」,「原牧」은 아직 민권사상으로까지는 체계화되지 못했지만 '下而上的'
정치개혁 이념을 담고 있다.「原牧」은 民의 통치자 자유교체론을 전개하
고 있는 下而上的 통치자론인 것이다.[22] 이렇게「田論」,「原政」,「原牧」
등의 혁명적이고 이상론적인 사회개혁의 기본이념이 확립되고 있었다. 그
런데「田論」은 만년에 다시 수정 보완되고 있고,「原政」등의 통치이념을
뒷받침하는 下而上的 정치권력론·역성혁명론을 담은「湯論」이 만년에
저술되고 있어, 이 시기에 확립되어 궁극적으로 지향하는 기본이념은 만년
까지 버리지 않고 있음을 볼 수 있다.[23]

그러나 이 단계의 저작들이 농업생산의 사회화, 사회적 독립분업론 등
탁월한 개혁사상과 궁극적으로 지향하는 기본이념을 확립하고 있으면서도
雜文 형식 등의 단편적이고 개별적인 논문들로 이루어져 사회·경제·정
치 등 사회체제 전반에 걸친 사회개혁론으로 체계화되지 못하였다. 그것은
이러한 혁신적인 방안들이 당시의 현실 속에서 혁명을 수반하지 않고는
실현 불가능한 이상론에 불과하여 궁극적으로 기본이념을 지향하나 사회
·경제·정치 등 제반문제가 상호 유기적인 관련을 가지면서 체제 전반에
대한 사회개혁론으로 체계화되기는 어려웠을 것이다.

3) 사회개혁론의 체계화 단계

유배시기에『周禮』를 비롯한 '육경사서'에 대한 독자적인 경학체계의 확
립과 이를 바탕으로 '一表二書'를 중심으로 한 사회 전반에 걸친 구체적이
고 체계적인 사회개혁론이 결실을 맺는 시기이다. 먼저 '육경사서'에 대한
경학사상과 '일표이서'를 중심으로 한 경세사상은 앞에서 보았던

六經四書以之修己 一表二書以爲天下國家 所以備本末也[24]

22)韓永愚,「茶山 丁若鏞의 政治改革理念」,『硏史會誌』3, 1967 ; 韓永愚,「丁若鏞
   의『與猶堂全書』」,『實學硏究入門』, 일조각, 1973, 321~323쪽 ; 金泳鎬,「茶山學
   硏究史序說」,『世界의 文學』40, 1986, 113~114쪽.
23)趙誠乙, 앞의 글, 1986, 80~81쪽.

라는 집약적 표현과 같이 상호 밀접한 관련 속에서 체계화되고 있었다.

다산 자신의 표현에 따르면 『經世遺表』는 '나라를 경영하는 제반제도에 대하여 현재의 실행 여부에 구애되지 않고 經을 세우고 紀를 나열하여 우리 舊邦을 새롭게 개혁해 보려는 생각에서 저술하였다'고 하여 『經國大典』의 六典체제를 전면적으로 부정하지는 않으나, 당시 행정기구와 법 일부, 경제체제 등 국가체제를 대폭 개혁할 것을 주장하고 있다. 또 『牧民心書』는 현체제의 법을 토대로 해서 우리 백성을 다스려 보자는 것으로 "고금의 이론을 찾아내고 奸僞를 열어 젖혀 목민관에게 주어 백성 한 사람이라도 그 혜택을 받을 수 있게 했으면 하는 것이 나의 마음 씀이다"라고 하여 현 국가체제를 인정한 위에서 목민관을 중심으로 한 향촌통치의 운영개선을 목표로 하고 있다. 이와 궤를 같이 하는 『欽欽新書』는 사람의 목숨을 다루는 옥사를 바로 하여, 즉 통치자의 德治·仁政준칙을 명확히 하여 "백성들의 억울함이 없기를 바라는 뜻"에서 서술하고 있다.25) 이같이 '一表二書'는 각 저술동기와 내용, 개혁의 차원과 성격 등에 차이가 있으면서도 그 저작 수정과정에서 상호 선후관계를 가지면서 서로 보완되어 1817~22년 사이에 기초, 완성되고 있어 이들 각 저술도 상호유기적인 관련 속에서 체계화되고 있다.26)

이러한 '一表二書'의 각 저작들은 그 저술동기와 내용, 개혁의 차원과 성격 등에서 차이를 보이지만 자신의 경학체계와 같은 지향 속에서 이루어져, 경학사상체계와 상호 유기적인 관련을 가지면서 체계화되어 이를 그 스스로 천하국가를 다스리는 방책으로 삼고 있다. 『周禮』를 중심으로 한 '육경사서'의 경학체계를 수립하고 이를 전제로 현실적인 경세사상의 구체적 표현이라 할 '일표이서'에 연결되고 있다. 특히 『周禮』 속에서 '昊天上帝'의 개념을 원용한 독특한 上帝觀을 형성하여 전통적인 天命思想을 매개로 이를 王者와 연결하고 있다. 당시 와해되고 있던 통치질서 속에서 上帝와 직결된 王者로서의 권위를 회복함으로써 治世의 근본을 얻을 수 있

24) 주 5) 참조.
25) 「自撰墓誌銘」, 集中本, 337쪽.
26) 安秉直, 앞의 글, 1983.

는 길이었고, 동시에 王者의 우월성을 人心의 자주적인 권능회복이라는 측면에서 한계지움으로써 君權과 民權이 공동전선으로 下而上的 백성의 자주권을 회복할 수 있는 길이었다. 즉 上帝와 王者와의 일치는 다름 아닌 上帝와 人心의 자주권과의 일치를 뜻하는 것이었다. 『周禮』를 통해 상제와 직결되고 있는 국왕의 '得位之命'에 의해 국왕을 정점으로 통치질서를 유지해 가는 한편 상제와 직결된 민심의 자주적 권능을 회복시키려는 논리구조를 설정하였다. 이 같은 지향에서 국가기구의 『周禮』적 검토가 『經世遺表』로 나타난 것이고, 天命[상제의 의지]과 직결된 민심의 자주권 회복과 관련하여 '下縣民生'의 실상을 『周禮』적으로 검토한 것이 『牧民心書』이며 '人命在天'의 上帝觀과 연결된 이상적인 欽恤思想의 표현이 『欽欽新書』인 것으로 파악할 수 있다. 결국 『周禮』 중심의 경서체제 속에서 上帝(天權)→王者(人君)→牧民官(人牧)→人民으로의 上而下的 중앙집권 방향을 모색한 통일된 질서체계를 찾고, 그것을 조선후기 사회현실 인식에 바탕하여 자신의 위로부터의 개혁안인 '一表二書'에 구체적으로 반영하여 현실개혁의 지표로 삼았다. 이렇게 상제와 직결된 왕권과 상제와 직결된 민의 자주권 회복에 의해 하나의 통일된 통치질서체계를 수립하려 할 때 私的 중간 지배층의 배제는 필수적인 것으로 이것이 전 개혁사상 속에 관철되고 있다. 한편 다산의 天命과 백성의 자주권을 그 근원에 직결시켜 下而上的 天命思想에 입각하여 下而上的 정치권력론인 「湯論」과 지도자 자유교체의 통치자론인 「原牧」을 전개하여 上而下的 '一表二書'와 下而上的 요소가 통합하는 점도 있었다.[27]

이렇게 경학사상을 바탕으로 경학체제와 밀접한 연관 하에서 체계화된 경세사상의 표현인 '一表二書'에 나타난 사회개혁사상은 이전의 단계와 또 다른 진전을 보이고 있다. 먼저 이러한 개혁사상 체계의 중심이 되는 『經世遺表』의 「田制」를 통하여 「田論」과 대비하면서 그 개혁사상의 내용과 그 성격을 간략하게 살피려 한다.[28]

---

27) 文喆永, 「茶山 丁若鏞의 『周禮』 수용과 그 성격」, 『史學志』 19, 1985, 73~85쪽.
28) 田制論에 대한 연구논문은 다음과 같다. 朴宗根, 「茶山 丁若鏞의 土地改革思想」, 앞의 책, 1963 ; 金容燮, 「18·9세기의 農業實情과 새로운 農業經營論」, 앞의

「田制」는 이상적인 토지제도로서의 '井田制論'(田制 1-4)과 井田制의 '九一稅法援用論'(「田制」 9-12, 井田議)으로 구성되고 있다.[29] 다산은 토지의 私的所有와 그에 기초한 地主佃戶制를 타파하여 토지제도의 모순을 제거하며 부세제도의 근본적 개혁을 통하여 조세부담의 균등화 및 경감을 도모하고, 농업생산력을 증진시키는 것을 당면과제로 생각하고 이를 일거에 해결하기 위한 방안으로 이상적인 고대 정전제의 이념을 좇아 우리나라에 적용 가능한 '井田制'를 구상하고 있다.[30]

'井田制'는 토지국유를 원칙으로 한다. 사회적 분업을 강조하여 농사지을만한 사람에게 토지를 분급하여 단순히 均産에만 그치지 않는다. 각 개별 농가의 경작능력 즉 가족 보유노동력의 수를 기준으로 일정 면적의 토지사용권과 수익권을 부여하는 농민의 개별적 점유를 원칙으로 하고 있다. 이는 결국 토지국유제 하에서 소상품생산자적 성격을 띠는 소농을 기본단위로 하는 농업이다.[31] 이 때 토지를 분급받은 농민은 군사가 될 수 있는 힘이 센 자 즉 양질의 노동력을 우선시하여 制産보다는 생산력 향상을 통한 사회적 부의 증대를 위한 治田 차원에서 농업생산력의 증진을 전제로 하고 있다.[32] 그리고 농민은 국가에 公田경작을 위한 노동력 제공의 형태로 九一稅나 什一稅로 田租를 납부하고 그 외에 貢賦를 국가에 바치도록 하였다.[33]

여기에서 「田論」과 몇 가지 공통되는 점은 1) 토지사유를 부인하고 토지 공유 내지 국유를 원칙으로 하는 점, 2) 사회적 분업을 강조하면서 농민에게만 토지를 주는 '農者得田'을 원칙으로 한다는 점, 3) 노동력의 충분한

책, 1975 ; 愼鏞廈, 「茶山 丁若鏞의 井田制 土地改革思想」, 『金哲埈博士華甲紀念史學論叢』, 지식산업사, 1983 ; 朴贊勝, 「丁若鏞의 井田制論 考察 -『經世遺表』(田制)를 중심으로 - 」, 『歷史學報』 110, 1986.
29) 朴贊勝, 위의 글, 104쪽.
30) 金容燮, 앞의 글, 1975, 111~124쪽 ; 朴贊勝, 위의 글, 117~127쪽.
31) 朴贊勝, 위의 글, 128쪽.
32) 朴宗根, 앞의 글, 1963, 230~235쪽 ; 金容燮, 앞의 글, 1975, 125~129쪽 ; 朴贊勝, 위의 글, 119~124쪽.
33) 朴贊勝, 위의 글, 128쪽.

이용으로 농업생산력의 증진을 목표로 하는 점, 4) 병농일치를 원칙으로 한다는 점 등으로 지향하는 기본이념에 있어 공통되고 있다.[34] 그러나 경전연구를 통해 토지문제에 대한 인식의 변화를 가져와 고대 '井田制'가 지니는 이념을 좇아 토지국유의 원칙 위에 小農의 개별적 점유원리로 되고 있어 '閭田制'에서 국유제하 공동농장적 경영 하에 토지와 농민의 결합방식의 구상과 그 구체적 실현방식에 차이를 보이고 있다.[35] 그러나 궁극적 지향이념은 같이하기 때문에 구체적 실현방법에 차이를 가지는 「田論」도 만년에 수정 보완하여 견지하고 있는 것이다.[36]

그런데 토지국유화를 원칙으로 하는 이상적인 '井田制'가 당장 실현되리라고 생각하지 않고 있어, 限田·名田·均田 등을 수백 년 동안 실시하면서 국가권력에 의해 점진적으로 사유지를 국유화하는 점진적인 방법에 의한 토지 소유관계의 변동을 통해 실시할 것을 제기하고 있다. 결국 토지국유화의 개혁방안에 대해서는 단편적이고 막연한 방법 밖에 제시되지 못하였다.[37]

이러한 토지국유를 지향하는 '井田制'를 이상으로 하면서 당장의 실현이 불가능한 상황에서 현실적으로 법을 통해 개혁의 실현이 가능한 차선의 단계론적 개혁방안으로서 '井田制'에서의 九一稅制法만이라도 원용하는 실행방안을 제기하고 있다.[38] 그것은 토지소유 문제를 건드리지 않고 국가재정의 일환으로 국가 입장에서 조세를 균등하게 하려는 조세제도의 근본개혁을 통한 조세론적 농업개혁론으로서,[39] 지주를 포함한 일체의 중간수탈을 배제하려는 의도와 농업생산력의 증진을 도모하는 점진적이고 과도기적인 개혁방안이다. 이를 위해 먼저 현실의 소유관계를 인정한 위에서 모든 토지의 경계를 만들고 그 중의 1/9의 公田을 설치하는데 公田은 京

34) 朴贊勝, 위의 글, 128~129쪽.
35) 朴贊勝, 위의 글, 128쪽.
36) 趙誠乙, 앞의 글, 1986, 80~81쪽.
37) 朴贊勝, 앞의 글, 1986, 125~129쪽.
38) 朴贊勝, 위의 글, 129쪽.
39) 金容燮, 앞의 글, 1975, 116~117쪽.

外의 각 관아의 留庫錢을 동원하여 토지를 매입하고, 정부관리와 富民의
헌금, 광산경영 등 정부 기업활동, 개간 등을 통하여 설치한다.[40] 田稅는
私田에 우선하여 公田을 경작시켜 수취하는 것이다. 조세는 田稅인 '田'과
함께 人丁·家戶를 대상으로 하는 '賦'의 체계로 개혁하여 조세부담의 균
등화 및 경감을 도모하고, 서리 등의 중간수탈을 제거하여 국가재정을 확
충코자 하였다.[41] 또 토지소유관계의 변동을 통한 지주전호제의 혁파가 당
장 불가능한 상황 속에서 국가의 입장에서 국가권력과 관련하여 그 혁파
가 가능한 지주제만이라도 우선 '井田制'의 원리로 재편하며,[42] '井田制'의
토지 분급방식을 원용하여 차경지만이라도 분급코자 하였다.[43] 이 때에도
농업생산력 증진을 위해 양질의 노동력 보유농가를 우선으로 하였다. 이리
하여 일차적인 民富형성과 함께 향촌통치 운영구조와 군사제도 등의 개편
및 생산력 향상을 통한 사회적 부의 증대를 위한 治田 차원에서 영농방안
을 전개하고 있다.

그리고 이상의 '井田制'에서도 볼 수 있듯이, 이 단계『經世遺表』,『牧民
心書』에서의 사회적 독립분업론은 농업생산의 사회화 문제와 관련하여 더
욱 뚜렷하게 구체적으로 전개하고 있다. 이미 「田論」 단계에 농업생산의
사회화, 사회적 독립분업론의 차원에서 농업과 工商을 분리시켜 독립적 분
업으로 각기 발전시키고자 하였지만, 士農과 같은 士商·士工의 개념을
적극적으로 전개하지 않았다.『經世遺表』단계에서는 四民의 신분 및 본
말론적 인식은 극복되고 있어 억말론을 비판 반대하였고 都賈의 부당이익
에 대해서는 매우 비판적이나 건전한 상공업활동에 대해서는 오히려 긍정
적이었다. 그리하여 세제면에서 통과세를 엄금하고 殖利에 대한 십일세 부
과도 금지할 것을 주장하여 九職과 관련된 貢의 조세체계를 공정하게 하
여 상공업을 보호 육성하고자 했다. 이는 상공업의 적극적 발전론과는 대

40) 金容燮, 앞의 글, 1975, 119~121쪽 ; 朴贊勝, 앞의 글, 1986, 131~142쪽.
41) 趙誠乙, 앞의 글, 1986, 79~80쪽 ; 洪以燮,『丁若鏞의 政治經濟思想硏究』, 한국연
　구도서관, 1959, 113쪽.
42) 金容燮, 앞의 글, 1975, 122~123쪽.
43) 金容燮, 위의 글, 131쪽.

비되는 농업·상공업의 균형발전론의 입장이라 하겠다.[44]

그리고 九職을 독립된 직업의 하나로 명확히 하여 직업의 분화와 분화된 직업의 전문화를 주장하는 독립적 사회분업론의 강조가 전면에 드러나고 있다. '井田制'論에서

> 선왕의 뜻이 백성이 고르게 田地를 얻도록 하는 게 아니라 천하 백성에 고르게 職을 갖도록 하는데 있다.[45]

하여 토지문제도 직업이라는 보다 큰 문제가 결정된 후 그에 따른 부차적인 문제로 農이라는 職에 부여된 사람에게만 토지를 경작하게 하고 다른 직에 부여된 사람은 그들의 직에 충실하도록 하고 있다.

또 『周禮』의 九職은 "三農·園圃·虞衡(魚人·礦人 포함)·藪牧·百工·商賈·嬪·臣妾·閒民"으로 구성되는데[46] 九職 중 農과 다른 八職과의 관계는 본말론적 관계가 아닌 상대적 관계로 파악된다. 그런데 이 『周禮』의 구직에는 士가 포함되지 않는데 관직인 士는 비서민직, 중세적 특권직으로 되고 있으며, 위의 구직은 서민직으로 되고 있어 전통적이고 신분적인 사농공상관을 구직면에서 설명하고 있는 것이다.[47] 그래서 다산은 이를 발전시켜 民職九職論을 펴, '士·農·工·圃·牧·虞·嬪·走'로 재구성하여[48] 士를 포함시키는 대신 臣妾을 제외시키려는 시도가 보인다. 그러나 아직 이를 적극적이고 구체적으로 이론화하고 있는 것은 아니다.[49] 이러한 구직은 민 스스로의 자유로운 직업분화에 의해 형성될 가능성을 제시하고 있다. 나아가 분화된 직업의 전문화를 강조하는데 겸직·겸업은 비판의 대상이 되고 있으며, 각 전문인은 독립분업을 위해 농촌에는 농민

---

44) 金泳鎬, 「茶山의 職業觀」, 앞의 책, 1986, 730~731쪽.
45) 『全書』 5, 卷6, 『經世遺表』 地官修制, 田制 5, 110쪽, "先王之意 非欲使天下之民 均皆得田 乃欲使天下之民 均皆受職".
46) 『經世遺表』 卷10, 地官修制, 職貢制.
47) 金泳鎬, 앞의 글, 1986, 733~734쪽.
48) 『經世遺表』 卷8, 地官修制 田制 12, 井田議 4.
49) 金泳鎬, 앞의 글, 1986, 734~735쪽.

이 거주하고 상공인은 도시에 거주하도록 하여 각각 따로 전문집단을 이루어 거주하도록 하고 있다. 이렇게 하여 半農半工 등을 완전히 분리코자 하였다. 농업의 경우 전문 6개 분야로 나누어 전문화하고 6과의 각 분야에 정통한 농민인 전문가를 목민관이나 관리로 등용하고, 수공업에 있어 百工 중에서 우수 장인을 任宦하는 방안 등을 제시하여 실질적으로 士農개념은 물론 이에 이어 士工의 개념도 성립되고 있었다.50)

이렇게 四民九職의 직업분화와 분화된 직업의 전문화를 매우 강조하고 사회분업을 통한 경제발전의 길을 명확히 전개하고 있다. 이 때 사민구직은 농업의 상업적 농업 등 모두 시장을 위한 전문생산자로서 생산의 분업화와 분화의 진전은 분업 상호간과 각 직종간 교환시장의 발달이 전제로 되고 있다. 그리하여 都賈의 부당이득에 반대하고 특권상인에 대해서는 비판적이나 건전한 상공업 활동을 하는 소상품 생산자의 소상업 활동을 긍정적인 입장에서 稅制 등을 통해 보호 육성할 것을 제안하여 농업·상공업의 균형발전론에 서고 있다. 또 교환시장의 발달을 위해 화폐의 정비와 전국적 유통주장, 도량형의 전국적 통일, 물화 유통수단으로서 교통 수단 정비, 租稅金納 등을 강조하고 있다. 이러한 개혁사상의 진전 속에서 후술할 국영광업개혁론도 구상되고 있었던 것이다.

이상과 같이 유배 이후 경학연구를 바탕으로 사회개혁사상의 질적인 진전이 있는 가운데 '一表二書'를 통하여 사회 전반에 걸친 체계적인 사회개혁론을 이룩하였다. 그런데 이 『經世遺表』, 『牧民心書』, 『欽欽新書』는 상호 선후관계를 가지면서 유기적 관련 속에 기초 완성되었으나 그 구체적 실현방법에서는 차원을 달리하는 내용으로 되고 있다. 한편 또 다른 차원의 개혁이념, 실현방안을 지향하는 「田論」, 「湯論」 등의 저술도 공존하고 있었다. 다산의 사회개혁론 체계 내의 이러한 각 성격을 달리하는 사회개혁론 상호관계를 어떻게 이해하여야 할 것인가. 이들은 자신의 경학체계와 같은 지향 속에 있어 궁극적으로는 근본적인 체제개혁을 지향하는 기본이념은 공통되지만 그 구체적 실현방법에 있어 실천단계를 달리하는 단계론

---

50) 金泳鎬, 위의 글, 734~737쪽.

적 시행론으로서 파악할 수 있다.[51] 즉 「田論」, 「湯論」, 「原政」, 「原牧」 등
은 정치 경제제도의 본래 理想像을 이룩하려는 급진적이고 근본적인 체제
개혁을 지향하는 下而上的 개혁방안으로 제시된 것이나, 현실적으로 혁명
이 없이는 실현 불가능한 이상론으로서 그 구체적 실현방법을 제시할 수
없었고 따라서 같은 차원의 저작들을 사회 전반에 걸친 상호 유기적인 구
조 속에 체계화하지 못한 채 단편적이고 개별적인 논문 형식으로 남게 되
었다. 그리하여 현실과 學理를 연계하여 보다 더 실현 가능한 구체적 제도
개혁방안으로 체계화한 것이 『經世遺表』이다. 『經世遺表』는 왕권, 통치자
의 혁명성에 기대하는 중앙정부 주도의 上而下的 개혁논리에 의한 장기적
이고 점진적 개혁방안이다. 그러나 극단적으로 보수적인 세도정권 하에서
는 이러한 위로부터의 개혁방안조차 실현을 기대하기 어려웠다. 그래서
『經世遺表』의 체제는 사회 전반에 걸쳐 구체적인 서술체계가 마련되어 그
대강은 짜여졌으나, 소조목들은 빠진 것이 있고 「秋官修制」·「冬官修制」
등은 미완성인 채로 남게 된 것이다.[52] 장기적으로 근본적인 개혁을 지향
하면서도 그 실현이 어려운 현실여건에서 당장 현 국가체제 하에서 직접
적인 제도개혁을 제기하지 않은 채, 牧民官의 도덕성에 호소하여 목민관
중심으로 위로부터 향촌통치제도의 합리적인 운영개선을 통해 가능한 범
위 내에서 농민의 곤궁을 경감시키려는 차원의 방안으로 서술한 것이 『牧
民心書』인 것이다. 또 같은 차원의 『欽欽新書』가 서술되었다. 물론 각 개
혁론에 따라 사회세력의 이익반영도 달라지고 있어 현실적으로 존재하는
각 사회세력의 요구와 관련하여 이해될 수 있을 것이다. 그리하여 당장
『牧民心書』의 체계적인 저술이 우선으로 되었다. 따라서 『經世遺表』에서
제기하였거나 구상에 그친 방안 중 『牧民心書』 차원에서도 실현 가능한
것은 『牧民心書』에서 보완하여 제기되고 있다. 예컨대 『經世遺表』에서 다
룰 농업의 六科 분업문제, 각 분업을 중심한 권농문제 등은 점진론적 개혁
론의 일부로 『牧民心書』에 수록되고 있다.[53] 또 『經世遺表』에서 구상한 「

51) 趙誠乙, 앞의 글, 1986.
52) 『俟菴先生年譜』(正文社 영인본), 200~202쪽.
53) 金容燮, 앞의 글, 1975, 125~126쪽.

鑛採考」는 그 내용의 일부가 『牧民心書』 차원에서 다시 제기되고 있다. 그래서 『牧民心書』는 『經世遺表』의 미완과 관련하여 그 보완의 성격을 띠는 내용도 담고 있다.

이상에서 살핀 바와 같이 사회개혁사상의 기본이념이 확립된 이후 각기 개혁의 차원이 다른, 밑으로부터[下而上]의 급진적이고 근본적인 체제개혁 방안, 위로부터[上而下]의 보다 실현 가능한 점진적인 방법에 의한 체제개혁방안, 현 체제 내에서 실현 가능한 향촌통치제도의 합리적인 운영 개선 방안 등이 한결같이 궁극적으로 근본적인 체제개혁을 지향하면서도 그 실현방법에 있어 단계론적 실천구상으로 상호관련을 가지고 있다. 이것은 실천적인 면에서 개량화된 것으로 볼 수도 있지만, 현실적으로 존재하는 빈농, 소농, 부농 등 각 사회세력의 요구를 반영하는 것이다.

3. 국영광업개혁론의 구상과 전개

茶山이 구상하고 있던 국영광업개혁론은 완성된 독립체계로서 이룩되지 아니하고 관련되는 여타 사회개혁론을 전개하는 가운데 언급된 단편적인 자료로서 산재하여 전해지고 있다. 이러한 광업관계 자료들을 앞에서 살펴본 사회개혁사상의 성장 발전과정과 사회개혁론 체계와 관련하여 검토한 몇 단계에 걸쳐서 전개되고 있는 광업개혁론의 구상을 재구성하고 그 성격을 규명하여야 한다.

먼저 20대 말의 초기 광업관의 일면을 보여주는 자료로 1789년(28세)의 內閣親試 때의 「地理策」 가운데 당시 봉건정부의 광업정책에 대한 견해를 언급하고 있다. 다음은 谷山府使로 있을 때인 1798년(37세)의 저작인 「應旨論農政疏」에서 上農을 위한 중농억말정책의 하나로 국영광업정책을 주장하여 국영광업개혁론의 단서가 마련되고 있다. 이 「농정소」에서의 광업관은 詩로 표현한 「笏谷行呈遂安守」와 곡산부사로서 실제 시무를 통해 광업행정을 처리한 「載寧郡疏堰時鉛軍不得起送事狀」에서도 볼 수 있다.[54)]

그리고 유배시기의 '1表 2書'로서 국가체제 전반의 사회개혁론 체계가 결실을 맺어가는 가운데 그 사회개혁론의 일환으로 자기 견해에 기초한 독특한 광업개혁론을 구상하였다. 그러나 그 내용은 완성된 독립체계로서가 아니라 『經世遺表』, 『牧民心書』에 그 단편들이 산재하여 전해지고 있다. 『經世遺表』, 田制 9, 井田議 1에서 「金銀銅又詳別篇」이라 한 別篇의 독립체계로서 국영광업개혁론을 구상하고 있었지만, 그 내용이 포함될 「冬官修制」의 미완성과 함께 이 별편은 완성되지 못하였다. 다만 『經世遺表』에서 6관의 관제개편에 따라 설치되는 광업관장기구로서 地官修制 第2 司礦署, 화폐주조기구인 冬官工曹 第6 典圜署, 그리고 '井田制'의 九一稅制 法援用論에서의 '中外留錢出散之數補充', 金銀銅화폐유통, 금·은의 국외 유출방지, 公田價 충당방안 등으로서 국영광업정책론을 제기한 地官修制 田制 9, 井田議 1과 조세제도 개혁과 관련하여 地官修制 賦貢制 4·5 등에 언급한 단편적인 광업정책에 대한 견해가 산재하여 전해지고 있다.55)

이와 함께 현체제하 목민관을 정점으로 한 향촌통치의 운영개선방안으로서의 『牧民心書』, 工典六條, 山林에서 목민관의 광업행정지침으로서 "金銀銅鐵 舊有店者 察其奸惡 新爲礦者 禁其鼓冶"와 광업경영론으로서 "採金之法 又有新方 苟有朝令 試之無妨"의 자료가 있다.56) 여기에서 '만약 조정의 명령이 있으면 시험하여도 무방할 것이다'라는 단서 아래 수록한 새로운 방법 採金之法은 금광업경영론으로서, 그 내용은 金護軍의 '籬金論'을 바탕으로 하면서 자신의 의견을 덧붙이고 있어 구체적이고 체계적으로 되어 있는 것은 아니다.57) 그런데 『牧民心書』 초고본과 완성본에서

54) 『全書』 1, 卷8, 詩文集 「地理策」, 155~157쪽 ; 『全書』 1 卷9, 詩文集 「應旨論農政疏」, 196~197쪽 ; 『全書』 1, 卷3, 詩文集 「笏谷行呈遂安守」, 54쪽 ; 『全書』 1, 卷10, 詩文集 「載寧郡疏堰時鉛軍不得起送事狀」, 219~220쪽.

55) 『全書』 5, 『經世遺表』 卷1, 地官戶曹 第2 「司礦署」 12쪽 ; 『經世遺表』 卷2, 冬官工曹 第6 「典圜署」, 37~38쪽 ; 『經世遺表』 卷7, 地官修制 「田制」 9, 井田議, 137~138쪽 ; 『經世遺表』 卷10, 地官修制 「賦貢制」 4, 山澤之賦, 201~205쪽 ; 『經世遺表』 卷11, 地官修制 「賦貢制」 5, 卝冶考, 206~210쪽.

56) 『全書』 5, 『牧民心書』 卷11, 工典六條 「山林」, 557~558쪽(이하 『牧民心書』(완성본) 「山林」).

위의 내용에 약간의 차이가 있고 오히려 초고본이 더 자세하다. 초고본은 1818년 강진에서 이루어진 것이고 완성본은 1821년 고향 마재에서 초고본을 크게 증정하여 이룩한 것이다.[58] 완성본에서 위 항목 말미에 "餘詳礦採考 今姑略"이라 하고 있는데,[59] 이 「礦採考」는 『經世遺表』, 田制 9, 井田議 1에서의 別篇과 같은 내용을 가리키는 것으로 독립체계로서 구상하여 『經世遺表』 「冬官修制」에 수록할 예정인 미완의 국영광업에서의 경영개혁론의 기초 내용으로 생각된다. 이는 『牧民心書』가 완성될 때까지도 곧 저술할 예정이었음을 말해준다. 그 내용에 있어 초고본에 더 자세한데 초고본에서의 내용 가운데 지방관 차원의 일정한 조건 속에서 전혀 시행할 수 없는 부분을 삭제하여 정리한 것이 완성본에서의 내용으로 되고 있다. 결국 『牧民心書』 「山林」의 광업관계 기사는 牧民官의 광업행정지침으로서의 광업정책의 운영개선방안과 함께 국영광업개혁론의 구상내용 중 금광업경영론의 일부가 수록된 것이라 하겠다.

결국 다산이 구상하고 전개한 광업론은 크게 두 단계로 파악될 수 있다. 먼저 초기 국영광업정책의 단서가 마련되기까지의 단계이다. 광업개혁구상의 수준에까지 성숙되지 못한 「地理策」의 초기 광업관에서 벗어나 광업현실의 목격과 관찰을 통한 구체적 인식과 시무를 통한 현실제도의 운영개선적인 일을 처리해 가는 가운데 마련된 「應旨論農政疏」 저작단계에 국영광업정책론의 단서가 이루어졌다. 그러나 아직 국영광업개혁론의 구체적 내용을 전개하지도 않았고 억말정책의 일환으로 전개된 정책구상에 머무르는 것이었다. 다음은 국영광업정책론이 체계화되고 그에 따른 새로운 광업경영론의 구상이 마련되는 단계이다. 「田論」 단계 이후 사회적 독립분업론 등 사회구성에 대한 인식과 사회개혁사상의 진전 위에서 사회개혁사

---

57) 『牧民心書』(완성본), 「山林」, 558쪽.

58) 景仁文化社本(新朝鮮社本)의 『全書』 5集 『牧民心書』는 완성본이고 廣文社本 『牧民心書』는 초고본이다(安秉直, 앞의 글, 1983 참조). 본고에서는 景仁本 『全書』 『牧民心書』와 廣文社本 『牧民心書』를 함께 이용하였다(이하 「초고본」에만 수록되고 「완성본」에는 수록되지 않고 있는 내용을 인용할 때만 「초고본」을 이용하고 『牧民心書』(초고본), 『牧民心書』(완성본)으로 표기함).

59) 『牧民心書』(완성본), 「山林」, 558쪽.

상의 기본이념이 확립되었으나, 광업개혁론의 제기는 후일을 기다려야 했다. 유배 이후 경학체계와 사회개혁론의 체계가 결실을 맺어가는 가운데 『經世遺表』, 『牧民心書』 등의 사회개혁론 체계 속에서, 자기 견해에 기초한 독특한 국영광업정책론의 전개와 국영광업에서의 새로운 경영개혁론의 구상이 구체화되어 갔다. 그것은 또한 그의 사회개혁론의 체계와 마찬가지로 『經世遺表』 차원의 중앙정부 주도의 근본적인 정책개혁방안으로서의 국영광업정책론 및 국영광업정책 하에서의 광업경영개혁론의 구상이 마련되는 한편, 직접 제도개혁을 하지 않은 채 현 체제 하에서 지방관 차원에서 실행하여야 할 운영개선방안으로서의 광업행정지침이 마련되고 있었다. 광업개혁론의 구체적 실현방법에 있어서도 단계론적 실천방안이 구상되고 있었던 것이다.

1) 초기 국영광업정책론의 형성

먼저 아직 광업정책의 개혁구상에도 이루지 못한 1780년대 말 초기 광업관의 일면을 「地理策」을 통해 살펴볼 수 있다. 당시 設店收稅制에 의해 개발되어 민영화되고 있던 은광업을 중심으로 한 광업생산은 18세기 중엽 이후에 이르러 經禀設店制의 규정과 금령강화로 크게 위축되어 가고 있었다. 18세기 70년대부터 私商都賈 등 상업자본가가 광업생산에 物主로 등장하고 있었으나 봉건정부의 광업억제정책을 극복하면서 영리를 추구하기 어려워 투자가 점차 기피되고 있었다. 반면 1780년 이래 잠채에 의해 개발된 금광업은 점차 확대되어 가고 있었다. 그러나 광업억제정책으로 1780년대까지는 慈山·成川·定平 등의 經禀設店한 金店과 舊店인 端川貢銀店·渭原·江界銀店 정도만이 채굴되고 있었다. 이외 延豊·金城·遂安·順川 등의 銅鉛脈이 鑄錢所 수용을 위해 주성토록 되고 있었다.[60]

이러한 광업현실에서 봉건정부의 광업정책에 대하여 다음과 같이 지적하고 있다.

---

60) 柳承宙, 앞의 글, 1976 ; 林炳勳, 앞의 글, 1981.

우리나라는 嶽麓이 웅거하여 珍山이 豊溢하나 어찌하여 金砂 銀卝은 모두 금령이 내려 있고, 銀路 鐵店은 重稅를 징수하여 부민은 침탈이 두려워 경영하지 않고 빈민은 貲産을 탕진하여 떠나고 있다. 지금 마땅히 특별한 교지를 내려 무릇 諸路의 産銅之穴에 許民鼓鑄케 하고 諸山 鐵冶店엔 세법을 완화하면 산택지리는 날로 홍성하여 민과 나라가 모두 부유하게 될 것이다. …… 지금 江界銀波銅만 鑄銀을 허락하고 諸路諸山은 모두 爐冶를 금지하고 있는데 신은 이가 무슨 법인지 모르겠다.[61]

이렇게 금은광산에 대한 금령강화와 동·철점에 대한 중세압박으로 당시 物主로 등장하고 있던 부민은 투자를 기피하고 영세광업생산자는 파탄을 가져오고 있는 현실을 지적하고 있다. 그러나 금령이 강화되고 있는 금은광에 대한 광업억제정책을 비판하는 듯하면서도 구체적 대응방안을 제시하지 않았다. 다만 상대적으로 금령이 완화되고 있었던 동·철점에 대해서는 동점에서 억제정책을 완화하고 철점에는 세법을 완화하여 設店收稅制 하의 민영 동·철점을 보호할 것을 주장하고 있다. 이는 당시 정부의 設店收稅制 하의 광업정책을 인정한 위에서 동점과 철점에 대해 억제정책의 완화하는 부분적인 운영개선을 요구하고 있을 뿐이었다.

또 대청무역을 통해 대량의 금은이 유출되고 綾緞錦繡 등 사치품이 유입되는 것을 방지하기 위한 방안으로 燕市銀價에 적용되고 있는 '六解法'에 의해 銀價를 높일 것을 제기하고 있다.[62] 이 점도 후일 금·은전의 화폐유통을 통한 적극적인 유출금지 방안에는 이르지 못하고 있다.

이러한 미숙한 광업관에서 벗어나 국영광업정책론이 형성되는 것은 谷山府使 때에 이르러서이다. 1790년대 말 곡산부사로 재임시 당시 가장 규모가 크고 생산이 왕성했던 遂安金店을 직접 목격 관찰할 수 있게 됨으로써 광업현실에 대한 인식이 구체화되었고, 지방관으로서 시무를 통해 현실제도의 운영 개선적인 일을 처리해 가면서 광업문제를 둘러싼 제 모순을 해결하려는 가운데 후일 국영광업개혁론 구상의 단서를 마련할 수 있었다.

---

61) 『全書』1, 卷8, 詩文集, 「地理策」, 155쪽(이하 「地理策」).
62) 「地理策」, 157쪽(이 '六解法'의 구체적 내용은 자세히 알 수 없다).

1798년의 「應旨論農政疏」에서 국영광업정책론의 제기가 그것이다. 이 「農政疏」는 전술한 바와 같이 주로 농업기술의 개량을 통해 농업생산력을 발전시키고 중농정책을 수행함으로써 농민들의 생산의욕을 고취하려는 것을 목표로 하고 있다. 따라서 광업문제를 구체적으로 다룬 것이 아니었다. 또 아직 농본주의적 경향이 농후하여 농업생산의 사회화 문제나 사회적 독립분업문제에 대한 사회개혁사상이 진전되지·못한 가운데 농본억말적 上農방안의 일환으로 제기되어 광업을 사회적 독립분업으로 발전시키려는 진보적인 데에는 이르지 못하고 있었다. 당시의 광업현실은 은광업이 크게 위축되고 있었던 반면, 1870년대 잠채에 의해 개발되기 시작한 금광업·은광업 억제정책에도 불구하고 확대되어 1790년대 말에는 전국적 규모로 확대되어 갔다. 이러한 금광업은 합법적인 經稟設店 외에도 京外衙門의 私自設店이나 잠채 등에 의해 설점되고 있었는데, 이러한 금광 중 일정한 규모를 갖춘 금광에서는 초기 매뉴팩처단계의 德大制 鑛業經營에 의해 경영되고 있었다.63) 그 가운데서도 華城城役費 마련을 위해 1794년 설점된 遂安金鑛은 가장 규모가 크고 생산이 왕성하였다. 수안금점의 모습은 1798년 당시 정부측 기록에 다음과 같이 비교적 생생하게 묘사되고 있다.

    5개 처의 금점 중 兩庫의 금맥이 다하여 거의 철점하기에 이르렀고 三庫는 금맥이 풍성하다. 이번 여름(6, 7월)에 새로이 착개한 金穴은 39개소이고 비를 만나 停役한 금혈은 99개소이다. 이번 여름 장마로 태반이 零散하고 현재 550여 명이 채금하고 있으며 幕數만 700여 채이고 광산촌 인구가 1,500명이나 된다. 이들은 도내의 무뢰배 뿐 아니라 사방의 逐末之類가 聞風還至한 자들이다. 세금은 人摠의 다과에 따라 수세하는데 최성시에는 월 수세액이 수천냥에 달하여 그 중 700여냥은 화성부에 상납되고 50여 냥은 店內所任料價로 지급되며 나머지 1,000여 냥은 差人이 차지한다. 차인이란 濟私에만 급급한 나머지 능히 엄속하고 防奸치 못하여 公納은 적고 私費만 많게 한다. 이 鑛稅 외에도 幕稅, 土稅, 塵稅 등의 명목이 한둘이 아닌데 어떤 것은 차인에 어떤 것은 本官에 귀속된다. 심산

---

63) 林炳勳, 앞의 글, 1981.

절협은 設店한지가 오래되어 촌락이 즐비하여 商賈가 통화하여 하나의 큰 도시를 이루고 있다.[64]

1788년 우기에 장마로 기존 金坑이 99개소나 생산을 중단했는 데도 여름에 새로이 개광한 金坑이 39개소나 되어 당시 550여 명이 채굴에 종사하고 있었다. 이 수안금광은 광산노동자를 고용하여 10~20명을 하나의 노동조직으로 편성하여 분업에 기초한 경영의 협업이 이루어지고 있었던 초기 매뉴팩처 단계에 도달한 德大制 광업경영으로 경영되고 있었다.[65] 茶山은 곡산부사로 재임시 바로 이 遂安金鑛을 목격 관찰하고,

수안금점이 과연 무슨 법에 의거한 것인가. 이렇게 산금의 풍부함을 전에 듣지 못했다. 매일 금 캐기를 돌더미 캐듯이 하여 재물을 실어 들이는 수레가 폭주하고 인민의 무리가 몰려들고 비단, 포목, 어염, 입쌀 등 百用之物이 늘어선 가게에 쌓여 있어 마치 도읍과 같으니 산금의 풍성함을 알 수 있다. 그런데 稅가 얼마나 되느냐고 물으니 月納錢이 수백냥이라 한다. 그러나 度支府도 주관하지 않고 軍門에서도 모르고 있어 한 톨의 금도 公府에 들어가지 않으니 과연 무슨 법에 의한 것인가. 국가의 화폐로 황금을 쓰지 않으나 不虞之費를 생각하여 탁지에서 주관하여 관원을 파견하고 채금하여 관이 거두어들이면 안 될 것이 무엇인가. 혹 말하기를 '官採를 하면 점민이 모두 흩어지므로 획득하는 금이 그만 못하다'고 한다. 椎埋掘冢 藏命匿奸의 무리에게는 하루 천만금을 얻는다 해도 모두 潛商을 통해 중국에 유출되니 나라에 무슨 도움이 되겠는가. 차라리 금을 채굴하지 않고 산에 부를 묻어 두는 게 국가 소유로 남게 되는 것이다. 이왕 관채를 않으려면 즉시 금지하여 각기 귀농토록 해야 할 것이다. 山郡의 농가는 하루 품삯을 100전으로도 사람을 고용할 수 없으니 금점 때문이며, 풍년이 들어도 곡가가 떨어지지 않고 어염 등 백물이 폭등하니 금점 때문이고, 산촌에 도적이 들끓고 부민 자제가 탕업하니 모두 금점 때문이다. 근래에 笏洞 金店이 쇠퇴하였으나 성쇠는 달마다 달라 이적같이 무리지어 옮겨 다니니 농민들이 탄식하며 절제가 있기를 바라고 있다.[66]

---

64) 『備邊司謄錄』188冊, 正祖 22년 7월 27일, 18책(영인본), 878~879쪽.
65) 林炳勳, 앞의 글, 1981.

고 하고 있다. 즉 현재의 設店收稅制 하의 민영광업은 생산량이 풍부해도
광세수입은 보잘것 없고 광업생산물은 모두 중국으로 대량 유출되어 국가
재정이나 국가경제에 도움이 되지 않는다. 금의 유출 등 국가경제의 손실
을 막고 不虞之費 등을 위한 국가재정의 확보를 위해 직접 국가에서 관리
를 파견하여 관리 경영하는 국영광업정책을 촉구하고 있다. 그렇지 않으면
차라리 민영광업은 금지하여 매장해 둠으로써 국외유출에 의한 손실을 방
지해야 할 것을 주장하고 있다. 뿐만 아니라 금광업으로 인하여 末業이 本
業인 농업보다 성행하여 山郡農家에서의 고용노동력 부족, 물가폭등, 농촌
질서 파괴 등의 폐단을 야기하고 있으니 국영광업생산을 하지 않으려면
設店收稅制 하의 민영광업을 즉시 엄금하여 광업인구를 귀농케 하는 농본
억말적 上農정책으로 농민들의 생산의욕을 고취할 것을 제기하고 있다. 이
렇게 국영광업이 시행되지 않고 있는 현실의 設店收稅制 하에서 민영광업
의 억제방침을 그 자신 지방관으로서 시무를 통해 다음과 같이 실천해 가
고 있었다.

　　府使로 位任된 후 營⺊之民을 엄금하여 모두 귀농케 함으로써 鉛軍에
　　익숙하여 경작을 꺼리는 자는 모두 다른 지방으로 떠나갔다.[67]

　　내가 西邑에 재임시 奸民 3, 4명이 戶曹 關文을 받아 計士를 데리고 왔
　　지만 나는 그를 엄중히 다스려 끝내 봉행하지 않았다.[68]

　　곡산부에 있을 때 북방의 제 산은 모두 銀穴로, 민이 銀朴을 가져와 설
　　점을 청했으나, 신은 公採가 아닐 뿐더러 나라를 좀먹는다 하여 엄금하고
　　허락하지 않았다.[69]

이상에서 국가재정·국가경제의 충실을 도모하고 농촌사회의 안정과 농

---

　66)『全書』1, 卷9, 詩文集,「應旨論農政疏」, 197쪽.
　67)『全書』1, 卷9, 詩文集,「載寧郡疏堰時鉛軍不得起送事狀」, 219쪽.
　68)『牧民心書』(완성본),「山林」, 557쪽.
　69)『經世遺表』,「田制」9, 137쪽.

민의 생산의욕을 고취하기 위한 국영광업정책을 제기하고 있지만 구체적
인 광업경영론은 전개하지 않았다. 또 그 정책방안의 기본성격이 농본억말
적인 중농사상에 바탕을 두고 있어 광업생산을 사회적 독립분업으로서 발
전시키려는 광업개혁론에는 이르지 못하였다. 그러면서도 지방관으로서
현실제도의 운영 개선적인 일을 처리해 가면서 이러한 광업문제를 해결하
기 위한 개혁방안의 모색을 통해 후일 구체적이고 진전된 국영광업개혁론
을 구상할 수 있는 바탕이 마련될 수 있었다.

그 후 「田論」에서와 같이 농업생산의 사회화 문제와 함께 사회적 독립
분업론의 차원에서 상공업을 발전시키려는 사회개혁사상의 진전을 가져왔
다. 또 상공업 발전과 관련하여 유통경제의 발전을 위해 금·은·동전의
주조 등 화폐제도를 정비하고 전국적으로 유통케 하며, 비단생산 등 수공
업을 발전시킴으로써 비단 등 사치품 수입에 따른 금·은 유출을 방지하
여 국가경제의 충실을 도모하는 적극적 방안도 강구되었다.[70] 그러나 광업
문제를 근본적으로 해결하면서 광업생산의 발전을 추구하는 광업개혁론으
로서 구체적인 국영광업경영론은 마련되지 못하였다. 그것은 유배시기 사
회 전반에 걸친 사회개혁론 체계가 결실을 맺어가는 가운데 마련될 수 있
었다.

2) 국영광업정책 및 광업경영개혁론구상

농본억말적 입장에서의 초기 국영광업정책론에서 벗어나 사회적 독립분
업론에 대한 사회개혁사상의 진전을 바탕으로 하여 사회개혁론이 체계화
되는 『經世遺表』, 『牧民心書』 단계에 이르러 새로운 국영광업정책 및 광
업경영론이 구상되고 있었다. 이 단계에 이르면 생산성 향상을 통한 사회
적 부를 추구하는 농업생산의 사회화, 독립적 사회분업론의 강조는 더욱
구체화되고 있다. 농본억말적 상공업관은 비판 극복되고 농·상·공업을
독립된 사회분업으로 발전시키려는 균형 발전론으로 진전되고 있었다. 또

---

70) 「地理策」, 157쪽 ; 『全書』 1, 卷9, 詩文集 「錢幣議」, 185쪽.

직업관에서도 보수적 四民觀에서 벗어나 九職을 독립된 직업의 하나로 명확히 하였고 士農·士工의 개념도 성립되고 있으며, 나아가 스스로의 자유로운 직업분화와 분화된 직업의 전문화, 전문인의 집단거주 등을 전개하고 있다. 이렇게 독립된 사회분업을 통한 경제발전의 길을 명백히 하였다. 이 때 전문생산자로서의 생산의 분업화, 분화의 진전은 분업 상호간의 교환시장 발달이 전제가 되는데 이를 위해 화폐제도의 정비와 전국적 유통확대, 조세금납화 등도 강조하고 있다.

이러한 사회개혁사상의 진전과 함께 사회개혁론의 체계가 결실을 맺어가는 가운데 당시 광업현실을 바탕으로 국가경제의 향상과 농민경제의 안정을 위하여 광업문제를 둘러싼 제 모순을 해결하고 사회적 독립분업으로 광업생산을 발전시키려는 새로운 국영광업개혁론이 구상되었다. 다산은 곡산부사시 遂安金店과 谷山銀店, 유배시기의 星州·昌原의 砂金店 등의 經禀設店이나 私自設店 또는 잠채의 형태로 설점되고 있던 광산들을 목격 관찰하고, 德大制 鑛業經營 등 당시 도달한 광업생산수준을 바탕으로 광업현실의 실정과 그 모순을 바로 인식하고 있었다.

그러나 앞에서 살핀 바와 같이 독립체계로서 국영광업개혁론은 완성되지 못하였다. 『經世遺表』에서 사회개혁론 체계 가운데 관제개혁, '井田制' 토지개혁과 관련한 公田 매입방안, 금유출방지와 화폐제도개혁, 그리고 조세제도 등 국가재정개혁 등과 관련하여 제기된 중앙정부 주도의 근본적인 정책개혁방안이 단편적으로 남아 있다. 또 『經世遺表』의 국영광업개혁론에서 완성되지 못한 광업경영론 구상의 중요내용으로 생각되는 새로운 採金之法 등 광업경영론이 『牧民心書』에 수록되고 있다. 한편 이러한 중앙정부 주도의 근본적인 국영광업개혁정책과는 다른 차원에서 현체제 하의 지방관의 광업행정 지침으로서 광업제도의 운영개선 방안도 마련하여 『牧民心書』에 수록하고 있다. 따라서 그의 국영광업개혁론은 『經世遺表』 차원의 국영광업정책 및 광업경영론과 함께 『牧民心書』 차원의 광업제도의 운영개선방안이 구상되고 있어, 그 시행방법에 있어 단계론적 실천구상으로 이루어져 있다.

(1) 국영광업정책론

다산의 국영광업정책론은 당시 봉건정부의 보수적 광업관 및 그에 바탕
한 광업정책과 제도의 근본적인 문제점과 모순을 정확하게 지적 비판하는
가운데 마련되고 있었다. "우리나라는 산악이 웅거하여 金銀銅鐵이 도처
에서 산출되는데 江界 銀坡洞銀店, 遂安 笏谷金店 등도 단지 우연히 발견
된 것일 뿐이며, 또 谷山銀店, 星州·昌原간의 砂金店 외에도 금은점이
널리 분포되어 있고 동과 주석도 매우 풍부하다"고 하면서, 이렇게 광산자
원이 풍부하나 국가에서는 엄한 禁令을 내려 官採도 허락하지 않음을 지
적하고 있다.[71] 이러한 광업억제정책의 구실로 삼는 몇 가지 이유를 다음
과 같이 지적하고 있다.

① 중국에서 알면 求索함이 끝이 없을까 두렵다.
② 무뢰배가 屯聚하여 도망자를 감추고 奸民을 숨기는데, 이가 점차 확대
   되어 반란을 꾀할까 두렵다.
③ 君子의 道는 斥利輕財에 있으니 聚斂之民은 盜臣만도 못하며 무릇
   興利者는 모두 소인이라는 것이다.
④ 游手浮民이 店에 종사하여 力農之家는 傭雇를 얻기 힘들다.[72]

이러한 봉건정부가 내세우는 광업억제정책의 구실은 하나 하나 모두 현
실과 거리가 멀고 불합리한 것임을 지적 비판하고, 그에 대한 근본적인 대
응책을 모색하는 가운데 국영광업정책이 요구되는 합리적인 근거를 찾고
있다.
먼저 ①의 중국의 責貢을 우려함에 대하여

지금 조정의 명령은 황금을 가지고 赴燕하는 것을 금지하고 있지만, 국
내에서 소용이 없으므로 한 해에 천근을 채굴하면 천근이 중국에 들어가

---

71) 『經世遺表』 卷1, 地官戶曹 第2 「司礦署」, 12쪽 ; 『經世遺表』 卷7, 地官修制 「田
   制」 9, 井田議, 137쪽 ; 『牧民心書』(완성본), 「山林」, 558쪽.
72) 『經世遺表』, 「田制」 9, 井田議, 137쪽.

고 한 해에 만근을 채굴하면 만근이 중국에 들어가고 있으니 조선에 황금이 있음을 숨길 수가 없다.[73]

고 하여 이미 중국에 금이 대량으로 유출되고 있어 금의 생산이 풍부함을 중국에서 이미 주지하고 있는 현실에서, 그러한 이유가 금령의 근거가 될 수 없음을 지적하고 있다. 정작 국가경제에 커다란 손실이 되고 있는 금유출을 방지하여야 하는데, 샐 구멍을 열어 놓고 시행하지 못할 비현실적인 법령으로서가 아니라 보다 적극적이고 근본적인 방책을 강구해야 할 것을 제기하고 있다. 五金八石의 유한한 것을 가지고 비단 등 무한한 사치품을 사들이는 불평등한 무역현실을 비판하고, 이로 인한 국가경제의 막대한 손실을 막을 근본적인 방책을 화폐제도의 개혁정비와 金·銀·銅錢의 전국적인 유통과 관련하여 구하고 있다. 마땅히 금전을 주조하여 국내에 유통시키고 금가격을 중국보다 높에 책정해야 한다는 것이다. 이와 함께 利用監 등을 통해 중국의 기술을 수용하여 비단 등 국내 수공업 기술을 향상발전시켜 비단수입을 억제하는 동시에 금유출을 방지해야 할 것을 제기하고 있다.[74]

②의 장차 '召亂'이 우려가 된다고 하는데 대해서는

嘉慶 壬申年 嘉山賦 洪景來 등이 多福洞 금점으로 인해 起兵作亂하였으니 지금 크게 우려되는 바는 이 때문이다. 이것은 오직 官採하지 않고 許民私採했기 때문에 이러한 간악한 도적이 나왔던 것이다. …… 土豪臣猾에게 스스로 礦主가 되게 하고 혹 營神縣校를 보내 감독케 하니 賤類小民과 서로 符同하여 한 덩어리가 되어 千奸百詐함이 엇갈려 날뛰고 서로 치솟으며 무뢰배를 불러들여 기통을 어지럽히고 있으니 그 폐단으로 홍경래 따위를 나오게 한 것이 아닌가.[75]

---

73) 『經世遺表』, 「田制」 9, 井田議, 137쪽.
74) 『經世遺表』, 「田制」 9, 井田議, 137쪽 ; 『經世遺表』 卷2, 冬官工曹 第6 「典園署」 37~38쪽. 여기서도 화폐제도 정비는 『經世遺表』에서 절대로 바꿀 수 없는 철칙 15조의 하나로 되고 있다(『經世遺表』 卷1, 引, 2쪽).
75) 『經世遺表』, 「田制」 9, 井田議, 137쪽.

이른바 亂을 초래한다는 말은 무엇인가. 鑛稅의 징세법이 본래 人額에 따라 계산하므로 額多則稅多하고 額小則稅少하게 된다. 이 때문에 監採之人은 募採之日에 내력을 묻지 않고 많은 인원만을 탐내어 얻기 힘쓰므로 개미나 까마귀 떼처럼 몰려와 난잡하고 규율이 없으며 도망자를 감추고 간악한 자를 숨기는 것이 끝이 없으니 이것이 하나의 폐단이 되고 있다.76)

대저 금점은 채금을 허가하면 수 개월도 못되어 반드시 난잡하기에 이른다. 逐名收稅는 사람이 많아야 세도 많아지므로 실로 坌集을 꺼려 하지 않는다. 분집이 지나쳐서 계속 난잡하고 그 난잡함이 지나치면 다시 곧 철파하니, 민의 뜻은 안정되지 못하고 국가재정수입도 쇠하게 된다.77)

라고 하여 '召亂'의 폐단을 다산도 우려하는 바이나 그 근본 원인에 대해서는 인식을 달리하고 있다. 그것은 현 設店收稅制 하에서의 광세징수제도의 모순에 기인하는 것으로 보고 있다.

18세기 말 봉건정부의 강력한 규제에도 불구하고 금광업은 급속히 확산되어 갔다. 이러한 대부분 금광은 戶曹經費나 華城城役費 등의 조달을 명목으로 經稟設店된 비교적 규모가 큰 광산과 함께 京外衙門들과 결탁하여 경품을 거치지 않고 私自設店한 형태로 移行되고 있었다. 이외에 순수한 잠채도 성행했지만 지속적인 생산을 영위하기는 어려웠다. 이러한 經稟設店이나 私自設店된 광산에는 京外衙門에서 計士나 營裨를 파견하여 設店收稅하고 있었다. 이들 差人은 해당 아문에서 役價를 받고 檢束收稅하는 관리이면서 광산업자와 서로 결탁하여 이해를 같이하는 면이 있어 철저한 규찰이 행해지기는 어려웠다. 그들은 광업생산을 위한 설점을 가능케 하여 주고 지방관의 간섭을 배제하는 역할도 했던 것이다. 한편 이들은 役價 외에 濟私에 급급하여 광세의 일정부분을 중간 착취하고 있었다.78)

이리하여 광업 억제정책 하에서 設店收稅制度의 모순으로 일단 광업생

---

76) 『牧民心書』(완성본), 「山林」, 558쪽.
77) 『牧民心書』(초고본), 「山林」, 15쪽.
78) 林炳勳, 앞의 글, 1981, 127~131쪽.

산이 이루어지면 많은 광산노동자가 몰려와 곧 혼잡하게 되는데, 이에 봉
건정부는 '召亂'을 우려하여 엄한 금령으로 철파하는 일이 반복되는 악순
환이 계속된다. 그 결과 국가재정수입이 보잘 것 없음을 물론이고 광업에
종사하는 자들의 낭패로 민의 뜻도 안정될 수가 없는 것이다. 이러한 모순
을 근본적으로 해결하기 위해서는 국영광업정책을 시행하여 국가에서 직
접 광산을 관리 경영하여 엄격히 단속해야 한다는 것이다. 이러한 관채 즉
국영광업정책의 역사적 근거로 중국 역대왕조의 광업정책과 광업생산에
관한 사실을 제시하고 있다. 중국 고래에는 許民私採하여 세를 징수하는
일이 없었으니 사채는 東國의 잘못된 풍습이라는 것이다. 현실적으로 田
地와 달리 생산량의 굴곡이 많은 광업에서 십일세를 적용하는 광세징수는
어려움이 따르기 때문에 民採에 맡길 수 없고 官採해야 한다는 것이다.[79]
 ③의 殖利와 財賦蓄積을 꺼려 하는 보수적 가치관을 엄격하게 비판하고
있다.

> 『大學』의 一篇에 聚斂을 깊이 경계하고 있다. (중략) 그러나 취렴의 해
> 는 재물이 나지 않는데 있다. 그러므로『대학』에 '生財에 大道가 있어 생
> 산하는 자가 많고 일하는 것이 빠르면 재물이 항상 풍족하게 된다'고 했
> 으니 성인의 재물을 생산하고자 함이 이와 같았다.[80]

고 하여『대학』의 '生財'의 大道論을 원용하여 생산인구를 증가시키고 생
산력을 높여 사회적 부를 추구하는 적극적인 生財論, 생산론을 전개하고
있다. 중국의 三代에도 금생산량이 풍부하였음을 밝혀 광업생산을 통한 生
財의 중요성을 뒷받침하고 있다.
 나아가 儒者가 독서에 不精하고 道를 공부함에 편중함으로 인해 이들
俗儒의 관념적 학풍에서 비롯한 재부축적을 금기시하는 세태를 비판하고

---

79)『經世遺表』卷10, 地官修制「賦貢制」4, 山澤之賦, 201~205쪽 ;『經世遺表』卷11,
　　地官修制「賦貢制」5, 卝冶考, 206~210쪽 ;「田制」9, 井田議, 137쪽 ;『牧民心
　　書』(완성본),「山林」, 557쪽.
80)『經世遺表』,「田制」9, 井田議, 137쪽.

있다.[81]

　　무릇 山林經幄之臣이 책을 끼고 登筵하여 오직 理氣心性之說만 論奏
하고 일자반구도 財賦에 대해서는 언급하지 않는다. …… 재부를 전적으
로 더러운 물건이라 하여 감히 입부리에 올리지 않는 것은 천하국가를 위
하는 바가 될 수 없다.[82]

고 하여 관념적이고 보수적인 농본억말적인 가치관에 따라 적극적인 재부
론을 펴지 않는 것을 비판하고 참된 유학은 재부를 풍족케 하는데 힘쓰지
않으면 안되는 것이라 했다.
　　마지막으로 ④의 몰락한 농민이 광산지대로 몰려들어 농가에서 노동력
의 고용이 힘들다는 이유로 광업을 억제하려는 농본억말정책을 비판하고
있다.

　　『周禮』에 九職으로서 만민을 맡겼는데 9직에는 農도 그 하나로 되고
있으며, 세째는 虞衡으로 산택을 짓고 다섯째가 百工으로 八財를 化하는
데 힘쓰게 하므로 천하지민을 모두 농업에 종사하도록 권할 필요가 없다.
農者는 농사짓고 鑛者는 광업에 종사해도 서로 방해되지 않는다. 鑛穴
수리 내에 혹 농부가 傭雇얻기가 어렵다한들 어찌 다 돌볼 수 있겠는가.
私設之店이 난잡무통하기 때문에 游手浮民이 까닭없이 店中에서 얻어먹
고 있으니 폐단으로 되고 있는 것이다. 만약 관에서 行司를 설치하고 鈴
束을 엄히 한다면 浮游之民의 10 중 7, 8은 줄어들 것이니 농업에도 또한
방해됨이 없을 것이다.[83]

　　이른바 농사를 방해한다는 것은 무엇인가. 採金者는 반드시 물에서 淘
金을 하는데 추울 때는 할 수가 없다. 그러므로 봄과 여름에 채금을 하는
데 어리석은 민들이 이익을 중히 여겨 本을 버리고 末을 좇아 농사의 適

---

81) 『經世遺表』,「田制」9, 井田議, 137쪽.
82) 위와 같음.
83) 『經世遺表』,「田制」9, 井田議, 138쪽.

期를 잃게 되니 이것이 하나의 폐단이다.[84]

이상에서『周禮』의 九職論을 원용하여 9직을 독립된 직업의 하나로 명확히 하여 독립적 사회분업론을 강조함으로써, 농업에 힘쓴다는 이유로 광업생산을 억제할 수는 없는 것이라고 강조한다. 광업도 농업과 함께 독립된 분업으로 발전시켜 생산성을 향상시키고 재부를 축적해야 하는 것이다. 이는「應旨農政疏」에서 上農방안으로서 중농억말정책을 주장하는 가운데 국영광업정책을 제시한 것에서 벗어나 새로운 차원의 사회적 독립분업론에 입각한 국영광업정책론을 전개하고 있는 것이다.

이러한 전제 위에서 농촌에서의 노동력 부족문제의 해결도 추구하고 있다. 사금을 중심으로 한 금광업이 물을 이용하여 도금하는 생산기술의 특성으로 인하여 날씨가 추운 동절기에는 생산활동을 할 수가 없어 많은 노동력이 소요되는 짧은 농사시기와 겹치기 때문에 광산지대의 인구가 증가함에 따라 농촌에서의 노동력 부족 현상으로 농사의 적기를 잃게 되는 문제가 일어나고 있다. 이러한 문제도 국가에서 직접 관리 경영하여 광업생산에 종사하지 않으면서 광산지대에 몰려 있는 인구를 엄격히 단속하여 억제하면, 이들 인구의 상당수는 귀농하게 될 것이니 농촌의 노동력부족 문제도 자연히 해결될 것으로 보았다.

이상에서 다산은 봉건정부의 殖利나 재부축적을 금기시하는 보수적 재부론과 농본억말적 상공업관을 비판, 극복하여 적극적인 生財論, 財賦論을 전개하고 독립적 사회분업론을 강조한다. 생산에 종사하지 않는 遊食人을 생산에 종사케 하여 생산인구를 늘리고 광업생산도 농업·상공업과 함께 사회적 독립분업으로서 균형있게 발전시켜 생산성 향상을 통한 사회적 부의 증대를 추구하고 있다. 이에 입각하여 '官에서 禁令을 베풀어 스스로 방지하는 것과 간사한 민들이 도굴하여 범법하는 것이 모두 옳지 못하다'[85]고 하여 정부의 광업억제정책과 設店收稅制 하의 민영광업에 의한

---

84)『牧民心書』(완성본),「山林」, 558쪽.
85)『經世遺表』卷1, 地官戶曹 第2,「司礦署」, 12쪽(이하「司礦署」).

광업현실을 모두 비판하는 가운데 국영광업정책의 당위성을 강조하고 있다.

당시 設店收稅制 하의 민영광업에서는

　　오늘날의 爐店은 모두 奸民이 私設하여 戶曹收稅는 극히 사소하고, 도망자를 감추고 간민을 숨겨주어 도적을 모아 변란을 일으키니, 農者는 傭雇를 얻을 수 없고, 商者는 生財를 운용할 수가 없다. 良田도 날로 줄고 (금점에서 논밭을 사서 淘金한다 : 원주) 자연이 날로 파괴되니 (은산에서 산을 뚫기를 100장에 이른다 : 원주) 후일에 비록 조정의 대신이 국가에서 채굴하는 법을 의논하여 시행하려 해도 산의 정기가 쇠약해지고 고갈되어 다시는 샘솟지 않을 것이다.[86]

　　대저 금점은 채굴을 허용하면 수개월도 되지 않아 난잡함에 이른다. 실로 逐名收稅 즉 사람이 많을수록 세가 많으므로 坌集을 염려 않게 되고, 분집이 지나쳐 계속 난잡하게 되면 도로 철파하여 민의 뜻이 인정되지 못하고 국가수입도 쇠퇴하게 된다.[87]

　　吾東八路에 모두 황금이 산출되는데 채굴을 금지하는 바는 두 가지 폐단이 있기 때문이다. 하나는 妨農이요, 하나는 召亂이다. …… 조정에서 법을 정하고 엄중하게 금지함을 그만둘 수 없다. 그러나 奸民盜採는 끝내 그치지 않고 금지한다는 이름만 있고 금지한 실적이 없다. 위로는 공용에 보탬이 안되고 아래로는 民習을 바로 잡지 못하니 王政의 법도로 마땅히 이럴 수는 없는 것이다.[88]

고 하는 실정이다. 광산업자와 수세관리의 이해관계, 노동자의 수를 기준하는데 따른 광세징수제도 등의 모순으로 엄격한 규찰이 이루어지지 않아, 농촌사회의 분화과정에서 창출되어 광산지대로 유입된 인구의 증가로 비

---

86) 『牧民心書』(완성본), 「山林」, 557쪽.
87) 『牧民心書』(초고본), 「山林」, 15쪽.
88) 『牧民心書』(완성본), 「山林」, 558쪽.

생산자가 늘어나고 나아가서는 '소란'의 폐단으로까지 된다는 것이다. 동시에 광업생산기술의 특성으로 광업생산의 시기가 농사시기와 겹쳐 가난한 농촌 노동자들이 광산지대에 몰려드는데 따른 농촌에서의 노동력 부족현상을 초래하고 金店의 확대로 농토가 파괴되어 '妨農'의 폐단으로 되고 있다. 뿐만 아니라 징세관리는 濟私에만 급급하여 광세의 중간수탈이 심하여 국가재정 수입은 보잘 것 없고 국내에서 金錢 등이 유통되지 않아 비단 등 사치품과 교역하여 모두 중국으로 유출되니 국가경제에도 막대한 손실을 가져오고 있다.

이러한 광업문제를 둘러싼 여러 가지 모순을 해결하면서 광업생산을 농업·수공업·상업과 균형있게 각기 사회적 독립분업으로 발전시켜 생산성의 향상을 도모하여 국가재정·국가경제를 증산시키려는 합리적인 방안으로 국영광업정책론을 제기하고 있다.

> 나는 諸路의 금은동철이 산출되는 곳에 官冶 수백소를 설치하고 서둘러 淘鑄를 행하여 대략 그 소득으로 中外留錢出散之數를 보충하고 이에 세출은 모두 鑄幣를 사용하되 金銀銅 三錢에 각 3등을 갖추어 9폐로서 국내에 통용하여 영구히 赴燕之路를 막고 서서히 公田之價를 충당하려는 것을 그만둘 수 없는 일이다.[89]

> 무릇 금은동이 나는 穴에는 모두 관에서 출재하여 채굴하고 혹 사채하는 자는 盜鑄錢과 同律로 다스려야 한다. 다만 鐵冶는 許民私採함이 마땅하다고 생각한다.[90]

고 하여 철점을 제외한 金·銀·銅鑛業은 국가에서 직접 자본을 출자하여 국영광업소인 관야를 수백 개소 설치하여 경영관리하며, 사채는 엄금하여 광업생산에 직접 종사하지 않는 광산지대의 비생산자는 엄격히 단속해야 한다는 것이다. 이렇게 하면 유식인이 크게 줄어들어 귀농하게 되니 농촌

---

89) 『經世遺表』, 「田制」 9, 井田議, 138쪽.
90) 「司鑛署」, 12쪽.

에서의 노동력 부족현상도 해결되어 농업에 방해됨이 없고 '소란'도 미연에 방지할 수 있다. 나아가 유식인이 줄고 생산인구를 증가시킴으로써 농업은 물론 상공업·광업을 각기 사회적 독립분업으로서 발전시켜 생산성을 향상시키고 사회적 부의 증대를 도모할 수 있다. 또 광산업자와 징세관리자의 중간수탈을 방지하여 생산된 금을 모두 국가가 거두어 들임으로써 국가재정을 향상시킬 수 있다. 그리고 생산의 분업화, 분화의 진전에 전제가 되는 교환시장경제의 발전을 위한 화폐제도의 개혁정비와 전국적 유통을 확대하려는 방안과 관련하여 金·銀·銅錢의 주조원료의 확보에 광업생산의 발전이 더욱 요구된다. 동시에 중국기술을 수용하여 비단 등 수공업생산의 발전을 도모하면, 중국으로의 금은의 대량유출로 인한 국가경제의 막대한 손실을 근본적으로 방지할 수 있다고 보았다. 이리하여 국가재정이 충실해짐에 따라 사회개혁론의 중심문제가 되고 있는 '井田制'에서의 九一稅制法援用論의 실시를 위한 公田설치를 위해 공전매입가에 충당할 수 있는 재원을 확보하는 등 사회 전반에 걸친 개혁론의 일환으로 국영광업개혁론이 제기되고 있었다.

(2) 국영광업관리경영론의 구상─금광업을 중심으로─

가) 광업관리경영기구의 설치와 관리경영원칙

다산은 「應旨論農政疏」에서의 초기국영광업정책론에서 탁지부에서 주관하여 관원을 파견하여 채금해서 관에 납입케 하자고 하고,[91] 『經世遺表』, 전제 9에서는 度支와 水部에서 주관하면서 玉堂學士를 差遣하여 監採御史로 삼고 戶曹正郎과 工曹正郎으로 光·羅州목사를 거친 자가 가서 그 일을 다스리게 할 것을 제기했지만,[92] 구체적으로 광업관리기구에 대해 언급하지 않았다. 그러나 『經世遺表』에서의 일련의 관제개혁안 가운데 "地官戶曹 敎官之屬"으로 司礦署를 광업을 관장하는 중앙기구로 설치코자 하고 있어 그 대강을 살필 수 있다. 『周禮』에 卝人의 직을 두고 금·

---

91) 「應旨論農政疏」, 197쪽.
92) 『經世遺表』, 「田制」 9, 井田議, 137쪽.

옥·석광을 관장하고 사채를 厲禁하며 地官에 예속하였으니 이에 따르고, 원전(『經國大典』)에서 戶曹郎官에 銀色을 두고 있는데 이제 별도의 관직을 만드는 것이 마땅하므로 별도의 관서로 司礦署를 설치코자 하였다. 이 사광서에서 광물이 생산되는 지역을 관장하여 금·은·동이 나는 광혈은 모두 관에서 출재하여 채굴하는 한편, 혹 사사로이 채굴하는 자는 엄금하여 私錢의 盜鑄錢과 同律로 다스리도록 하였다. 다만 철광만은 『經國大典』에서와 같이 許民私採토록 하고 있다.[93] 그리고 사광서는 관채의 관장과 사채의 단속뿐 아니라 利用監과 협조하여 광업생산기술의 향상에도 힘쓰도록 하였다. 동 제련법은 이용감이 北學하여 배워와 사광서에 가르치게 하고, "삼각산 서쪽 기슭에 석탄이 많이 나니 중국에서 석탄을 두어 조각 가져와 빛깔과 광성을 분별한 후 관에서 채굴하면 국가재정에 도움이 될 것이다"고 한 것 등이 그것이다.[94]

다음은 직접 광업의 경영관리를 담당할 실무기구를 살펴보자. 『經世遺表』에서 각 도에 금·은·동·철의 산지에 관에서 출재한 官冶 수백 곳을 설치하여 淘鑄를 행하게 하고, 行司를 설치하여 사채를 엄히 단속토록 하고 있다. 여기에 玉堂學士를 차견하여 감채어사를 삼고, 호조정랑과 공조정랑으로 광주·나주목사를 거친 자에게 그 일을 다스리게 하고 있지만, 역시 官冶와 行司설치 및 담당관리 등에 대해 구체적으로 언급하지 않고 있다.[95] 그것은 『經世遺表』의 미완으로 구체화되지 못하였던 것으로 이에 관련되는 내용을 『牧民心書』의 금광업경영론에서 볼 수 있다. 이 금광업경영론은 金護軍의 '篩金論'을 원용하여 약간의 의견을 덧붙여 기술하고 있는데 이를 통해 다산이 구상하고 있는 광업관리기구, 생산조직, 생산기술 등 광업경영론의 골격을 재구성하여 그 대략을 이해할 수 있다.

먼저 전국 8도에 직접적인 광업경영관리기구로서 '務'를 설치하여 '監務官'을 파견하는 것이다. 이 '務'는 官冶를 설치한 行司에 해당하고, 監務官

93) 「司礦署」, 12쪽.
94) 「司礦署」, 12쪽 ; 『經世遺表』 卷1, 地官戶曹 第2, 「賦貢制」 5, 210쪽(이하 「賦貢制」).
95) 『經世遺表』, 「田制」 9, 井田議, 137~138쪽 ; 「司礦署」, 12쪽.

은 위의 감채어사 또는 호조정랑과 공조정랑의 역할에 해당된다. 호조에서
筵稟啓下하여 監務官 8인을 派差하되 八路에 分遣하여 해마다 채금토록
한다. 그런데 1路 내에 '務'의 설치는 1개소를 넘지 않도록 한다는 금호군
의 '사금론'에 덧붙여 4路에는 반드시 '務'를 1개소 설치하되 서북양남의 4
路는 각기 '務'를 2개소 설치토록 하여 반드시 같게 할 필요는 없다고 하였
다.96)

官冶의 설치는 "산금으로 유명한 곳은 한두 읍에 그치지 아니하니 금년
의 起處에서 起工하여 止處에서 마치고 명년에 또 이같이 반복하면 알려
지지 않은 모든 광산은 더욱 서로 찾아서 보고할 것이므로 반드시 궁갈할
날이 없을 것이라"97)하여, 한 곳에 머무르지 않고 계속 새롭게 개광하는
데에 설치하는 것이다. 또 채금 즉 생산기간이 반드시 立冬에 起工하여 春
分 전일에 停採토록 하여 기한을 엄정하여 이를 넘기지 않도록 함에 따라
해마다 새로이 설치된다.98) 생산시기에 이르러 호조에서 해당 도 및 현에
관문을 보내 本縣에서 幹事人을 가차하여 監官으로 삼아 협동하여 監採
토록 하고 있다.99) 거기에 매 1 '務'마다 幹事人 수 명을 더 두는데 이들은
각기 '餼料幾錢'씩을 지급받는 고용자들이다.100) 그러므로 官冶 즉 국영광
업소가 설치된 '務'에는 호조에서 파견된 감무관과 해당 도 및 현에서 가차
한 감관을 경영관리자로 하여, 여기에 간사인 수명을 고용하여 광업생산의
관리경영기구를 구성하고 있다.

광업관리경영기구의 설치와 더불어 광산노동자를 고용하여 광업생산을
위한 생산조직, 노동조직을 편성한다. 광산노동자는 채광노동자인 '堀土者'
100명, 운반노동자인 '負土者' 50명의 규모로 모집하여, 노동자 매 15명마
다 감독 1명, 사환 1명을 두어 하나의 기본적인 노동조직으로 편성하고 있

96)『牧民心書』(초고본),「山林」, 13쪽;『經世遺表』,「田制」9, 井田議, 137~8쪽;
「司鑛署」, 12쪽.
97)『牧民心書』(초고본),「山林」, 14~15쪽.
98)『牧民心書』(완성본),「山林」, 558쪽.
99)『牧民心書』(초고본),「山林」, 13쪽.
100)『牧民心書』(완성본),「山林」, 558쪽.

다.101) 광산노동자의 고용과 관리에 있어 사람을 고용하여 채금할 때에 근본이 확실하고 성격이 부지런하고 능력있는 자를 골라 충원하는데, 굴토자 100명과 부토자 50명 등은 호조에서 별도로 腰牌를 만들어 낙인을 찍어 매 사람마다 하나씩 주어 차고 다니게 하여 요패가 없는 자가 섞이지 못하게 하고, 매일 품삯 얼마씩 지급하도록 하고 있다.102) 또 다산은 후술할 火淘法의 공정에는 樵軍이 10여 명 더 있어야 계속 柴栖할 수 있는 것으로 보았다.103) 이렇게 광산노동자의 額數, 정원수가 정해지면 정원 외에는 광산지대에 출입을 엄금하여 덧붙지 못하게 하여 소문을 듣고 몰려드는 폐단이 없도록 한다.104)『經世遺表』「田制」에서도 무릇 金軍을 고용하여 淘金함에 額數를 엄정히 하여, 그 근맥을 조사하고 성질을 살피고 대오를 편성하여 일제히 단속함으로써 일체의 간민과 猾賈는 모두 물리쳐 제거하며, 또 사방 5리에는 柵標를 설립하여 민의 왕래를 금하며 전력으로 채금토록 하고 있다.105)

여기에서 경영조직과 생산조직을 편성함에 있어 생산성 향상을 위해 노동력을 중시하고 광업생산에 양질의 노동력을 확보하는 문제와 함께 정원 외의 인원을 엄격히 통제하고 있다. 그리하여 광산지역에 游食人의 坌集을 막아 귀농케 하여 '召亂'·'妨農'의 폐단을 방지하려는 대책을 겸하고 있다. 이러한 '방농'의 문제는 광업생산기술의 특성과도 관련되므로 이에 따른 대응책도 마련하고 있다. 그리하여 여러 가지 폐단을 수반하는 水淘法에 대신하여 火淘法에 바탕하여 광업생산기술을 전개하고 있다. 화도법을 채택함으로서 광업생산기간을 입동에서 춘분 전까지의 농한기로 조정하여 '방농'의 폐단을 방지하고자 하였다. 또 "산금지는 계곡의 공한지에 많으나 간혹 전답과 연결되면 반드시 田價를 헤아려 주고 채굴이 끝난 후에는 田地를 되돌려 주면 田主에게는 잠시 빌려준 것에 불과하여 입동 이

101)『牧民心書』(완성본),「山林」, 558쪽.
102) 위와 같음.
103)『牧民心書』(초고본),「山林」, 13쪽.
104)『牧民心書』(완성본),「山林」, 558쪽.
105)『經世遺表』,「田制」9, 井田議, 137쪽.

후 춘분까지는 농사철이 아니어서 해될 것이 없고, 나아가 전지를 파헤치고 불태우면 糞壤한 것과 같아서 메마른 땅이 기름지게 되고 게다가 그 대가까지 받으니 이익이 되기 때문에 농민의 원망을 사지 않는다"는 것이다. 다만 "큰 촌락과 묘지를 침범하는 곳은 채굴토록 해서는 안 됨"을 강조하고 있다.106) 그리고 設店收稅制의 민영광업의 폐단을 해결하는 데에도 커다란 효과가 있을 것으로 보았다. 앞에서 지적한 바와 같이 設店收稅制 하의 민영광업은 광산노동자의 인원수에 따라 수세액을 징수하므로 광산노동자의 통제가 이루어지지 않아 난잡해지기 쉽고 이에 '소란'을 우려하여 광산의 철폐가 되풀이 되는 악순환으로 광업종사자의 안정은 물론 국가 재정수입에도 저해요인이 되고 있다. 이러한 폐단도 "火淘之法을 이용하면 가히 오랫동안 폐단이 없을 것이고 은연동철도 그 이치는 또한 같으니 마땅히 이를 모방하여 시행하도록"107) 하고 있다. 이렇게 화도지법을 바탕한 광업경영 관리의 기본목표는 당시 광업문제를 둘러싸고 심화되고 있던 여러 가지 사회적 모순을 해결하면서, 동시에 생산력 향상을 통한 사회적 부의 증진을 도모하려는 것으로 새로운 국영광업경영론의 바탕이 되고 있다.

나) 광업경영형태-생산조직과 고용형태-

국영광업소인 官冶가 설치된 '務'에는 監務官-監官의 관리경영기구와 더불어 監督-광산노동자의 생산조직으로 구성되고 있다. 1務의 광업생산자는 堀土者 100명, 負土者 50명의 규모로 고용하고, 이들 노동자 매 15인마다 감독 및 사환을 두는 외에 화도법 운용에 따른 樵軍 10여명 등이 고용되어 대략 180여명으로 구성되고 있다.

따라서 기본적인 생산단위인 勞動組織은 1인의 감독 아래 굴토자 10명과 부토자 5명으로 편성되어 1務에는 대략 10개의 노동조직으로 구성되고 있다. 이렇게 1인의 감독 지휘 하에서 노동하는 굴토자 10명, 부토자 5명의

---

106) 『牧民心書』(완성본), 「山林」, 558쪽.
107) 『牧民心書』(초고본), 「山林」, 15쪽.

노동조직은 당시 금광업에서 15인(10~20인)의 광산노동자를 노동조직으로 편성하여 작업공정에서 協業이 이루어지고 있었던 현실의 德大制 鑛業 經營의 노동조직에 바탕한 것이다. 또 작업공정의 합리화로 굴토군 : 부토군이 10 : 5 비율로 편성되고 별도로 10개의 전체 노동조직을 보완하는 10여명의 초군을 두고 있어 분업노동을 행하는 각 노동자간에 합리적 비례관계가 경험적으로 확립된 分業에 기초하고 있는 것이다.108)

여기서 감독은 급료[餼料] 얼마를109) 받고 고용된 광업기술자로서 덕대제 광업경영에서 德大가 광업기술자인 동시에 하나의 경영단위의 경영자로 되고 있음과 대비된다. 민영광업을 해체하여 국영광업경영이 이루어지는 경우, 종전 민영광산의 덕대는 국영광산에 광업생산기술자로 고용 흡수되어 국영 광산의 노동조직을 지휘 감독하여 광업생산에 종사할 것으로 예견된다.

광산노동자의 고용형태는 어떤 성격을 띠는가. 광산노동자는 "每月給雇幾錢"을 받는 임금노동자이다. 그 임금의 수준은 현지 풍속이 각각 달라 일정하게 정할 수가 없으므로 형편에 맞추도록 하고110) 있어, 당시의 각 지역에서의 일반임금 수준과 비슷할 것이다. 이 외에 "見物生心은 人情之常으로 전혀 이를 분배하지 않음은 神道도 꺼리는 바이니, 軍人(광산노동자)이 비록 雇價를 받지만 散歸之日에 1區를 획급하여 私採토록 하되 3일째에 罷하여 기한을 넘길 수 없게 하며, 이 때 만일 그에게 장소를 택하게 하면 반드시 금이 많은 곳을 유념하여 사채를 기다릴 것이니 이를 염두에 두어야 한다"111)고 하고 있다. 따라서 일급의 임금 또는 식량 등 생활자료를 화폐로 지급받는 외에 礦床의 일부를 일정기간 동안 채굴토록 하여 거기서 얻는 소득을 차지하게 하는 임금형태로 되고 있다. 물론 굴토자, 부토자, 초군 등의 임금은 차등이 있을 것이다. 이러한 광산노동자의 고용형태는 완전히 자유로운 자본주의적 임노동 관계와는 큰 거리가 있지만 기본

---

108) 林炳勳, 앞의 글, 1981, 139~140쪽.
109) 『牧民心書』(완성본), 「山林」, 558쪽.
110) 위와 같음.
111) 『牧民心書』(초고본), 「山林」, 15쪽.

적으로 임노동의 성격을 갖는 것이다. 이는 당시 덕대제 광업경영에서 고용형태의 하나인 식량 등 생활자료를 지급하고 광상의 일부를 제공하는 형태에 비하여 식량 등 생활자료를 현물 대신 화폐로 지급하는 다소 진전된 임노동형태인 것이다.

이상에서와 같이 다산의 광업경영론은 당시 광업생산이 도달한 덕대제 광업경영의 발전수준을 바탕으로 하고 있다. 수공업에 있어 개별자본을 기초로 형성된 협업에서, 노동의 사회적 생산력의 증대가 이루어지는 것이 노동의 분업에 기초한 편제를 기점으로 발생된다는 면에서 매뉴팩처 단계를 규정하고 있다. 이런 점에 비추어 덕대제 광업경영형태는 초기 매뉴팩처 단계로 볼 수 있으며,112) 다산의 국영광업론은 개별자본 대신 국가자본에 의한 관영 매뉴팩처광업경영론에 해당하는 것으로 이해될 수 있다.

다) 광업생산기술의 향상

다산은 광업경영형태의 발전과 함께 광업생산기술의 개량을 통한 생산력의 향상을 추구하고 있다. 그는 주지하듯이 생산기술 일반에 대한 합리적 사고와 각별한 관심을 가지고 있어 낙후된 기술을 타개하여 기술발전을 통해 노동력과 생산경비를 절약하고 일을 손쉽게 성취시킨다고 하는 점을 확고히 하고 있었다. 「技藝論」은 바로 그에 따라 저술되고 있는 것이다. 그래서 기술낙후의 원인과 그 타개방안을 제시하고 있는데 북벌론적 사고방식과 정책을 지양하고 새로운 기술도입과 보급을 담당하는 利用監을 설치하여 北學의 기술을 수용하여 부국강병을 도모해야 한다는 것이다. 이에 따라 광업생산에 있어서도 이미 본 바와 같이 이용감을 통해 동제련법을 수용하도록 하고 중국의 석탄 견본을 들여와 석탄광맥의 감정에 이용하도록 하자는 제안을 하고 있다.

광업생산에 있어 기술발전이 곧 생산력을 높이는 첩경으로 생각하여 金護軍의 '篩金論'을 바탕으로 새로운 금광업경영론을 전개하는 가운데 생산기술의 개량발전을 통해 생산성의 증진을 도모하고 있다. 이에 따라 火淘

法과 광업생산도구의 개량을 제기하고 있다. 이것은 금광업을 중심으로 하여 제기하고 있지만 기타 은동광업에도 원용되어야 한다는 것이다. 이러한 광업생산기술의 개선방안은 사회적 독립분업으로서 광업생산의 발전을 위한 광업경영의 개혁으로서 관리경영기구, 생산조직, 노동조직의 효과적인 개편과도 유기적인 관련을 가지면서 전개되고 있다.

먼저 火淘之法의 내용을 살펴보자.

> 淘沙하여 금을 획득하는 체금방법이 비록 고금의 常法이기는 하나 따뜻한 계절이 아니면 물을 이용할 수가 없으니 妨農의 해가 오직 이것 때문이다. 점토는 응결되어 분해하기 어려워 시간을 많이 허비하고, 沙土는 분해는 쉽지만 또한 인력이 많이 필요하여 티끌 같은 금을 淘砂하기란 지극히 어렵다. 이러한 水淘에 비해 火淘法을 창안하여 이용하면 물 대신 불을 이용하고 여름을 겨울로 대신할 수 있으니 참으로 좋은 방법이다.[113]

그리하여 금생산을 입동 이후 춘분 이전까지의 농한기에 기한을 정함으로써 농사에도 방해되지 않고 생산력도 향상시킬 수 있는 방안으로 소개하고 있다. 그 화도지법의 공정은 다음과 같다.

> 火淘法 : 먼저 氷害형태와 같은 흙구덩이[土坎]를 파고, 헛간[廠屋] 수십간을 세워 아래에는 따뜻한 구들[煖炕] 놓는다. 100인이 掘土하고 50인이 져서 흙구덩이에 운반해 넣는다. 監務는 매일 수차례 그 흙을 한 짐씩 시험삼아 체[篩]질하여 금의 유무와 다과를 알아본다. 일체 노동자들[軍人輩]이 사사로이 다시 체질하지 못하게 한다. 흙구덩이에 흙이 다 채워지면 차례로 따뜻한 구들로 옮겨 건조시켜 습기를 없앤다. 곧 맷돌[碾石]로 세세하게 갈아 성근 체[疎篩]와 고운 체[密篩]의 두 가지로 체질하여 먼저 굵은 흙을 줍는다. 다음은 車芝法으로 체 아래의 흙을 제거하고 篩蹄之法으로 미세한 것을 거둬 들인다(차지법은 미상이나 사제법은 체의 테로 가는 것이 아닌가 여겨진다 : 원주). 마지막으로 木槽之法으로 갈은

---

113) 『牧民心書』(완성본), 「山林」, 558쪽.

가루를 취하면 마른 흙 속에 있는 금은 저절로 한 알의 누락도 없게 되고, 한 구덩이의 흙도 하루가 안 되어서 체질을 마칠 수가 있다. 일꾼들에게 는 다만 흙을 파게만 하고 금을 일지 못하게 하면 한 알의 금도 자연 유 실될 걱정이 없어질 것이다.[114]

이 화도법에서의 작업은 흙구덩이를 파고 따뜻한 온돌을 설치한 헛간 수십간을 세우는 생산시설을 하여 굴토하는 채굴공정, 운반, 건조-礦石으 로 가는 작업-체(篩)질(성근 체와 고운 체)-車芝法-篩蹄法-木槽之法 등 淘金공정을 거쳐 금을 생산한다. 이 화도법에 의한 작업공정에서 채굴 : 운반이 10 : 5의 비율로 편성하고, 도금공정은 별도로 분리하여 분업에 의한 협업을 통해 노동생산성을 높이려는 것이다. 이러한 화도지법의 기술 개량과 함께 금의 유실을 막아 정밀하게 도금함으로써 생산량을 증대시키 고자 하였다.

다음은 광업생산도구의 개량을 살펴보자. 금광업에서의 생산도구로

採金之器 一曰 尖鑱 方言 串光屎 二曰 漫鑱 廣刀者 三曰 鐵鍬 方言 加來 四曰 泥鍬 木鍬也 南方築堰者用之 五曰 尖鋪 六曰 竹畚 七曰 竹篩 方言櫜嚴 伊 八曰 驄篩 亦有游衡小車 使於連土 須先期豫辨[115]

하도록 하고 있다. 곡괭이, 날이 넓은 괭이, 가래, 나무가래, 곡삽, 대삼태기 등은 채굴 및 운반도구이고, 어랭이(성근 체), 말총체(고운 체) 등은 화도법 을 위한 도금도구이다. 운반에 편리한 游衡小車를 따로 준비하도록 하고 있음도 주목된다. 이외에 화도법에 소개되는 碾石, 木槽 등이 추가될 수 있다. 이상의 도구는 농기구의 수준을 크게 넘지 못하는 것으로 보이나, 작 업공정에 맞게 개량된 것으로 생각된다. 일반자료에서는 어랭이, 말총체, 유형소차 등은 당시 광업생산도구로 사용되고 있음을 볼 수 없어 새로이

---

114) 『牧民心書』(완성본), 「山林」, 558쪽. 火淘之法은 『五洲衍文長錢散稿』 五洲書種 博物攷辨, 金類 雜考條(고려간행회 영인본), 1082쪽에도 소개되고 있다.

115) 『牧民心書』(초고본), 「山林」, 15쪽.

개량한 도구들로 생각된다.

이상과 같은 새로운 화도법에 바탕한 금광업경영방식을 시행하면 생산
성이 크게 향상될 것임을 구체적으로 전망하고 있다. "100명의 1일 채굴량
을 미리 헤아릴 수는 없다 해도 이미 시험한 자의 말에 의하면 대략 7, 8냥
을 내려가지 않는다고 하니 이제 화도법을 이용하면 일이 더욱 편이하여
분명히 채굴하는대로 淘金하는 것보다 나을 것"이라 하여 생산기술과 경
영의 발전에 따른 생산성 향상은 물론이고, 나아가 設店收稅制 하의 '採金
之法은 許民亂採하여 逐名收稅하므로 금이 많이 유실되어 세입은 극히
적지만' 이제 火淘法에 의해 "定額給雇하여 私淘를 금하면 한 톨도 유시
되지 않아 관에 수입되는 금이 많게 된다"고 하여 중간유실을 방지하여 국
가재정수입을 증대시킬 수 있는 것으로 보았다.

> 本曹 稅納을 매 1務마다 本色金 200냥이 운송되리라 기대하면 八路의
> 所納은 당장 1,600냥이 되어 이 파급의 효과는 饒雇價와 饒料를 償辦하
> 기에 족하여 (임금 등이) 비록 만냥에 이른다 해도 부족하지 않으며 監務
> 者 역시 이익을 얻는 바가 있을 것이다. 이를 살피건대 감무배를 公家에
> 서 청렴하고 근실한 관리로 특별히 파견한다면 매년 수입은 그치지 않을
> 것이다.116)

고 한 것이 그것이다.

요컨대 火淘法의 생산방식을 채용한 금광업생산은 기술향상에 따른 생
산성의 향상뿐 아니라 경영의 합리화로 생산성을 높이고 나아가 종래 중
간관리와 광산업자에 의한 중간수탈을 배제할 수 있어 국가의 재정수입을
크게 증대시킬 수 있을 것으로 전망하고 있다. 이러한 광업경영과 생산기
술의 발전은 금광업에 관련하여 기술하고 있지만 은·동광업 등 광업의
발전에도 바탕이 되는 것이다.

(3) 제도운영개선방안으로서 목민관의 광업행정 지침

---

116) 『牧民心書』(초고본), 「山林」, 14쪽.

이상에서 살펴본 바와 같이 다산의 근본적인 목표는 국영광업개혁론에 있었지만 현실적으로 당장 개혁이 이루어지지 않는 가운데 광업문제를 해결하기 위한 차선의 방안으로 지방관 차원의 운영개선방안으로서 광업행정지침을 마련하여 『牧民心書』에 수록하고 있다. 국가에서 직접 채굴하지 않는 設店收稅制 하의 민영광업에서는 정부의 재정수입에는 도움이 되지 않고, 광산지대에 몰락한 농민이 모여들어 '소란'의 우려가 있고, 농촌에서는 고용노동력의 부족으로 농사에 방해되고, 상인은 물화를 운용할 수 없고, 농지가 날로 줄며, 자연이 파괴되어 장래의 광업생산을 위한 광산자원이 고갈되는 등 여러 가지 사회문제를 야기하고 있으므로 당장의 방책은 엄금하는 일 뿐이라고 인식했다. 중앙정부에서는 '방농', '소란' 등을 이유로 금령을 강화하는 광업억제정책을 견지하고 있으나 경외아문과 결탁하여 민영광업은 확대되고 있어 국가재정에도 도움이 되지 않고 민의 습속을 바로 잡아 민을 안정시킬 수 없으므로 그대로 방치할 수가 없다는 것이다.117) 이러한 실정에서 목민관 차원의 지방통치에서 위의 광업문제를 억제하기 위한 광업행정지침을 마련하고 있는 것이다. 그것은 현 체제의 『속대전』, 『경국대전』 등의 금령규정 하에서 광업행정의 운영 개선방안이라 할 수 있다.

금・은・동・철 등 舊來의 설점된 광산은 간악을 잘 살피고 새로이 광산을 개설하려는 것은 제련을 금지해야 하도록 하였다. 이것은 광업문제를 둘러싼 여러 사회문제 가운데 특히 '소란'에 대비하여 미연에 방지하려는 데 있었다. 그 자신 곡산부사 재임시 은점을 설점하고자 호조관문을 받아 計士를 데리고 온 것을 엄히 다스려 봉행하지 않았다. 금・은점은 매달 그 고을 관아에 세를 납부하는 관례가 있어 이 작은 이익 때문에 큰 난리를 초래하는 것은 목민관이 할 짓이 아니라는 것이다. 그러나 농본억말적인 입장에서의 광업억제금지 정책은 사회적 독립분업론에서 비판하고 있다. 본에 힘쓴다는 이유로 다른 여러 가지 힘써야 할 일을 폐지할 필요는 없고, 단지 奸民의 사채를 엄금하고 호조에서 관원을 파견하여 채굴함으로써 폐

---

117) 『牧民心書』(완성본), 「山林」, 557~558쪽.

단을 없앨 수 있다는 것이다. 그러므로 구래의 설점된 광산은 깨끗하게 봉공하여 세공 이외 나머지는 요역에 대신하고 군정의 궐액에 충당하게 하도록 하며, 이러한 공익을 위해 청렴하고 근실한 아전을 택하여 광업행정을 담당케 하고 있다.118) 이렇게 아전의 중간 수탈을 막고 지방재정의 충당에 도움이 되도록 광업행정의 운영을 개선함으로써 '召亂'의 근원도 방지하려는 것이었다. 이를 위해 채금방법에 새로운 방법이 있으니 만일 조정의 명령이 있으면 시험하여 시행하여도 무방할 것이라 하여 소개하고 있다. 그것은 앞에서 살펴본 금호군의 '사금론'을 바탕으로 한 금광업경영론으로서 일정한 단서를 붙여 지방관 차원에서 시행가능한 것은 시행하도록 하고 있다. 그의 국영광업개혁론의 단계론적 실천구상이라 할 것이다.

4. 맺음말

다산의 사회개혁사상의 발전과정 및 사회개혁론 체계를 농업개혁론을 중심으로 생산의 사회화, 사회적 독립분업론 등에 주목하면서 유배시기를 획기로 크게 전기와 후기로, 다시 전기를 「田論」을 획기로 나누어 각 단계에 따라 살펴 보았다. 이러한 사회개혁사상의 발전과정과 사회개혁론이 체계화되는 가운데 광업론도 진전되어 가고 있었지만 완성된 독립체계로서가 아니라 각 단계의 사회개혁론 속에 단편적으로 남아 있는 자료를 재구성하여 사회개혁 사상의 성장 발전단계와 사회개혁론 체계에 따라 광업개혁론 구상의 전개과정과 그 성격의 대략을 살펴 보았다.

먼저 전기의 「農策」, 「應旨論農政疏」 단계에 초기 국영광업정책의 단서가 마련되었다. 이 단계 농업론은 시무를 통한 현실제도의 운영개선의 일을 처리하면서 농정문제를 다각적으로 개선하려는 것으로 토지개혁 등 근본적인 사회개혁, 농업생산의 사회화 문제에 주목하지 못하였으며 상공업관에 있어서도 농본주의적 경향이 잔존해 있었다. 이 「農政疏」에서 이전

---

118) 『牧民心書』(완성본), 「山林」, 558쪽.

의 「地理策」에 표현된 부분적인 운영개선을 요구하는 미숙한 광업관에서
벗어나 國營鑛業政策論의 단서가 마련되었다. 設店收稅制 하의 민영광업
을 엄금하고 국영광업정책을 시행함으로써 국가재정을 확대하고 금·은유
출로 인한 국가경제의 손실을 막고자 하였다. 그러나 농본주의적인 중농정
책의 일환으로 제기되어 광업을 독립된 분업으로 발전시키려는 데에는 이
르지 못하였다.

　다음은 「田論」이후 「原政」, 「原牧」 등을 통해 일단의 사회개혁사상의
진전과 더불어 균민통치 등의 사회개혁의 기본이념이 확립되어 가고 있었
다. 그러나 이 저작들은 상호 유기적인 관련 속에서 사회 전반에 걸친 사
회개혁론의 체계화는 이루어지지 못하였다. 「田論」은 토지국유원칙의 토
지개혁론인 동시에 공동농장·협동농장적 경영론으로 농업체제개혁론이
다. 여기서 농업생산의 사회화 문제와 연결하여 상공업을 독립된 사회분업
으로 발전시키고자 하여 농본억말적 사민관에서 벗어나 직업의 평등화를
지향하여 사회구성에 대한 인식의 진전이 주목된다. 그러나 이에 바탕한
광업론은 마련되지 않았다.

　유배 이후 후기단계에 독자적인 경학체계의 확립과 이에 바탕한 '一表
二書'를 중심하여 사회 전반에 걸친 사회개혁론의 체계화가 결실을 맺는
가운데 진전된 국영광업정책 및 광업경영론을 구상할 수 있었다.

　경학사상체계에 바탕하여 상호 유기적인 관련을 가지면서 체계화된 경
세사상의 표현인 '1表 2書'는 이 시기에 공존하고 있던 「田論」, 「湯論」 등
과 더불어 궁극적으로는 근본적인 체제개혁을 지향하는 기본이념은 공통
하지만 그 구체적 실현방법은 단계론적 시행론으로 파악할 수 있다. 밑으
로부터의 급진적이고 근본적인 체제개혁방안은 전 사회개혁론으로 체계화
되지 않았다. 따라서 다산의 사회개혁론 체계의 중심은 위로부터의 보다
실현 가능한 점진적인 방법에 의한 체제개혁론으로서 『經世遺表』와, 현
체제 하에서 실현 가능한 향촌통치제도의 합리적인 운영개선방안으로서의
『牧民心書』이다. 『經世遺表』의 「田制」는 토지국유하 농민의 개별적 점유
를 원칙으로 하는 이상적인 토지제도로서의 '井田制'論과 현실의 법을 통

해 실현 가능한 租稅論的 농업개혁론으로서 '정전제'에서의 '九一稅法援用論'으로 구성되고 있다. 이 '정전제'를 비롯한 『經世遺表』, 『牧民心書』 단계에서의 사회적 독립분업론은 더욱 진전되어 九職을 독립된 직업의 하나로 명확히 하는 직업분화와 분화된 직업의 전문화를 강조하여 社會的 獨立分業論의 차원에서 상공업의 균형발전론을 전개하고 있다.

이러한 사회개혁사상의 진전을 바탕으로 사회개혁론이 체계화되는 가운데 새로운 國營鑛業政策 및 鑛業經營論이 구상되고 있었다. 이 광업론은 『經世遺表』 차원의 중앙정부 주도의 근본적인 개혁방안으로서 국영광업정책 및 국영광업론과 현 체제하 지방관의 차원에서 광업제도의 운영개선방안으로서의 광업행정 지침이 구상되고 있어 역시 단계론적 실천방안으로 되고 있었다. 조선후기 농본억말정책의 테두리 안에서이지만 국가재정의 요구에 의해 設店收稅制의 광업정책이 실시된 후 유통경제의 발전, 무역의 확대 등에 의한 사회적 수요의 증대로 상업자본의 광산투자와 농민층 분화과정에서 창출된 광산노동자가 결합하여 광업생산의 확대와 광업경영의 발전이 이루어지고 있었다. 그리하여 금광업에서는 18세기 말 초기 매뉴팩처의 단계에 도달한 德大制 광업경영이 형성되고 있었다. 이와 함께 광업문제를 둘러싼 여러 사회문제가 야기되고 있었다. 봉건적인 재부론·상공업관에 바탕하여 농본억말정책을 견지하고 중국 중심의 질서 속에서 책공을 우려하여 금·은의 대량유출을 꺼리면서도 국가재정수요 때문에 소극적인 광업정책을 전개해 갔던 정부지배층은 광산지대에서의 '召亂' 문제, 농촌질서파괴와 농촌노동력 부족 등의 '妨農'문제 등 사회문제가 심화되자 봉건질서의 유지를 위해 금령을 강화하여 갔다. 이러한 봉건적인 제규제에 의해 성장해 가던 광업경영은 성장이 억제되고 있었다.

다산은 당시의 광업실정과 사회적 모순을 정확히 인식하여 봉건정부의 보수적인 財賦論, 농본억말적 상공업관에 바탕한 광업억제정책의 근거를 철저히 비판하고 있다. 생산인구를 증가시켜 생산력을 향상시켜 사회적 부를 축적하려는 적극적 生財論 및 재부론과 직업의 분화 및 직업의 전문화를 강조하는 獨立的 社會分業論에 서서 광업생산을 발전시켜 국가재정·

국가경제의 향상을 도모하면서 사회적 제 모순을 근본적으로 해결하려는 진보적인 광업 개혁론을 구상하고 있었다. 실로 기본적인 광업문제는 現設店收稅制에서 人額을 기준하는 鑛稅制度의 근본적 모순에 있다고 파악했다. 광세 징세청부업자는 중간수탈의 증대를 위해 광산인구를 통제하지 않아 광산인구의 급증으로 '召亂'문제와 농업노동력의 부족 등 '妨農'문제의 원인이 된다고 파악했다. 이에 대한 금령의 강화는 광산업자를 몰락하게 하여 민의 안정을 저해함은 물론 국가재정 수입의 감소를 초래한다. 광세는 토지와 달리 1/10세 원칙의 적용이 곤란하므로 국가가 직접 광업생산을 경영하여 국가재정의 향상을 도모하고 광산지대의 비생산인구를 엄격히 통제함으로써 이러한 사회문제가 해결될 수 있다는 것이다. 그리고 생산되는 금·은을 중국에 유출하여 비단 등 사치품을 수입하는 불평등 무역에 의한 국가경제의 막대한 손실이 문제가 된다. 이는 단순히 금유출의 금령만으로 해결될 수 없고 금·은·동전의 유통확대와 고금가정책, 비단 등 수공업발전을 통해 근본적으로 해결하여야 한다는 것이다.

한편 근본적 광업개혁으로서 국영광업정책이 시행되기까지 지방관 차원의 운영개선방안으로서 광업행정지침을 마련하고 있다. 그것은 이미 설정되어 있는 광산은 엄격하게 통제하고 중간수탈을 제거하며, 가능하면 새로운 광업경영론을 시행해 보는 광업행정의 운영을 개선하는 한편, 후일 국영광업생산을 위한 자원의 보존과 사회문제를 미리 막기 위하여 새로운 광산의 신설은 엄금하도록 하고 있다.

國營鑛業의 管理經營論을 금광업을 중심으로 전개하고 있는데 은연동철도 같은 이치로 원용토록 하고 있다. 먼저 국영광업을 관장하는 중앙기구로서 地官戶曹 敎官之屬으로 司鑛署를 설치하여 광산지의 관장과 광산에 자본을 출자하여 경영하며 利用監과 협조하여 광업기술향상도 지원토록 하고 있다. 해마다 각도에 광산을 개발하여 國營鑛業所인 '務'를 설치하여 중앙에서 파견한 監務官과 그 지방에서 가차한 監官에 幹事人 수명을 고용하여 직접적인 관리경영기구를 구성한다.

광업생산조직은 1務에 채광노동자[堀土者] 100명과 운반노동자(負土者)

50명의 규모로 고용하여, 채광노동자 10명과 운반노동자 5명의 15명 마다 監督 1명과 사환 1명을 두어 하나의 기본적인 勞動組織으로 편성한다. 이외 火淘法의 운용에 필요한 연료조달을 위한 노동자[樵軍]를 10여 명 고용한다. 따라서 1무에는 180여 명의 노동자로 구성되고, 10개조의 노동조직으로 편성된다. 이 광산노동자의 고용은 양질의 노동력을 선발하고 정원 외의 비생산자는 엄격히 통제하여야 한다.

1인의 감독, 광업기술자와 15명의 광산노동자로 편성된 노동조직은 당시의 德大制 鑛業經營의 노동조직에 바탕한 것으로 작업공정에서 분업을 행하는 노동자간에 합리적 비례에 의해 편재되어 分業에 기초한 協業이 이루어지고 있었다.

監督은 광업기술자로 고용되고 있어 덕대제 광업경영에서 德大가 광업기술자인 동시에 경영자인 것과 대비된다. 국영광업경영이 이루어지는 경우 덕대가 국영광업소에 광산기술자로 고용 흡수될 것으로 예견된다. 광산노동자의 고용형태는 일급의 임금 또는 식량 등 생활자료를 화폐로 지급받는 외에 礦床의 일부를 일정기간 채굴하여 소득케 하는 것으로 기본적으로 賃勞動의 성격을 띠는 것이다.

이러한 다산의 광업경영론은 당시 초기 매뉴팩처 단계에 도달한 덕대제 광업경영을 바탕으로 하고 있으며 다산의 국영광업경영론은 개별자본 대신 국가자본의 투자에 의한 관영 매뉴팩처 광업경영론에 해당하는 것이라 하겠다.

광업생산기술의 개선을 통한 생산력의 향상을 추구하고 있는데 새로운 금도금방식인 火淘法의 이용을 강조하고, 생산도구의 개량 등을 제안하고 있다. 특히 화도법은 생산기술의 향상은 물론 새로운 광업경영 및 생산조직의 편성의 바탕이 되고 있다. 또 생산시기를 농한기로 조정할 수 있어 방농의 폐단을 방지할 수 있고, 중간수탈을 배제하여 국가재정수입이 크게 증대될 것으로 전망하고 있다.

(『東方學志』 55·56·57합집, 1987. 6)

朝鮮後期 實學者의 貨幣經濟思想
發展에 대한 一考察
-燕岩과 瓛齋의 貨幣經濟論 비교검토-

元 裕 漢

1. 머리말

일찍부터 朝鮮後期 實學者의 화폐경제사상 내지 그 시대의 화폐경제사상 발전을 이해하기 위한 연구작업의 일부로서, 선후배 실학자들의 화폐경제론을 비교 고찰해 왔다. 그리고 開化思想家의 화폐경제사상으로 계승 발전하는, 조선후기 실학자의 화폐경제사상발전에 대한 역사적 인식을 위해 초기 개화사상가 矩堂 兪吉濬(1856~1914)의 화폐경제론을 살펴보았다.[1] 이 논문에서는 이상과 동일한 문제의식에서, 실학자 燕岩 朴趾源(1737~1805)의 화폐경제론과 그의 손자이며, 흔히 개화사상의 선구로 알려진 瓛齋 朴珪壽(1807~1877)의 화폐경제론을 비교 고찰하고자 한다.

연암과 환재의 화폐경제론을 살펴보면, 조부와 손자 모두 中國銅錢의

---

1) 元裕漢, 「矩堂 兪吉濬의 貨幣經濟論」, 『尹炳奭敎授華甲紀念 韓國近代史論叢』, 지식산업사, 1990.

국내통용을 반대하였다. 그리하여, 이 논문에서는 연암과 환재의 화폐경제
론을, 중국동전 통용반대론에 초점을 맞춰 간략히 비교 고찰하고자 한다.
이 같은 작업을 통해 연암과 瓛齋의 화폐경제론이 開化期로 계승 발전하
는 실학자의 화폐경제사상 발전과정에서 점하는 역사적 위치를 이해하게
될 것이다. 그리고, 실학자의 화폐경제사상 내지 실학사상의 근대지향적
성격과 조선후기 화폐경제사상발전의 일면을 역사적으로 평가, 인식하는
데도 도움이 될 것이다.

2. 燕岩의 화폐경제론

燕岩은 安義縣監 재직 중 1792년(정조 16)에 中國銅錢 유통반대론을 포
함한 그의 화폐경제론을 작성하여 右議政 金履素(1735~1789)에게 보냈
다. 연암의 화폐경제론 중에 구상 제시된 중국동전 유통반대론을 보다 본
질적으로 이해하기 위해서는 먼저 그 역사적 배경을 살펴 볼 필요가 있다.
  역사적으로 볼 때, 古代 이래 한국의 화폐경제는 보다 앞선 중국과 직접
·간접적 접촉을 가지며 발전하였다. 그러니까, 우리 민족이 일찍부터 화
폐제도를 실시하게 된 중요한 동기가 중국의 영향에 있고, 역사상 거듭 실
시하고자 한 화폐제도가 중국의 제도에 근거했으며, 화폐주조기술 역시 중
국으로부터 도입, 활용했던 것이다. 뿐만 아니라 한국 역사상 古代 이래의
역대 왕조는 종종 중국의 각종 화폐를 직접 국내에 사용한 사례가 있다.
이 같은 중국의 영향은 정도의 차이가 있을 뿐, 조선후기 화폐유통정책의
추진과정에서도 찾아 볼 수 있다. 燕岩의 화폐경제론에 포함된 중국동전
유통반대론이 형성된 역사적 배경을 이해하기 위해 조선후기 화폐유통정
책 추진과정에서 받은 중국의 영향이 어떠한 것인지, 그 대강을 살펴볼 필
요가 있다.
  1598년(선조 31) 倭亂에 참전한 明將 楊鎬는 明의 萬曆通寶를 주조 유
통할 것을 조선정부에 건의했고, 이 사실은 조정에서 銅錢의 주조유통문제
를 심각히 논의하게 된 직접적 동기가 되었다. 또한 椵島에 入據한 명장

毛文龍이 조선정부에 끼친 재정적 부담은 1625년(인조 3)에 동전의 주조 유통을 결정하게 된 간접적 동기가 되었다. 한편, 조선정부가 중국에 보낸 定例 및 別使行에 따라간 大·小 관료들이 화폐가 원활히 유통되는 중국에서 얻은 견문과 체험은 정부당로자들의 화폐유통의욕을 증대시켰다. 그 대표적 사례로서, 17세기 50년대의 국가 화폐정책운용을 주도한 潛谷 金堉 (1580~1658)의 경우를 들 수 있다. 그는 여러 차례 중국에 使行하여 화폐가 원활히 유통되는 것을 견문 체험하고 귀국한 후, 인조에게 동전의 시험적 유통을 건의하였다. 그리고 1650년(효종 1) 使行次 중국에 갔다 오는 길에 중국동전 1500兩을 수입하여 중국과의 교역통로이며 접경지대이기 때문에 화폐유통이 비교적 쉬울 것으로 생각한 安州·平壤 등지에 시험적으로 유통하였다. 그 이듬해에 수천석의 餉穀을 내어 중국 동전을 수입하기로 결정했는데, 당시 銀 1兩으로 중국동전 813文(分)을 수입할 수 있었던 것으로 보인다. 그 당시 중국동전의 수입은 공식적 절차를 통해 이루어진 것이 아니고, 潛貿易으로 시도되었다. 잠곡에 의해 적극 주도된 孝宗朝의 화폐유통정책은 중단되고 20년이 지난 1675년(숙종 1)에 중국과의 공식거래를 통해 동전을 수입하여 법화로 사용하려 했다. 즉, 조선정부는 1678년(숙종 4)에 銅錢[常平通寶]를 주조 유통하기 3년 전에 중국에 관리를 보내 동전수입을 恒例化해 줄 것을 요구하였다. 이 같은 중국동전 수입시도는 동전의 국외유출이 엄금되어 있다는 이유를 들어 중국이 거부하였기 때문에 실현되지 못하였다.[2]

조선후기에 들어와 추진한 중국동전 수입유통시도는 17세기 초부터 名目貨幣[鑄貨]의 유통을 필요로 하는 사회경제적 발전에 대응하는 한편, 국가경제 재건책의 일환으로 동전을 법화로 유통 보급하기 위해 화폐정책을 적극 추진한 시기에 있던 일이다. 이처럼 중국동전의 수입유통을 시도한 직접적이며 중요한 동기는 米·布 등 물품화폐 및 秤量銀貨 유통체계를 극복하고 名目貨幣를 유통 보급하는데 필요한 화폐를 가장 적은 비용으로 확보하려는 데 있다. 중국에서 폐기된 동전을 地銅價로 값싸게 수입할 수

---

2) 元裕漢, 「李朝後期 淸錢의 輸入流通에 대하여」, 『史學硏究』 21, 1967.

있었기 때문이다. 그러나, 중국동전 수입시도는 조선정부가 동전을 시험적
으로 유통 보급하는, 화폐유통 보급 초기에 취해진 임시방편적 조치였다.[3]

조선정부는 1678년(숙종 4) 동전[상평통보]을 법화로 주조 유통하게 되
고, 그 이후 동전은 점차 널리 유통 보급되어 17세기 90년대 말에는 국가
의 유일한 법화로서 유통기반을 이룩하였다. 동전의 유통 보급으로 화폐경
제가 확대 발전하는 과정에서 錢荒, 즉 화폐유통량 부족현상이 일반 유통
계에 일어났다. 그리하여, 朴文秀(1691~1756)는 1742년(영조 18)에 심각한
사회경제적 모순과 폐단의 원인이 된 전황을 해소 극복하기 위해 중국동
전의 수입유통을 제의하였다. 그는 동전원료의 공급난이 주요 원인이 된
전황을 극복하는 한 가지 방안으로 중국동전의 수입유통을 제의하였다. 그
러나, 박문수의 제의는 당시 영의정 金在魯(1682~1759) 등의 반대로 실현
될 수 없었다. 김재로 등은 반대 이유로서 중국동전을 수입하여 화폐원료
로 사용하면 潛商이나 다를 것이 없고, 동전[상평통보]과 법화로 倂用하면
어리석은 백성이 서로 분간을 할 수 없을 것이라는 점을 지적하였다. 또한,
만약 동전[상평통보]의 유통을 금지하고 중국동전만을 사용하면 貨幣權이
중국으로 넘어가게 되어 처음에는 중국동전이 유통될 수 있어도 나중에는
반드시 폐단이 생기게 될 것이라 하였다.[4] 중국동전을 국내에서 법화로 사
용하면, 국가 화폐권의 자주독립성이 훼손되리라는 일부 정부당로자들의
현실인식태도는 그 당시 실학자를 비롯한 지식계층의 역사의식 내지 문화
의식에 농도 짙게 깔려 있는 민족의식의 표출로 볼 수도 있을 것이다.

그 이후에도 일반 유통계에 錢荒은 계속되었고, 거의 만성화된 전황을
기화로 하여 安州 등 국경지방의 상인들이 높은 이익을 취하기 위해 불법
적으로 중국동전을 수입유통한 사건이 종종 일어났다. 그러나 조선정부가
정책적으로 중국동전의 수입유통을 결정하게 된 것은 앞서 박문수가 중국
동전 수입유통을 제의했던 1742년(영조 18)으로부터 50년이 지난 뒤의 일
이다. 즉, 조선정부는 1792년(정조 16)에 공식절차에 의해 使行을 따라 가

---

3) 원유한, 위의 글, 1967.
4) 『英祖實錄』 卷55, 英祖 18년 5월 壬子 ; 『英祖實錄』 卷55, 英祖 18년 6月 辛卯
  참조.

는 譯官들로 하여금 중국동전을 수입해오도록 하였다. 대체로 중국과의 관계가 안정된 이후 중국에 파견된 사행을 따라가는 역관 중 堂上官은 包銀 3,000兩, 堂下官은 2,000냥을 가지고 가서 중국상품을 수입해오는 것이 관례화되었다. 그러나, 조선정부가 1747년(영조 23)에 赴燕交易을 허락하지 않음으로써 종래 東萊에 와서 중국상품을 무역하던 日本상인들은 長崎에서 직접 중국상인들과 교역을 하였다. 이로써 일본상인들을 통해 국내에 수입되던 銀의 수량이 격감되어 역관들은 包銀을 마련하기 어려웠다. 역관들 중에 포은을 마련하기 어려워 중국상품의 수입을 통해 이익을 취할 수 없게 되자 世業을 버리고 다른 생업을 택하는 자가 많았다. 이에 정부당국은 파격적으로 높은 이익을 취할 수 있는 중국동전의 수입을 역관들에게 허용함으로써 직접적으로 그들의 生計를 돕고, 궁극적으로 일반 유통계에 만연된 전황을 해소 극복하려 하였다. 그리고, 司譯院으로 하여금「貿易節目」을 작성 제출케 하는 동시에 중국에 咨文을 보내 동전수입을 요청하였다. 그러나, 1792년(정조 16) 조선정부가 결정한 중국동전 수입시도는 1675년(숙종 1)의 경우가 그러했던 것처럼 중국의 거부로 실현되지 못하였다.[5]

燕岩은 바로 이처럼 조선정부가 1792년에 역관을 통해 중국동전을 수입하여 법화로 사용하기로 결정했다는 사실을 전해 듣고, 그 불합리성 내지 비실제성을 지적 비판하면서 자신의 중국동전 유통반대론 내지 화폐경제론을 구상 제시하였다. 그러면, 당시 연암이 구상 제시한 중국동전 유통반대론을 포함한 그의 화폐경제론의 내용은 과연 어떠한 것인가?

연암은 1786년(정조 10) 50세의 늦은 나이에 繕工監 監役이 되고, 1789년에는 司僕寺 主簿로 승진하였다. 1791년 漢城府 判官이 되고, 1792년(정조 16) 安義縣監 재임 중에 자신의 화폐경제론을 別紙에 작성하여 우의정에 임명된 친지 金履素의 영전을 축하하는 편지와 함께 보냈다.[6] 그가 김이소에게 자신의 화폐경제론을 작성해 보냈던 것은, 당시 조정에서 중요한

---

5) 元裕漢, 앞의 글, 1967.
6)『燕岩集』卷2, 賀金右相履素書, 別紙(慶熙出版社 影印, 1966 이하 같음).

정책적 과제로 심각히 제기, 논의한 화폐정책에 관한 견해와 주장을, 우의
정을 통해 국가 화폐정책운용에 반영해보자는 데, 중요한 동기가 있는 것
으로 짐작된다.

연암의 중국동전 유통반대론의 서두를 보면, 중국동전 수입유통조치의
불합리성 내지 부당성을 다음과 같이 지적 비판하였다.

> 요사이 들으니 국내에 장차 唐錢(中國銅錢)을 함께 사용하여 錢荒을
> 救하고자 冬至使편부터 唐錢의 貿來를 허락했다 하니, 이는 잘못된 計策
> 이다.[7]

燕岩은 銀을 가지고 중국동전을 수입할 경우, 모든 소요 경비를 제하고
도 5~6배의 높은 이익을 취할 수 있다는 사실을 알았다. 이와 같은 점은
다음의 기록을 통해 알 수 있다.

> 중국의 山海關 밖에서는 紋銀 1兩으로 銅錢 7鈔와 바꿀 수 있는데, 1鈔
> 는 銅錢 163文으로된 銅錢 꿰미를 말한다. 만약 우리나라 常平通寶로써
> 표준해 보면 銀 1兩으로 대략 11兩4錢1分(文)이나 되는 많은 銅錢을 바
> 꿀 수 있어서 10배의 이득을 취할 수 있다. 雇車·雇馬價를 제하더라도
> 오히려 5~6배의 이익을 취할 수 있다.[8]

연암이 중국동전을 수입하면 높은 이익을 취할 수 있다는 사실을 알면
서도 수입유통을 반대하게 된 동기는 어디 있는가? 우선 연암은 農事의
大凶과 같은 錢荒이 일반 유통계에 일어날 수 없다고 생각하였다. 이 같은
전황 부정의 논리로써 전황 해소 극복을 궁극적 목표로 결정한 중국동전
의 유통을 반대하는 자기 주장을 정당화하였다. 그는, 당시 일반 유통계에
나타난 모순과 폐단은 전황 때문이 아니고, 화폐유통질서 내지 화폐유통구
조의 문란에 기인한다고 생각하였다. 이러한 그의 주장은 다음의 기록을

---

7)『燕岩集』卷2, 賀金右相履素書, 別紙.
8) 위와 같음.

통해 알 수 있다.

銅錢에는 風霜水旱과 같은 災害가 있는 것이 아닌데, 어찌 年穀의 大
凶처럼 荒이라 할 수 있겠는가? 錢荒이라고 하는 것은 銅錢유통이 亂雜
하여 비교해 말하자면 雜草를 제거하지 않은 것과 같은 것이다.9)

연암은 譯官을 통해 중국동전을 수입유통하려는 시도는 눈앞의 작은 이
익에 급급하여 먼 훗날의 큰 폐단을 간과하는 것으로서 일시 방편적이고
미봉적 성격을 띤 정책결정으로 보았다. 이 같은 그의 주장은 다음의 기록
을 통해 알 수 있다.

저 譯官들은 다만 눈앞의 이익만 알고 먼 장래를 생각하는 계책을 몰라
서 수십년 동안 밤낮으로 원하는 것이 오직 唐錢을 통용하는 것이었다.
이 어찌 화살을 따라 표적을 세우고, 발은 물에 빠져 있는대로 두고서 凍
傷을 막으려함과 무엇이 다르겠는가?10)

그리고, 연암은 당시의 일반 유통계 현황을 보면, 화폐가치가 하락하여
모든 물가가 등귀하는데 外國의 惡貨를 사들여 自國의 화폐유통질서를 문
란하게 하는 것은 잘못된 일이라고, 그 모순성을 다음과 같이 지적 비판하
였다.

국내의 錢幣(銅錢)가 輕해져서 오히려 百物을 騰貴시키고 있는데, 어찌
外國의 濫惡한 화폐를 사들여 자기 나라의 錢貨(銅錢)를 스스로 더욱 亂
雜하게 만드는가?11)

뿐만 아니라 연암은 生産財요 자본재인 銀을 가지고 惡貨인 중국동전을
수입하면 다량의 은이 國外로 유출되어 크나큰 경제적 손실을 보게 된다

---

9) 『燕岩集』 卷2, 賀金右相履素書, 別紙.
10) 위와 같음.
11) 위와 같음.

는 이유로 중국동전의 수입유통을 반대하였다. 이러한 연암의 주장은 다음의 기록을 통해 알 수 있다.

> 正朝使·冬至使·賚曆官·賚咨官이 가지고 있는 包銀은 10만 냥이 못 되지 않을 것이다. 10년간을 통계하면 이미 100만 냥이나 되는 것인데, 바꾸어 가지고 돌아오는 것은 다만 毳帽뿐이다. 천년을 두어도 부서지지 않는 것을 가지고 가서 삼동이면 떨어져 버리는 것과 바꾸어오고, 산에서 채굴하는 유한한 財貨를 한 번 가면 돌아오지 않는 곳에 싣고 가니 천하의 졸렬한 계책치고는 이보다 심한 것은 없다. …… 毳帽는 오히려 인민들이 추위를 막는 것이지만, 오히려 銀으로 바꾸어 오는 것이 옳지 않다고 하는데, 하물며 역관들의 일시 작은 이익을 위해 8道에서 생산되는 銀을 몰아서 燕市로 한없이 새어나가게 만들 것인가? 그 이해득실은 환하게 알기 쉬운 것이어서 지혜로운 자가 아니라도 명백히 알 수 있을 것이다.12)

燕岩은 이처럼 譯官을 통해 중국동전을 수입유통하기로 결정한 정부당국의 조치를 반대하는 동시에, 다음과 같이 銅錢 유통계를 정비하고 은의 중국유출을 막을 수 있는 방법이 무엇인가를 自問하였다. "오늘날의 대책은 錢路를 맑게 하고 銀貨가 북쪽으로 흘러들어가는 문을 닫아버리는 것만 못하다. 어떻게 하면 진로를 맑게 할 수 있겠는가?"13) 그는 이 같은 自問에 대한 自答으로서 "바꾸어 올 중국동전은 국내에 들여오지 못하게 하고 義州에 보관했다가 뒷날 使行의 여비로 사용케 한다"14)고 하였다. 그리고 연암은 앞에서 보았듯이 錢荒의 발생을 인정하려 하지 않으면서도, 사실상 전황의 해소 극복방안이 되는 동전 유통계를 정비하는 방안으로서, 다음 두 가지 화폐제도 개혁론을 구상 제시하였다.

먼저 연암은 當一錢[常平通寶]과 當二錢[常平通寶]을 倂用하는 화폐제도 개혁론을 제시하였다. 그 당시 일반 유통계에서 유일한 법화로 사용되

---

12) 『燕岩集』 卷2, 賀金右相履素書, 別紙.
13) 위와 같음.
14) 위와 같음.

는 銅錢[당일전, 또는 상평통보] 중 체재가 크고 품질이 양호한 것은 액면 가치를 당이전으로 高額化하고, 반면 체재가 작고 품질이 불량한 것은 종래처럼 당일전으로 하여, 액면가치가 서로 다른 당일전과 당이전을 병용하는 방안을 구상 제시하였던 것이다. 이로써 화폐품질의 惡貨를 막고 실질적으로 다량의 동전을 주조한 효과를 얻어 동전 유통계를 정비, 전황을 해소 극복할 수 있다고 하였다.15) 또한 연암은 정부당국이 국내 생산의 은을 地銀형태의 칭량은화로 사용할 것이 아니라 일정하게 체재와 품질을 규격화한, 보다 개량된 칭량은화를 주조하여 동전과 함께 법화로 사용하는 화폐제도 개혁론을 구상 제시하였다. 그는 정부당국이 국내의 민간 소유 은을 환수하여 5兩·10兩짜리 칭량은화를 天馬·朱雁 형태로 주조하여 동전과 함께 법화로 사용하게 함으로써 은의 중국유출을 방지하는 동시에 궁극적으로는 전황을 해소 극복하자는 것이다.16) 전황을 해소 극복하기 위한 한 방안으로서 체재와 품질 등을 일정하게 규격화한 칭량은화를 주조하여 동전과 함께 유통하자고 한 그의 주장은 정부당로자에 의해 제기 논의된 일도 있다.17) 이같이 燕岩은 궁극적으로 錢荒에 대응해 시도한 중국동전 수입조치를 반대하는 논리적 근거로 전황 발생 자체를 부정하고 銅錢 유통계를 정비해야만 한다고 주장했지만, 그가 동전 유통계를 정비한다는 목적으로 구상 제시한 화폐제도 개혁론은 錢荒의 해소극복방안과 일치하는 등 자기 논리의 모순을 나타내고 있다.

연암처럼 조선정부가 1792년(정조 16)에 결정한 중국동전 수입조치를 반대한 대표적 인물로 耳溪 洪良浩(1724~1802)가 있다. 그 당시 평안도 관찰사 이계는 만약 중국동전을 수입유통할 경우, 국가 화폐권의 독립성을 잃게 되고, 중국이 우리나라가 국가재정 보완을 목적으로 동전을 수입하려고 한다는 사실을 알게 되면 나라의 빈약함을 그들에게 엿보이는 셈이 된다고 하였다. 또한 그들이 우리나라가 중국동전을 헐값으로 수입하려고 한

---

15) 元裕漢, 「燕岩 朴趾源의 社會經濟思想에 대한 考察 - 그의 貨幣思想을 중심으로」, 『弘大論叢』 10, 1978.
16) 元裕漢, 위의 글.
17) 『英祖實錄』 卷55, 英祖 18년 6월 癸卯.

다는 것을 알면, 가격을 조작하여 수입 이익이 없게 될 것이고, 눈앞의 많은 이익을 탐하는 변경지대의 민중이 銀·蔘·紬·布 등을 가지고 다투어 중국동전을 수입하면, 국내의 財貨가 다량 유출되어 민중생활의 궁핍과 국가재정의 손실을 가져오게 될 것이라고 하였다. 이계는 위와 같은 모순과 폐단이 뒤따르는 중국동전 수입유통은 다만 譯官들의 '充包之利', 즉 무역의 이익을 위해 단행해서는 안 된다는 점을 강조하면서, 정부당국이 결정한 중국동전 수입조치를 반대하는 상소를 올렸다.18) 그는 중국과의 국경을 접한 평안도의 관찰사로서 공·사무역거래에 따르는 모순과 폐단을 남달리 절실하게 느낄 수 있기 때문에, 중국동전의 수입유통을 적극 반대하게 되었던 것으로 짐작된다.

그러나, 연암이나 이계 등과는 달리, 대표적 北學論者인 貞蕤 朴齊家(1750~1805)는 오히려 국내에서 동전을 주조 유통하기보다는 그 비용으로써 중국동전을 직접 수입유통할 것을 주장하였다. 이 같은 그의 주장은 다음 기록을 통해 알 수 있다.

> 中國 乾隆시대에 만든 銅錢은 비로 康熙연대에 만든 것보다 못하나 두껍고 윤기가 있으며 크기가 일정하다. 우리나라에서 주조한 銅錢은 크기가 일정하지 못하고 또 朱錫을 많이 섞어서 銅錢의 체재가 엉성하고 거칠며 약해서 잘못하면 꺾어질 정도이다. 우리나라 銅錢에 대한 정책으로서는 현재 銅錢이 많으니 만큼 더 주조하지 말 것이며, 그 다음으로는 본을 同一하게 뜨고 질은 반드시 정밀하게 할 것이다. 그리고 銅錢을 주조하는데 드는 비용을 移出하여 중국동전과 교환한다면 이득이 몇 갑절이 될 것이다. 나의 外祖父 李公의 文集에 '淸國銅錢과 通用하라'는 논문이 있다.19)

즉, 정유는 중국동전에 비해 체재와 품질이 粗惡한 국내 동전을 개선, 개량할 필요성을 강조하면서도, 몇 배의 이익이 있다는 점을 이유로 들어

---

18) 元裕漢, 「耳溪 洪良浩의 貨幣經濟論」, 『弘大論叢』 16, 1984.
19) 『貞蕤集』, 北學議, 內編, 錢.

국내에서 동전을 주조하는데 드는 비용을 가지고 중국동전을 직접 수입유통할 것을 제의하였다. 여기서 정유의 北學論과 연암의 그것이 가지는 성격의 차이를 단적으로 엿볼 수 있을 것 같다. 한편, 정유는 연암이나 이계 등과는 달리 중국동전의 수입유통을 적극 주장한 것이 국가화폐권의 자주독립성보다는 경제적 이익을 중요시했고, 또한 중국동전 유통을 강조한 외조부의 영향 때문이었으리라는 점을 짐작할 수 있다.

이상에서 살펴본 연암의 중국동전 유통반대론 내지 화폐경제론의 성격으로서 대개 다음의 몇 가지를 들 수 있을 것이다.

우선, 燕岩이 구상 제시한 화폐제도 개혁론의 성격이 급진적이라기보다는 온건한 것이었다는 점을 엿볼 수 있다. 이 같은 점은 연암이 당시 유통되고 있는 當一錢[常平通寶] 중 체재가 크고 품질이 양호한 것을 當二錢으로 高額化하여 사용할 것과 地銀 형태로 사용되는 칭량은화를 체재·품질·액면가치 등을 일정하게 규격화해서 유통할 것을 주장하는 등, 비교적 주어진 여건 하에서 개혁을 시도하는 화폐제도 개혁론을 구상 제시한 사실을 통해 짐작할 수 있다.

연암의 화폐제도 개혁론 내지 화폐경제론에서는 실천적 성격을 엿볼 수 있다. 연암이 1792년(정조 16)에 화폐경제론을 작성하여 우의정으로 영전한 친지 金履素에게 보낸 사실에서 자신의 화폐문제에 관한 견해와 주장을 우의정을 통해 국가의 화폐정책운용에 반영해 보겠다는 의지를 엿볼 수 있다고 생각하기 때문이다.

연암의 화폐경제론에서는 민족의식과 진보적 성격을 엿볼 수 있다. 이와 같은 사실은 연암이 앞에서 지적했듯이 국가의 크나큰 경제적 손실을 가져오는 銀의 중국유출을 막고 국내에서 칭량은화를 주조하여 법화로 사용할 것과 단순 소박한 銅錢[상평통보] 유통체제를 개혁하여 당일전과 당이전을 병용할 것을 주장한, 그의 화폐제도 개혁론을 통해 짐작할 수 있다. 특히, 연암이 米·布 등 물품화폐와 함께 자연발생적으로 통화기능을 수행한 地銀 형태의 칭량은화를 국가가 체재·품질·액면가치 등을 일정하게 규격화해 사용할 것을 주장한 것은 일찍이 그 이전의 실학자들의 화폐경제론에서 찾아 볼 수 없는 진보적 경향으로 주목되는 것이다.

연암의 화폐경제론에서는 북학론적 성격을 찾아 볼 수 있다. 연암은 중국동전의 수입유통은 반대했지만, 그 당시의 전성기 실학에서 특히 강조된 이용후생론의 실천방법론으로 수용된 북학론은 그의 화폐제도개혁론의 성격을 중국제도 지향적인 것으로 규정하게 되었던 것으로 보인다. 그리하여 그의 화폐경제론에서는 磻溪 柳馨遠(1622~1673)의 단계에서도 시도된[20] 서양의 화폐에 관한 지식이 수용된 흔적을 찾아 볼 수 없다.

연암의 화폐경제론은 당시의 상품·화폐경제발전과정에서 볼 때, 비교적 수용가능성이 큰 실제적이고 실용적 성격을 띤 것으로 보인다. 즉, 그의 화폐경제론은 星湖 李瀷(1681~1763)의 화폐경제론처럼 과거 복귀적 내지 보수적이었거나, 茶山 丁若鏞(1762~1836)의 그것처럼 비현실적으로 진보적인 것이 아니고,[21] 그 당시의 사회경제발전단계에 비교적 적합하여 실시될 수 있는 것이었다고 생각한다.

연암의 화폐경제론, 특히 칭량은화의 주조유통론에서는 對外通商 지향적 성격을 엿볼 수 있을 것 같다. 연암의 소설『許生傳』을 보면 주인공은 국내 상업거래에서는 물론 日本 등과의 대외 통상거래에 칭량은화를 결제수단으로 사용하는 것을 이상으로 생각하였다.[22] 그러므로, 그가 국내 유통화폐인 동전의 유통체제 개혁과 함께 칭량은화를 주조 유통할 것을 주장한 화폐제도개혁론에서는 칭량은화만을 결제수단으로 사용한 국제무역 지향적 성격을 엿볼 수 있을 것 같다.

한편, 연암의 화폐경제론에서는 그 자신의 견해와 주장에 지나치게 집착함으로써 논리의 일관성이 결여되고, 유통계 현실을 객관적이고 종합적으로 이해 파악하는데 소홀했던 일면을 엿볼 수 있다. 논리의 일관성이 결여되어 있다는 점은 연암이 일반 유통계에 錢荒이 일어날 수 없다는 이유로 전황을 해소 극복하기 위해 결정한 중국동전 수입유통을 반대하면서도, 그

20) 元裕漢,「實學者의 貨幣思想發展에 대한 考察 - 金·銀貨의 通用論을 중심으로 - 」,『東方學志』23·24, 1980.
21) 元裕漢,「實學者의 貨幣經濟論」,『東方學志』26, 1981.
22)『燕岩集』,「玉匣夜話」, 許生傳 참조.

의 화폐제도 개혁론은 오히려 전황을 해소 극복하는데 궁극적 목표를 두고 구상 제시되었다는 사실을 통해 짐작할 수 있다. 또한 유통계의 현실에 대한 인식이 미흡했다는 점은, 상품·화폐경제가 확대발전됨에 따라 급증하는 화폐량 증가추세는 고려하지 않고, 한번 주조발행된 유통계의 화폐수·량은 일부 자연적 소모량을 제외하고는 줄어들 이유가 없기 때문에 일반 유통계에 전황이 발생될 수 없다는 그의 주장을 통해 알 수 있다.[23]

3. 瓛齋의 화폐경제론

조선정부는 1874년(고종 11) 1월에 中國銅錢(淸錢)을 유통금지한다는 사실을 공포하였다. 그 중요한 이유는 1867년(고종 4)에 부득이한 형편으로 중국동전을 유통하기 시작했으나, 지금은 그로 인해 물가상승과 화폐가치하락이 날로 심해져 국가 재정과 민중생활에 주는 타격이 크기 때문에 중국동전 유통을 금지하지 않을 수 없게 되었기 때문이다. 그리고, 중국동전의 유통금지 조치와 함께 그 사실을 8道와 4都에 알리게 하는 한편, 各司·各營의 1월분 公納에는 중국동전을 동전과 병용할 수 있으나, 2월분 公納부터 동전만을 納入할 수 있다는 사실을 공포하였다.[24]

그 당시 우의정 瓛齋 朴珪壽는 중국동전의 유통금지문제가 심각히 논의, 결정되는 과정에 참여해 자신의 견해와 주장을 제시했을 것으로 짐작되나, 기록이 없어서 그 사실을 확인할 수는 없다. 그리하여, 환재의 중국동전 유통반대론의 내용은 유통금지 조치가 공포된 후에 정부대신들과 함께 중국동전 유통금지방안을 논의, 실시하는 과정에 그가 제시한 견해와 주장을 통해 파악할 수밖에 없다. 이 같은 환재의 중국동전 유통반대론을 보다 본질적으로 이해하기 위해서 먼저 그 형성배경을 살펴볼 필요가 있다.

앞에서 살펴보았듯이, 1792년(정조 16)의 중국동전 수입유통 시도는 결

---

23)『燕岩集』卷2, 賀金右相履素書, 別紙 ; 원유한, 앞의 글, 1978.
24)『承政院日記』, 高宗 11년 1월 6일 ;『高宗實錄』卷11, 高宗 11년 1월 6일.

국 중국의 거부가 직접적 원인이 되어 중단되었다. 그 이후 환재가 태어난 1807년(순조 7)에 私商人이 鍮器원료로 사용한다는 이유로 중국동전을 수입한 것이 문제가 된 일이 있을 뿐, 興宣大院君 집권기에 이르기까지는 중국동전 수입유통문제가 제기 논의된 사실이 없는 것으로 보인다. 그 중요한 이유는 19세기 20년대부터 함경도 甲山銅鑛과 같은 국내의 유수한 銅鑛의 개발로 화폐원료 공급난이 종래보다 어느 정도 해소되어 비교적 다량의 銅錢이 집중적으로 주조 유통함으로써 錢荒이 상당히 해소 극복될 수 있었기 때문인 것 같다.[25]

또한 대원군 집권 초기에는 갑산동광을 폐쇄함에 따라 화폐원료 공급난이 심각해지자, 적은 화폐원료를 가지고 다량의 유통가치를 창출할 수 있는 高額錢인 當百錢을 남발함으로써 錢荒의 발생소지는 감소되어 중국동전 수입유통의 필요성은 그만큼 적어진 것으로 짐작된다. 즉, 조선정부는 1866년(고종 3) 말부터 이듬해 5월에 이르는 짧은 기간 내에 실질가치가 銅錢(常平通寶)의 5~6배에 불과한 것에 액면가치는 18배나 高額化한 惡貨 당백전을 1600萬兩이나 남발하였다.[26]

이처럼 조선정부가 그 당시의 심각한 화폐원료 공급난을 극복하면서 상품·화폐경제발전에 따르는 화폐 증발의 필요성 및 급증하는 거액의 재정수요에 대응하기 위해 악화 당백전을 남발하게 되자, 일시 국가재정난은 어느 정도 해소될 수 있었다. 그러나, 일반 유통계에서 화폐가치가 폭락하고 물가가 급등하는 등 제반 사회경제적 모순과 폐단이 심각한 상태에 이르렀다. 이에 조선정부는 1867년(고종 4) 5월에 시작한 지 6개월만에 當百錢의 주조사업을 중단했고, 그 이듬해 10월에는 당백전의 유통을 금지해야만 했다.[27]

악화 당백전의 다량 주조 유통은 國家財政上 거액의 수입증가를 가져왔

25) 元裕漢, 「朝鮮後期 貨幣政策에 대한 一考察 - 高額錢의 鑄用論議를 中心으로」, 『韓國史研究』 6, 1971 ; 元裕漢, 「朝鮮後期 貨幣流通에 대한 一考察 - 錢荒문제를 中心으로」, 『韓國史研究』 7, 1972.
26) 元裕漢, 「大院君執權期의 貨幣政策에 대한 考察」, 『사회과학연구』 1, 1973.
27) 元裕漢, 위의 글.

던 만큼, 유통금지는 거액의 재정수입원을 폐기한 셈이다. 이로써 조선정부는 당백전 유통금지 조치로 초래된 사태의 수습, 즉 거액의 재정적 손실을 메꿀 목적으로 譯官을 통해 밀무역해온 중국동전[小錢, 또는 淸錢]의 유통을 결정하였다. 1867년(고종 4) 5월에 당백전의 주조사업이 중단되고, 그 다음 달인 6월부터 중국동전을 銅錢과 법화로 倂用하기 시작했는데, 그 실질가치는 동전[상평통보]의 2분의 1에 불과한 惡貨였다. 악화 중국동전을 유통함으로써 사실상 화폐의 액면가치를 2배로 고액화하는 화폐제도 개혁이 이루어진 셈이었다. 1874년(고종 11) 1월, 즉 중국동전의 유통금지 조치가 취해진 그 당시에 관청이 보유한 중국동전의 수량만도 3~400만냥이나 되어, 동전 유통량의 10분의 3~4에 상당했다는 사실을 미루어 볼 때, 국내에 유통된 중국동전의 수량이 상당히 많았다는 점을 알 수 있다.28)

實質價値가 동전[상평통보]의 2분의 1에 불과한 악화 중국동전을 동전과 同一한 액면가치로 유통하게 되자, 중국동전은 良貨인 동전을 유통계로부터 구축하면서, 嶺南과 關北지방을 제외한 전국 각 지방으로 유통영역을 확대시켰고, 이 같은 '그레샴 법칙'의 강력한 발현으로 물가상승은 촉진되었다. 이처럼 악화 중국동전이 다량 유통 보급됨에 따라서 화폐가치는 하락하는 반면, 물가는 폭등하며 국가재정난은 물론 각계 각층의 경제생활은 극도의 궁핍 속에 허덕이게 되었다. 이에 대원군 집권 초에 사용하기 시작한 악화 중국동전은 閔妃 집권 초인 1874년(고종 11) 1월에 유통금지 조치를 취하게 되었다.

그러면, 우의정 瓛齋가 정부대신들과 중국동전 유통금지방안을 논의 결정하고, 추진하는 과정에 구상 제시한 중국동전 유통반대론은 과연 어떠한 것인가? 사실상 환재가 1874년에 우의정으로서 중국동전 유통금지 조치를 추진하는 과정에 적극 참여하게 되기 이전에는 내외의 주요관직을 역임하고 중국에 두 차례 使行하는 등 비교적 활발한 관료생활을 영위하면서 정치가로서의 경륜을 쌓았던 것으로 보인다. 우선, 환재의 화폐정책에 대한 경험을 살펴보아도, 그는 1866년(고종 3) 악화 當百錢을 남발하고, 이듬해

---

28) 元裕漢, 앞의 글, 1973 ; 元裕漢, 앞의 글, 1967.

에 중국동전을 유통하는 파격적 조치를 평안도관찰사 재임시에 경험하였
다. 그리고, 환재는 평안도관찰사에 뒤이어 한성부판윤·형조판서·성균관
대사성·進賀正使·형조판서를 거쳐 1873년(고종 10) 말 우의정에 이르기
까지 중요관직을 역임하면서, 악화 중국동전의 유통 보급으로 인한 사회경
제적 모순과 폐단의 심각성을 절감하였다. 이에 그 대응책으로서 중국동전
유통금지방안을 논의 결정하는 과정에 참여하였을 것으로 짐작된다. 그리
하여, 환재는 國王이 중국동전 유통금지 조치를 공포하고 며칠이 지난 후,
그 유통금지 방법을 대신들과 논의하는 자리에서 다음과 같이 중국동전을
유통금지 하지 않을 수 없다는 이유를 제시하였다.

　　淸錢[中國銅錢]의 통용은 일시의 편의를 위한 조치였다. 그런데 통용한
　　지 7~8년이 되어 그 유통량이 이미 많아지다 보니 화폐가치 하락과 물가
　　상승이 자연히 날로 심해졌다. 이로써 가난한 자나 부유한 자들이 모두
　　곤궁해지고 백성의 형편이 황급해져 마침내 급히 의론하여 중국동전의
　　통용을 금지하지 않을 수 없다.29)

　瓛齋는 위와 같이 1867년(고종 4) 이래 7~8년간 다량의 중국동전 유통
으로 화폐가치의 하락과 물가상승 등 사회경제적 모순과 폐단이 심각해졌
고, 그것이 중국동전 유통을 금지하게 된 원인이 되었다는 사실을 지적하
였다. 그리고, 그는 중국동전의 유통금지조치를 환영하는 당시 일반 대중
의 반응을, 다음과 같이 소개하였다.

　　이번에 과단성 있는 정치적 결단을 내려 國庫의 형편이 어떠한 것인지
　　여부를 돌보지 않고 하루아침에 中國銅錢 통용을 금지하였다. 그 통용을
　　금지시킨다는 명령을 듣고서 부인과 갓난아기 및 노인과 어린아이들의
　　환성이 우뢰와 같았다. 이것은 참으로 지난날의 기록에서 찾아보기 어려
　　운 훌륭한 조치였다.30)

29)『朴珪壽全集』上, 獻議, 淸錢革罷後措畫救弊議(亞細亞文化社 影印本, 1978. 이
　하 같음);『承政院日記』, 高宗 11년 1월 13일.
30) 위와 같음.

그러나, 환재는 중국동전 유통금지 조치를 단행함으로써 심각한 사회경제적 문제가 제기되고 있다는 점도 지적하였다. 즉 그는 서울과 지방의 公貨는 모두 중국동전으로 비축되어 있기 때문에 쓸모 없는 것이 되었으며 民財의 유통은 정체되어 있다는 것이었다. 그리하여 환재는 민간의 상품유통이 원활해진 후에 국가의 재정조달의 길이 열리게 될 것이기 때문에 이를 위해 물가시세를 조작하는 행위를 엄격히 금하는 조치를 정부에 건의 실시하게 하였다. 이와 동시에 환재는 중국동전 유통금지 조치를 취한 이후 정부 당국이 화폐주조사업을 민간인에게 都給해주어 화폐가 남발될 것이라는 헛소문을 퍼뜨려 화폐가치 하락과 물가상승을 조장하는 행위를 엄벌할 것을 건의, 실시하게 하였다. 환재의 주장에 의하면 중국동전 유통금지조치를 公布한 전후 시기에는 대원군 집권 이전 시기에 국가로부터 화폐주조사업을 都給받아서 화폐를 남발함으로써 많은 이익을 취한 무리들이 民間人에게 화폐주조사업을 도급해 주게 될 것이라고 헛소문을 퍼뜨려 물가상승을 부채질했다는 것이다.[31]

환재는 이상과 같이 중국동전 유통금지 조치로 公·私 經濟面에 나타난 심각한 사회경제적 모순과 폐단을 극복할 대응 방안을 건의 실시하게 하는 동시에, 중국동전의 유통금지로 폐기된 화폐의 처리 방안 두 가지를 구상 제시하였다. 환재는 먼저 유통금지로 폐기된 중국동전을 매년 중국에 파견되는 定例·別使行에게 여비로 지급하여 義州나 柵門에서 銀으로 바꾸어 쓰게 하자고 하였다. 이 같은 그의 주장은 다음의 기록을 통해 알 수 있다.

珪壽가 말하기를, 지금 폐기된 淸錢(中國銅錢)은 하나의 쓸모 없는 물건이 되었다. …… 官庫에 가득 쌓여 있는 淸錢을 만약 변통할 수 있는 방법이 있다면 시도해보아도 무방할 것이다. 매년 중국에 가는 定使行과 別使行에 여비와 잡비로 서울과 지방에서 지급하는 화폐수량이 적지 않고, 바꾸는 銀 역시 다량에 이른다. 만약 淸錢으로써 여비와 잡비를 지급

31) 『朴珪壽全集』上, 獻議, 淸錢革罷後措畫救弊議 ; 『承政院日記』, 고종 11년 1월 13일.

하여 중국에 가는 使行의 비용으로 쓰게 하면, 淸錢 본래의 곳으로 되돌
아가게 되고 淸錢 소장량은 해마다 줄어들 것이다. 또한 常平通寶는 官
庫에 그대로 남아 있어서 해마다 남는 것이 있을 것이니, 이는 한 번 시도
해 볼 만한 일이다.[32]

이처럼 瓛齋는 1792년(정조 16)에 그의 조부 燕巖이 그러했던 것처럼,
폐기된 중국동전을 使行의 여비 등에 충당할 것을 제의하면서도 중국동전
과 使行이 필요로 하는 銀과의 比價나 중국동전을 운반해 가는데 드는 비
용 등을 義州와 柵門 사정에 밝은 譯員들로부터 널리 조사하는 등, 유의사
항들을 철저히 파악한 이후에 실시할 것을 주장하였다. 그러나 위 환재의
건의는 대개 다음과 같은 영의정 李裕元의 반론으로 실현될 수 없었던 것
으로 보인다. 즉, 중국에서는 銀으로써 銅錢을 바꾸는 일은 쉬우나 동전으
로써 은을 바꾸는 것은 어렵고 중국 동전을 비공식적으로 은밀하게 중국
땅으로 싣고 가야 되기 때문에 潛商의 길을 열어 놓은 것이 되고, 다량의
중국동전을 매년 사행의 여비로 조금씩 사용할 경우, 그것을 모두 소비하
는데 긴 세월이 소요될 것이고, 중국이 폐기된 동전을 소중한 은을 주고
바꾸려 하지 않을 것이고, 또한 중국동전 유통금지조치는 훌륭한 정치적
결단으로 평가되고 있는데, 그것을 쌓아두고 매년 조금씩 풀어씀으로써 작
은 이해 때문에 민중이 國法을 넘보게 하거나, 중국동전이 다시 1~2년 후
에 유통하게 될 우려가 있다 하였다.[33]

환재는 이상 영의정 李裕元의 실제적이며 합리적인 반론에 설득되어서
그러했는지는 모르겠으나 중국동전을 해마다 중국에 가는 使行의 여비로
사용하고자 했던 자신의 주장을 고집하지 않고, 중국동전을 모두 모아 녹
여서 地銅으로 사용하는 처리방안을 제시하였다. 즉, 그는 유통금지조치로
폐기된 중국동전을 모두 녹여서 地銅塊를 만들어 쌓아두었다가 국가의 수

---

32) 『朴珪壽全集』上, 獻議, 淸錢革罷後措畫救弊議 ; 『承政院日記』, 高宗 11년 1월
13일.
33) 『朴珪壽全集』上, 獻議, 淸錢革罷後措畫救弊議 ; 『承政院日記』高宗 11년 1월
13일 ; 『高宗實錄』卷11, 高宗 11년 1월 13일.

요에 대비할 것을 주장하였다. 이 같은 그의 주장은 한때 이유원의 반론에 부딪치는 듯했으나, 일찍이 유통금지한 當百錢을 모두 녹여서 지동으로 사용한 선례가 있기도 하고, 그 같은 처리방안이 가지는 실제성과 타당성이 큰 것이기 때문에 채용되었다. 그리하여 폐기된 중국동전은 모두 녹여서 軍器나 鑛器 등의 제조원료로 충당되었던 것으로 보인다.[34]

조선정부는 1874년(고종 11)에 대략 그 당시 동전[상평통보] 전체 유통량 1000만 냥의 3~40%에 상당하는 중국동전 3~400만 냥을 유통금지 함으로써 거액의 財源을 일시에 폐기한 셈이 되었다. 이처럼 거액의 재정적 손실을 메꾸기 위해, 또는 2년 후의 開港으로 급증하는 재정확보를 위해 동전의 주조 유통을 추진하는 한편, 1882년(고종 19)에는 金·銀錢의 주조 유통을 시도하기도 하였다. 조선정부는, 이상과 거의 동일한 목적으로 1883년(고종 20)에는 역시 惡貨 當五錢을 주조 유통하는 동시에, 보다 다량의 화폐를 지속적으로 주조발행하기 위해 상설 造幣機關으로서 '典圜局'을 설치 운용하기도 하였다. 그러나 1882년에 金·銀錢의 주조 유통을 시도하고, 그 이듬해에 전환국의 설치운용을 결정한데는 西洋의 근대 金·銀本位制度를 수용하겠다는 다른 일면의 목적도 포함되어 있다.[35]

위에서 우의정 환재가 1874년(고종 11)에 중국동전 유통금지조치를 결정 추진하는 과정에서 제시한 견해와 주장을 종합하여, 그의 중국동전 유통반대론 내지 화폐경제론의 내용을 대강 살펴보았다. 다음에서, 환재의 화폐경제론의 성격을 조부 연암과 비교하면서 간략히 살펴보기로 한다.

우선, 瓛齋의 화폐경제론을 살펴보면, 그는 우의정으로 惡貨 중국동전의 유통금지 조치를 논의 추진하는 과정에 참여해서, 필요에 따라 해당 문제에 대한 자신의 견해와 주장을 부분적으로 제시해 놓았을 뿐, 화폐정책이나 화폐제도에 관한 자신의 생각과 지식을 종합적으로 정리 체계화하지 않았다. 그리하여, 환재의 화폐경제론은 燕岩이 중국동전의 유통문제를 비

---

34)『承政院日記』, 高宗 11년 1월 13·17·20일 ;『高宗實錄』卷11, 高宗 11년 1월 13·17·19·20일.

35) 元裕漢,「當五錢攷」,『歷史學報』35·36, 1967 ; 元裕漢,「典圜局攷」,『歷史學報』37, 1968.

롯해 화폐문제에 관한 자신의 생각과 지식을 비교적 구체적이고 종합적으로 논리 체계화한 화폐경제론과는 구성 내용을 달리하는 것이다.

환재의 화폐경제론은, 그가 화폐경제혼란기 내지 근대 화폐제도 수용기(19세기 60년대~90년대)의 전반에 응급한 국가재정수요에 대응하기 위해 악화 중국동전을 다량 수입유통함으로써 심각하게 나타난 사회경제적 모순과 폐단을 체험하면서 구상 제시한 것이다. 그러나 연암의 화폐경제론은 화폐경제 확대발전기의 前半(18세기 30년대 초~19세기 10년대)에 정부당국이 錢荒 극복책으로 결정한 중국동전 수입유통조치가 실현되기 이전 단계에서 중국동전을 수입유통할 경우에 예상되는 사회경제적 폐단과 모순에 대응하기 위해 구상 제시된 것이다.

환재는 유통금지된 중국동전을 녹여서 地銅으로 사용하거나 연암이 그랬던 것처럼 매년 중국에 가는 使行의 여비로 사용할 것을 제의하는 한편, 중국동전 유통금지에 뒤따르는 물가조작행위 등 제반 사회경제적 모순과 폐단을 통제하여 상품·화폐경제를 원활히 할 것을 주장하였다. 이로써, 연암이 중국동전 유통을 반대하는 동시에 중국동전 유통의 궁극적 목적인 錢荒 극복을 위한 대응방안으로서 화폐제도 개혁방안을 구상 제시하고 있었으나, 환재는 중국동전을 유통하게 된 직접적 동기인 국가 재정난을 극복하기 위해 화폐제도 개혁과 같은 적극적인 대응방안을 구상 제시하지 못한 사실을 알 수 있다.

극히 제한된 기록을 통해서 살펴볼 수밖에 없는 환재의 중국동전 유통 반대론에서는 연암의 화폐경제론에서 확인할 수 있는 것처럼 뚜렷한 민족의식과 진보의식을 찾아 볼 수는 없다. 그러나, 開化先驅로서의 환재의 사상 전반에 농도 짙게 깔려 있는 주체성과 진보성을 미루어 볼 때, 그의 중국동전 유통반대론 내지 화폐경제론에도 민족의식과 진보의식이 잠재되어 있으리라는 점을 쉽게 짐작할 수 있다.

환재는 우의정으로서 중국동전 유통금지조치를 논의 결정하고 추진하는 과정에 적극 참여하면서, 중국동전의 유통을 반대한 자신의 견해와 주장을 건의, 실시하게 하려 하였다. 이로써 연암이 자신의 화폐경제론을 우의정

金履素를 통해 국가의 화폐정책운용에 반영하려 했던 사실에서처럼 환재의 화폐경제론에서도 강한 실천의식 내지 실천적 성격을 찾아 볼 수 있다.

연암은 국가가 결정한 중국동전 수입유통시도를 반대했고, 환재는 일찍부터 수입유통되는 중국동전의 유통을 반대했다는 데에 차이점이 있다. 그러나, 두 사람 모두 다른 나라의 화폐를 국내에서 법화로 유통하는 것을 반대하였다는 점에는 공통성이 있다. 또한 환재는 연암이 수입될 중국동전을 義州에 보관했다가 중국에 가는 使行의 여비로 사용할 것을 주장했듯이 유통금지로 폐기된 중국동전을 사행의 여비에 충당하는 방안을 구상 제시하였다. 이상의 사실들은 연암의 실학사상이 『燕岩集』을 통해 그의 손자 환재에 의해 開化思想으로 계승되었다는 학계의 일반론을 보완하는 데 도움이 될 것으로 본다. 그러나 『연암집』에 제시된 주장이 80여 년 이후 환재가 경험하게 되는 역사적 상황에 수용되기에는 일정한 한계가 없지 않았을 것으로 보인다. 이런 점은 환재가 『연암집』의 내용에 영향을 받아 구상 제시한 것으로 보이는 중국동전 처리방안, 즉 폐기된 중국동전을 매년 중국에 가는 사행의 여비로 사용하자는 제안이 수용되기에는 불합리하고 비실제적인 것으로 평가된 사실을 통해 짐작할 수 있을 것이다.[36]

瓛齋의 중국동전 유통반대론 내지 화폐경제론이 지향한 목표는 燕岩의 그것이 지향한 목표를 한 차원 극복한 보다 높은 수준의 것이다. 즉, 연암의 화폐경제론이 지향한 목표는 北學論的 입장에서 중국의 화폐제도를 수용한 전근대적 화폐제도인 銅錢[상평통보] 유통체제를 개선, 개혁하는데 있었다. 그러나 환재의 그것은 지향한 목표는 기록이 없어 확증할 수는 없지만, 그 당시 국내의 전근대적 동전 유통체제를 극복하고 西洋의 근대 金·銀本位制度를 수용하는데 있을 것으로 짐작된다. 이러한 점은 환재의 화폐경제론이 형성된 근대 화폐제도수용기(19세기 60년대~90년대)의 前半(19세기 60년대~70년대)은 전근대적 동전 유통체제가 극도로 혼란했던 시기인 동시에, 중국동전의 유통금지 내지 전근대적 동전 유통체제를 극복하고 서양의 근대 금·은본위제도의 수용을 모색한 시기이기도 하다는 사

36)『承政院日記』, 高宗 11년 1월 13일 ;『日省錄』, 高宗 11년 1월 13일조 참조.

실을 미루어 짐작할 수 있다.

4. 燕岩과 瓛齋의 화폐경제론의 위치

앞에서 燕岩과 瓛齋의 화폐경제론이 형성된 배경과 그 내용 및 성격을
살펴보았다. 그러면, 연암과 환재의 화폐경제론이 개화사상가의 화폐경제
사상으로 계승 발전된 실학자의 화폐경제사상 내지 조선후기 화폐경제사
상 발전과정에서 각기 점하는 역사적 위치는 어떠한 것인가?

연암과 환재의 화폐경제론이 점하는 역사적 위치를 이해하기 위해서는
먼저 潛谷 金堉(1580~1658)과 磻溪 柳馨遠(1622~1673) 등의 화폐경제론
을 살펴보아야 할 것이다. 잠곡과 반계 등 선후배 실학자의 화폐경제론은
조선후기 화폐경제발전과정에서 볼 때 대체로 화폐[銅錢]유통보급기(17세
기 초~90년대 말)를 배경으로 형성되었다. 이 시기에는 중국화폐제도를
도입하여 주조 유통한 전근대적 鑄貨인 銅錢이 물물교환 내지 물품화폐유
통이 지배하는 그 당시의 자연경제질서를 극복하면서 법화로서의 유통기
반을 이룩하게 되었다. 이에 잠곡은 화폐가 원활히 통용되는 중국을 본받
아 동전을 주조 유통하거나 中國銅錢을 수입유통할 것을 주장했을 뿐 아
니라, 고급관료로서 자신의 주장을 실현시키기 위해 화폐정책운용을 주도
하기도 하였다. 반계는 중국에서 화폐가 원활히 유통되고 西洋에서는 銀
錢이 사용되고 있다는 사실을 논리적 근거로 하여 '東國通寶'를 주조 유통
할 것을 주장하였다. 局外者인 반계는 잠곡처럼 중국동전의 유통을 적극
주장하거나 시도하지는 않았지만, 칭량은화의 유통을 묵인하는 입장을 취
했다. 이처럼 잠곡과 반계 등은 北學論的 입장에서 중국동전을 직접 수입
유통하거나, 중국의 화폐제도를 수용하여 동전을 주조 유통하자는 데는 대
체로 공통적인 입장을 취했다. 그러나 반계가 서양의 화폐제도에 관한 지
식을 수용하여 자신의 화폐제도 개혁론에 참고한 것은 한국화폐사 발달사
상에 처음 있는 일로 주목된다 할 것이다.37) 사실상 화폐유통보급기에는

---

37) 元裕漢,「金堉과 銅錢」,『史學會誌』8, 1965 ; 元裕漢, 앞의 글, 1981.

잠곡이나 반계 등 뿐만 아니라 芝峯 李晬光(1563~1628)은 물론, 고급관료 李德馨(1561~1613)·金藎國(1572~1657)·金起宗(1585~1635) 등도 동전 유통의 필요성을 적극 주장하거나 그 당시 국가의 화폐유통정책운용을 주 도하였다. 그리고 화폐 유통보급기(17세기 초~90년대 말)의 後半에는 정 부당국이 공식적 절차를 통해 중국동전의 수입유통을 시도했고, 1678년(숙 종 4)에는 영의정 許積(1610~1680)의 건의로 銅錢[常平通寶]가 주조 유통 되었다.[38]

화폐 유통보급기에 뒤이어 화폐유통에 대한 반동기(18세기 초~40년대 초)에 들어서 銅錢流通에 대한 봉건 조선사회의 보수반동으로 동전유통 금지문제까지 제기, 시도되기도 하였다. 즉 동전의 유통 보급으로 확대 발 전한 상품·화폐경제는 봉건 조선사회의 性理學 중심의 윤리지향적 가치 체계와 농업 중심 생산양식의 해체를 촉진하게 되자, 星湖 李瀷(1681~ 1763)과 農圃子 鄭尙驥(1678~1752) 등 실학자들은 정도의 차이가 있을 뿐 동전유통금지론을 주장하고, 英祖 등 일부 정부당로자들은 한때 동전유 통금지를 시도하였다. 성호는 사용이 편리한 동전의 유통을 금지하기 위해 사용 불편한 高額大錢을 주조 유통할 것과 동전 대신으로 값비싼 비단으 로써 交鈔를 만들어 사용하는 문제를 고려하며, 布 및 칭량은화를 유통할 것을 주장하였다. 농포자 역시 사용이 편리한 동전을 점진적으로 유통금지 하는 방안으로써 크고 무거워 사용이 불편한 고액대전의 주조 유통을 제 의하였다. 농촌지식인 洪州儒生 李日章은 실학자나 일부 정부당로자들처 럼 동전유통을 극히 부정적으로 평가 인식하였다.[39] 이처럼 화폐유통에 대 한 반동기에 있어 실학자·정부당로자 및 농촌지식인 등 지식계층은 대체 로 전근대적 명목화폐로 볼 수 있는 銅錢[常平通寶]의 유통을 금지하고 물품화폐 및 칭량은화 유통이 지배한 종래의 자연경제질서로 복귀할 것을

---

38) 元裕漢,「李朝 肅宗時代의 鑄錢에 대하여」,『史學研究』18, 1964 ; 元裕漢,「官僚 學者 金藎國의 貨幣經濟論」,『朝鮮時代史研究』(龍岩車文燮敎授華甲紀念論叢), 신서원, 1989.

39) 元裕漢, 앞의 글, 1981 ; 元裕漢,「農圃子 鄭尙驥의 貨幣政策論」,『編史』2, 1969 ; 元裕漢,「18世紀 前半期 農村儒生 李日章의 貨幣思想」,『韓國學報』4, 1976.

주장했기 때문에, 그들의 화폐경제론에서는 당시의 화폐제도를 개선, 개혁
하겠다는 진보적 개혁방안이 구상 제시될 수 없었다.

燕岩은 화폐유통에 대한 반동기(18세기 초~40년대 초)에 뒤따르는 화
폐경제 확대발전기의 前半(18세기 30년대~19세기 10년대)을 배경으로 하
여 중국동전 유통반대론을 포함한 그의 화폐경제론을 구상 제시하였다. 대
체로 이 시기에는 이전 시기보다 수공업·농업·광업생산 등 제반 사회생
산력이 증진되고, 이와 상호보완관계에 있는 상품·화폐경제의 확대발전
으로 봉건 조선사회의 해체 내지 근대지향추세가 加速化되었다. 그리하여,
화폐경제 확대발전기의 전반에 있어 국가의 화폐정책은 동전유통금지가
시도된 화폐유통에 대한 반동기와는 달리, 동전유통을 전제로 하고 화폐정
책이나 동전만을 법화로 사용하는 단순 소박한 화폐제도의 개선 개혁을
통해 錢荒을 해소 극복하려 하는 등 화폐유통구조를 개선하는데 주요 목
표를 두었다. 이에 연암을 비롯한 柳壽垣(1694~1755)·禹禎圭(1718~
1791)·洪良浩(1724~1802)·禹夏永(1741~1812)·朴齊家(1750~1805) 등
실학자들과 朴文秀(1691~1756)·徐榮輔(1759~1816) 등 고급관료들이,
궁극적으로 전황을 해소 극복하는데 주요 목표를 둔 화폐정책 내지 화폐
제도의 개선, 개혁론을 구상 제시하였다. 이상 연암 등 실학자나 고급관료
들의 화폐정책 내지 화폐제도 개선 개혁론의 내용을 종합해 보면, 화폐주
조유통과정의 관리를 합리화하는 등 화폐정책의 개선을 주장하는 한편, 中
國銅錢 수입유통의 贊·反論, 각종 高額錢의 주조유통론, 秤量銀貨의 개
량유통론, 鐵錢주조유통론 및 紙幣유통론 등 여러 가지 화폐제도 개혁방
안을 구상 제시하여, 궁극적으로는 원활한 화폐경제발전을 저해하는 전황
을 해소 극복하자는 것이다.[40] 화폐경제 확대발전기의 前半에 있어, 이 같
은 내용의 화폐정책 내지 화폐제도 개선 개혁론들은 대체로 당시의 전성
기 실학사상에서 강조된 利用厚生論의 실천방법론으로 수용한 北學論에
집착하면서 구상 제시되었던 것으로 짐작된다. 그리하여 연암·정유 등 북

40) 『貞蕤集』, 北學議, 內編, 錢 ; 元裕漢, 「朝鮮後期의 貨幣經濟發達과 그 影響」,
   『朝鮮後期社會經濟史研究入門』, 民族文化社, 1980.

학파 학자들의 화폐경제론에서는 그 당시의 지식계층에게, 특히 중국을 來往하면서 견문을 넓힌 燕岩이나 貞蕤 등에게도 수용되었을 것으로 짐작되는 西洋의 화폐제도에 관한 지식이 참고된 흔적을 찾아볼 수 없는 것이 아닌가, 생각되기도 한다.41) 이로써 연암의 화폐경제론은 中國銅錢의 유통을 반대하면서 조선정부가 중국 화폐제도를 도입 실시한 동전 유통체제, 즉 동전만을 법화로 사용하는 전근대적인 單一法貨 유통체제를 北學論的 입장에서 개선 개혁하기 위해 구상 제시한 것이라 할 수 있겠다. 또한 연암의 화폐경제론에서는 같은 북학파 학자이며 제자이기도 한 정유보다 농도 짙은 민족의식과 진보적 성격을 엿볼 수 있다. 그리고, 연암의 화폐경제론에서는 정부당국이 地銀형태로 유통되는 秤量銀貨의 체재·무게·품질 등을 일정하게 規格化하여 銅錢과 함께 法貨로 사용할 것을 제의하였는데, 이에서 주로 은화를 결제수단으로 사용하는 대외무역의 발전에 대응하겠다는 의지를 엿볼 수 있을 것 같다.42)

茶山 丁若鏞(1762~1836)은 화폐경제 확대발전기의 前半(18세기 30년대~19세기 10년대) 말, 또는 그 後半(19세기 10년대~60년대) 초로 볼 수 있는 시기에 합리적 화폐주조유통관리론과 진보적 화폐제도개혁방안을 구상 제시하였다. 그는 화폐 주조기술을 精銳化하고 화폐주조과정을 합리적이고 철저하게 관리하기 위해 '典圜署'라는 상설 造幣機關을 설치운용할 것을 제의하였다. 또한, 동전만을 법화로 사용하는 단순 소박한 전근대적 화폐제도를 개혁, 金·銀·銅錢을 각기 大·中·小錢으로 나누어 모두 9종의 화폐를 주조 유통할 것을 주장하는 등 진보적 화폐제도 개혁론을 구상 제시하였다.43) 이상 다산의 화폐경제론은 그 객관·합리성과 진보성에 있어서, 화폐경제 확대발전기 전반의 燕岩·貞蕤 등에 비교해서는 물론, 다산과 같은 시기의 일부 정부당로자들이 제시한 화폐경제론의 수준을 극복한 것이라 할 수 있다. 특히, 다산의 화폐제도개혁론이 근대 金·銀本位制度를 연상하게 할 만큼 진보적 성격을 띠게 된 것은, 연암·정유 등 실

<hr />

41) 『貞蕤集』, 北學議, 內編, 銀·錢 ; 『燕岩集』 卷2, 賀金右相履素書, 別紙.
42) 『燕岩集』, 「玉匣夜話」, 許生傳 참조.
43) 元裕漢, 앞의 글, 1981.

학자나 일부 정부당로자 등이 北學論的 입장에서 중국의 전근대적 화폐제도의 수용에 집착한데 비해, 茶山은 북학론적 입장에서 중국화폐제도를 수용하는 동시에, 그 당시 국내에 수용된 西洋의 근대적 화폐제도에 관한 지식을 자신의 화폐제도개혁론 구상에 참고했다는 점에서, 그 중요한 이유가 있다 할 것이다. 또한 다산의 화폐제도개혁론은 주로 칭량은화가 결재수단으로 사용된 東洋圈 중심의 대외무역단계를 벗어나서, 金·銀錢이 결재수단으로 사용된 서양 여러 나라와의 대외무역 발전에 대응해서 구상 제시한 것으로 볼 수 있다.[44] 이 같은 다산의 미래 전망적 현실대응론과 달리 연암은 칭량은화가 가지는 대외무역 결재수단으로서의 한계를 절실히 느끼지 못한 것 같고, 정유는 서양과의 무역확대를 전망했으면서도 중국의 전근대적 화폐의 수입유통을 주장했으며, 또한 다산의 후배 실학자 五洲 李圭景(1788~?)은 서양과의 開國通商을 적극 주장했으나 중국의 交鈔제도 수용을 제의하는데 그쳤다.[45]

대체로 화폐경제 확대발전기 후반(19세기 10년대~60년대)에 들어서서는 19세기 10년대에 다산 이외에 몇몇 관료들이 화폐제도개혁론을 제시하고, 그 이후 20년대부터는 五洲 이외의 다른 사람에 의해서는 주목할만한 화폐제도개혁론이 구상 제시되지 않은 것으로 보인다. 그 중요한 이유는, 19세기 20년대부터 국내의 銅鑛開發이 활성화되어 종래에 비해 화폐원료난이 해소되고, 이에 따라 다량의 화폐를 집중적으로 주조 발행함으로써 유통계에 거의 만성적으로 나타난 錢荒이 상당히 해소 극복되었다는 사실에서 찾아 볼 수 있다. 그러나 조선정부는 근대화폐제도 수용기(19세기 60년대~90년대)의 초, 즉 興宣大院君 집권 초기인 1866년(고종 3)에 惡貨 當百錢을 남발하는 파격적인 화폐제도 개혁을 단행하였다. 당백전의 남발은 봉건 조선사회의 보수반동기에 중앙집권적 지배체제를 재정비 강화하는 동시에 침략에 대비하는데 소요되는 거액의 재정을 조달하기 위해 취해진 응급조치였다. 또한 당백전의 남발은 일반적으로 봉건사회 말기에 군

---

44) 원유한, 앞의 글, 1981.
45) 『貞蕤集』, 北學議, 內編, 銀·錢 ; 元裕漢, 「五洲 李圭景의 貨幣經濟論」, 『東洋學』 21, 1991.

사비 등 급증하는 국가재정을 조달하기 위해 악화를 남발함으로써 일어나는 화폐제도 문란현상과 본질적으로 성격을 같이하는 것으로 볼 수 있다. 그리고 동전을 주조 유통한 이래 처음 시도한 화폐제도 개혁조치를 의미하는 동시에 동전 유통체제 혼란의 발단이 되기도 하였다.[46] 조선정부는 화폐제도 문란 내지 화폐경제 혼란의 원인이 된 당백전의 유통을 금지하였다. 뒤이어 당백전 유통금지에 따르는 거액의 재정손실을 보완하기 위해 역시 악화인 中國銅錢을 다량 수입유통하게 되자 중국동전 유통은 당백전의 남발로 발단된 화폐제도문란 내지 화폐경제혼란의 모순과 폐단을 더욱 심화시키기에 이르렀다. 이에 조선정부는 중국동전을 다량 유통함으로써 화폐가치가 하락하고 물가가 폭등하는 등, 심각해진 사회경제적 모순과 폐단을 극복하기 위해 유통금지조치를 취했고, 이 같은 조치가 조정에서 논의 결정, 추진되는 과정에서 瓛齋의 중국동전 유통반대론은 구상 제시되었다.

대체로 근대화폐제도 수용기(19세기 60년대~90년대)를 1876년의 開港 이전 시기와 그 이후 시기로 나눠볼 수 있다고 할 때, 개항 이전시기의 국가 화폐정책은 대원군 집권기에 보수반동정책의 일환으로 시도된 악화 남발의 모순과 폐단을 수습 정비하는데 치중했다 할 수 있다. 그러나, 개항 이후 시기에는 중국 화폐제도를 도입, 실시한 전근대적 동전 유통체제의 한계를 극복하기 위해 西洋의 근대 화폐제도를 수용하는데 중점을 둔 화폐정책이 추진되었다. 이로써 중국동전의 수입유통을 반대하고, 北學論的 입장에서 동전 유통체제의 개혁을 주장한 燕岩의 화폐경제론은 『燕岩集』을 통해 瓛齋에게로 전승되어, 개항 이전의 시기에 시도된 전근대적 중국 동전의 유통금지조치를 뒷받침한 논리적 근거로 수용된 것으로 보인다. 한편 다산이 연암 등으로부터 이어 받은 북학론적 화폐제도개혁론과 서양 근대 화폐제도에 대한 지식을 참고하여 구상 제시한 진보적 화폐제도개혁론은 개화 초기의 矩堂 兪吉濬(1856~1914) 등 개화사상가와 일부 정부당로자들에게 계승 발전되어, 개항 이후 시기에 金·銀本位制度의 도입을

---

46) 원유한, 앞의 글, 1973.

위해 추진한 화폐제도 근대화정책을 뒷받침한 논리적 근거로 수용되었다. 이로써 『연암집』에 수록되어 있는 연암의 화폐경제론이 손자 환재에 의해 1874년(고종 11)에 중국동전 유통금지조치를 단행하는 과정에 부분적으로 참고 활용되었다는 사실을 짐작할 수 있다. 그러나 환재가 『연암집』을 통해 초기 개화사상가들에게 전해주었을 연암의 화폐제도개혁론 내지 화폐경제론은 급진전된 1세기 가까운 시기의 역사 변동에 대처할 대응력을 갖추지 못한 것이기 때문에, 개항 이후 서양 근대화폐제도를 도입하기 위해 추진한 화폐정책에 직접 수용되기에는 일정한 한계가 있었을 것으로 보인다.

5. 맺음말

韓國의 貨幣史 발전과정에서 볼 때, 일찍부터 中國의 화폐제도를 수용하여 우리 실정에 알맞게 개선 발전하여 왔다. 한국역사상 歷代 王朝는 중국의 화폐를 직접 국내에 유통하려 하거나 중국의 화폐제도를 수용하여 물물교환 내지 물품화폐유통이 지배한 자연경제질서를 극복하기 위해 金錢·銀錢·銅錢·楮貨[紙幣] 등 각종 화폐의 유통을 거듭 시도하였다. 이 같은 시도는 그때마다 실패하여 倭亂(1592~1598) 때까지는 앞에서 말한 각종 화폐들 중 어느 것도 계속 유통될 수 없었다. 그러나, 조선정부는 17세기에 들어와서도 화폐유통정책을 적극 추진하여 그 70년대 말부터는 銅錢[常平通寶]가 법화로 점차 유통 보급되면서, 화폐로서의 역사적 기능을 수행하였다.

이처럼 중국의 전근대적 화폐제도를 도입, 실시함으로써 확대 보급된 화폐경제는 봉건 조선사회의 性理學 중심 가치체계와 농업 중심 생산양식의 해체를 촉진했고, 이 과정에서 서양의 근대화폐제도에 관한 지식이 수용되기 시작하였다. 그리고 1876년(고종 13)의 開港에 뒤이어 列强과의 통상거래가 빈번해지자 중국화폐제도를 도입, 실시한 국내의 전근대적 동전 유통체제는 더욱 한계를 드러내게 되는 반면, 서양의 근대화폐제도에 대한 지식은 확대 보급되어 金・銀本位制度의 도입을 목표로 한 화폐제도 근대화 정책운용에 반영되었다. 그리하여 조선정부는 1894년(고종 31)에 마침내 전근대적 명목화폐인 동전의 주조작업을 중단하는 동시에 근대 銀本位制度를 공포 실시하게 되었다.

조선후기 실학자들 및 초기 개화사상가들의 화폐경제사상은 바로 물물교환이나 물품화폐유통시기→전근대적 동전[상평통보] 유통시기→근대 金・銀本位制度 시행기로 이어지는 화폐제도 내지 화폐경제발전을 배경으로 구상 제시된 것이다. 따라서 실학자들이나 초기 개화사상가들의 화폐경제론에는 그들 각자가 경험한 시기의 화폐제도 내지 화폐경제발전상이 투영되었다고 보아야 할 것이다. 이러한 관점에서 볼 때 磻溪의 화폐유통보급론과 星湖의 동전유통금지론을 뒤이어, 燕巖은 화폐경제 확대발전기의 前半(18세기 30년대~19세기 10년대)을 배경으로 구상 제시한 화폐경제론에서, 中國銅錢의 수입유통을 반대하는 한편 高・小額錢을 併用하고 秤量銀貨를 법화로 주조 유통함으로써 동전을 유일한 법화로 사용하는 단순 소박한 화폐제도를 개혁할 것을 주장하였다.

이상 연암의 화폐경제론은 앞에서 지적했듯이, 대체로 두 경로를 거쳐 개화기의 화폐경제사상이나 그 당시의 화폐정책에 영향을 주었다 할 것이다. 우선 『燕岩集』에 수록된 연암의 화폐경제론은 1870년대를 전후해 瓛齋에 의해 朴泳孝(1861~1939)의 집 사랑방에 모여 開國・開化를 논의했다는 초기 개화사상가들에게 소개되었을 것이고, 또한 연암의 화폐경제론 중 중국동전 유통반대론은 개항 직전에 정부당국이 중국동전 유통금지조치를 추진하는 과정에서 우의정 환재에 의해 참고 활용되었던 것으로 짐작된다. 특히, 연암의 중국동전 유통반대론은 환재에 의해 중국동전 유통금지조치를 추진하는 과정에 반영되어 그 당시 국내 화폐제도에 남아 있는 중국의 전근대적 화폐제도의 영향을 배제 극복하는데 기여했다 할 것이다.

그리고, 연암의 화폐경제론은 學脈을 따라서 茶山의 근대 금・은본위제도를 연상하게 하는 진보적 화폐경제론으로, 또한 초기 개화사상가 矩堂이나 일부 정부당로자들의 근대 금·은본위제도 수용론으로 계승 발전되었을 것이다. 연암의 화폐경제론은 이상의 과정을 거치면서 본질이 희석되기도 했겠지만, 역사변동에 대처할 대응력을 키워서, 19세기 90년대에 이르러 전근대적 동전[상평통보]의 주조를 중단하고, 근대 銀本位制度를 실시하게 되는데도 간접적으로 기여하게 되었을 것으로 짐작된다.

흔히 18세기 후반을 배경으로『연암집』에 구상 제시된 연암의 실학사상내지 북학파 실학사상은 19세기 후반에 손자 환재를 통해 개화사상으로 계승 발전되었다는 사실을 주목하게 된다. 그러나, 앞에서 지적했듯이『연암집』에 수록된 중국동전 유통반대론이 환재에 의해 19세기 70년대의 화폐정책운용에 참고 활용되고는 있으나 그 성격이나 지향하는 목표가 서로 달랐다는 사실을 미루어 볼 때, 연암의 북학론적 실학사상이 거의 1세기 가까운 기간의 역사적 공백을 뛰어넘어 19세기 말엽의 西學論的 개화정책 운용에 자연스럽게 수용되기에는 역사적 대응력에 일정한 한계가 있을 것으로 짐작된다. 이렇게 볼 때, 실학사상이 개화사상으로 계승 발전하는 과정에서 瓛齋가『燕岩集』을 통해 연암의 실학사상 내지 북학파의 실학사상을 초기 개화사상들에게 전수했다는 사실에 실제 이상의 역사적 의미를 부여하고 있는 것은 아닌지, 앞으로 보다 깊고 넓은 연구 검토가 있어야 될 것으로 생각한다.

(『東方學志』77·78·79합집, 1993. 6)

제4부

조선조 말 실학의
계승 문제와 近代改革

甲申・甲午改革期 開化派의 農業論

金 容 燮

1. 序言

韓末에 있었던 일련의 近代化를 위한 改革運動은 여러 단계의 改革過程을 거치고 있었다. 그러한 가운데서도 1884년과 1894년에 開化派에 의해서 主導된 甲申政變이나 甲午改革은 韓國社會 近代化의 방향 설정과도 관련하여 중요한 의미를 지니고 있었다. 이 두 시기의 활동으로 인해서는 實學派의 農業論이나 三政釐正策으로서 대변되던 舊來의 改革論에 새로운 理念이 대치되고 그 후의 歷史의 展開에도 새로운 방향이 마련된 것이었다. 그러므로 우리나라에 있어서의 近代化過程의 歷史的 性格을 이해하기 위해서는 이 시기 開化派의 改革理念이 그전의 그것과 비교되는 가운데 세심히 검토될 필요가 있다.

甲申政變이나 甲午改革, 특히 前者에 관해서는 內外의 學者들에 의해서 연구 검토된 바가 적지 않다. 或者는 이를 韓國史에 있어서의 主體的 立場이 缺如되고 있다는 점, 즉 外來思想과 外勢에 의거해서 被動的으로 遂行된 改革運動이었다는 점에서 否定的으로 評價하기도 하고, 또 或者는 그와 반대로 이를 實學思想을 계승한, 그리고 主體的 立場이 堅持된

改革運動이었다는 점에서 긍정적으로 높이 評價하기도 한다. 그러나 그러면서도 어느 입장의 見解이거나를 막론하고 거기에는 많은 論者들이 참여하여 그 改革過程이 齎來한 결과의 중요성을 强調하는 데 있어서는 공통되는 바가 있었다. 특히 近年에 이르러서는 후자의 입장에 서는 論者들이 開化派의 思想을 開化思想으로 收斂하면서 그들의 改革運動을 여러 모로 검토하고 있어서, 이에 따라서는 그 改革運動의 實態나 意義가 한층 더 昭詳하게 드러나게 되었다.[1]

　이러한 문제는 농업사를 다루는 필자에게 있어서도 커다란 관심사의 하나였다. 필자는 우리나라 중세사회의 해체와 근대사회의 성립과정을 그 체제의 변동, 특히 농업사와 관련하여서는 중세적인 농업체제의 근대적 농업체제로의 전환과정에서 찾아야 할 것으로 생각하는 것이며, 그러기 위해서는 近代化過程의 한 단계였던 甲申政變이나 甲午改革에서의 農業政策 또는 開化派農業論의 성격이 구체적으로 파악되어야 할 것으로 보는 데서였다. 이 시기의 한국사회는 농업사회이며, 따라서 그러한 사회에 있어서의 근대화를 위한 개혁은 곧 그것이 농업체제의 근대화의 문제가 되지 않으면 아니 되는 데서였다. 甲申·甲午改革뿐만이 아니라 19세기에 있어서의 개혁과정은 기본적으로 그러한 시각에서의 분석이 필요하며, 그렇게 될 때 비로소 이 때에 있어서의 改革運動의 本質, 나아가서는 韓國社會 近代化의 歷史的 性格이 좀더 구체적으로 드러나는 것이라 생각된다.

　그러한 의미에서 本稿에서는 甲申政變이나 甲午改革의 성격을 農業史의 측면에서 고찰해 보려 하는 것이며, 그것을 이 무렵에 활약하였던 開化派 人士들의 土地·農業(技術)·農民을 중심으로 한 農業論을 분석하는 것으로써 파악해 보려는 것이다.

---

1) 특히 近年의 연구로서는 다음 論著가 참고된다. 李光麟, 『韓國開化史硏究』, 1969 ; 李光麟, 『開化黨硏究』, 1973 ; 姜在彦, 『朝鮮近代史硏究』 第1章 實學思想의 形成과 展開, 第2章 開化思想·開化派·甲申政變, 1970 ; 金泳鎬, 「實學과 開化思想의 聯關問題」, 『韓國史硏究』 8, 1972 ; 金錫亨 外, 『金玉均硏究』, 日譯版, 1968. 또 이 밖에 視角을 좀 달리한 것으로는 安秉珆, 「1884년 부르주아 變革·甲申政變의 經濟的 基礎」, 『아시아經濟』 14, 1973이 있다.

2. 地主制維持論

19세기 농업문제에 있어서의 최대의 관심사는 토지문제였다. 이 시기에는 17, 8세기 이래로 지주층의 토지집적과 농민층분화의 격화로 농지에서 배제되는 농민층이 증가하고, 따라서 無田無佃의 小作農民層이나 賃勞動層이 광범하게 형성 확대되는 가운데, 地主와 小作農民 간의 대립이 사회적인 문제로서 크게 제기되고 있었다. 농민들은 지주층의 수탈적인 지대징수로 생존을 위협받는 바가 날로 심화되고 그 결과로서는 지주와 소작농민 사이에 지대문제를 위요하여 항조투쟁이 날로 심해지기에 이른 것이었다. 그뿐만 아니라 이러한 抗爭은 그것으로 그치는 것이 아니고 삼정의 문란, 즉 지주제와 관련하여서는 각종 結斂의 作人轉嫁와도 관련하여 마침내는 哲宗朝 이후의 農民叛亂으로까지 확대되기에 이르고 있었다. 地主・佃戶制는 身分制와 더불어 조선봉건사회의 존립기반이었으므로 이제 그 기반은 농민층의 항쟁으로 흔들리게 되고 있는 것이었다.

이러한 상황 속에서 식자층이나 지배층에게는 토지문제에 관한 정책적 배려가 緊切한 문제가 되지 않을 수 없었다. 이는 실로 이 시기 농업 문제의 최대 과제였다. 사회의 안정을 위해서는 농민경제의 안정이 필요하고, 그러기 위해서는 토지에서 배제되어 생계를 잃고 있는 농민들에게 산업을 줄 수 있어야만 하는 까닭이었다. 그러나 이러한 문제가 그렇게 쉽사리 실현될 수는 없었다. 이 시기의 지식인 가운데서도 진보적, 혁신적인 인사들 가운데는 농민들에게 토지를 재분배함으로써 그 산업을 안정시키고, 따라서 사회를 안정시켜야 할 것을 提言하는 이가 있었으나, 대부분의 보수적인 지배층은 이를 거부하고 지주제의 농업체제를 현상대로 유지하는 가운데 세정의 시정을 제언하고 있을 뿐이었다. 토지문제에 관한 여론은 대별하여 이렇듯이 두 계통으로 분립하고 있었으나 그러한 가운데서도 지배적인 입장에 있었던 것은 후자였다.

토지재분배의 문제는 17세기 이래로 井田論・箕田論・均田論・限田論・閭田論 등 여러 가지 형태로 거론되고 있었지만, 그러한 견해가 提論케 된 배경은 요컨대 이 시기의 사회적 모순이 지주제를 중심한 경제체제에 집약되고 있는 까닭이었다. 그러므로 이들 논자는 그러한 모순을 타개하기 위해서는 지주제를 타도하고 그들이 소유하고 있는 토지를 농민층에게 분급해야 할 것으로 보는 것이었다. 이러한 입장은 논자의 현실파악의 정도나 식견의 심도, 그리고 시대의 진전에 따라 여러 가지 차이를 나타내고 있었지만, 19세기에 이르러서는 토지재분배, 즉 농업개혁의 문제가 사회개혁의 일환으로서 제론되기에까지 이르고 있었다. 이 시기의 사회적 모순을 제거하기 위해서는 농업개혁을 함으로써 농민경제를 均産化시켜야 하며, 그것을 실현시키기 위해서는 동시에 농민층을 정치권력에 참여시킴으로써 이들과의 협력 하에 봉건지주층을 타도하고 새로운 사회를 건설하지 않으면 안 되겠다는 것이었다. 이른바 茶山과 楓石에 의해서 집대성된 실학파의 농업론인 것으로서 17세기에서 19세기에 이르는 사이에 실학사상이 도달한 결론은 바로 여기에 있었다. 실학파의 모든 사회경제론은 이러한 전제 위에서의 일이었으며, 茶山이나 楓石 이전에 볼 수 있었던 北學派의 개국통상론도 봉건제사회에 있어서의 사회적 모순의 시정, 즉 농민경제의 균산화의 문제가 전제된 위에서의 일이었음은 말할 것도 없었다.[2]

토지문제에 관한 이와 같은 사상적 배경이 개화파의 농업론과 연계되는 것은 토지소유관계를 현상대로 유지해 가려는 견해였다. 개화파에서는 봉건적인 지주제를 그대로 유지하는 것은 말할 것도 없고 이를 중심한 농업체제를 적극 옹호하고 그것을 토대로 함으로써 그들이 목표하는 근대국가를 수립하려는 것이 그 특징이었다. 이러한 사정은 개화파의 인사를 육성한 선학이나 그들 자신의 토지에 관한 견해를 살핌으로써 쉽사리 파악할 수 있다.

朴珪壽는 주지하는 바와 같이 젊은 開化派의 人士들에게 세계의 대세를 인식시키고 개화사상을 啓發한 선각자였다. 그는 대원군 치하에서 그

---

2) 토지문제를 위요한 농업실정과 그 개혁사상에 관해서는 金容燮, 「18, 9世紀의 農業實情과 새로운 農業經營論」, 『大東文化研究』 9, 1972(『(增補版)朝鮮後期農業史研究』 II, 一潮閣, 1990에 재수록) ; 金容燮, 「哲宗 壬戌年의 應旨三政疏와 그 農業論」, 『韓國史研究』 10, 1974(『(增補版)朝鮮後期農業史研究』 II에 재수록) 참조.

쇄국정책에 참여하여 셔먼호를 소각한 바도 있었으나, 이미 대세는 쇄국으로 나라가 유지될 수 없음을 명백하게 파악하고 젊은 사대부들에게 눈을 세계로 돌려야 할 것을 권유하고 있었다. 개항 전 수년간의 일이었다. 우의정의 벼슬을 내놓은 그가 金玉均 등을 그의 사랑방에 유치하여 세계의 대세를 논하고 새로운 사상을 고취하고 있었음은 그것이었다.

개화파가 성립될 무렵에 그가 젊은 청년들에게 영향을 주고 있었던 이러한 새로운 사상은 내외 두 계통의 사상으로서 제공되고 있었다. 그 하나는 실학파 특히 박지원의 사회사상이고 다른 하나는 서양사상이었다. 燕岩의 손자인 그는 그 祖父의 문집을 통해서 실학사상에 있어서의 사회사상을 강의도 하고, 또 吳慶錫 등 역관을 통해서 숙지하고 있었던 서양사상을 젊은 청년들에게 전달하기도 한 것이었다. 이러한 사정은 이미 일찍이 李光洙에 의해서 기술된 朴泳孝의 「甲申政變懷顧談」으로써 요약된 바 있었다.

朴珪壽는 …… 齋洞 집에 있어서 金玉均 등 영준한 청년들을 모아 놓고 조부 연암문집을 강의도 하고 중화사신들이 듣고 오는 신사상을 고취도 하였다.[3]

『燕岩集』에서 볼 수 있는 실학파의 사회사상이란 곧 그의 문학작품의 도처에서 읽을 수 있는 양반사회에 대한 풍자와 비판이었고, 중국에의 사신을 통해서 들어오는 新思想이란 서구 정치사회사상으로서의 자유민권론・평등사상이었다. 前者는 우리나라의 봉건적인 사회질서를 비판하는 사회사상이고, 후자는 서구사회에 있어서 봉건제를 타도하고 근대사회를 건설한 사회사상이었다. 그리하여 이러한 내외의 사회사상이 강의되는 가운데 젊은 청년들은 이를 하나의 문제로 집약할 수가 있었다. 朴泳孝가

燕岩集에 貴族을 攻擊하는 글에서 平等思想을 얻었지오.[4]

---

3) 李光洙, 「朴泳孝氏를 만난 이야기 - 甲申政變回顧談」, 『東光』 19, 1931.
4) 위와 같음.

라고 하였음은 바로 그것이었다. 그들은 실학파의 사회사상을 통해서 서양의 평등사상을 받아들이고 있는 것이며, 실학의 사회사상은 서구의 민권사상·평등사상을 통해서 새로운 사회사상으로 다듬어지고 있는 것이었다.

朴珪壽가『燕岩集』을 통해서 개화파에게 특히 강조한 것은 이와 같은 사회사상이 主이었다. 燕岩의 사회경제사상은 봉건적인 사회질서를 비판하는 사회사상과 아울러 봉건적인 경제체제의 불합리와 그 모순을 시정하고 농민경제를 균산화하려는 경제사상이 또한 그 핵심을 이루고 있었는데,[5] 朴珪壽의 연암사상 강의에서는 이러한 문제는 중시되지 않았고, 따라서 그러한 사상이 개화파에게 강의되고 있지는 않았다. 이는 봉건권력층으로 구성된 초기 개화파의 인사들에게 베풀어지는 강의에서 그들의 타도를 내세우는 경제사상은 이를 생략 삭제하고 있는 탓인지도 모르겠으나, 보다 근원적으로는『燕岩集』을 講義하고 있었던 朴珪壽의 社會意識이나 학문적 태도에 기인하는 것으로 생각된다.

봉건지주제를 타파하고 농민경제를 均産化하려는 논의는 그 역사가 오래고, 몰락농민의 광범위한 반란과 더불어서는 그 조속한 실현의 요청이 더욱 절실해지고 있었는데, 朴珪壽는 이러한 시기에 처하여 이를 타개하는데 기여할 수 있는 요직에 있으면서도 그러한 상황을 정확하게 판단하고 있지 못하였다. 그는 농민경제의 파탄이 극에 달하고 있었던 철종 시기에 경상도 암행어사로서 민정을 시찰하기도 하고,[6] 농민반란이 발발하였을 때에는 진주안핵사로서 난민을 査辦하기도 하였는데,[7] 이 때 그는 농민경제파탄의 원인을 삼정운영상의 문란으로만 보았으며, 또 민란의 주체를 몰락농민이 아니라 사대부계층인 것으로 파악하고 있었다. 그에게는 농민경제파탄의 핵심, 농민반란의 배경이 충분히 인식되고 있지 못한 것이며 따라서 토지재분배나 농민경제의 균산화가 요청되는 현실적 배경이 정확하

---

5) 농업문제를 중심한 연암의 경제사상에 관해서는 金容燮, 앞의 책, 1990, 327~347쪽 참조.
6) 『繡啓』1·2는 이 때의 報告書다.
7) 『壬戌錄』, 6~37쪽의 按覈使狀啓·再啓·査逋狀啓·晋州按覈使逋跋辭 등은 이 때의 報告書.

게 이해되고 있는 것이 아니었다. 그는 이 때 無田無佃의 몰락농민이 亂의 한 주동자가 되고 있음을 보고서는 稅의 부과와 아무 이해관계도 없이 어찌 행패를 부리는가라고 호통을 칠 정도였다.[8]

그 뿐만 아니라 그는 학문적으로도 토지재분배론에 대해서는 회의적이었다. 이에 관해서는 직접적인 표현을 한 바 없지만, 간접적으로는 이에 관한 충분한 의사표시를 하고 있었다. 조선후기의 진보적인 인사들이 토지재분배를 주장할 수 있었던 한 근거는 箕子井田의 實在를 확신하는 箕田論에 있었고,[9] 그의 祖父 燕岩도 그러하였는데, 그는 이에 대해서 지극히 비판적이었다.[10] 이는 말하자면 토지재분배론이 주장될 수 있는 이론적 거점의 상실이기도 하였다.

그러므로 이러한 점에서 보면 그가 만년에 개화파 인사들에게 『燕岩集』, 따라서 실학사상을 강의하게 되었을 때, 농민경제의 균산화를 위한 경제사상을 강조하기는 어려웠을 것이라고 생각된다. 그리고 그 결과로서는 그가 계발한 金玉均이나 朴泳孝 등 개화파의 경제사상에 실학파의 경제사상이 전수 계승되기는 어려웠고, 그들의 농업론에 토지재분배・지주제타도의 문제가 하나의 과제로서 그리고 기본 문제로서 점할 수가 없었다. 그리하여 그들은 현행의 부조리한 토지소유관계를 그대로 인정한 채 그 위에서의 농정을 전개하는 데 불과하였다. 후술하는 바와 같이 金玉均은 甲申政變의 政綱에서 地租改正[稅制改革]을 내세웠을 뿐이며, 朴泳孝는 地租改正과 더불어 현재의 토지소유권자에게 소유권 증서인 地券을 발행할 것을 건의하였을 뿐이었다. 그들은 토지의 개혁이 아니라 현상의 더욱 확고한 유지를 위해서 정책을 입안하고 있는 것이었다.

개화파의 이러한 토지론을 더욱 명확하게 표현한 것은 갑오개혁에서 크

---

8) 註 2), 두 번째 논문의 주 11) 참조.
9) 箕田論展開의 意義에 관해서는 朴時亨,「箕田論始末」,『李朝社會經濟史』, 勞農社, 1946 참조.
10) 『瓛齋集』卷4, 答金德容論箕田存疑, "愚故曰 父師東出之時 未遑有都邑之居 而行君人之事也 然則井田之不遍於域中不足疑也 遣宮之正在田間不須疑也 至若田制之有異乎周法 步尺之參差於古經亦未暇論及也". 308쪽의 [補註] 참조.

게 활약한 金允植이었다. 토지의 재분배가 불가한 것은 말할 것도 없고, 지주층을 보호함으로써 그들의 부력을 통해서 국력을 키워 가자는 것이었다. 그와 같은 그의 견해가 개화파 농업론으로서 어떠한 의미 어떠한 성격을 지니는 것인가는, 이를 그의 학문의 系譜上에서 파악할 때 더욱 분명하게 이해될 수 있다.

그는 朴珪壽와도 밀접한 사제관계에 있었지만, 그가 처음 그의 학문을 수업한 것은 鳳棲 兪莘煥의 문하에서였다. 兪莘煥은 19세기 중엽의 大儒로서 茶山이나 楓石보다는 한 세대 뒤의 인물이며, 많은 제자를 양성하였고 그들은 개항 전후를 통해서 활약하였다. 그러한 문하생 가운데서도 兪莘煥의 학문을 계승하는 문제와 관련하여 특히 주목되는 것은 絅堂 徐應淳과 雲養 金允植이었다. 이들은 鳳棲門下의 두 支柱로서 후일 그 스승이 작고하였을 때 그 문집이 간행되는 것도 이 두 사람의 주관 하에서였다. 이들은 그만큼 鳳棲의 수제자인 것이었다. 그러나 그러면서도 이들은 그 스승의 학문, 특히 그 농업론을 계승하는 데 있어서 근본적으로 다른 바가 있었다.

兪莘煥은 토지문제에 관한 그의 견해를 직설적으로 언급하지는 않았지만, 간접적으로는 농민경제의 균산화를 지향하는 것으로 기술하고 있었다. 그도 구래의 진보적인 지식인들이 그러하였듯이 이 시기의 사회경제적인 모순을 지주·전호제적인 농업체제에서 발견하고 그것의 시정 방법을 지주제의 타파에서 찾고 있는 셈이었다. 그것은 그의 田政에 관한 몇 가지 기록에서 살필 수 있다. 이에 의하면 그는 "天之生人民 常與土地相當"[11]이라는 입장에서 토지론을 전개하고 있었다. 天이 人民을 나게 하는 데는 항상 土地面積과 相應하도록 한다는 것으로서, 모든 人民은 날 때부터 경제적으로 평등할 수 있게 되어 있다는 논리가 그 밑바닥에 깔려 있는 것이었다. 그래서 그는 田政은 바로 이러한 문제를 적절히 처리하는 것이어야 한다고 생각하는 것이며, 그러기에 그는 田政에 관한 策問에서는 農民經濟 均産化의 方案인 井田論이나 均田論에 관하여 言及하고, 이에 관련하

---

11) 『鳳棲集』 卷5, 復四郡私議.

여서는 다음과 같이 記述하고 있었다. 즉

夫天之生穀 所以養人也 生穀之數 常與生人之數相當 今不必遠引中國
我國八道土地擧其大數 爲一百五十萬結 八道人民擧其大數 亦爲一百五
十萬戶 天生一百五十萬戶之人 又生一百五十萬結之穀 其不欲以一結而
養一戶乎[12]

라 하여 天이 우리나라에 150萬戶를 있게 하고 또 150萬結을 있게 하였음
은, 1結의 土地로써 1戶의 人民을 養育하려는 데서가 아니냐는 것을 반문
의 형식으로써 묻고 있는 것이었다.

兪莘煥의 이와 같은 土地論을 충실히 계승한 것은 徐應淳이었다. 그는
時務에 관해서는 「井田論」이라는 논문을 남겼는데 이는 그의 경제사상의
핵심을 나타낸 글이었다. 이에 의하면 그는 정전제를 농민경제의 균산화를
실현시키는 방법으로서 이해하고 있었으며, 그러한 정전제는 정전의 체[井
井方方으로 區劃된 殷・周代의 井田制] 그대로는 그 畝澮溝洫 때문에, 그
리고 우리나라에서는 山多野少한 까닭에 이를 復舊할 수가 없는 것이지
만, 井田의 用[그 理念을 계승한 그 후의 限田制・均田制・口分世業田]은
現今에도 이를 시행할 수 있는 것이라 생각하였다.[13] 그리하여 그는 그의
스승의 農業論을 그 문자 표현 방법까지도 충실히 받아들여 토지의 균분
을 제창하였고, 그렇게 하는 것을 天의 뜻으로서 내세웠다.

八道土地擧其大數 爲一百五十萬結 而八道人民亦爲一百五十萬戶 夫
天之生穀之土 常與生人之數相當者 豈不欲以一結之穀而養一戶之人耶
豈惟我東之爲然哉 中國亦然 三代之田未有不劃井者也 三代之民未有不
受廛者也 然而民未嘗有餘而 田未嘗不足也 玆豈非天欲以一井而養八家
百畝而養一戶耶 是故口分世業之法 非但隋唐行之 高麗太祖亦嘗行之於
吾東 夫以高麗而行之 則寧或我朝之不可行也耶[14]

---

12) 『鳳棲集』 卷5, 策問.
13) 『絅堂集』 卷3, 井田論.
14) 위와 같음.

즉 우리나라는 8道의 농지면적이 150萬結인데 인민의 수가 또한 150萬
戶이니, 生穀之土가 生人之數와 相當하는 것은 1結의 生穀으로써 1戶의
人民을 養育하라는 天의 뜻이 아니냐는 것이며, 井田制가 施行되었던 中
國古代에도 田이 劃井 안된 바 없고 民이 수전을 못 하는 바 없었으며, 그
리하여 土地를 받지 못하는 民이 남아 돌아가는 바도 없고 田이 不足한
바도 없었으니, 이는 어찌 天이 1井으로써 8家를 養하고 100畝로써 1戶를
養하려는 것이 아니냐는 것이었다. 그리고 그러한 까닭으로 口分世業田의
제도가 중국에서 시행되었을 뿐만 아니라, 우리나라 고려 시대에도 행하여
졌던 것이니 現今이라고 어찌 이것을 행하지 못하겠느냐는 것이었다.

그리하여 그는 井田의 理念을 계승한 土地의 均分을 提言하는 것이지
만, 이것이 지금까지 행해지지 못하였던 이유는 豪右兼幷을 制御할 수 없
었던 까닭이므로, 그 방법으로서는 그들이 納得할 수 있는 方案으로써 이
를 提起하려 하였다. 그는 그것을 토지의 매매나 상속·양여 등 당시의 토
지소유권의 이동 상황에 유의하면서 자연스럽게 성취하려 하였다.

嘗觀乎人之數世矣 其能保守父祖之田業 而不賣與人者 十不能五六 其
歲歲割土者 十常七八 …… 今誠立爲限制曰 自某年某月以後 無得有加
於此限 其子孫有支庶則分之 其或隱不以實及令後加占者 民發之則與民
官發之則沒官 如此 則不數十年而國中之田 可均[15]

이라고 하였음은 그것이었다. 즉 이제 법으로써 토지 소유의 상한을 제한
하되, 이 법이 발효되는 어느 일정 시기로부터는 그 상한선을 넘어서 소유
하지 못하게 하며, 대토지소유자의 자손에게 지서가 있으면 그들에게도 분
할 상속토록 하며, 부정한 방법으로써 이를 숨겼다가 후에 규정보다도 더
많은 토지를 소유하려는 자가 있을 때는, 民이 이를 발견하면 이를 民에게
주고 官이 이를 발견하면 官에서 이를 몰수하면 수십년 내로 國中의 토지
소유관계가 균등해지리라는 것이었다. 그는 이러한 방법을 "此蘇老泉所謂
端坐於朝廷 下令於天下 不驚民不動衆 不用井田之制 而獲井田之利者也"

15) 『絅堂集』卷3, 井田論.

라고 하여,16) 宋 蘇老泉이 조정에 앉아서 법으로서 민중을 驚動시키지 않고 정전의 제도를 시행하지 않고서도 정전의 이념 실리를 얻는 방법이라고 하였는데, 이는 바로 燕岩이 그의 토지분배론에서 의거하였던 근거이기도 하였다.17) 燕岩의 均産化를 위한 土地再分配論과 徐應淳의 그것은 그 내용, 방법에 있어서 동일하였다. 말하자면 서응순의 농민경제균산화의 방안은 실학파의 그것과 일맥상통하고 있었다.

서응순이 그 스승의 경제사상 토지론을 이와 같이 충실히 계승하고 있는 것과는 대조적으로 金允植은 토지균분・농민경제 균산화를 위한 정전론을 전면적으로 거부하고 있었다. 그는 젊은 시절부터 그것을 확고한 신념으로써 주장해 오고 있었다. 철종 조의 민란 시에 올린 三政疏에서

古之明王知其然也 必精思力進立法簡易 於是一井其田 而天下之事皆平矣 漢之限田唐之均田宋之方田 其制莫不以地爲主 而均民之産 民産均而國用裕矣18)

라고 하여, 中國 古代에는 井田이 시행됨으로써 天下가 태평하고, 漢 이후에는 限田制・均田制・方田法 등이 시행됨으로써 民産이 均等해지고 國家財政이 넉넉해졌다고 보면서도, 이에 이어서

夫三代井田之制 臣亦知其必不可復 漢唐限田均田之法 臣亦知其必不可成 不悖於古而可效於今者 惟方田之法是已19)

라고 하였음은 그것이었다. 井田制는 지금에 있어서는 절대로 다시 시행할 수 없는 것이고 한전제나 균전제도 성취할 수 없는 것이며, 지금 본받을 수 있는 것은 다만 송대의 방전법[土地測量과 그에 따른 稅의 賦課法]

16) 『絅堂集』卷3, 井田論.
17) 『燕岩集』卷17, 課農小抄, 限民名田議, 398쪽.
18) 『雲養集』卷7, 三政策.
19) 위와 같음.

뿐이라는 것이었다. 토지분배는 이를 거부하는 것이며 民産의 안정은 量田을 통한 세제의 조정을 통해서 할 수 있을 뿐이라는 것이었다. 金允植이 이 글을 작성하고 있을 때에는, 봉건적인 농업체제의 심각한 모순으로 몰락농민이 중심이 되어 지배층의 타도를 목표로 하는 농민반란이 광범하게 일어나고, 지배층은 그 거센 물결 앞에 위기를 피부로써 느끼고 있는 때이었다. 그리고 金允植이 이 글을 작성하는 것도 바로 그와 같은 농민반란을 수습하기 위해서, 그리고 궁극적으로는 농민경제의 안정방안을 마련하기 위해서였다. 그런데 그와 같은 위기에 처하여서도 그는 농민경제의 안정을 토지재분배에서 찾는 것이 아니었다. 이는 농민반란으로 봉건지배층의 존립이 풍전등화와 같은 위기 속에서도, 지배층의 토지가 재분배될 것을 거부하는 것으로서, 그의 지주층의 입장에서의 지주제 옹호를 위한 토지론의 확고함을 표현하는 것이 아닐 수 없었다. 이는 개화파가 되기 이전의 金允植의 경제사상으로서 그는 본시부터 그 스승이나 실학파의 경제사상·농업론과는 상반되는 견해를 지니고 있었음을 표현하는 것이었다.

김윤식의 자세는 본시 이러하였으므로 그는 박규수를 통해서 실학파의 학문을 배우는 데 있어서나, 그 저술을 통해서 그 사상을 섭취하는 데 있어서도 일정한 거리를 두고 있었다. 무엇보다도 실학파 경제사상·농업개혁론의 핵심이었던 농민경제균산화에의 노력을 거부하고 있었음은 그 단적인 증거이지만, 당시 개화사상의 형성에 일단의 근거가 되었던 『燕岩集』에 대한 그의 이해를 통해서는 그것을 더욱 분명하게 파악할 수 있다. 후일 광무개혁기에 이르러서 지식인들 사이에 새로운 각도에서의 실학사상의 계승 문제가 제기되고, 그 작업으로서 그 업적들이 간행케 되었을 때 『燕岩集』도 그 하나로서 출간케 되었는데, 박규수를 통해서 이 문집과 적지 않은 인연이 있었던 그는 이 印本에 서문을 쓰고 이 글에서는 燕巖思想을 소개하고 있었다.[20]

이 글에서 보면 그는 燕岩을 100년 앞을 내다본 '間世之英豪' '東洋之先

---

20) 『雲養集』 卷10, 燕岩集序(『燕岩集』과 그 『續集』은 金澤榮 編으로 光武 4년과 5년에 간행되었는데, 金允植의 이 서문은 光武 6년 壬辰作으로 되어 있다. 이 글은 6年版에 追補된 것으로 생각된다).

覺'으로까지 評價하고 있었다. 燕岩의 학문을 당시의 서양사상, 서양의 학문과 비교해서 손색이 없고, 당시의 사회가 요청하고 있었던 바 시무에 관한 새로운 학문과 다를 것이 없다고 보는 데서였다. 그는『燕岩集』의 여러 곳에서, 이 때의 時務策으로서 또는 신학문에서 표현하고 있었던 바, '平等兼愛之論' '群學之趣' '哲學之旨' '名譽之說' '農學・工學・商學之意' '格致之工' '礦務之學' '鐵路之議' '原貨之謂' '游歷學習之事' 등에 관련되는 기술을 적출해 내고, 그러기에 100년 전의 연암사상의 선각성을 극구 찬양하는 것이었다. 이는 그 자신도 포함한 구래의 봉건지배층이 주축이 되어 개혁기를 담당하고 있는 시대상황 속에서, 연암의 학문과 사상이 그들과의 관련 하에서만 해석되고 반영되고 있음을 뜻하는 것이겠다. 이 때 그는 연암의 학문과 사상을 그 시대 그 사회를 개혁하려는 사회사상으로서 파악하거나, 그 사회사상의 본질, 다시 말하면 사회개혁의 방향이 어떠한 것인지에 관해서는 언급하고 있지 않았는데, 이는『燕岩集』을 공부한 그가 燕岩의 경제사상을 파악하지 못한 탓이라고는 생각되지 않는다. 이러한 사실은 근원적으로는 그가 균산화를 지향하는 燕岩의 경제사상・농업개혁론에 찬동하지 않는 데서 연유하는 것이라 생각되며, 그의 경제사상이 燕岩의 경제사상을 계승하는 것이 아니었음을 뜻하는 것이라 하겠다.

이와 같이 金允植은 농민대중의 봉건지배층에 대한 항쟁이 고조되고 있는 상황 속에서도, 그리고 실학사상이 재평가되고 그 영향을 크게 받게 되는 상황 속에서도 井田的인 또는 均田的인 均産化方案을 거부하고 있었는데, 이는 결국 그의 피지배층에 대한 사회적, 경제적 이해관계나 사회개혁에 대한 입장의 차이에서 연유하는 것이 아닐 수 없었다. 그는 그의 그와 같은 입장을 사회의 존재형태나 역사적인 경험으로써, 그리고 시대가 달라지면 토지소유 관계도 달라진다는 역사관으로써 합리화시키고 있었다. 그리고 그는 그와 같은 지론을 갑신・갑오의 개혁기에 있어서는 마침내 '護富論'을 전개함으로써 적극적으로 강조하기에 이르렀다.

이에 의하면 그는 농민경제의 균산화, 빈부의 균산화는 부당하다는 생각이었다. 인간사회란 본시 차등이 있게 되어 있는 것으로서 그것은 변혁하

려 하여도 불가한 것이고, 또 역사적인 경험에 비추어 보아도 빈부를 없애
는 것은 무익한 일이며, 도리어 부자가 있음으로써 빈자는 혜택을 받고 사
회는 안정된다는 데서였다.

> 夫貧富者天之所定也 先王制民之産 欲使無甚貧甚富之異 而人之勤惰
> 不同 命之豊嗇各殊 雖聖人亦不能齊之矣 王莽・王安石妄引古經 欲均
> 貧富 富者旣破 貧者愈貧 何益於事乎 夫富者 其人必勤儉力作而興家者
> 也 是可勤而非可惡也 邑有富民 則緩急多藉其力 村有饒戶 則凶荒必有
> 所濟 在上者 宜栽培而擁護之 其不可摧破也明矣[21]

즉 빈부는 인위적으로 좌우되는 것이 아니라 天의 뜻으로써 정해지는
것으로 古聖人도 이를 능히 均等하게 하지는 못하였으며, 王莽이나 王安
石이 망령되이 경전을 인용하여 균산화를 꾀하였으나 부자를 破한 후에는
빈자가 더욱 빈곤해졌으니 그 노력은 무익한 일이었다는 것이다. 그리고
부자란 원래 勤儉力作해서 成家한 者이므로 國家로서는 이를 권장할 것
이지 미워할 것은 아니며, 또 부자가 있으면 급할 때나 흉년이 들었을 때
그 힘을 입는 바가 큰 것이니 국가에서는 마땅히 이들을 육성하고 옹호할
것이지 타파해서는 아니 된다는 것이었다. 이는 실로 농민경제의 均産化
論이나 土地再分配論에 대한 正面挑戰인 것이며, 실학파를 중심한 구래
의 농업개혁론에 대한 전면적인, 그리고 기본적인 문제에 대한 비판이 아
닐 수 없었다.

그는 이러한 그의 입장을 젊은 시절부터의 持論으로서 지녀 오고 있었
다. 그가 농민반란의 와중에서도 기술한 바와 같이 토지균분을 거부하였었
고, 또 그와 관련하여서는 井田制를 "夫封建不足爲 則井田亦不足爲"라든
지, "井田封建二者 聖王治天下之規矩也"라고 하여,[22] 中國古代의 聖王들
이 封建政治를 할 때에만 실시될 수 있었던 것이지 그렇지 아니한 現代社
會에서는 행해질 수 없는 것이라고 하였음은 그것이었다. 그런데 그의 이

---

21) 『雲養集』卷8, 私議 護富.
22) 『雲養集』卷15, 封建論.

와 같은 입장은 그 후 日本이나 서구열강에게 문호를 개방하고 현대사회를 움직이는 자본주의 경제사상이 들어오게 되면서부터는 더욱 더 확고한 것으로 되고 잘 다듬어지게 되었다. 그의 均産化를 거부하는 토지론은 새로운 자본주의 경제사상을 통해서 이론적으로 보완될 수가 있었던 것이었다. 護富論에서 지주층의 존재의의를 서구의 경제사상으로써 합리화하고 강조하였음은 그것이었다.

    余聞泰西各國 惟以富民爲務 民有興殖農作之利者 政府必多方以導之
    說法以護之 雖國君不敢一毫妄取於民 國有大事 則或借款於富人 必計
    息還償而不能違期鐵路・電線・機器各廠等諸大役 富民往往自辦而收其
    稅 國家雖不與焉而自護其益 富者極樓臺被服珍玩之娛 而貧者以賃作得
    食於富者 於是民國共享其利 貧富俱得其所 所以能橫絶四海恣睢而自雄
    者也 然則泰西之法 惟恐民之不富 我國之俗 惟恐民之或富 何其大相遠
    也 夫願富之情 天下人人之所同 非獨泰西爲然也 何不順民之情 嚴立科
    條 禁侵暴攘奪之習 斷願納冒官之弊 衛護斯民 俾得放心安業而殖其利
    則十數年之後 安知無能辦鐵路・電線・機器廠之民乎[23]

    즉 서구제국에서는 民이 富해지는 것을 政治의 목표로 삼고 있어서, 民이 殖産興農하는 바 있으면 정부가 이를 이끌어 주고 법으로써 보호해 주며 비록 국왕이라 하더라도 민의 소유물을 탈취치 못한다는 것이며, 국가에 大事가 있으면 富人에게서 借貸하되 반드시 息利를 計算해서 償還하고, 부민들은 왕왕 철도・전선・각종 공장을 자기 자본으로 건설하여 수익을 올리고 국가는 비록 거기에 직접 관여치 않더라도 그 民의 이익을 보호하며, 또 부자는 의식주 등 그 생활을 극도로 향락하되 빈자는 부자에게 고용됨으로써 먹고 산다는 것이었다. 그리하여 여기에 서구에서는 부민과 국가가 더불어 그 利를 享有하고, 빈자와 부자가 모두 그 처할 바를 얻는다는 것이며, 그럼으로써 그들은 능히 세계를 종횡하여 웅자가 되고 있다는 것이었다. 그러므로 당시 서구 문명을 모방하여 근대국가를 수립하려고

하는 우리로서는, 西歐諸國과 마찬가지로 이들 부민을 보호하고 식산흥업
에 안심하고 종사할 수 있도록 해야 한다는 것이며, 그렇게 되면 10여년
후에는 어찌 철도·전선·공장을 세우는 자가 없겠느냐는 것이었다.

그의 護富論은 말하자면 농업문제와 관련하여서는 근대 서구사회에 있
어서의 토지소유권의 불가침성, 자본가의 기능, 자본제 사회에 있어서의
계급적 차별성을 보고, 부국강병을 지향하는 그들의 개혁과정에서, 그리고
서구문명을 본받아 근대화를 달성하려는 당시의 실정 속에서, 서구의 경제
사상에 영향을 받아 지주제의 의미를 새로이 발견하고 있는 것이었다. 종
래의 지주제 타파론은 봉건제사회에 있어서의 사회적 모순을 제거하려는
데서 제론되고, 따라서 봉건 지주층이나 그 입장에 선 지배층은 항상 토지
문제에 관한 논쟁에서 수세에 몰리고 있었는데, 이제 金允植은 근대화·자
본주의화, 부국강병의 이름으로 토지균분론을 거부하고 지주층의 존재의
의를 새로이 크게 내세우고 있는 것이었다. 지주층은 타파할 것이 아니라
보호육성하여 그 자본을 이용함으로써 근대화·자본주의화에 기여시켜야
한다는 점에서였다. 개화파 농업론의 기본특징은 바로 이러한 점에 있었는
데, 이는 현실적으로는 개항 후의 대일무역을 통해서, 즉 미곡무역의 호경
기를 배경으로 급속하게 성장하고 있는 지주층이, 그들 자신의 부력의 증
대에 자신을 가지게 되고, 따라서 그들 스스로가 근대화작업에 있어서 주
체가 될 것임을 주장하는 발언이기도 하였다. 이 시기에 있어서의 지주제
의 성장은 사회개혁에 있어서의 지주층의 발언권을 강화시키고 있는 것이
었다.[24) 開化派 農業論의 이와 같은 점은 矩堂 兪吉濬에 있어서는 더욱
체계적으로 다듬어지고 있었다.

유길준은 開化派의 한 中心人物로서, 그리고 개화사상의 이론가로서 金
弘集·金允植 등과 더불어 갑오개혁을 주도한 인물이었다. 그는 일찍이
박규수의 지도를 받아 개화에 눈뜨게 되고, 그 권유로써 日本·美國 등지
에 유학하여 서구의 문물을 익혔으며, 장차 한국사회에 다가올 변화를 예

---

24) 이 時期에 있어서의 米穀貿易을 통한 地主制의 成長에 관해서는 金容燮,「韓末
·日帝下의 地主制 - 事例1: 江華金氏家의 秋收記를 통해서 본 地主經營」,『東
亞文化』11, 1972를 참조할 것.

지하고 그에 대한 대책으로서 민중계몽과 정치개혁에 앞장섰던 인물이었다. 그도 다른 개화파의 인사들과 마찬가지로 박규수를 통해서 실학사상과도 관련이 지어지고 서구사상과도 밀착될 수가 있는 것이었다. 그 뿐만 아니라 그는 어린 시절을 廣州에서 外祖父 李敬稙으로부터 受學하고, 成長하여 철이 들게 되면서부터는 서울에서 박규수의 지도를 받아 그 학문을 익히고 있었다.25) 廣州 지방은 실학발달의 중심지였고 박규수는 연암의 직계손자였으므로 그의 교육환경은 실학사상의 전통을 계승한 분위기였고 그는 그러한 분위기 속에서 성장하고 있는 것이었다.

그러한 점에서는 그의 농업론의 핵심은 실학파의 그것과 같을 수가 있었다. 그러나 실제에 있어서는 그렇지가 못하였다. 농업론의 중심을 이루는 토지 문제에 있어서 그는 실학파 농업론의 기본특징이었던 토지균분을 통한 농민경제의 균산화에 찬성치 않았으며, 구래의 토지소유관계와 지주제를 그대로 유지하려 하였다. 그는 본시부터 실학파에서 주장하는 바와 같은 토지분배는 불가능하다고 보는 터였지만, 서양사상을 수용하고 서구사회를 모델로 한 근대화를 구상하게 되면서부터는 그것은 근본적으로 부당하다고 생각하게 되었다. 그에게 있어서도 金允植에게 있어서와 마찬가지로 구래의 지주제는 서구의 경제사상・정치사상으로써 합리화되고 있었다.

그와 같은 그의 토지론은 「地制議」(1891)에서 주장되고 있었다. 갑오농민전쟁과 갑오개혁 전야에 미국유학에서 돌아온 그는 민씨정권에 의해서 개화파로 지목되어 연금생활을 당하게 되고, 그간에는 『西遊見聞』 등 여러 저술을 하고 있었는데, 「地制議」는 그러한 여러 저술 중의 하나로서 그의 토지문제・농업정책에 관한 견해를 서술한 것이었다. 말하자면 이 때는 농민전쟁 전야의 사회경제적 모순이 심화되고, 따라서 농민들의 봉건지배

---

25) 『兪吉濬全書』 V, 矩堂詩抄, 一潮閣本, 161쪽 ; 『雲養集』 卷11, 矩堂詩鈔序 ; 『兪吉濬全書』 V, 先親略史・矩堂居士略史, 363~370쪽.
　　兪吉濬의 思想全般에 관해서는 金仁順, 「朝鮮에 있어서의 1894년의 內政改革研究 - 兪吉濬의 開化思想을 中心으로」, 『國際關係論研究』 3, 東京大, 1968 ; 金泳鎬, 「兪吉濬의 開化思想」, 『創作과 批評』 11, 1968 참조.

층에 대한 항쟁이 점차 고조되어 가고 있는 시기였으며, 그러기에 그에 대한 대책으로서의 농업개혁·사회개혁에 대한 요청도 더욱 절실해지고 있는 시기였다.

유길준은 그러한 시기의 사회적 요청에 부응하여 한편으로는 농민경제의 안정을 위하여, 그리고 다른 한편으로는 근대화를 위한 諸改革 중의 농업방안으로서「地制議」를 저술하고 있는 것이었다. 그러므로 이「地制議」의 토지론이 어떠한 것인가에 따라서는, 앞으로 있을 그의 갑오개혁에서의 정치적 활동과도 관련하여, 그 개혁정치의 성격이 어떠할 것인가, 그리고 농민경제의 안정 문제가 어떠한 형태로 정착될 것인가가 규정되는 것이었다고 하겠다.

그런데 그러한 토지론에서 그는 구래의 토지소유관계를 그대로 유지한 채 양전을 하고 地券을 발행함으로써 근대적 토지소유관계를 수립하려 하였다. 그리고 그러한 行論에서 그는 당시 많은 인사들에 의해서 提論되고 있었던 토지재분배론에 대해서는 이를 다음과 같이 비판함으로써 거부하고 있었다.

> 且官民受田之論 雖出於慕古之意 然不合於後世之治 三代以上 土廣而人稀 俗樸而物賤 民安於自足 而不知爲富 故行井田之制 以齊其産 今時則不然 民之好利甚於好善 而富者連阡陌 貧者無立錐 固以國家之政令奪富者之田 以與貧者 似爲仁政之一端 而無所不可 然細繹其原 則將爲病民之道 而反生大害 不如因之爲導[26]

즉 토지균분의 논의는 중국 고대의 이상사회를 흠모하는 데서 나오고 있지만 그러한 후대의 정치에서는 이는 맞지 않는다는 것이었다. 三代以前에는 人稀地廣하고 俗樸物賤하며 거기다 民은 자족으로 만족하여 富를 모르고 있었기 때문에 井田制를 施行할 수 있었지만, 그러나 現今에는 民은 善을 행하는 것보다도 利를 추구하는 바가 심해져서 부자는 광대한 토지를 집적하고 빈자는 입추의 땅도 없다는 것이었다. 물론 법으로써 부자

---

26)『兪吉濬全書』Ⅳ,「地制議」, 142쪽.

의 토지를 수용하여 빈자에게 급여하는 것은 인정을 행하는 것 같아서 못할 바 없는 것이지만, 그러나 그 근본을 자세히 따져 보면 그것은 장차 病民之道가 되고 도리어 大害를 초래하리라는 것이었다. 그러므로 그는 이 방법은 現今의 토지소유관계를 그대로 두고 이를 개선하여 民을 이끌어 가는 것만 같지 못하다는 것이었다.

그는 말하자면 시대가 달라지면 토지소유관계도 달라진다는 역사관으로써 정전론을 거부하고 있었다. 삼대와는 달리 인간생활이 부를 위하여 이익만을 추구하는 현대사회에 있어서는 토지균분은 근본적으로 실행될 수 없다는 생각이었다. 이러한 난점을 무릅쓰고, 시대사조를 역행하게 되면 도리어 民을 병들게 하고 큰 해를 초래하게 된다는 것이었다. 그가 여기서 우려하는 病民之道나 大害는 토지를 몰수당하는 데서 오는 피탈자의 원독과 수전자의 행심이었다. 그는 이와 관련하여서는

　　竊嘗思之 均田之意 出於天道之至公 而誠爲仁政之本 然今日之爲治者
　　不必規規然 謀奪富者之田 以來怨讟 而啓民之倖心也[27]

라고도 말함으로써, 토지균분론을 비판하고 이러한 문제를 생각하는 治者層에게 경계심을 촉구하기도 하였다. 그는 근대화를 위한 개혁사업에서 봉건지주층에게 큰 손실을 주게 되면 그 원한을 사게 되어 개혁사업이 제대로 될 수 없을 것임을 염려하는 것이며, 인정을 베푸는 뜻에서 농민들에게 토지를 均分하게 되면 그 뜻은 좋지만 농민들에게 요행심을 주는 바가 되어, 그에 수반하여서는 커다란 폐단이 또한 齎來될 것임을 염려하는 것이었다.

그가 여기서 염려하는 倖心이란, 곧 사적 소유권의 부정, 농민대중의 균산화, 즉 경제적 평등의 성취 가능성에 대한 기대와 희망인 것으로서, 농민들이 이러한 사상을 지니게 되면 사회적으로 대혼란[민중의 혁명]이 일어날 것임을 예상하는 것이었다. 그는 그것을 평등사상에 의해서 발단한 프

---

27) 『兪吉濬全書』 Ⅳ, 「地制議」, 172쪽.

랑스 대혁명에서의 농민대중의 봉기와 항쟁으로써 간접적으로 설명하기도
하였다.28) 평등사상은 결국 궁극적으로는 사유재산제를 부정하게 되는 데
서 내란과 혁명을 일어나게 한다는 것이며, 그러기에 이러한 경제적 평등
사상으로서의 토지재분배론은 경계해야 된다는 것이었다. 이러한 유길준
의 견해는 대체로 이 무렵에 있어서의 개화파인사들의 공통된 견해이기도
하였다. 그들은 그러한 경제적 평등사상에 대한 의구를 서구에 있어서의
사회주의사상과의 관련에서 설명하기도 하였다.29) 즉 西歐에서는 "齊貴賤
均貧富"하는, 다시 말하면 사회적 평등과 경제적 평등의 달성을 목표로 하
는 사회주의 정당이 날로 치성하고, 또 폭력 혁명을 기도함으로써 백성은
해독되고 사회는 혼란해지고 있다는 것을, 그들은 그들의 기관지를 통해서
계몽시키고 있는 것이었다.

유길준은 이리하여 토지의 몰수와 재분배를 부당한 것으로 보는 터이지
만, 그 이유는 위와 같은 사정에만 국한되는 것이 아니었다. 그의 주장은
토지소유권을 보호하기 위한 방안, 즉 地券의 발행을 언급하는 부분에서
특히 치자층에게 유의시키고 있는 것이었다. 그의 토지재분배론에 대한 비
판은 말하자면 근대 자본주의국가에 있어서의 소유권이나 재산권개념과의
관련에서 주장되고 있는 것이었다. 「地制議」에서는 이에 관하여 설명을
하고 있지 않지만, 그는 이 때 근대국가에 있어서의 그와 같은 문제를 충
분히 인식하고 민중계몽을 위한 저술을 하고 있었다. 「地制議」와 병행하
여 저술되고 있었던 『西遊見聞』은 바로 그것이었다. 『西遊見聞』은 단순한
견문기가 아니라 그가 구상하는 근대화의 모델을 기술하고 있는 것이었으
므로, 여기에 기록된 내용은 그의 정치개혁에 있어서의 한 지표가 되는 것
이기도 하였다. 그런데 그와 같은 저술에서 그는 근대국가에서는 모든 인
민이 사유재산을 보호받을 권리가 있음을 인민의 권리로서 설명하고 있었
다.

---

28) 『兪吉濬全書』 I, 「西遊見聞」, 101쪽.
29) 『漢城旬報』 第9號, 高宗 20년 12월 21일(1884. 1. 18), 13쪽.

財産의 權利를 顧ㅎ건더 亦人生의 一大緊重ㅎ 事니 各人이 各其 自己
의 所有ㅎ 財産을 保守ㅎ야 一芥라도 人을 不與ㅎ든지 千金으로 其心志
의 樂을 窮ㅎ든지 國家의 法律을 不肯ㅎ는 時는 禁抑ㅎ기 不可ㅎ고 又
或暴徒의 侵奪이 有ㅎ則 法律의 公道를 依賴ㅎ야 其護守ㅎ는 力을 受
홈이 可ㅎ니 盖人의 私有ㅎ 物을 國法으로 保守케 홈은 至大한 惠澤이
라 妨害를 不可ㅎ기에 不止ㅎ고 極臻히 保護ㅎ야 秋毫도 侵犯홈이 有ㅎ
면 不可ㅎ니 全國人民의 普同ㅎ 大利를 興作ㅎ는 事件이 有ㅎ야도 一人
의 私有를 害홀딘더 行ㅎ기 不敢ㅎ 者라 …… 千事萬物이 各人의 私有
에 屬ㅎ 者는 國法의 保護가 至愼至密ㅎ야 不貴不重ㅎ 者가 無ㅎ니 千
金子의 狐貉과 乞人의 一弊衣가 物品의 高下는 懸殊ㅎ나 各一人의 私
有되기는 同ㅎ則 國法의 保護는 差等을 不立홈이라 然ㅎ故로 財産의 權
利는 國家의 法律에 不戾ㅎ則 萬乘의 威라도 是를 奪ㅎ기 不能ㅎ며 萬
人의 敵이라도 是를 動ㅎ기 不敢ㅎ야 其與奪이 法에 在ㅎ고 人에 不在
ㅎ니 此는 公權으로 私物을 保守ㅎ는 大道라.30)

그는 인민의 권리로서 身命의 권리, 재산의 권리, 영업의 권리, 집회의
권리, 종교의 권리, 언사의 권리, 명예의 권리 등을 들고, 근대국가에서는
이러한 인민의 기본권이 유린되어서는 아니 됨을 강조하였는데,31) 재산권
은 생명의 권리 다음의 제2항으로서 설명되고 있었다. 그만큼 중요한 것이
었다. 그는 그와 같은 중요한 人民의 권리를 서구의 근대국가에서 견문하
고 그가 구상하는 우리나라의 근대국가에서도 이를 성취하려는 것이었다.
그는 이를 근대국가・근대사회 성립의 기본조건으로 보는 것이며, 그러기
에 우리나라에 있어서도 이러한 권리가 유린되어서는 아니 된다는 생각이
었다. 그리고 그러한 사유재산에 대한 소유권은 절대적인 것이어서 국법에
위배하지 않는 한 국왕의 권력으로써도 이를 탈취할 수 없는 것임을 강조
하는 것이었다.
이와 같은 사유재산에는 동산・부동산 등 여러 가지가 있을 것이지만,
그 중에서도 중심이 되는 것은 토지가 아닐 수 없었다. 그러한 점에서는,

30) 『兪吉濬全書』 I, 「西遊見聞」, 120~121쪽.
31) 『兪吉濬全書』 I, 「西遊見聞」, 116~118쪽.

兪吉濬의 논리에 따른다면, 지주제에 아무리 모순이 심화되고 있다 하더라
도 그들은 그들이 소유하고 있는 토지를 보호받을 권리가 있는 것이며, 또
국가권력으로서도 지주제를 부정하거나 그 토지를 몰수할 수 있는 것이
아니었다. 지주가 자기 소유지를 경영하여 지대를 징수하는 것은 지주에
있어서의 재산권, 즉 人民의 權利인 까닭이었다. 그가 人民의 權利를 논하
는 劈頭에서

> 錢財롤 他人에게 假貸훈 者가 其約償훈 利息을 討求홈과 田土롤 他人
> 에게 假借훈 者가 其收穫의 分與롤 要問홈이 亦且當然훈 正理니 千事
> 萬物에 其當然훈 道롤 遵ㅎ야 固有훈 常經을 勿失ㅎ고 相稱훈 職分을
> 自守홈이 乃通義의 權利라[32]

고 하였음은 바로 그것이었다. 그는 재산권은 절대로 보호되어야 한다고
생각하는 것이므로, 지주가 그 재산, 즉 토지를 대여하고 지대를 징수하는
것은 '당연한 正理'인 것이며, 따라서 그에게 있어서는 지주제가 부정되거
나 그 토지가 몰수되어서는 아니 되는 것이었다. 말하자면 그에게 있어서
는 구래의 지주제부정론이 서양사상, 서구를 모방한 근대화의 논리로써 비
판되고 있는 것이며, 또 이 논리로써 지주층은 그 존재의의가 떳떳해지고
새로운 명분이 세워지게 된 것이었다. 그리하여 그러한 명분의 발견 위에
서 그는 토지재분배를 거부하는 것임은 말할 것도 없지만, 농지개간을 통
하여 지주제가 한층 더 발전할 것을 장려하기도 하고,[33] 국가 자체가 지주
로서 종전과 같이 그대로 지주경영을 지속할 것을 내세우기도 하였다.[34]
  兪吉濬은 이와 같이 지주제를 기축으로 한 현행의 토지소유관계를 그대
로 인정한 위에서 그것을 기반으로 한 근대화를 꾀하는 것이었지만, 그러
나 구래의 지주제에 내포된 제모순이 이 논리로써 해결될 수 있는 것은 아
니었다. 그리고 그것이 간과될 수 있는 문제인 것도 아니었다. 19세기 후반

---

32) 『兪吉濬全書』 I, 「西遊見聞」, 109쪽.
33) 『兪吉濬全書』 IV, 「地制議」, 154쪽.
34) 『兪吉濬全書』 IV, 「財政改革」, 200쪽.

기의 농민반란은 기본적으로 여기에 연유하는 것이며, 그가 그의 토지론을
저술하고 있는 사이에도 이 모순은 격화되고 있어서 농민전쟁 발발의 기
운은 고조되고 있는 것이었다. 그는 기본적으로 지주층의 입장에서 농업문
제를 해결하려는 것이지만, 농민들의 항쟁원인, 농민들의 요구를 전적으로
외면하고서는 그 해결이 어려울 것임도 잘 알고 있었다. 그뿐만 아니라 이
시기에는 진보적인 식자층에 의한 지주제타파론이나 개선론의 주장도 不
絶하는 형편이었으므로 이에 대한 답변도 해야만 하였다. 그리하여 그는
여기에 소작농민층에 대한 배려로서는 지주제의 유지라는 대전제 위에서
몇 가지 문제를 구상해 보기도 하였다.

　　亘先視寬狹之鄕 務均人土 而毋相爲滿 …… 使富人之田 無分秋穫
　　用賭租法 許收什三 官用中正之稅取什一 而令主客各充其半 …… 則貧
　　者或乎得什七 而富者亦無所損 雖不行均田之法 而民力少可以紓矣[35]

　즉 토지와 인구의 분포를 조사해서 농민들에게 차경지가 되도록 균등히
돌아가게 하며, 지대는 타작제를 폐지하고 정액제로 하되 그 수취율을 법
으로써 인하하여 10분의 3으로 하며, 지세는 10분의 1로 하되 지주와 소작
농민이 각각 반부담하도록 한다는 것이었다. 그렇게 되면 균전제를 시행하
지 않더라도 농민경제가 좀 나아지리라는 것이었다.
　여기서 주목되는 것은 지대의 率을 10분의 3으로 낮추어도 좋다는 일정
한 양보인데, 이는 농민들의 항조투쟁에서 일어나고 있었던 일반적인 결과
를 법제화하려는 것이기도 하고, 실학파계열의 진보적 지식인들의 지주재
개혁론을 부분적으로 받아들이고 있는 것이라고도 하겠다. 지주층의 일정
한 양보를 통해서 농민층의 항쟁을 피하고 그럼으로써 지주제를 유지하려
는 의도인 것이었다. 그러한 점에서 이러한 양보는 주목되는 사실이기는
하지만, 그러나 이는 종래의 지주제개혁론이나 개선론과는 근본적으로 다
른 것이라는 점도 유의해야 할 것이다. 종래의 견해는 지주제의 개혁론이

---

35)『兪吉濬全書』Ⅳ,「地制議」, 178쪽.

거나 개선론이거나를 막론하고 궁극적으로는 봉건지주제를 타파한다는 것
을 목표로 하고 있었지만, 유길준의 그것은 時勢에 밀려 일정한 양보는 하
되 기본적으로는 지주제의 유지가 목표가 되고 있다는 점에서이다. 그렇기
때문에 이 문제는 그의 농업론·토지론에서 기본 문제가 될 수 없었고, 그
의 농업론을 정책상에 반영시키는 데 있어서도 최후의 고려 대상이 되는
데 불과하였다. 갑오농민전쟁에 대한 수습책으로서의 갑오개혁, 그리고 그
를 중심한 개화파인사들이 일본군에 의지하여 일사천리의 개혁을 단행하
던 갑오개혁, 정말로 이를 실시하려 하였다면 이 기회밖에 없었을 갑오개
혁에 있어서조차도 이는 법제상에 반영되거나 실천에 옮겨지지 못하고 있
었다. 그의 본래 의도에는 그럴 생각이 없었던 까닭이었다.

3. 稅制改革論

이 시기의 농업문제로서는 토지재분배에 관한 논의와 아울러 세제개혁
에 관한 문제가 중요한 비중을 차지하고 있었다. 이는 토지균분을 통해서
농민경제를 안정시키려는 論者에 있어서나, 지주제를 현상유지하려는 논
자의 어느 경우에 있어서도 마찬가지였지만, 특히 이것이 중요한 의미를
지니고 크게 내세워지는 것은 후자의 경우에서였다. 농민경제의 안정을 토
지분배를 통해서 해결하지 못할 때 차선의 방법이 될 수 있는 것은 조세제
도의 개혁일 수밖에 없는 까닭이었다. 더욱이 이 때에는 이른바 삼정문란,
즉 봉건지배층의 전정·군정·환곡을 통한 농민수탈로 농민경제는 크게
파탄되고 그 결과로서는 농민반란이 야기되고 있었으므로, 삼정을 중심한
세제를 개혁함으로써 그 수탈을 막고 농민경제를 안정시킨다는 것은 긴급
한 문제가 아닐 수 없었다. 그리하여 지주제의 현상유지를 주장하는 보수
적인 논자들은, 토지문제는 논외로 한 채 다만 세제를 개선·개혁하는 것
으로써 농민경제를 안정시키고 이로써 동요하는 봉건적인 경제체제—지주
제를 지탱해 나가려 하였다.

이와 같은 논자들에 의한 세제의 개선이나 개혁에 관한 논의는 광범하

게 전개되고 있었다. 封建李朝國家의 識者層이나 정치인들 가운데는 세정의 문란과 그 부조리를 논하지 않는 者가 없을 만큼, 이 문제는 많은 논자들에 의해서 심각하게 거론되고 있었는데, 그 대부분은 이러한 입장에서의 논의였다. 그러나 그러면서도 그러한 논의가 그 개선방안이나 개혁방안에 있어서 모두 동일한 것은 아니었다. 그들은 토지재분배를 거부하는 점에 있어서는 그 견해가 일치하고 있었지만, 세법을 개정함으로써 농민경제를 안정시키는, 따라서 농민층에게 일정한 양보를 함으로써 그들을 소생시키는 방법이나 그 양보의 정도에 있어서는 논자에 따라 견해를 달리하는 바가 많았다. 그 중에서도 극단적인 보수주의자―보수우파의 논자들은 세제개혁 그 자체까지도 반대하고 있었다. 구래의 세제, 즉 삼정의 수취기구를 그대로 유지하는 가운데 다만 그 운영을 개선함으로써 사태를 수습하려는 것이었다. 그리고 다소 진보적인 논자―보수좌파의 논자들은 삼정운영의 개선을 훨씬 넘어서서 삼정 그 자체를 전면적으로 개혁해야 할 것임을 강조하고 있었다. 그리고 또 다른 온건한 논자들은 稅政의 문란을 인정하되, 삼정의 테두리 안에서 부분개선・부분개혁을 할 것을 내세우고 있었다. 前記 兩者의 折衷案이었다.[36)]

삼정문란과 관련하여 농민경제를 안정시키려는 세정의 수습방안은 이와 같은 세 계통의 견해를 중심으로 다양하게 전개되고 있었다. 그것은 이 시기의 사회적 모순을 타개하기 위한 보수진영의 사상형태를 표현하는 것으로서, 기술한 바 토지개혁론과 더불어 이 시기의 시대사조를 형성하는 것이었다. 그런데 세정에 관한 이와 같은 사상계의 동향 가운데서 개화파의 농업론과 연계되는 것은 보수좌파의 논자들이 내세우는 주장이었다. 개화파에서는 근대국가・근대사회를 수립함에 있어서 처리해야 할 사회적인 모순을, 토지균분을 통해서 해결하려는 방안에는 반대를 하는 것이지만, 세제의 전면적인 개혁을 통해서 해결하려는 방안에는 적극 찬성하는 것이었다. 개화파의 농업론은 그들에게 앞서서 있었던 바로 이와 같은 보수좌파의 농업론을 계승하고 그 기반 위에서 새로운 농업론으로 성립하고 있

---

36) 이러한 論議에 관해서는 註 2)의 두 번째 論文 참조.

는 것이었다.

개화파 농업론의 이와 같은 경향은 진작부터 벌써 확고하게 세워지고 있었다. 철종 壬戌改革時 김윤식의 삼정책은 바로 그것이었다. 그는 앞에서도 언급한 바와 같이 유신환 문하에서 학문을 닦고 박규수를 통해서는 개화사상에 연결되었던 인물인데, 개화파나 개화사상이 성립되기 이전에 벌써 후일 개화파 농업론의 기초가 되는 농업론-삼정책을 저술하고 있었다. 그것은 삼정의 세제를 전면적으로 개혁하려는 것으로서 당시의 사조로서는 보수좌파의 농업론을 대변하는 것이 되고 있었다.

이러한 김윤식의 세제개혁론은 이미 전고에서 살핀 바 있거니와, 그것은 요컨대 군포와 환곡의 제도를 혁파하고 그 세를 전세에다 포함시킴으로써 삼정의 세를 結斂으로 통합하고 단일화하려는 것이었다. 그는 농민경제가 안정되려면 그 경제가 均産化되어야 하는데, 지금에 있어서의 균산의 방안은 토지의 균분을 통해서 성취할 수 있는 것이 아니라고 보고 있었다. 토지의 재분배는 불가능한 것이므로 지금에 있어서의 균산은 부세의 불균을 시정하는 데서 찾을 수밖에 없다고 보는 것이며, 여기에서 그는 그와 같은 삼정의 전면적인 개혁을 내세우게 된 것이었다. 사실 그의 그와 같은 개혁 방안은 당시로서는 큰 의미를 지니는 것이었다. 당시의 삼정은 권력의 유무, 신분의 귀천, 富力의 유무에 따라서 그 稅의 부과에 불균이 따르고 있었으므로, 삼정의 세를 단일화하여 이를 모두 전결에다 부과하되 공평하게 운영한다는 것은 실질적으로는 삼정을 중심한 불합리한 세제의 혁파인 까닭이었다. 이럴 경우의 부세는 多田者에게는 중과세, 無田者에게는 무과세가 되는 것이므로 부세의 원칙으로서는 公平한 것이 아닐 수 없었다. 그러한 점에서 그의 세제개혁론은 일정한 한계를 지닌 것이기는 하지만 농민경제를 소생시키고 봉건지배층의 농민수탈을 일정한 한도 내로 억제할 수 있는 것이기도 하였다.[37]

그의 세제개혁안은 물론 그 스스로에 의해서 처음으로 창안되고 있는 것은 아니었다. 그가 그와 같은 농업론을 지니게 되기까지에는 그의 두 스

---

37) 金容燮, 앞의 글, 1974.

승의 방향 제시가 있었다. 민란으로 폭발한 농민층의 분노를 진정시키고 그 경제를 안정시키기 위해서 삼정을 전반적으로 재검토하고 그 불합리를 시정토록 제언한 것은 박규수였다.[38) 그는 이를 특별기구를 설치하여 광범위하게 여론을 수집하고 그것을 토대로 그 방안을 마련토록 제언하였으며, 국왕은 이 건의에 따라 三政策問을 내렸던 것인데, 金允植이 그의 삼정책을 통해서 삼정의 전면적 개혁을 주장하게 되는 것은 이 책문에 대한 應旨 上疏의 형식으로써였다. 그의 농업론은 말하자면 그 스승에 의해서 제시되고 국왕에 의해서 재확인된 삼정책의 테두리 속에서 마련되고 있는 것이었다. 그뿐만 아니라 군포와 환곡을 혁파하여 전결에다 移徵한다는 개혁의 원칙도 이미 그의 스승 유신환으로부터 배우고 있는 바였다.

유신환은 그가 살고 있었던 시기의 時弊로서 시급히 개혁해야 할 문제를 '庶孽禁錮之弊'와 아울러 삼정의 하나인 '軍布徵索之弊'로 보고 있었는데, 그는 이 軍弊를 제거하기 위한 방법으로서 軍布의 田結移徵을 내세우고 있었다. 그는 문란한 군정으로 농민들이 살 수 없게 되어 마침내는 "欲爲亂者 十室而五"하게까지 되었으니, 이에 대한 대책으로서는 그 문란의 근거인 군포의 人身賦課 원칙을 시정해야 한다는 것이며, 그러기 위해서는 그 稅를 전결에다 移徵이라는 것이 상책이라고 제언하는 것이었다. 더욱이 그는 군포제는 세정의 원리상으로도 잘못된 것이라고 보는 데서,[39) 인신부과의 군포제는 당연히 田結移徵으로 개정되어야 한다는 것이었다. 그뿐만 아니라 그는 이 방안을 공납제의 대동법에로의 개정과도 관련하여 현실적으로 큰 의의가 있을 것으로 확신하고 그 실현을 촉구하는 것이기도 하였다. 즉 군포의 田結移徵은 栗谷이 貢納制의 改正方案－田結移徵과 함께 제기하였던 것인데, 임란 후에는 그 중의 하나인 후자만이 대동법으로 개정되어 농민생활을 안정시키고 국가를 200년씩이나 유지하게 하였으니, 이제는 다른 하나인 군포제를 또한 전결이징의 결세로 개정해야 한다는 것이었다.[40)

---

38) 金容燮, 앞의 글, 1974.
39) 『鳳棲集』卷5, 時務篇, "大抵軍布之名 名已不正 吾聞出財以養兵者矣 未聞財出於兵者也 三代之制 授民以田而選兵於民 所謂井田者 無一非軍田也".

군포의 개정에 관해서는 일반적으로 호포제와 결포제의 논의가 있었는데, 그가 전결이징을 주장한 것은 호포제는 균부의 이념을 실현할 수가 없다고 보는 데서였으며, 균부의 원칙을 관철하는 데 있어서 호포제는 결포제만 못하다고 보는 데서였다.[41] 戶布制는 貧富를 막론하고 동일한 세가 부과되는 것이므로 부세의 원칙상 공평치 못하며, 따라서 부세불균의 폐단을 완전히 제거하고 세를 공평하게 부과하기 위해서는 결포제로 해야 한다는 것이었다. 결포제로 하게 되면

> 乃若結布則異於是 田多者多其出 田少者少其出 無田則無所出 富相什則其出亦相什焉 富相百則其出亦相百焉 夫安有不均之患[42]

이라고 하였듯이, 有田者는 有稅하고 無田者는 無稅하며 多田者는 많이 내고 田少者는 적게 내게 되니 부세의 원칙상 공평하다는 것이었다. 그리하여 그는 군포의 田結移徵을 극구 제언하는 것이지만, 이를 더욱 공평하게 운영하기 위해서는 米·布·錢 중에서 米·布는 "莫若收之以錢爲便"이라는 점에서 金納制로 할 것을 말하였다. 그리고 結에 賦課할 稅錢은 군액과 시기경전의 수를 헤아려서 배당할 것을 말하였으며, 또 이 경우 세의 부담자는

> 田有主客 田稅大同皆出於田主者也 非田客之所與也 軍役之徵之 出於田主也 亦將與田稅大同同 田客何與焉 湖南雖田客出稅 而此則徵於田主可也[43]

---

40)『鳳棲集』卷5, 時務篇, "李文忠梧里·金文貞漕谷二公 以大同收米之法 先後設施 以就李文成之志 然後征斂有藝 百姓安堵 國家所以維持二百年者 其非大同之力耶 文成所以經綸者有二焉 貢案之欲其收米者一也 軍役之欲移之田結者一也 東方儒者達於時務者 莫如文成 大同之利於民也如此 則軍役之移之田結之利 亦可知矣".

41)『鳳棲集』卷5, 時務篇, "以愚所見 則戶布之不均 不若結布之均 王者之政 不當哀多而益寡耶 凡爲戶布之說者 輒曰 自公卿以至於庶人 皆出一匹 則其出均矣 是不然 彫甍繡闥亦不過一匹 甕牖繩樞亦不下一匹 曾是以爲均乎".

42)『鳳棲集』卷5, 時務篇.

라고 하여, 田主와 佃客 중에서 토지소유권자인 田主이어야 함을 명백히 하고 있었다. 호남지방에서는 佃客이 出稅하는 것이 관례로 되어 있었는데, 이것이 시정되어야 함을 말하였음은 말할 것도 없었다. 말하자면 그의 군폐개혁안이 금납으로서의 전결이징과 그 전주부담을 내세운 것은, 지주층을 견제하면서 농민경제를 안정시키려는 데 목적이 있었던 것이라 하겠다. 이는 토지문제에 있어서 그가 토지균분을 통한 농민경제의 안정을 지향하는 입장에 있었음과 상응하는 것이었다.

　兪莘煥의 이 같은 농업론에서 그의 문하생 金允植이 계승한 것은 군제개혁의 원칙인 田結移徵이었다. 그는 그의 同門 徐應淳이 그 토지론까지도 계승하여 토지재분배를 제창하였던 것과는 달리, 그 스승의 농업론으로부터 다만 군제개혁에 관한 원칙을 계승하고 이를 삼정전반으로 확대적용하고 있을 뿐이었다. 그의 이러한 입장은 개항 후 甲申・甲午期에 이르면서 더욱 굳어지고 있었다. 변모하는 시세, 즉 자본주의열강에 대한 개항통상은 그의 입장을 새로운 차원에서 합리화시킬 수가 있었다. 자본주의화・근대화를 위해서는 자본가계층의 자본이용이 필요하였고 그 기능을 남당할 수 있는 것은 지주층이라고 생각하였다. 그리하여 그는 마침내 호부론을 전개하게까지 되었던 것이지만, 그러한 그의 입장은 세제개혁의 문제와 관련하여서도 강조되고 있었다. 즉 그의 스승은 세제를 개혁함에 있어서 그 세율은 什一稅를 標準으로 삼고 있었지만,[44] 지주측의 이익을 옹호하고 있었던 그는

　　古者行什一之稅　而頌聲作　什一者天下之中正也　…… 然有田者不能自耕　皆借貧人耕作　而分其所收　然則是半結而出一結之稅也　亦已太重矣[45]

라고 한 바와 같이, 반타작밖에 못하는 지주층에게 什一稅는 과중한 것이

---

43)『鳳棲集』卷5, 時務篇.

44)『鳳棲集』卷5, 策問.

45)『雲養集』卷8, 私議 結弊.

라고 하였다. 더욱이 近年에 이르러서는 結斂이 더욱 더 늘어나 민의 고통
이 심한 바 있으므로, 보국·보민을 위해서는 "大寬結政"해야 한다는 것을
강조하기도 하였다.[46] 전세의 경감은 국가재정에 막대한 영향을 미치는 것
이므로 輕輕히 논할 바가 아니지만, 그는 그 대신에 商稅나 船稅 등 새로
운 稅를 설정하면 될 것으로 보고 있었다.[47] 그의 학문이 그의 스승으로부
터 계승되는 것은 극히 한정된 것이었으며, 새로운 정세와 시대상황에 직
면하여서는 더욱 크게 회전하고 있는 셈이었다.

   개항 후에 있게 되는 이와 같은 개화파의 농업론이 세제개혁에 치중하
는 것이었음은, 갑신정변의 주역인 김옥균·박영효나 갑오개혁의 주역인
유길준의 개혁방안에 잘 나타나고 있다. 金이나 朴의 그러한 견해는 정변
이후 일본에서 저술한 그들의 개혁 방안에 기술되어 있는데, 이에 의하면
그들의 농업근대화를 위한 방안은 세제개혁과 농산업의 발전을 위한 農政
策(이 부분은 後述)을 주축으로 하는 것이었다. 金玉均이 甲申政變의 정
강으로서 내세웠던 14개 항목 가운데,

   一. 革改通國地租之法 杜吏奸 而救民困 兼裕國用事
   一. 各道還上永永臥還事[48]

라는 두 條項은 바로 그러한 農業改革의 기본방침을 표현하는 것이었다.
前者는 土地에 부과되는 세제를 개정하여 民의 고통을 덜고 국가재정을
윤택케 하자는 것이며, 후자는 환곡제도를 혁파하자는 것으로서, 이는 요
컨대 구래의 삼정의 수취질서를 전면적으로 개혁하려는 것이었다. 그리고
박영효가 근대적 개혁에 관한 그의 상소문에서 "經濟以潤民國" 項을 設하
고,

   一. 改量地租 而設地券事

---

46) 『雲養集』 卷8, 私議 結弊.
47) 『雲養集』 卷8, 私議 商稅·船政.
48) 『甲申日錄』.

一. 禁民之典鬻土地於外人事
一. 薄稅斂 寬其法 而無偏頗事[49]

라는 조목을 마련하였던 것도 바로 그러한 농업개혁의 방향을 표현하는 것이었다. 그는 외국인의 토지매점을 불허하고 봉건적인 지주층을 포함한 구래의 모든 토지소유권자들에게 地券을 발행함으로써 토지의 귀속 관계를 분명히 한 후, 농업에 관한 일체의 세를 지조로 단일화하여 이를 토지에다 부과하되 그 부세의 원칙을 가볍게 하고 불균이 없게 한다는 것이었다. 이는 말하자면 삼정을 중심한 세제를 전면적으로 개혁하려는 것으로서, 이는 철종 임술개혁에서 제기되었던 김윤식의 삼정개혁론과 기본적으로 같은 것이 아닐 수 없었다. 그러한 점에서는 갑신정변에서의 농업개혁의 이념은, 철종 임술개혁에서의 집권층의 방안[折衷案]이었던 三政釐正策의 農業論에서 일보 전진하여, 保守左派의 農業論을 실천에 옮기려는 것이었다고 하겠다.

그러나 金玉均이나 朴泳孝의 이러한 농업개혁－세제개혁에 관한 구상이 단순히 구래의 삼정개혁론을 계승하는 데서만 마련되고 있는 것은 아니었다. 이들이 그러한 농업론을 지니고 그것을 농업개혁의 방안으로서 제창하기까지에는 일본을 매개로 한 서양사상의 영향이 크게 작용하고 있었다. 그들은 이미 진작부터 중국으로부터 전래하는 서양사상을 접하고 있었으며, 개항 후에는 이것이 한층 더 활발해져서 일본으로부터 들어오는 서양사상에 영향을 받아 정변을 꾀하게까지 되었던 것은 이미 주지의 사실이지만, 이제 그들이 그 개혁방안을 기술함에 있어서는 그러한 사정을 더욱 분명하게 표현하고 있었다. 朴泳孝의 경우는 특히 더 그러하였다. 甲申政變이나 그 후 그들이 기도하는 정치개혁에 있어서의 제도개혁・농업개혁에 관한 전 구상을 비교적 소상하게 기록한 것은 박영효였는데, 그는 그러한 개혁방안을 구상함에 있어서 그가 일본에서 견문한 바 서양사상에 관한 일본인의 저술을 토대로 하고 있었다.[50] 그 人物은 開化派의 人士들

---

49)「朴泳孝上疏」.
50) 靑木功一,「朝鮮開化思想과 福澤諭吉의 著作 - 朴泳孝의 上疏에 있어서의 福澤

과 밀접한 관계에 있었던 福澤諭吉이었고, 그 저술은 그의 『西洋事情』, 『學問のすゝめ』, 『文明論之槪略』 등 그 밖의 여러 논문이었다. 그는 이러한 여러 저술을 통해서 서양 근대의 정치사상·사회사상·경제사상을 더욱 잘 익히고 그것을 우리나라의 근대화·정치개혁·농업개혁에다 적용하려 하였다. 말하자면 구래의 전면적인 삼정개혁—세제개혁론은 이제 당시의 서구 자본주의경제사상에 의해서 재정비되면서 개화파의 근대화를 위한 세제개혁론, 즉 지조개정론으로 확립되고 있는 것이었다.

이 경우 김옥균이나 박영효에게 있어서는 지조개정이 구체적으로 어떻게 하려는 것인지 분명한 언급이 없어서 그 내용을 알 수가 없지만, 유길준에게는 이에 대한 구체적인 연구와 실시방안이 있어서 개화파의 세제개혁·지조개정에 관한 전모를 비교적 선명하게 파악할 수 있다. 그의 그러한 구상은 「地制議」, 「稅制議」, 「財政改革」 등의 글에서 설명되고 있다. 이에 의하면 그의 地租改正은 면단위로 양전을 함으로써 土地臺帳을 새로이 작성하고 토지의 소유 관계를 명확히 하며, 그 소유권자에게 地券을 발행하여 구래의 증서[文記]와 교환케 하고 面內의 地簿에 등기케 하며, 이에 근거하여서는 저율의 지세를 부과한다는 것을 그 골자로 하고 있다.

> 使各郡之面 置長 如日本村制 調製其面內伏在田地·山林及空地之簿 而立嚴重法規 毋令隱蔽 其方法另有 如此然後 始可知全國田地之總數 宜先發地券 使田主盡用新券換舊 至面長事務所 得其訂明 且登記于其 面內地簿 凡不載此簿者 皆當沒入于官 土地調查方法 姑勿用大手段 唯 使各面 記其面內所有 而此中自有發隱之術 另有法規 若是 則地租雖少 可越千萬元[51]

이라고 하였음은 바로 그것이었다. 그리고 그의 地租改正은 이와 같이 量田과 地券의 發行이 前提되는 것이었으므로 그는 이 문제에 대하여는 이

著作의 영향」, 『朝鮮學報』 52, 1970.
51) 『兪吉濬全書』 IV, 「財政改革」, 197쪽.

와 별도로 그 구체적인 방법을 제시하고 있었다. 양전을 함에 있어서는 구래의 結負法을 頃畝法으로 개정하고, 地券을 발행함에 있어서는 일정한 규격을 만들어 그 토지의 소유권자를 명시함과 아울러 지가를 또한 기입토록 한다는 것이었다.52)

그리하여 모든 토지에 대한 소유권자와 時價가 확정되면 이에 의거해서 稅를 부과하되, 그 부과의 방법으로서는 크게 두 가지의 원칙을 정하고 있었다. 그 하나는

凡田地 不必分等取稅 視價定率 而荒年灾減 別有規定53)

이라고 한 바와 같이, 구래와 같은 결세로써 세를 부과하는 것이 아니라 지가에 의거해서 정한다는 것이었다. 이는 그의 지조개정이 봉건적인 사회 경제체제 하에서의 조세제도와 같은 것이 아니라 근대적 세제로서의 수익 세의 형태를 띠는 것임을 뜻하는 것이겠다. 이 경우 地券에 기재되는 時値가 화폐의 단위로써 표기됨은 말할 것도 없으며, 따라서 그에 대한 稅의 부과가 금납으로 될 것임은 말할 것도 없었다. 그는 구래의 세제의 결함을 한편으로는 결부제에 있는 것으로 보고, 다른 한편으로는 삼정문란으로 인하여 그 한도가 없는 현물납세에 있는 것으로 보는 데서, 그의 지조개정에 서는 이를 각각 頃畝法과 金納制로 개혁함으로써 그 폐단을 근본적으로 시정하려는 것이었다. 그는 그러한 세율을

凡田地稅 量土價 百取一可也54)

라고 하여, 地價의 100분의 1로서 정하고 있었다. 地租를 一定不變한 것으로 고정시키려는 것이 아니라 토지시세의 변동에 따라 언제든지 조정할 수 있도록 융통성을 두려는 것이었다. 그는 이러한 세율을 지극히 輕率인

---

52) 金容燮,『(增補版) 韓國近代農業史研究』下, 일조각, 1988, 제Ⅳ편의 論文 참조.
53)『兪吉濬全書』Ⅳ,「地制議」, 172쪽.
54)『兪吉濬全書』Ⅳ,「稅制議」, 193쪽.

것으로 간주하고 있어서 앞의 인용문에서 볼 수 있듯이 '地租雖少'라는 표
현을 쓰고도 있었다. 사실 100분의 1稅라는 표현만으로써 생각하면 경율일
수도 있었다. 당시 일본의 地租改正이 100분의 3稅였던 것을 생각하면 더
욱 그러하다.

　다른 하나는 地租를 중심한 稅制의 改革에 있어서 日常生活에 있어서
의 必需品은 그 稅를 輕하게 하고 無益之物은 重하게 한다는 것이었다.
그가 여기서 말하는 必需品은 이를테면 米穀·柴炭·布木·藥材 등으로
서 이는 빈부를 막론하고 모두 필요한 것이므로, 이에 대해서는 稅를 輕하
게 함으로써 '貧賤之生涯'를 顧恤해야 한다는 것이며, 無益之物, 즉 비필
수품은 酒·茶·煙草·綾錦·玉石과 같은 것으로서 이는 人生日用에 있
어서 없어도 좋고 있어도 無益한 것이며, 이를 사용하는 것은 대부분 富貴
之人이나 浮浪之流이니, 이에 대해서는 稅를 重하게 매겨 浮浪의 習과 奢
侈와 濫費를 막아야 한다는 것이었다.55) 이러한 경우에 있어서의 必需品
은 주로 農産物이므로 이에 대한 稅는 곧 地租에 해당하는 것인데, 그는
이를 貧民을 위해서 低率로써 賦課해야 한다는 것이었다. 그의 租稅改革
의 목표도 말하자면 三政改革에서의 田結移徵論의 目標와 마찬가지로 빈
자는 경과세, 부자는 중과세라는 균부의 이념을 추구하고 있는 것이었다.
그리고 그러한 까닭으로 그는 그의 이러한 개혁방안을 '平賦之政'으로 주
장하는 것이며,56) 이렇게 되면 구래의 농업문제가 지닌 모순이 해결되고
농민경제도 안정되리라는 것이었다.

　그러나 이와 같은 그의 地租改正의 원칙이 정말로 稅率의 輕減과 賦稅
의 公平을 뜻하는 것이고, 또 農民經濟의 安定을 기할 수 있는 것인지는
의문이 아닐 수 없다. 그것은 그의 稅率이 결코 낮은 것이 아니었다는 점
과 그 부과가 결코 공평한 것이 아니라는 점에서이다. 그의 세제개혁안을
세심히 살피면 그것은 쉽사리 발견된다.

　토지의 시가를 기준으로 하는 부세는 종래의 세제와는 근본적으로 다르

---

55) 『兪吉濬全書』 IV, 「稅制議」, 191쪽.
56) 『兪吉濬全書』 IV, 「稅制議」, 196쪽.

고, 따라서 토지시가의 100분의 1세가 과연 경율인지, 구래의 세율과 어떠한 관계에 있는 것인지 얼른 비교가 안 되지만, 그는 이것을 그 土地에서 秋收되는 1년 所出의 10분의 1로 보고 있어서 현실적으로는 결코 경율의 세가 아니었다. 그것은 그가 지세의 율을 토지시가의 100분의 1로 한다는 것을 지조개정의 원칙으로 정하면서도, 이와 관련된 다른 연구에서는

官用中正之稅 取什一[57]

이라고 한 것으로써 알 수 있다. 정부에서는 10분의 1稅를 받아쓴다는 것이었다. 10분의 1稅는 이 시기의 토지개혁론이나 세제개혁론에서 三政의 稅를 통합하였을 때의 이상적인 세율로 간주하는 것이었으며, 三政의 稅를 합한 것보다는 적었으나 稅率 그 자체로서는 결코 낮은 것이 아니었다. 그래서 金允植은 什一稅를 高率의 稅로 보고 現今에 있어서는 그 率을 더 낮추어야 한다는 것을 주장하기도 하였었다.

더욱이 이 때 그는 이러한 10분의 1稅를 賦課함에 있어서 이를 전적으로 토지소유권자, 즉 지주층이나 自作農民에게 부담시키려는 것이 아니었다. 그는 자작농민들이 자기 토지의 지조를 부담하는 것은 당연한 것으로 생각하였으나, 지주층이 이를 전담하는 것은 불합리한 것으로 생각하고 있었다. 그러한 점에서는 김윤식의 견해나 마찬가지였다. 그래서 그는 이 경우에는 다음과 같은 규정을 마련하여

令主客各充其半 主客謂田主與作人 其半謂稅錢之半[58]

<hr>

57) 『兪吉濬全書』 IV, 「地制議」, 178쪽(이 경우 이러한 두 개의 稅率이 어떻게 一致될 수 있는 것인지 그는 言及하고 있지 않다. 혹 當時의 土地賣買와 農地로부터의 所出을 광범하게 調査함으로써 얻은 結論인지, 또는 그가 地租改正에서 참고하였던 바 어떤 資料가 그러한 結論을 내게 하였는지 분명치 않다. 그러나 추측컨대 아마도 後者가 그 根據가 되지 않았을까 생각된다. 農村調査에 대한 言及이 없는 데서이다).
58) 『兪吉濬全書』 IV, 「地制議」, 178쪽.

이 10분의 1稅를 地主와 小作農民이 각각 半씩 부담할 것을 원칙으로 세우고 있었다. 물론 그는 이 때 地代의 輕減을 전제하는 것이지만, 그러나 요컨대 이는 地稅의 小作農民 부담을 法制化하려는 것으로서 稅制의 改革이라는 점에 있어서는 不合理를 내포하는 것이 아닐 수 없었다. 이는 토지소유권자가 지조를 부담해야 한다는 대원칙에서 벗어나는 것이기 때문이다. 그리고 종래의 삼정을 중심한 세제에 있어서의 가장 큰 폐단은 삼정의 都結化現象이었고, 그것의 소작농민에의 전가였다는 점에서도, 세제개혁·지조개정에서의 지조의 소작농민 부담은 결코 타당한 방안일 수가 없는 것이었다.

그의 지조개정에 관한 원칙을 이와 같이 살펴보면, 요컨대 그것은 결코 농민경제를 위한 경부와 균부를 기할 수 있는 방안은 아니었다. 그것은 그가 토지균분을 부정하고 있었던 점과도 관련하여, 토지소유권자, 더욱 정확하게는 지주층을 위한 지주층의 입장에서의 방안인 것이며, 그러한 테두리 안에서의 부세의 균평과 농민경제의 안정을 기하려는 것이었다고 하겠다.

그러면 兪吉濬의 이와 같은 지조개정안은 어떠한 학문적 배경 위에서 이루어진 것일까. 그가 이러한 개혁안을 마련하는 데 있어서는 구래의 이 방면에 대한 연구가 참고되었음은 말할 것도 없었다. 무엇보다도 지조개정, 즉 세제개혁안이 구래의 삼정개혁론의 선상에서 그 연장으로서 제기되는 것이었음은 그 단적인 증거였지만, 그러한 가운데서도 가령 결부제의 불합리와 경무법의 필요성을 파악하는 데 있어서는 磻溪의 說을 참고하고,[59] 현물납세의 불합리와 정액제 금납화의 필요성을 파악함에 있어서는 崔瑆煥의 글을 인용하고 있었음은 그 예이었다.[60] 구래의 학문적 성과는

---

59) 『兪吉濬全書』 IV, 「地制議」, 139쪽(그러나 이 경우 結負制를 頃畝法으로 改正하려는 意圖는 兩者에게 있어서 차이가 있었다. 磻溪는 稅의 公正한 賦課를 목적으로 이를 주장하는 것이었으나, 矩堂은 結負制의 不合理를 지적하기 위해서 이것을 擧論하였을 뿐이었다. 그는 稅를 土地時價의 100분의 1로 정하고 있었으므로 頃畝法의 채택이 稅制와 직접 관련되는 것은 아니었다).

60) 『兪吉濬全書』 IV, 「稅制議」, 179쪽.

그로 하여금 세정 상의 모순의 소재를 인식하고 이를 개혁하도록 하고 있는 것이었다.

그러나 그의 세정의 개혁방향이 전기한 바와 같은 지조개정의 형태로 제기되는 데는 단지 그와 같은 구래의 학문적 성과만을 섭취하는 데서 연유하는 것이 아니었다. 그가 그와 같은 개혁안의 틀을 만들기까지에는 서구 자본주의열강의 세제와 그 영향 하에 근대국가로 성장한 일본의 세제가 크게 작용하고 있었다.

그것은 무엇보다도 지조개정을 위한 기초조사를 함에 있어서, 기술한 바와 같이, "使各郡之面 置長 如日本村制 調製其面内伏在田地・山林及空地之簿"할 것을 규정하고 있는 것으로써 짐작할 수 있다. 그의 지조개정은 말하자면, 일본의 그것을 표본으로 삼고 수행하려는 것이었다. '地租改正'이라든가 '土地調査', '地券'이라는 새로운 용어를 쓰게 된 것도 그 때문이라고 생각된다. 우리나라에는 지조에 해당하는 용어로서 조세제도・전세・결세 따위가 있고, 토지조사에 해당하는 말로는 양전이 있으며 地券은 공식용어로서 地契라는 낱말이 있고 또 제도로서도 부분적으로 시행되고 있었다. 주지하는 바와 같이 일본에서는 명치유신 이후 경제제도개혁의 일환으로서 지조개정이 있었고, 이를 위해서는 土地丈量・地價調査 등의 土地調査와 地券의 발행이 있었는데, 유길준이 지조개정을 위해서 수행하려는 일련의 작업은 일본에 있어서의 지조개정을 위한 기초조사와 같은 것이었다.

그리고 세의 부과에 있어서 지가를 과세의 기준으로 삼고 있는 점이라든가, 그것을 또한 지가의 100분의 1로 정하고 있는 점에서도 그러한 사정은 엿볼 수 있다. 일본의 지조개정은 지가를 기준으로 세를 부과하는 것이었고, 그 세율은, 처음에는 100분의 3이었으나 후에 이것을 개정하게 되는 「地租條例」에서는 100분의 1 정도가 적당한 것으로 말하여지고 있었다.[61] 그가 우리나라의 지조를 지가의 100분의 1로 정한 것은 이 때문이었으리

---

61) 楫西光速 外,『日本資本主義의 成立』II, 東京 : 東京大學校出版會, 1965, 299~
   300쪽 ; 山口和雄,『日本經濟史』, 東京 : 筑摩書房, 1976, 100쪽.

라고 생각된다. 그리고 지가의 100분의 1에 해당하는 세를 그 토지에서의 1년 소출의 10분의 1로 계산하고 있는 점에서는 더욱 그와 같이 생각된다. 일본의 地租改正에서의 100분의 3은 현실적으로는 1년 소출의 30%를 넘는 것이었고,[62] 따라서 100분의 1은 약 10%, 즉 10분의 1稅가 되는 것이었다.

이와 같이 살펴보면 유길준의 지조개정안은 일본의 그것을 모델로 하였던 것임을 알 수 있다. 그러한 점에 있어서는 김옥균이나 박영효의 그것도 마찬가지였으리라 생각되며, 이 밖에도 개화파의 지조개정에 관한 구상이 또 있었다면 그것도 그러하였으리라 생각된다. 그것은 그렇게 될 수밖에 없는 이유가 있는 데서이다. 즉 그들은 政變에 앞서 벌써 일본의 지조개정에 유의하여 그 「地租條例」를 들여다가 면밀히 검토하고 있었으며, 이를 시무가의 참고에 제공하기 위해서는 그들의 기관지에다 두 차례씩이나 소개하고 있었기 때문이다.[63] 그리하여 여기에 개화파의 인사들은 세제개혁에 관한 구체적인 새로운 표본을 얻게 되고, 그것을 지침으로 하여서는 우리의 세제를 개혁하기 위한 새로운 방안을 구상하게도 되었을 것이기 때문이다.

유길준의 지조개정은 이와 같은 일본의 사례가 표본이 되고 있는 것으로서, 그것은 요컨대 외래사상, 외국의 제도를 수입하여 구성한 것이었지만, 이러한 점은 비단 지조개정에만 한하는 것이 아니었다. 그것은 세제개혁 전반에 대한 구상에 있어서도 마찬가지였다. 그는 세제 전반에 대한 개혁방안 또는 재정개혁 전반에 대한 계획을, 가령

> 凡稅課隨條立名 使民易知可也 一曰土地稅 二曰家屋稅 三曰財産稅 四曰人丁稅 五曰海關稅 六曰物産稅 七曰營業稅 八曰官許稅 九曰印紙稅 十曰官紙稅[64]

---

62) 楫西光速,『日本資本主義發達史』, 東京 : 東洋經濟新聞社, 1958, 120쪽·297~298쪽.

63)『漢城旬報』第19號, 高宗 21년 4월 1일(1884. 4. 25), 10~11쪽 ; 第35號, 高宗 21년 8월 11일(1884. 9. 29), 21~23쪽.

라고도 기술하고, 또는

　一. 地租改正 二. 人蔘 三. 庖稅 四. 證印稅 五. 營業稅 六. 酒煙稅 七.
船舶稅 八. 所得稅 九. 諸鑛 十. 海關稅 十一. 官有地收入 十二. 海稅[65]

라고도 하였는데, 이와 같은 세제개혁・재정개혁의 틀은 구래의 학문적 전
통에서 오는 것이 아니라 서구 근대국가의 세제나 재정제도의 도입에서
오는 것이었다. 그것은 그가 이 무렵에 이해하고 있었던 서구의 세제를 살
피는 것으로써 쉽사리 이해할 수 있다. 갑오개혁 전야에 그는 서구 근대국
가의 사정을 『西遊見聞』으로써 저술하고 이를 바탕으로 하여서는 우리나
라의 근대화를 위한 방안을 모색하고 있었는데, 그가 이 때 서구 선진국가
특히 영국의 근대적 세제로서 기술하고 있는 것은 海關稅・物産稅・官許
稅・證印稅・土地稅・家屋稅・家産稅 기타 등등이었다.[66] 그의 개혁방
안과 『西遊見聞』의 세제는 용어가 달라지고 있는 부분이 있기는 하지만
그 내용은 대략 같은 것이었다.
　이러한 사실은 『西遊見聞』에서 볼 수 있는 서구 제국의 수세법의 제 원
칙에 대한 기술과, 그의 개혁방안에서의 세제개혁의 원칙을 비교하는 것으
로써도 이해될 수 있다. 가령 그는 서구 각국의 수세의 원칙을 直徵과 代
徵이라는 면에서 파악하고 그것을

　　泰西各國의 收稅ᄒᆞᄂᆞᆫ 法規를 考察ᄒᆞ건디 外面의 名目은 各種에 分ᄒᆞ
　　나 內評의 實狀은 二法에 不過ᄒᆞ니 曰直徵ᄒᆞᄂᆞᆫ 稅와 代徵ᄒᆞᄂᆞᆫ 稅라
　　直徵ᄒᆞᄂᆞᆫ 稅ᄂᆞᆫ 人民의 世傳及歳入ᄒᆞᄂᆞᆫ 物品의 實主人에게 課ᄒᆞᄂᆞᆫ 者
　　니 其稅의 條目이 土地・家屋・家産・證印等稅及 郵征・電信의 各種
　　이오 代徵ᄒᆞᄂᆞᆫ 稅ᄂᆞᆫ 人民의 賣買ᄒᆞᄂᆞᆫ 物品에 課ᄒᆞᄂᆞ니 夫如何ᄒᆞᆫ 物品이
　　든지 納稅ᄒᆞᄂᆞᆫ 者ᄂᆞᆫ 雖其製造 或換賣ᄒᆞᄂᆞᆫ 者나 然ᄒᆞ나 其物品을 用ᄒᆞᄂᆞᆫ
　　者가 其稅를 實出홈이니 此理를 理解ᄒᆞ기 爲ᄒᆞ야 酒稅를 擧ᄒᆞ야 其一例

64) 『兪吉濬全書』 Ⅳ, 「稅制議」, 192～193쪽.
65) 『兪吉濬全書』 Ⅳ, 「財政改革」, 197～200쪽.
66) 『兪吉濬全書』 Ⅰ, 「西遊見聞」, 181～183쪽.

룰 論ᄒ건디 釀酒者 或賣酒者가 其稅룰 先出ᄒ나 酒價는 自然히 其出
稅흔 分數룰 加ᄒ야 飮酒者에게 受흔則 其實은 釀酒 或賣酒者가 飮酒
者룰 代ᄒ야 其稅룰 先納홈이오 飮酒者는 其先納흔 稅룰 酒價에 合ᄒ야
授ᄒ는 者며 又一種稅는 直徵에 屬홀가 代徵에 歸홀가 其名目을 分明히
指出ᄒ기 難ᄒ니 此는 乃官許稅라[67]

고 설명한 바 있었는데, 그의 개혁방안에서는 이를 세제개혁의 원칙으로서
그대로 받아들여 다음과 같은 규정을 마련하고 있는 것이었다.

凡稅目 先分其直徵與代徵 以爲課稅之率可也
直徵稅課 收於久持之物 直用之品者也 如土地·家屋·財産及 證印·
郵征·電信等稅之類 皆屬於此部 代徵稅課 收於朝夕賣買之物品者也
今置其一例 以酒稅論之 官將徵稅於釀酒者 或賣酒者 而後二者 雖出其
稅 然必將加其出稅之分於酒價 市之飮酒之人 則其實釀酒或賣酒者 非
出其稅也 乃暫代飮者先納 而飮者合其先納之稅於酒價 以還釀酒或賣酒
者也 凡物皆如此[68]

그리고 또 전자에서는 부세의 대원칙으로서 세를 정하기에 앞서서 정부
에서 착념할 사항을 다음과 같이 열거하고 이를 설명하고 있었는데,

第二. 人生의 日用ᄒ는 物品에 最緊흔 種類는 無稅홈이 可ᄒ나 然ᄒ
나 已하기 不獲ᄒ야 課稅홀딘디 極輕히 磨鍊홈이 可흔事
第三. 如何흔 物品이든지 人生의 日用에 不緊흔 者와 奢侈흔 種類는
政府의 意룰 任ᄒ야 其稅룰 極重히 課ᄒ야도 可흔事
如是흔 緣由는 無他라 人生의 日用에 要緊흔 物品은 大綱으로 擧論ᄒ
건디 穀食과 柴炭과 布木과 藥材의 種類니 此는 貧富와 貴賤의 同用ᄒ
는 者며 且人生의 必要흔 物種이라 其稅룰 寬歇히 ᄒ야 貧賤흔 人民의
生涯룰 顧恤홈이 可ᄒ거니와 不緊흔 者는 酒茶와 綾錦의 種類니 人生의
日用에 無ᄒ야도 可ᄒ고 有ᄒ야도 有益홀 物品 아니라 然흔 故로 其用

67) 『兪吉濬全書』 I, 「西遊見聞」, 183~184쪽.
68) 『兪吉濬全書』 IV, 「稅制議」, 191쪽.

者는 必然 富貴人이 多홀디오 又或貧者가 求홀딘디 此는 浮浪흔 人이니
然ᄒ기 其稅룰 重ᄒ게 定ᄒ야 浮浪흔 者룰 抑制ᄒ고 又富貴人의 奢侈ᄒ
기 爲ᄒ야 濫費ᄒᄂ 財物을 取ᄒ야 政府의 經費룰 補홈도 無妨흔 者
라69)

후자에서는 이를 또한 그 개혁방안의 원칙으로 그대로 받아들여 다음과
같은 규정을 마련하고 있었다.

凡民生日用 必要之物 輕其稅 無益之物 重其稅可也
夫米穀柴炭布木藥材之屬 實爲人生日用之要品 所不可闕者也 貧富貴
賤之所同 則宜寬其稅 顧恤貧賤之生涯 而如酒茶烟草綾錦玉石 一切奢
靡之品 在人生之日用 無亦爲可 有亦無益 故其用者 必多富貴之人 又或
貧者賤者求之 是必浮浪之流也 宜重其稅 以抑浮浪之習 且奪富貴人侈
豪之濫費 以補國家之經費 則實爲輕貧賤者 稅之一端也70)

이와 같이 살펴보면 그의 근대화를 위한 세제개혁안의 틀은 서구 선진
국가의 세제에서 온 것이며, 그 중에서의 지조개정은 일본의 그것을 적용
한 것이었다. 다시 말하면 그가 稅制改革에서 모델로서 취하고 또 그 이론
적인 바탕으로서 원용한 것은, 서구 근대국가의 경제사상과 세제, 그리고
그 영향으로서 근대국가로 성장한 일본의 그것이었다. 그러한 점에서는 그
는 구래의 삼정개혁-세제개혁론의 바탕 위에서, 서구의 새로운 경제사상
이나 세제를 도입함으로써, 이를 지조개정을 중심한 새로운 차원의 세제개
혁론으로 전환시키고 있는 것이었다고 하겠다.

4. 農業振興論

개화파의 농업론에서는 세제개혁의 문제와 아울러 농업진흥에 관한 문

69)『兪吉濬全書』I,「西遊見聞」, 187~188쪽.
70)『兪吉濬全書』IV,「稅制議」, 191~192쪽.

제가 중요한 과제가 되고 있었다. 그것은 한편으로는 농민경제를 안정시킴으로써, 그들의 불만을 해소시킨다는 점에서, 그리고 다른 한편으로는 부국강병하여 근대국가를 수립한다는 점에서 요청되는 것이었다. 전자에 관해서는 그들은 세제의 전면개혁을 통해서 농민경제를 안정시키려 하는 것이었으나, 그와 아울러서는 지주제를 그대로 견지하려고 하는 것이므로, 이 시기의 농업체제에 내포된 모순이나 농민경제의 안정이 근본적으로 해결될 수 있는 것이 아니었다. 그러나 그럼에도 불구하고 현실은 그것을 절실히 요청하고 있는 것이며 집권층으로서 그것을 외면할 수는 없는 것이었다. 그리하여 그들이 여기에 그 대책으로서 제기하게 되는 것은 농업진흥을 통한 생산력의 발전, 그리고 그 결과로서의 농민경제의 윤택인 것이었다.

더욱이 그러한 문제가 있는 가운데서도 개화파의 인사들에게는 후자의 문제가 또한 있었다. 개화파의 경제정책은 서구열강이 그러하듯이 기본적으로 상업입국을 꾀하는 것이며, 상업의 발전, 무역의 盛旺을 통해서 부국강병을 기하고 근대국가를 수립하려는 것이었으나, 그 상업의 발전은 농업이나 공업 등 산업의 발전이 전제되지 않으면 아니되는 것이었다. 그리하여 여기에 그들의 경제정책에서는 농업진흥의 문제가 중요한 의미를 지니게 되고 개화파 농업론으로서의 특징을 형성하게 되었다. 이러한 사정은 유길준이나 정병하가 이를 명백하게 기술하고 있었다. 가령 유길준은 상업발전에 관한 방안을 제언하는 가운데, 열강이 부국강병 해서 세계를 지배하게 되는 원인을

現今 歐米諸邦 廣張兵政 橫行全毬 縱慾耽視 而毋敢誰何者 職由商道
盛興也 …… 今我富國在商 强兵在商 雪恥湔侮亦在于商 商其可忽乎[71]

라고 하여, 전적으로 상업이 발달한 데서 연유하는 것으로 보고, 우리나라도 부국강병 하려면 역시 상업이 발달해야 한다는 것을 강조하는 것이었

---

71) 『兪吉濬全書』 IV, 「商會規則」, 89~90쪽.

으나, 그러나 그러면서도 그는 그 상업이 발달할 수 있는 근거를 말하여서
는 다음과 같은 점을 특히 강조하고 있었다. 즉,

然善商者 在乎增殖物産興起人工 物産不殖 人工不興 于何爲商[72]

이라고 한 바와 같이, 상업의 발달은 요컨대 물산을 증식하고 人工을 興起
시키는 데 있는 것이니, 이것이 없으면 무엇으로 상업을 발전시키겠느냐고
하여, 상업이 발전하기 위해서는 산업의 발전, 즉 농업의 진흥이 필요하다
는 것을 역설하는 것이었다. 이리하여 농업생산이 발전하면 그 稅를 금납
으로 하고, 미곡의 유통을 위해서는 米商會社를 설치하여 이를 전담케 함
으로써, 농업과 상업이 연결되는 그러한 상업의 발전을 기하려는 것이 그
의 구상이었다.[73] 그리고 鄭秉夏는 그러한 事情을 그의 農書를 통해서 말
하되,

自夫通商以來 談時務者 動稱建會社・購汽船・採土貨・運洋物 彼來
而我往 與六洲萬國 分利而均勢 然後可以致自强 …… 彼西國率以通商
致富 然其內政 未嘗不以農爲先務[74]

라고 하여, 개항 이후 시무를 논하는 식자층은 언필칭 상업을 통한 자강책
을 말하고 있지만, 그러나 通商致富하고 있는 서구열강에 있어서조차도
그 內政에 있어서는 農政을 先務로 삼지 않는 나라가 없다는 것을 특히
강조하고 있었다. 그도 우리나라가 상업의 발전을 통해서 자강을 하기 위
해서는, 그 전제로서 그리고 상업발전에 선행해서 수행해야 할 일이 農業
의 발전이라는 것을 강조하는 것이었다.

개화파에 있어서는 이와 같이 농업의 진흥문제가 對內的으로는 농민경

---

72) 『兪吉濬全書』 IV, 「商會規則」, 90쪽.
73) 『兪吉濬全書』 IV, 「稅制議」, 186~189쪽. 그는 이러한 案을 후에 甲午改革에서는
   실제로 制度化함으로써 實踐에 옮기려고도 하였다(「軍國機務處議案」, 開國 503
   년 7월 24일 議案, 125쪽).
74) 『農政撮要』 序.

제를 안정시키고, 對外的으로는 열강에 대하여 독립자강할 것을 목표로 제기되고 있었지만, 그러나 그러면서도 그 주목표가 되는 것이 후자였음은 말할 것도 없었다. 그리고 그러한 점에서는 그들의 농업진흥책은 지주제를 주축으로 하는 상업적 농업을 지향하는 것이 되는 것이었으며, 여기에 그 농업진흥의 방법도 그러한 목표에 상응하는 새로운 방안으로서 제기케 되어졌다. 농업진흥을 위한 견해는 구래의 농업론에서도 부단히 주장되고, 그것은 정부의 권농정책이나 학자들의 농학 또는 농정책연구로써 제기되고 있었지만, 이 시기에 있어서의 개화파의 그것은 또 다른 각도에서의 새로운 방안으로써 제기되고 있는 것이었다. 그들은 그것을 정부의 자금대여나 회사의 조직을 통한 농지개발, 西歐農學의 도입을 통한 농업기술의 개량 등으로써 마련하고 있었다.

농지개발 : 농지개발에 관한 개화파의 기본방침은 박영효나 김옥균, 그리고 유길준의 개혁방안에 간결하게 그러나 선명하게 기술되고 있다. 박영효가 그의 개혁방안에서 다음과 같은 규정을 설정하였음은 그것이었다.

一. 務牧六畜事
一. 置山林司 修治山林川澤 免於材木薪炭及漁鱉之缺乏 又免沙汰山川 而以害田畓事
一. 使堤堰司 修築堤堰 以免水害 又儲水以免旱災事
一. 使濬川司 常治水利 以免泛濫崩頹 而便舟楫之通行事
一. 置治道司 常修道路橋梁事
一. 許民以私錢疏水·修道·架橋 而在該處權收貰錢事
一. 開拓內地及島嶼之荒蕪事[75]

그는 內陸·島嶼의 어느 곳에서나 新田을 開發하고, 산림천택을 수치하고, 도로와 수리시설을 보수하고, 목축을 장려하는 등 농업발전을 위한 기초조건을 정비하게 되면 농산업은 발전하고 따라서 民과 國은 윤택하고 부강케 되리라는 것이었다. 김옥균이 임오정변 이후 수신사로 派日되었던

---

75) 「朴泳孝上疏」, 經濟以潤民國 項.

金晩植의 견해를 그대로 받아들여, 부국강병을 위한 농정책으로서 치도론을 건의하였던 것도,[76] 박영효의 이와 같은 치도를 통한 농지개발책과 같은 것이었다. 그리고 유길준이 국토 개발에 관한 그의 일련의 계획 가운데서 다음과 같은 방안을 제기하였던 것도 같은 예이었다.

　凡江水之所漲落 海潮之所出入 至如平曠蘆菅之野 或因堤堰之未築 或官禁之多岐 地之可田者一未之墾 棄膏腴之壤 而作荒蕪之區 皆宜劃頃作統 載之圖本 記之籍案 聽民築堰作田
　凡崖谷崎嶇 不可耕之地 辨土宜 令民樹藝果茶之屬可也
　凡頃畝之間 不許樹雜木 …… 而桑與栗木則勿禁 不宜多種至於連蔭而蔽田 且或山底溪側可田之地 土性宜桑者 雖不田而種桑 亦不爲防可也
　凡山谷之間 原濕之土豊水佳水 足爲良田之處 雖設爲牧畜之場 不必禁 不惟不禁 而亦當勸之 然必尺計劃頃 以便征稅可也[77]

이에 의하면 그는 강해변에는 제언을 축조하여 신전을 개발하고, 산곡간에는 果・茶를 재배하고, 田畝 간이나 山底 시냇가에는 桑木이나 栗木을 재배하며, 山谷 간의 물 많고 良田이 될 만한 곳에는 목장을 개설함으로써 농업을 발전시키려는 것이었다. 그들의 견해는 어느 것이나 농지를 개발함으로써 농업을 발전시킨다는 점에서 공통되고 있었다. 다만 그들은 그것을 관주도하에서 수행할 것인가 또는 민간주도하에서 행할 것인가에 다소의 견해차가 있을 뿐이었다.

농지개발에 관한 이와 같은 문제들은 모두가 緊切한 것이고 반드시 성취되어야 할 일이지만 그러한 그것이 쉬운 일일 수는 없었다. 이러한 사업이 수행되려면 막대한 자금이 필요한 까닭이었다. 개화파에서는 그들이 구상하는 사업을 수행하기 위해서는 먼저 자금조달의 방법을 생각하지 않으면 안 되었다. 그것은 그 사업이 정부주도하에 행해지거나 민간주도하에 행해지거나 마찬가지였다. 이럴 경우 그것이 정부주도하에 행해지면 정부

---

76) 「治道略論」 序.
77) 『兪吉濬全書』 Ⅳ, 「地制議」, 153~161쪽.

의 자금방출이 많아져야 할 것이고, 민간주도하에 행해지면 민간측의 자금
조달이 많아져야 할 것이지만, 그러나 양자는 상호보완의 관계에 있지 않
으면 아니 되는 것이기도 하였다. 정부주도 하의 방안으로서 治道論에 대
한 논평을 요청받은 黎庶昌이

　　貴國欲擧行此政 自先以籌費爲第一義 …… 然後 以民力佐其不足 事
　始有成[78]

이라고 하였던 것, 앞에 제시한 바와 같이 박영효가 그 사업을 대부분 관
영사업으로 할 것을 계획하면서도 부분적으로 민간자본을 이용할 것을 꾀
하고 있었음은 그러한 사정을 말함이었다. 그리고 민간주도 하의 방안을
내세웠던 유길준이 그 자금의 염출방법을 "經費不敷 助以官財"할 것과,
開拓之費를 官에서 징세·부민차대·국채 등의[79] 방법으로써 충당하려
하였음도 그것이었다.

　이 경우 관으로부터의 자금지출은 그것이 어떠한 형태를 취하든 간에
國家財政의 한계 내에서 조달될 것이고, 정부가 그것을 하려고만 한다면
못할 것이 없는 것이지만, 민간인에게서 자금을 염출하는 문제는 쉬운 일
이 아니었다. 더욱이 국가재정이 허약할 경우에는 농지개간은 전적으로 민
간자본에 의존하지 않을 수 없는 것이므로 농지개발에 있어서의 민간인의
기능이 커지면 커질수록 그것은 더욱 중요한 문제가 되지 않을 수 없었다.
그러므로 개화파의 인사들은 민간인의 농지개발을 위해서는 그들이 그 자
금을 안심하고 출자할 수 있도록 새로운 방안을 고안하지 않으면 아니 되
었다. 그들은 그것을 '衆人合本'해서 農·工·商賈의 業을 경영하는 서구
근대의 회사제도를 도입함으로써 해결하려 하였다. 유길준은 그의 「地制
議」에 앞서 壬午年(1882)에 벌써 상회사의 규칙을 마련하였고, 朴泳孝는
그의 개혁안에서 상사나 은행의 설치를 강조하였지만, 농지개발과 관련된
회사에 관해서는 그들의 기관지에서 이를 대대적으로 계몽하고 있었다. 그

────────────────

78) 「治道略論」 跋.
79) 『兪吉濬全書』 IV, 「地制議」, 154～155쪽.

들은 西洋諸國이 부국강병할 수 있었던 기반이 회사의 활동, 즉 자본의 힘에 있는 것으로 파악하고,

今泰西諸國 莫不設會而招商 寔爲富强之基礎也 …… 今西洋諸國海駛輪船・陸馳火車・陘設電線・街懸煤燈 以洩造化莫名之機栝 兵出四海通商萬國 富甲天下 威視鄰邦 以開古今未有之局面者 皆會社而後 始有此事也[80]

라고 하여 이를 권장하였으며, 철도회사・선박회사・제조회사와 더불어 개간회사가 있어서 농지개발에 전념한다는 것을 소개하고 있었다.[81] 그리고 이와 같은 회사는 우리나라에서도 長通社・煙務局・保嬰社・惠商局・長春社・廣印社 등이 설치되고 있어서, 이미 그 제도가 도입되고 있음을 볼 수 있지만, 그러나 이들 회사는

然上項諸會社 皆貴富家合資而設 至於貧人役夫亦宜有自謀共濟之策而終無聞焉[82]

이라고 하였듯이, 모두 貴富家의 합자로써 이루어진 것이며 빈민이 포함된, 즉 대중이 참여하는 회사는 아직 없다는 점에서 이를 권장하는 것이기도 하였다. 그들은 대중이 참여하는 회사, 즉 자본을 광범하게 염취할 수 있는 그와 같은 회사를 영국이나 독일의 경우에서 예시하고, "庶覽者 詳悉其故 而取則焉可矣"라고 하여 회사설립에 참고할 것을 권유하기도 하였다.[83]

---

80) 『漢城旬報』 第3號, 「會社說」, 高宗 20년 10월 21일, 13쪽.
81) 『漢城旬報』 第3號, 「會社說」, 高宗 20년 10월 21일, 13쪽, "夫會社者 衆人合本而托數人 辦理農工商賈之事務者 而工商之事務不一 故商會之種類亦不少也 會社之中 有爲鐵道以便國內之輪運者 有爲船舶以通外國之往來者 有爲製造專尙物品者 有爲開墾專務土地者 他常行事業 皆結社以議之".
82) 『漢城旬報』 第15號, 本國會社, 高宗 21년 2월 21일(1884. 3. 19), 1쪽.
83) 『漢城旬報』 第15號, 本國會社, 1~3쪽.

하지만 회사의 제도가 전혀 생소한 것이라면 쉽사리 도입될 수는 없는
것이었다. 새로운 제도가 무리 없이 수용되려면 그것을 수용할 수 있는 바
탕이 마련되어 있지 않으면 아니 되었다. 이 시기에 있어서의 그와 같은
바탕은 구래의 계나 향약의 관행이었다. 이는 여러 가지 면에서의 여러 가
지 기능을 지니는 것이었지만, 경제적으로는 자본을 모아서 殖利事業을
하거나 상부상조하는 기능을 지니고 있었으며, 그러한 점에서는 '衆人合
本'해서 영리를 추구하는 회사의 제도와 흡사한 바가 있었다. 그리하여 회
사의 설치를 통해서 농지를 개발하고 농업을 진흥시키려는 개화파에서는,
이러한 구래의 향약이나 계의 기능에 주목하고 이를 바탕으로 하여서 새
로운 회사의 체제로 개편하려 하였다. 그리고 이는 정부의 시책에도 반영
되고 실제로 실천에 옮겨지게도 되었다. 갑신정변 때에 이루어지고 갑오개
혁 때에 재정비되어 하나의 완전한 근대적 회사로 발전하였던 농상회사는
그것이었다.

물론 개항 후에 있어서의 정부의 농지개발정책이 이 때에만 있었던 것
은 아니었다. 갑신정변 전야에도 이 사업을 위해서는 대대적인 방안이 마
련되고 있었다. 임오군란 후에 정부에서는 군·민의 난으로 폭발한 사회적
경제적 모순을 수습하기 위한 방안으로서 농정전반을 재검토하게 된 것이
었다. 1883년(고종 20) 12월에 있었던 농정책은 그것으로서 이는 임오군란
을 유발시키지 않을 수 없었던 농업상의 배경에 대한 검토와 그 타개책의
제시였다. 정부에서는 이 때 그 배경을 다음과 같은 한 마디로 요약하고
있었다.

比年以來 旱荒相仍 民食不敷 困苦顚連 有不忍聞 況當港務肇開貿易
漸旺 民心日淆 物價日昂 若不務本重農 內積外售 則民國之憂甯有極
哉[84]

즉 근년 이래로 旱災가 계속되는 가운데 농민 경제는 곤궁해지고, 더욱

84) 『漢城旬報』 第7號, 內衙門布示, 高宗 20년 12월 1일(1883. 12. 29), 10쪽.

이 개항 후의 대외무역[米穀輸出]이 성행하는 데 따라서 물가는 날로 뛰고 민심은 어지러워지고 있다는 것이었다. 이는 군란의 발생에 대한 요인을 내외의 양면에서 말한 것이었다. 그러므로 정부에서는 이러한 현상에 대비해서 대책이 세워져야 되겠다는 것이며, 그것을 務本重農하는 농정책으로써 수행하려 하였다. 농업을 더욱 발전시켜 儲積이 있게 함으로써 대내적으로는 곤고에 시달리는 농민문제를 해결하고, 대외적으로는 米穀貿易을 원활히 할 수 있도록 대비해야 되겠다는 것이었다. 그리하여 정부에서는 務本重農의 方案으로서 '統戶規則'・'農務規則'・'養桑規則' 등의 일련의 農政策을 마련하게 되었다.[85]

統戶規則(全 4條)의 主 골자는 5가작통의 호법을 분명히 하고, 각 읍에는 농과장의 직제를 신설함으로써 권농에 힘쓰고 妨農之源으로서의 유식인을 금지케 하려는 것이었다. 그리고 農務規則(全 6條)은 농지를 개간하고 수리시설을 신설 또는 보수함으로써 농업을 크게 발전시키려는 것이었다. 이 경우 이 농무규칙에서는 종래에 농지개발이 잘 안된 이유를 네 가지로 파악하고,[86] 이를 제거함으로서 그 사업을 촉진시키려 하였다. 그것은 오래 된 구진전을 개간한 자에게는 그 소유권까지도 넘겨준다는 적극적인 것이었다. 그리고 이와 같이 하여 농지를 개발하되 특히 우수한 성적을 올린 자에게는 작상과 그 밖의 시상을 할 것을 약속함으로써 그 사업욕을 촉구하기도 하였다. 養桑規則(全 11條)은 養蠶業을 발전시키기 위한 種桑에 관한 規程과, 木綿・麻布生産을 위한 規程, 그리고 藷・茶 등의 재배를 장려하는 규정으로 되었으며, 種桑이나 직조 등에 공이 많은 자는 시상을 하고, 양잠을 위해서는 이에 관한 중국의 농서를 번역하여 보급할 것을 기약하는 것이었다.

말하자면 이 때의 이와 같은 농지개발을 위한 농정책은 비록 그 규모가 방대한 것이고 또 실제로 그 실효를 거두고 있는 방안이기는 하였으나, 그

---

85) 『漢城旬報』第7號, 內衙門布示, 高宗 20년 12월 1일, 10~12쪽.
86) 그 네 가지는 다음과 같은 것이다. "曠廢之地 久未開墾 其由有四 一曰民力不足也 二曰慮有官侵豪奪也 三曰荒地或有主 墾耕之後終爲所占也 四曰欲築洑灌水而爲下洑所禁也"(『漢城旬報』第7號, 內衙門布示, 高宗 20년 12월 1일, 10쪽).

러나 요컨대 그것은 정부가 국가의 행정기구를 통해서 관권으로써 성취하려는 것이며, 그러한 점에서는 구래의 농정책과 기본적으로 그 방법을 달리하는 것이 아니었다. 그리고 바로 그러한 점에서 이 농정책은 대중으로부터 그 자금을 광범하게 염출[衆人合本]하여 그 자금을 통해서 농지를 개발해 가는 사업이 될 수는 없었다. 폐기 상태의 구진전을 개간한 者에게 그 소유권을 넘겨준다는 조항은 일견 매력있는 방안이기는 하였으나, 이것을 목표로 하는 개간은 사적인 토지소유권이 확립되어 있는 조건 하에서 농민층 상호간에는 현실적으로 존재하기 어려웠을 것이며, 만일에 있다면 그것은 권력층의 토지약탈의 방법으로 이용되고 따라서 사회적 혼란을 심화시키는 결과가 되었을 것이다.[87] 농지개발에 민간자본을 동원하여 개발사업을 활발하게 전개할 수 있는 방법은 달리 강구될 필요가 있는 것이었다.

  이러한 요청은 1884년 9월에 있었던 농정에 관한 교지를 계기로 구체화되어 갔다. 이 때까지에는 정부에 의해서는 농정에 관한 여러 가지 조치가 전기 농무규칙 이외에도 산발적으로 취해지고 있어서, 이를 통합하고 조직화할 필요가 있었으며, 개화파에 의해서는 그들의 기관지 『漢城旬報』를 통한 계몽 운동이 전개되고 있어서, 서구 자본주의 열강의 경제사정이 여러 면에서 소개되고 또 회사의 조직을 통한 자본염출의 방법도 거듭 소개되고 있었으므로, 정부에서는 이를 토대로 새로운 농정책을 수립할 수가 있었다. 甲申年 9월의 농정에 관한 교지는 이러한 가운데서 이 두 가지 문제를 한꺼번에 해결할 것을 목적으로 내려지고 있는 것이었다. 그것은 그 교지의 목표가

  教曰 農桑・造織之務 瓷甄・牧畜・紙茶之屬 皆關係經用 可以裕國利民 故已有掌內司多少經紀 而不可無掌事幹務之屬員 設局置官及諸般措處 令軍國衙門磨鍊節目以入 此外更有敎民興業之事 掌內司依草記稟處[88]

---

87) 金容燮,「高宗朝의 均田收賭問題」,『東亞文化』8, 1968.
88)『日省錄』, 高宗 21년 9월 12일, 21冊(서울大印本), 275쪽 ;『承政院日記』, 高宗 21

라고 하였듯이, 農桑・造織・瓷甄・牧畜・茶紙 등에 관한 설국치관의 절목을 마련할 것과 그 밖의 교민흥업지사를 위한 방안을 강구토록 하는 것이었음에서 알 수 있다. 그리고 그러한 가운데서도 민간자본을 동원하는 방안을 마련케 한 것은 후자, 즉 교민흥업의 방안을 강구케 하고 있는 점이었다.

그리하여 정부에서는 이를 계기로 구래의 향촌사회에서 관행하였던 계나 향약의 기반 위에, 서구 자본주의사회에서 성행하는 회사의 개념을 도입함으로써 새로운 농상회사를 설립하게 되었다. 1885년 2월에 발행한 「京城農桑會章程」과 「交河農桑社節目」은 바로 그것이었다.[89] 그간에 있었던 개화파정치인들의 정변은 실패로 돌아갔지만 그들이 주장하였던 농정책으로서의 회사설은 정책상에 반영되고 채택된 셈이었다.

이 장정에 의하면 관의 주도 하에 설립된 京城農桑會는 순전한 농지개발회사였다. 그것은 그 설립목표에 뚜렷이 명시되고 있다. 회사의 설립자들은 우리나라에서는 아직도 개발해야 할 농지가 허다하므로 이를 개발하면 民과 國이 모두 부강케 될 터인데도 그렇지 못한 실정에 있으니 그들이 이 과업을 수행하리라는 것이었다. 그들은 그것을 다음과 같이 기술하고 있었다.

> 我國壤地不廣 似當人多地狹 而山野尚多不闢之處 江海猶有未墾之地 且水畓之利 比諸旱田 不啻倍蓰 而不能作畓者 無他 非徒由於居民財力 不贍而未遑也 且有緣於智巧之不及而未能也[90]

즉 우리나라에는 人多地狹한데도 불구하고 산야에는 아직도 不闢한 곳이 많고 강해변에는 미간지가 있으며, 또 수전은 한전에 비하여 수익이 배

년 9월 12일, 高宗篇 8冊(國編委本), 934쪽.

89) 「交河農桑社節目」과 「京城農桑會章程」은 前者의 책명으로서 합본되어 현존하는데(서울대학교 古圖書 No. 4256. 44), 그 前文으로서는 前記 9월 12일자 敎旨를 또한 記載하고 있어서, 이 會社가 설치되는 經緯를 알 수 있다.

90) 「京城農桑會章程」 序.

나 되는데도 以田作畓이 잘 안되고 있는데, 그 이유는 民의 재력이 부족한 데서만 기인하는 것이 아니라 智巧[技術]가 불급하는 데서도 연유한다는 것이었다. 그러므로 그들은 이 두 가지 이유를 해결하는 방법으로서 다음 과 같이

　　聚同志人幾員 鳩財設會 以定章程 以備農器 擇幹事人幾員 往審形便
　　或築堰貯水 或通洑灌漑 或水低而地高者 用水車引水 隨處起墾 則其功
　　效當何如[91]

라고 하여 동지 몇 사람이 모여서 자금을 모아 會를 設하고 章程과 농기 구를 비치하며, 간사 몇 사람을 택하여 현지를 조사함으로써 혹은 築堰貯 水를 하기도 하고 혹은 通洑灌漑도 하며, 혹은 水低地高한 곳에는 수차로 인수하여 기간도 할 것이라는 것이었다. 그렇게 되면 농업생산력의 발전에 크게 기여하리라는 생각이었다. 더욱이 이 때에는

　　況今港務肇開 貿易日旺 物價高翔 亟宜務本 倍加瀛畜 乃可以仰事俯
　　育 保有恒心 且可心遊學四方 通商各國 凡此會員一心專力 無或玩愒 永
　　爲民國資用之策[92]

라고 하여 개항 후의 무역의 성황(主로 農産物)으로 물가가 날로 오르고 따라서 농업생산을 통한 수입이 증대하고 있는 시기였으므로, 회사의 기구 를 통하여 농업생산에 더욱 힘써서 그 수입을 배가하게 되면 농민경제가 풍족해 지는 것은 말할 것도 없고, 사방으로 유학하고 각국에 나아가 통상 도 하게 되리라는 것이었다. 그러므로 이 회사의 설립자들은 그들의 회원 이 會의 사업[農地開發]에 전력함으로써 그것이 民과 國의 資用之策이 되 게 힘써야 된다는 것을 당부하는 것이었다. 그리고 그들은 會社의 설치를 통한 농지개발의 효과를 이와 같이 중시하는 까닭에, 각 지방의 인민들이

---

91) 「京城農桑會章程」序.
92) 위와 같음.

그들의 회사를 모방하여 지방 단위의 농지개발회사를 설치하고 곳곳에서 개간사업에 힘쓰게 되면, 전국의 산야와 강해변에서 볼 수 있었던 황무지는 옥토가 될 것이며, 그렇게 되면 國富民贍하는 날을 기할 수 있을 것이라고 전망하는 것이었다.[93]

이러한 목적을 달성하기 위해서 이 회사에서는 全 19條 附則 5項으로 된 절목을 마련하고 있었는데, 그 내용은 향약이나 계의 바탕 위에 회사경영을 위한 새로운 규약을 첨가하고 있는 것이었다. 회사가 향약이나 계의 바탕 위에 수립되었다고 함은 회사의 절목에 그 회원의 준수사항으로서 德業相勸하고 患難相恤하며 哀慶相問할 것 등을 규정하고 있는 것으로서 그와 같이 말할 수 있다[節目 第1條 附則全部]. 會員이 喪을 당했을 때는 白紙・黃燭과 아울러 10兩을 購儀하고, 患難을 당하여 실농을 하게 되었을 때는 出力作農해 주며, 失火를 당했을 때는 20兩을 助給하며, 科擧에 及第한 者가 있으면 30兩・50兩・100兩을 助給한다는 것 등이 그 내용인데, 이는 鄕約이나 契에 있어서의 相扶相助인 機能이었다.

그리고 그 새로운 규약이라고 하는 것은 자본의 捻出과 이익의 분배, 개간에 따르는 수입 관계, 임금의 지불 관계, 그리고 그 회무를 운영하는 데 관한 규정 등이었다.

즉 資金의 捻出에 있어서는 각 회원의 최소한의 股錢[股份・柱式]을 50金(兩)씩으로 하고(第3條), 이익은 평균으로 분배하되(第9條) 倍를 출자하면 이익분배에 있어서도 관례에 따라 그 만큼 더 배당한다(第10條). 개간에 따르는 수입은 신전을 개간할 경우는 3년이 지난 후 10분의 1稅를 官에 상납하고 나머지가 회사의 수입이 되며(第9條), 타인의 농지를 以田作畓할 경우에는 『大典通編』의 예에 따라 전주에게 半分(上品田)이나 3분의 1(中品以下田)을 支出하고 나머지가 會의 收入이 되는 것이었다(第7條). 이 때 이러한 토지의 경영 방식은 후자의 경우는 회사가 借地經營者, 즉 소작인의 입장에서 경영하는 것이 되고, 전자의 경우는 이 때의 법으로 보아 그 토지의 소유권을 회사가 가지게 되는 것이므로, 그 경영은 아마도

---

93)「京城農桑會章程」序.

대개의 경우는 소작인에게 대여하는 지주경영을 하게 될 것이나, 혹 경우에 따라서는 임노동을 이용하여 직영을 하는 농장경영을 하는 수도 있었을 것이다. 그리고 임금은 관을 빙자하여 수탈치 말고 당시의 관례에 따라 제대로 지급함으로써 인심을 얻도록 한다는 것이며(第12條), 會의 운영은 농상에 정통한 자를 간사로 선출하여 그 사업을 위임하고(第4條), 사업에 필요한 농기구는 중국이나 그 밖의 나라로부터 이를 수입하여 그 製法을 본받아 제조토록 한다는 것 등이었다(第5條).

이러한 몇 가지 규약에서 보면 농지개발회사로서의 이 농상회사는 비록 향약이나 계의 바탕 위에 수립되기는 하였지만 그것은 순연한 영리단체이었음을 알 수 있다. 그리고 이러한 영리단체에 참여하여 이를 움직이게 되는 주체는, 그 회원의 출자[股錢]의 정도로 보아 중소지주층 이상의 富力이 있는 계층이었을 것이며, 과거급제자의 경하를 약속하고 있는 것으로 보아 양반층이 중심이었을 것으로 생각된다. 말하자면 이 회사의 설립자들은 양반지주층을 중심으로 평민·천민 중의 지주 및 부농층을 흡수하면서, 구래의 향약이나 계를 바탕으로 하여, 영리단체로서의 회사를 설치하고 농지개발을 통한 부의 축적을 꾀한 것이라 하겠다. 그리고 이 때 그들이 개발한 농지를 경영함에 있어서는 토지소유권자로서의 지주경영이나 혹은 농장경영을 하기도 하고, 자본가로서의 借地經營을 하기도 하는 것이었으므로, 그 영리추구의 방법은 다양하고 그 경영양식은 자본가적인 경영을 지향하는 것이었다고 하겠다.

농지개발에 대한 정부의 구상은 이러한 회사를 통해서 전국적으로 그 사업을 전개하려는 것이었으므로, 경성농상회사의 章程은 각 지방에서 농지개발에 뜻을 두는 인사들에게 자극을 주었다. 그리하여 그 章程을 바탕으로 하여서는 지방단위로 농상회사가 설치되고 그에 따르는 지방별 규약이 따로 작성되기도 하였다. 대원칙은 중앙의 農桑會章程을 그대로 따르되 각 지방의 형편에 따라서는 보다 구체적인 세칙을 마련하게 된 것이었다. 그러한 한 예가 交河農桑社의 설치와 그 운영을 위한 절목이었다. 즉 이곳에서는, 이미 그들에게 앞서 농상회사를 설치하였던 바 장단지방의 예

에 따라, 회사를 설립하고 농지를 개간하게 되었으며 그 會의 운영방침을
절목으로서 작성하고 있었다.

이런 경우의 지방단위의 규약은 농지개간을 중심해서 일어날 수 있는
향촌사회의 질서의 파괴에 특히 신경을 쓰고 있었다. 질서는 파괴하지 않
고, 농지는 효과적으로 개발하려는 데서였다. 교하농상사의 절목은 바로
그러한 표본이었다. 그러한 점에서는 지방농상회사의 절목은 구래의 향약
을 더욱 철저하게 원용하는 것이 편리하였으며 실제로도 그렇게 되었다.
교하농상사의 절목은 향약이나 계의 변형이었다. 말하자면 지방의 농상회
사는 서울의 그것보다 더 철저하게 구래의 향약이나 계의 규약을 기반으
로 하면서 새로운 회사의 장정을 마련하고 있는 것이었다. 그러한 점에서
는 이 때의 회사는 후술되는 바와 같이 신분제를 통한 농민통제를 완전히
탈피하지 못한, 따라서 그것이 진정한 의미에서의 근대적인 회사가 되기에
는 아직도 일정한 거리가 있는 셈이었다.

회사의 설치를 통해서 농지를 개간하려는 개화파의 방안은 그 후 갑오
개혁기에 이르러서는 더욱 잘 다듬어지게 되었다. 갑신정변시에는 그들이
정권을 잡은 가운데 이를 실천하고 있는 것이 아니었으므로, 그 근대적 會
社로서의 체제는 개화파가 생각하는 대로의 것일 수가 없었다. 그러나 갑
오개혁기의 그것은 그들이 개혁사업을 추진하는 가운데, 그 일환으로서 수
행하고 있는 것이었으므로, 그 회사로서의 체제는 그들의 구상대로 마련될
수가 있었다. 1894년 10월에 발행된 「官許農桑會社章程」은 바로 그것으로
서, 이는 1885년 2월의 「京城農桑會章程」을 바탕으로 이를 더욱 잘 다듬
어서 그들이 목표하는 會社의 體制를 갖춘 것이었다. 이에 의하면 그 구성
은 告示・章程・規則의 세 부분으로 되어 있으며, 고시에서는 회사의 취
지를 설명하고, 장정에서는 회사의 사업방침을 條列하고, 규칙에서는 회원
의 준수사항을 규정하고 있었다.

이와 같은 고시에 의하면 갑오개혁기의 개화파에서 농상회사를 재정비
한 것은, '變法自强'함으로써 부강한 나라를 건설한다는 개혁이념수행의
일환으로서였으며, 帝國主義列强이 侵逼해 오는 狀況 속에서 그에 대한

對備策, 즉 '自强禦侮之策'을 추구하는 하나의 방법으로서였다. 그들은 서구열강의 병기[銃砲]는 우리보다 강하고, 전신과 선박은 우리보다 빠르며, 천문·물리학은 우리보다 정교하며, 광무·통상·직조·주폐 등에서는 우리보다 부하다고 생각하는 것이며, 이와 같은 부강을 기반으로 서구열강은 세계를 지배하기에까지 이른 것이라고 생각하였다. 그러므로 그들은 이러한 상황 속에서 열강의 침략을 막고 독립을 유지하여 우리 자신을 보존하려면, 일체의 서법·서학을 배척할 것이 아니라, 우리의 체제를 변법하여 우리보다 부강한 서구열강의 학문을 배우고 스스로 부강한 나라가 되는 자강에의 길을 추구하는 수밖에 없다고 확신하는 것이었다. 그리고 그러한 자강의 방법을 "自强之道 莫先於農政"이라고 하여 우선 농정을 바로 세우는 것이 첩경이라고 생각하는 것이었다.[94]

농정은 이와 같이 自强禦侮를 위해서 기본이 되는 것임에도 불구하고, 그들이 보기에 이 때의 우리나라의 농업은 "國無儲峙 民乏瓶罌"한 형편이었다. 농정의 불합리로 國庫와 民庫가 모두 텅 비어 있다는 것이었다. 그리고 우리의 농업이 그렇게 된 근본이유는,

> 不能用西國機器 以之耕種 可使土膏深透 地力騰達 物類力於發生 收成亦當倍蓰 而唯僅用人畜之力 未能收地利之宜也[95]

라 하여 서구에 있어서와 같이 機器를 농경에 이용하지 못하고 人畜의 힘만을 사용하는 까닭이라고 보고 있었다. 서구에서는 기기를 농업에 이용함으로써, 즉 농업을 기계화하여 농지는 기름지게 하고 지력은 왕성하게 함으로써 농작물은 힘차게 자라고 수확도 또한 배가케 하고 있다는 데서였다. 그러므로 자강지도로서의 농정을 구상하는 그들은 구래의 농정이 지니는 결함을 시정하지 않으면 아니 된다는 것이며, 그러기 위해서는

> 盖農桑一事 實邦國之基礎 而百業之根源也 所望草野諸君子 亟回泥古

94) 「官許農桑會社章程」告示.
95) 위와 같음.

之見 幡然圖新之策 一意會社招員集款 凡在購辦機器之術 修築灌漑之
制 開拓荒蕪之政 採用水糞之法 一切修擧 先以裕財便民 且獲省工祛費
將使國脉滋長 民産殷富矣[96]

라고 한 바와 같이, 草野의 인사들이 舊見을 버리고 중인이 협력하는 회사
를 설치하여 농지를 개간하는 새로운 방안을 모색해야 한다는 것이었다.
동지자들이 회사를 설립하여 투자자를 모집하고 그 章程을 마련함으로써,
기계의 구입, 관개의 수축, 황무지의 개척, 수분법의 채용 등을 모두 제대
로 갖추고 이를 시행하되, 먼서 裕財便民하고 省工祛費하게 되면 장차 국
력은 충실하고 민산은 부유해지리라고 전망하는 데서였다. 그리하여 그들
은 여기에 이 거대한 사업을 수행하기 위하여 자금을 모을 수 있는 회사의
필요성을 강조하는 것이며, 그러한 회사의 운영을 위해서는 章程과 규칙을
마련함으로써 그 운영방침을 제시하게 되었다.

　全 10款으로 된 章程은 대략 사원의 투자・국채・외국으로부터의 차관
을 통해서 서구의 기계를 구입하며, 농기구나 직조기는 서구의 것을 구입
하되 전문교사까지도 雇聘하여 그 제조 사용법을 익히며, 수리시설에서는
서구의 風車之制를 받아들여 인력을 동력으로 대체하며, 田家種樹에서도
田隴四圍에 須多種桑하는 서법을 받아들이며, 그뿐만 아니라 회사에서 모
집한 기금으로써는 京・鄕을 막론하고 학교를 設하여 우리나라의 학문[儒
學]과 서구의 신학문을 교육하며, 개간사업에서 얻은 농지는 몰락농민으로
서의 유식인에게 임금을 지급하여 정착 경영토록 한다는 것이 내용으로
되어 있었다. 그리고 全 8條로 된 규칙은 농상회사는 향약고규에 의해서
설치되는 것이므로, 전 사원은 향약에서와 같이 향촌사회에서의 상부상조
적 기능을 살려 갈 것을 규정하고 있었다.[97] 그러나 그러면서도 이 때의
농상회사는 당시에 진행되고 있었던 일련의 근대화작업의 일환으로서 재
정비되는 것이었으므로, 그 규칙은 구래의 향약의 기능에서 볼 수 있는 바

---

96)「官許農桑會社章程」告示.
97) 韓㳓劤,『韓國開港期의 商業硏究』, 230~232쪽에서는 이 무렵의 상회사의 성격을
　　파악하기 위해서 이 농상회사의 장정과 규칙을 소개하고 있다.

와 같은, 그리고 갑신정변기의 농상회사의 장정이나 절목에 아직도 그 잔
재가 남아 있었던 바와 같은, 신분적인 면에서의 농민통제적 기능은 이를
완전히 제거하고 있었다.

　農學導入 : 개화파에서는 농지개발을 위한 회사의 활동에서 서구의 기
기를 구입 방조하는 방침을 세우고 있었지만, 농업진흥을 위한 그들의 기
술상의 구상이 이에서 머문 것은 아니었다. 그들은 기기뿐만이 아니라 농
학, 즉 농법·농업기술까지도 서구로부터 이를 적극적으로 수용할 것을 꾀
하고 있었다. 농지개발을 통해서 전국의 농지가 확대되면 이를 새로운 서
구의 농학을 통해서 경작함으로써 보다 큰 생산력의 발전을 기하려는 데
서였다. 서구의 농법을 보급시키는 방법으로서는 물론 일정한 연구와 실험
과정을 거쳐서 이를 농민들에게 교육 실천케 하려는 것이었다. 앞에서 이
미 언급한 바와 같이 농상회사의 조직을 통해서 서구의 학문을 교육시키
려 하였음은 그러한 예이지만, 가령 박영효나 유길준이 그 개혁방안에서

　　一. 勸農桑 而教以作農之法 用具之利事
　　一. 令牧羊 以圖後日之衣服 而雇外人 使教牧羊之法事[98]

라든가, 또는

　　方今農理深廣 非學問不成 故別有專門之指授 宜自政府 先擇聰明宜有
　　志之士 使取天下之長而衰之 建農理黌 以教我國中子弟 而各州置農務
　　場 辨土宜之種 利田器之用 善肥料之法 以示于民 而使得效行也[99]

라고 하였음은, 바로 그러한 그들의 농업진흥을 위한 방침의 천명이었다.
전자는 농법과 기기의 사용을 농민들에게 교육하고, 牧羊之法을 위해서는
특히 외국인을 고용하여 교육하겠다는 것이며, 후자는 現今의 농법에 관한
이치는 심오하고도 광범하므로 농학의 연구와 그 교육이 아니고서는 그

98)「朴泳孝上疏」, 經濟以潤民國 項.
99)『兪吉濬全書』Ⅳ,「地制議」, 165쪽.

성과를 기하기 어렵다는 것이었다. 그리고 그렇기 때문에 정부에서는 농학교를 設하여 학생들에게 이를 교육하며, 각 도에는 농업시험장을 설치하여 토성과 농기구와 시비법 등을 실험하여 농민들에게 이를 고시함으로써 이를 본 받도록 해야 한다는 것이었다. 더욱이 개화파의 논객들은 서구제국이 비록 상공업으로써 금일의 급무를 삼고 있기는 하지만, 그러나 그러면서도 그들이 농업을 경시하지 않는다는 것을 정확히 인식하고 있었다. 그래서 그들은 그 기관지를 통해서는 서구제국에 農學을 전문적으로 교육하는 농학교가 있음을 소개하고, 천하지대본이 농정임을 재확인하여 그 교육의 중요성을 강조하기도 하였다.[100]

서구의 農學을 도입함으로써 농업생산력을 급속도로 성장시키려는 개화파의 이와 같은 방안은 여러 가지 면에서 구체적으로 실천에 옮겨지고도 있었다. 그 하나는 농업시험장의 설치와 연구였다. 개화파의 일원인 최경석이 정부의 지원을 받아 미국의 농학을 받아들여 농무목축시험장을 설치하고(1884), 미국의 농기구와 종자 및 가축 등을 수입하여 새로운 농업을 개발하기 위한 실험을 하고 있었음은 그것이었다. 그리고 이와 병행하여서는 잠상공사가 설치되고 독일인 기사가 고빙되어 새로운 양잠법을 장권하고 있었는데 이것도 같은 사례였다.[101]

다음은 농학교를 설립하고 서구의 농학을 교육하는 일이었다. 그것은 농무학당의 설치와 영국인 농학교사의 고빙으로 나타났다. 최경석이 설치한 시험장은 그 후 崔의 사망으로 내무부농무사의 관할 하에 들게 되거니와(1886), 서구의 농학을 도입하여 농업을 개량해 가려는 방침은 그대로 계승 추진되고 있어서, 정부에서는 영국인 농학교사를 고빙하여 2년제의 농무학당을 설치하고 본격적으로 서구농학을 교육하게 되었다. 이 때의 교육내용은 농학교사의 고빙합동에 명기되고 있는데, 토지개량·목축·농지개간에 관한 것이 중심이 되고 있었으며, 그 교과로서는 농학·경포학·농업화학·농기학·과실학·삼림학·가축학·수학 및 이상 제 학과의 실습을

100) 『漢城旬報』 第5號, 泰西農學校, 高宗 20년 11월 10일(1883. 12. 9), 14쪽.
101) 李光麟, 「農務牧畜試驗場에 대하여」, 『韓國開化史硏究』, 一潮閣, 1969, 190~208쪽.

제공하는 것이었다.102) 이러한 교육내용이 구래의 농학과 근본적으로 다른
것임은 말할 것도 없었다.

셋째는 서구의 農學을 주축으로 하는 농서를 편찬함으로써 그 農法을
보급시키려는 일이었다. 安宗洙의 『農政新編』(1881)이나 鄭秉夏의 『農政
撮要』(1886)는 그것이었다. 前者는 신사유람단에 수행하였던 安이 日本의
農學界를 통해서 볼 수 있었던 서구의 농학을 그대로 옮긴 것이고,103) 후
자는 갑오개혁시의 농상공부대신으로 활약하였던 鄭이 그에 앞선 수년전
아직 지방관으로 전전할 때 '中・西諸農家之說'을 종합하여 서구농학의
체제로 새로 편찬한 것이었다.104) 어느 것이나 구래의 우리 농학과는 거리
가 먼 것이고 서구의 농학을 직수입한 것이었다. 구래의 우리 농학, 특히
실학파의 그것은 그 수준이 지극히 높은 것이었으나, 개화파의 농학은 실
학파의 농학을 계승 발전시키는 것이 아니라, 서구의 새로운 농학을 수용
하여 이를 새로운 자기학문으로서 확립하고 있었다.

5. 農民解放論

개화파의 농업론에서는 농업진흥책과 아울러 그 일환으로서 크게 제론
되는 것에 농민해방의 문제가 있었다. 농업이란 본시 토지・농업(技術)・
농민을 바탕으로 하는 산업이며, 따라서 농정책이란 이 세 가지 문제에 얽
히는 사회적 경제적 모순을 해결하지 않으면 아니 되는 까닭이었다. 그리
고 그러한 점에서 농업개혁에서의 개혁의 대상이나 농업사에서의 연구의
대상이 이 3者가 되는 것임은 말할 것도 없는 일이었다. 그것은 일정 시기
・일정체제 내에서의 농정책에서 그러할 것은 말할 것도 없지만, 변동기의
농정책에 있어서는 더욱 그러한 것이었다. 사회변동은 사회구성체의 변동,

---

102) 舊韓國外交文書 英案(1)(高大本), 244쪽에는 이 때의 「農業敎師雇聘合同」이 收
錄되어 있다.
103) 李光麟, 「安宗洙와 『農政新編』」, 앞의 책, 1969, 203~221쪽.
104) 『農政撮要』序.

체제변동인 까닭이었다. 그러므로 봉건적인 사회체제의 변혁 위에 근대사회를 수립하려는 개화파의 농업론에서는 토지문제나 농업기술상의 문제 이외에도 농민 문제를 진지하게 다루지 않으면 아니 되었다. 그들은 그와 같은 농민문제를 봉건적인 제구속으로부터의 농민층의 해방이란 각도에서 제기하고 이를 실천에 옮겨가고 있었다.

봉건적인 제구속으로부터 농민층을 해방시키는 문제는 근대화를 위한 개화파의 개혁정치에 있어서 중요한 과제가 되고 있었다. 농업생산이라는 한정된 범위 내에서 생각하더라도, 근대사회・자본주의사회의 성립을 위해서는 봉건적인 속박과 구속을 받지 않는 자유로운 인간들의 기업활동과 거기에 종사할 수 있는 자유로운 노동계층의 형성이 필요한 까닭이었다. 그리고 그것은 봉건 지배층에게 억압되었던 농민층에게 생산 의욕을 고취하는 방안이 되는 까닭이기도 하였다.

그들은 그것을 여러 가지 면에서 수행하려 하였지만 그 중에서도 신분제의 해체 문제는 그 중심이 되고 있었다. 조선왕조의 봉건적인 사회경제체제는 신분제와 지주전호제라는 두 支柱 위에 싱립되는 것이므로, 봉건제 사회체제를 해체시키고 근대사회를 수립한다는 것은, 곧 지주전호제적인 경제체제는 말할 것도 없고, 신분적인 사회체제를 또한 해체시키지 않으면 아니 되는 것이었다. 신분제에 따르는 사회적인 모순은 이 시기에 있어서는 지주전호제에서 배태되고 전개되는 항쟁과 더불어 더욱 격화되고, 따라서 그것은 봉건적인 사회체제를 근저로부터 동요시키고 있었으므로, 새로운 社會를 건설하려는 論者들은 이 문제를 근본적으로 해결하지 않으면 아니 되었다. 그리고 그 해결의 방향은 피지배층의 요구를 받아들여 귀천이 구분되는 신분제, 즉 상・하 관계로 질서화된 사회체제를 횡적 질서의 평등사회의 체제로 개편하는 것이어야만 하였다.

더욱이 이러한 문제는 이미 오래 전부터의 시대사조로 되어 오는 터였으므로 개화파의 근대화작업에서는 이는 반드시 해결하지 않으면 아니 되었다. 즉 17세기에서 19세기에 이르는 조선후기의 농촌사회에서는 농법전환, 상업적 농업의 전개에 따라 농업생산력이 크게 발전하고 이에 따라서는 농민층분화가 일어나게 되거니와, 그러한 가운데서 부를 축적할 수 있었던 농민들은 그 부역으로써 합법적 또는 비합법적으로 양반신분으로 상승하고, 국가에서는 그 재정난과도 관련하여 하나의 사회정책으로서 그 신분을 해방시켜 가고도 있었다. 納粟授職·納粟免賤·奴婢解放에 관한 일련의 조치나 모칭유학 등은 모두 그러한 사회현상의 표현이었다. 그리고 이러한 제 현상과도 관련하여서는 진보적인 지식인들에 의한 신분제비판과 그 타파론이 또한 광범하게 전개되고 있었다. 庶孼差待廢止論, 노비제폐지론, 양반계층에 대한 풍자와 비판, 서교나 동학에서의 신분제부정 등은 그러한 예였다. 그리하여 이러한 시대사조 속에서 피지배층의 사회의식은 높아지고, 그 의식의 고조는 그들로 하여금 마침내 농촌사회의 경제파탄을 계기로 봉건지배층에 대한 광범한 항쟁을 전개케 하였다. 봉건적인 사회신분제는 현실적으로 지탱하기 어렵게 되고 있는 것이며, 그 개혁에 대한 시대적인 요청은 커지고 있는 것이었다.

개화파의 봉건적인 신분제해체를 위한 개혁방안은 바로 이와 같은 시대사조를 바탕으로 제기되었다. 박영효가 "『燕岩集』에 貴族을 攻擊하는 글에서 平等思想을 얻엇지오"라고 하였음은 그러한 사정을 말함이었다. 그리고 그들은 서양사상에 의해서 계발되고 그것을 표준삼아 근대화를 이룩하려는 것이었으므로, 이와 아울러서는 서구의 평등사상이 또한 그 개혁방안의 이론적 기저가 되고 있었으며, 따라서 신분제의 해체는 그 근대화의 사상기반에 의해서도 수행되지 않으면 아니 되는 것이었다.

신분제는 이와 같이 현실적으로 해체되어 가고 그것을 해체시킬 수 있는 평등사상도 성숙해 가고 있었지만, 그러나 그것이 자연적으로 소멸되기는 어려웠다. 평등사상을 거부하고 신분제를 유지하려는 보수적인 지배층의 세력은 거대하였다. 신분제의 폐지는 그 만큼 난제였다. 그러나 근대화·자본주의화를 지향하는 사회개혁에 있어서 이 문제가 제외될 수 없는 것임도 당연한 일이었다. 서양사상에서 민권사상이나 평등사상을 배운 개화파 인사들에게는 더욱 그러하였다. 그들에게 있어서는 그것은 여하한 방법으로든 수행되지 않으면 아니 되는 것이었으며, 여기에 그것은 그 개혁

사업에 있어서의 하나의 과제가 되었다. 그리하여 그들은 갑신년의 정변에 있어서는 김옥균이

閉止門閥 以制人民平等之權 以人擇官 勿以官擇人事[105]

라고 하였듯이, 인민평등의 권리를 제정할 것을 그 강령의 하나로서 내세웠으며, 그 후 박영효가 개혁정치의 수행을 상소로써 촉구하게 되었을 때는

法律者 人民處身結交之規矩 而勸正理 禁邪惡 故其行之也 無偏無黨 只辨是非曲直之理 而治之[106]

라고 하여, 법 앞에 만인은 귀천의 차별 없이 평등하다는 평등사상을 내세우고, 또 이 정신에 입각하여서 평등화를 위한 여러 가지 방안을 마련하기도 하였다.[107] 그리고 견문기를 저술할 만큼 서양사정에 정통하였던 유길준은 인권을

凡人이 世에 生홈애 人되는 權利는 賢愚・貴賤・貧富・强弱의 分別이 無호니 此는 世間의 大公至正호 原理라[108]

고 보는 데서, 그가 그 개혁의 이념을 주도하였던 갑오개혁에서는 이 원리를 실천에 옮겨, 다음과 같은 규정을 마련함으로써

一. 劈破門閥班常等級 不拘貴賤 選用人材事
一. 罪人 自己外緣坐之律 一切勿施事
一. 寡女再嫁 無論貴賤 任其自由事

105)「甲申日錄」.
106)「朴泳孝上疏」, 興法紀安民國 項.
107)「朴泳孝上疏」, 興法紀安民國 項, 使民得當分之自由 以養元氣 項의 諸條目.
108)『兪吉濬全書』I,「西遊見聞」, 114쪽.

　一. 公私奴婢之典 一切革罷 禁販賣人口事
　一. 雖平民 苟有利國便民之起見者 上書于軍國機務處 付之會議事
　一. 驛人・倡優・皮工 竝許免賤事

와 같이 법제상으로 완전히 신분제를 타파하고 인권을 유린하는 구법을
제거하기에 이르렀었다.[109]

　농민층의 해방에 관해서 개화파의 인사들이 다음으로 생각하는 것은 봉
건적인 신분제와 관련하여 자행되는 여러 가지 농민수탈을 방지하는 문제
였다. 그들은 그것을 특히 삼정의 수취질서와 관련하여 생각하고 있었다.
삼정의 문란은 요컨대 신분의 귀천, 권력의 유무, 빈부의 차이에 따라 불공
평하게 운영되는 것이었으며, 그로 인해서 항상 큰 피해를 입고 희생되는
것은 주로 농민층인 까닭이었다. 신분에 따르는 사회적인 우열은 경제생활
에 직접 영향을 미치고 농민수탈의 방편이 되고 있었으므로, 농민해방의
구체적인 의미는 이러한 수탈의 방지가 될 수밖에 없었다. 수탈의 방지 문
제가 그들의 개혁운동이나 농업진흥책과 어떻게 연관되는 것인지는 박영
효나 김옥균이 이를 명쾌하게 설명하고 있다. 박영효가 갑신정변의 동기를
술회하여

　　그 때 政治事情이 누구든지 憤慨 아니 할 수가 없었소. 國事라는 것이
　억망이로구려. 賣官鬻爵 같은 것은 依例 것이니까 말할 것도 없고 國稅
　를 받는다는 것이 모도 坤殿이 사사로이 보내는 收稅官들의 私腹으로 들
　어가고 閔氏族 其他 權門勢家의 미움만 받으면 生命을 扶持할 수가 잇
　소? 이것을 보고야 아니 憤慨할 수가 잇소?[110]

라고 하였던 것, 김옥균이 국력의 쇠퇴 원인을 말하여

　　人民이 一物을 製하면 兩班官吏의 輩가 此를 橫奪하고, 百姓이 辛苦

109)「軍國機務處議案」甲午年 6월 28일 議案, 19~20쪽, 開國 503년 7월 2일 議案, 28
　　쪽.
110) 李光洙,「朴泳孝氏를 만난 이야기 - 甲申政變回顧談」,『東光』19, 1931.

하여 銖鎰를 積하면 兩班官吏 등이 來하여 此를 掠奪하는 故로, 人民은
말하되 自力으로 自作하여 衣食코자 하는 時는 兩班官吏가 그 利를 吸
收할 뿐만 아니라 甚함에 至하여는 貴重한 生命을 失할 慮가 有하니 차
라리 農商工의 諸業을 棄하여 危를 免함만 같지 못하다 하여 이에 遊食
의 民이 全國에 充滿하여 國力이 日로 消耗에 歸함에 至하였나이다.[111]

라든가, 또는

　臣이 多年見聞에 據하여 陛下께 奏上한 바 有하온데 陛下는 此를 記
憶하시나이까. 그 뜻은 今日 我邦 所謂 兩班을 芟除함에 있나이다. 我邦
中古以前 國運이 隆盛할 時에는 一切의 器械産物이 東洋二國에 冠하였
는데 今에 總히 廢絶에 屬하여 다시 그 痕跡도 無함은 他故 아니옵고 兩
班의 跋扈專橫에 因하여 그렇게 되었나이다.[112]

라고 함으로써, 양반지배층의 농민수탈과 그로 인한 농산업의 위축에 있는
것으로 보고 있었음은 그것이었다. 그들의 근대화방안은 농상공의 산업을
진흥하여 국력을 배양하고 병력을 강화함으로써 열강의 대열에 끼는 것이
었는데, 지금까지 그것이 불가능하였던 것은 봉건지배층의 농민수탈 때문
이라고 보는 것이었다. 그러므로 그들은 그들이 목표하는 바 부국강병의
근대국가를 이룩하기 위해서는 그와 같은 수탈을 제거함으로써 산업을 진
흥시켜야 한다는 것이며, 그러기 위해서는 수탈의 방편으로 이용되고 있는
신분제나 삼정의 제도를 개혁해야 한다는 것이었다. 그리고 그것은 실제로
前記한 바와 같이 세제개혁, 신분제의 폐기 등으로 구체화되기도 하였다.
　그러나 봉건지배층의 수탈이 이것으로써 완전히 제거될 것을 기대할 수
는 없었다. 그들의 개혁방안은 지배층의 입장에서 지배층을 중심으로 그
경제적인 기반(地主制)을 그대로 온존한 채 수행하려는 것이었으므로 더
욱 그러하였다. 그뿐만 아니라 그나마 그들이 구상하는 개혁방안이 일거에

---

111) 「金玉均上疏」 (閔泰瑗, 『甲申政變과 金玉均』 所收), 74쪽 ; 「巨文島事件에 대한
　　上疏」(『新東亞』 1966년 1월호 附錄), 10쪽.
112) 위와 같음.

성취되지 않을 경우에는 특히 더 그러하였다. 그러므로 그들은 세제나 신분제를 전면개혁할 것을 구상하면서도, 이와는 별도로 지배층의 수탈을 방지할 수 있는 제도적인 조치가 있어야 할 것으로 생각하게 되었다. 그들은 그것을 지방민의 정치 참여, 즉 지방자치의 제를 제도화함으로써 해결하려 하였다. 지방민이 정치에 참여함으로써 관의 횡포를 막으려는 견해는 벌써 철종 임술민란에서의 하나의 대책으로서 널리 주장되고 있는 터였으므로,[113] 개화파의 이러한 견해가 신기하고 생소한 것은 아니었다. 그리하여 개화파에서는 이러한 여론을 바탕으로 새로운 각도에서의 民의 정치참여 문제를 구상하게 되었다. 박영효가 그의 상소문에서

設縣會之法 使民議民事 而得公私兩便事[114]

할 것을 建議하였음은 바로 그것이었다. 정부가 지방에 관한 문제를 다루는 데 있어서는 지방관의 일방적인 통치로써 행할 것이 아니라, 지방민의 현회[自治機構]를 통해서 이를 의논하여 결정토록 하자는 것이었다. 그는 이것을 "正政治 使民國有定"의 방법으로써 제언하고 있었으므로, 이는 요컨대, 지방자치를 통해서 지방행정을 원활하게 함으로써 官의 농민수탈을 막고, 民·國을 안정시키려는 것이었다고 하겠다. 이러한 입장은 갑오개혁에서의 개혁방안에도 그대로 반영되고 있었다. 아마도 유길준의 발의에 의했을 것으로 생각되는 議案에서

令道臣 飭地方官設鄉會 使各面人民 圈選綜明·老鍊各一人 作鄉會員 來會于本邑公堂 凡發令醫療等事當自本邑施措者 評議可否 公同決定 然後施行事[115]

라는 사항을 결의하고 있음은 그것이었다. 각 지방에서는 그곳에서 令을

---

113) 주 2)의 두 번째 論文 참조.
114) 「朴泳孝上疏」, 正政治 使民國有定 項.
115) 「軍國機務處議案」, 開國 503년 7월 12일 議案, 41쪽.

發하고 개선해야 할 문제가 있을 때 군단위로 향회[評議機構]를 組織하고 鄕會員을 선임하여(各面에서 綜明者와 老鍊者를 각 1人씩), 이들과 더불어 議論해서 이를 결정토록 한다는 것이었다. 이러한 그의 입장은 후에는 더욱 다듬어져서 지방자치를 위한 제도로서 법제화되기도 하였다.116)

지방민이 정치(地方行政)에 참여함으로써 지배층의 수탈을 방지하고 지방행정을 원활하게 하려는 발상은 내외의 두 계통으로 오고 있었다. 박영효가 전기한 바 縣會法을 提起하면서 이를 附註로써 설명하되

今政府之山林 府縣之座首 皆因於儒敎 隨民望選拔 而協議民國之事 則本朝亦有君民共治之風也 臣聞前日 治隆德盛之時 山林之權 傾動一世 國之大事 必經議論 然後行政云 若推此法而廣之 漸臻益精益美 則可謂文明之法也 凡民有自由之權 而君權有定 則民國永安 然民無自由之權 而君權無限 則雖有暫時强盛之日 然不久而衰亡 此政治無定 而任意擅斷故也117)

라고 하였음은 그러한 사정을 단적으로 표현하는 것이다. 이에 의하면 그가 현회라고 하는 자치기구를 구상하게 된 것은 군민이 공치하는 서구의 입헌군주제를 이상적인 政體로 보는 데서였다. 전제정치에서는 정치가 어지러워지는 것은 군권이 정치를 任意擅斷하는 까닭이라고 판단하는 때문이었다. 이는 지방행정에 있어서의 지방관에도 해당하는 말이 아닐 수 없었다. 그런데 군민공치에 유사한 정치는 우리나라에도 있어서, 정부에서는 산림의 의견을 들어서 이를 정치에 반영시키기도 하고, 지방관청에서는 향청의 제가 있어서 민선의 좌수로 하여금 수령을 보좌케도 하고 있으니, 이는 서구의 정치에서 볼 수 있는 군민공치의 정치에 가까운 것이라 생각하는 것이며, 따라서 이를 다듬고 육성해서 자치기구로서 개편하자는 것이었다. 말하자면 그는 구래의 우리나라의 정치제도・지방제도에다, 서구 근대

---

116)「內部請議書」2, 開國 504년 10월 26일, 鄕約規程及鄕會條規請議書 ;「現行韓國法典」第9篇 第2章 鄕會條規, 鄕約辦務規程 ;『兪吉濬全書』IV, 漢城府民會規約 등 참조.

117)「朴泳孝上疏」, 正政治 使民國有定 項.

의 정치사상을 도입함으로써 이를 근대적인 지방자치의 기구로 전환시키려는 셈이었다고 하겠다.

이러한 태도는 유길준의 경우에 있어서도 마찬가지였다. 그는 향회를 설치함으로써 각 지방이 그곳 政事를 評議하여 수행토록 하였으며, 이는 더욱 세심히 다듬어져서 후에는 지방자치의 법으로 확대되었거니와, 이러한 사실은 구래의 지방자치의 한 관습이었던 향약의 제도 위에 서구의 지방자치의 이념을 도입한 것이었다. 그것은 그가 세계각국의 정체를 두루 검토한 결과, 서구에서 볼 수 있는 입헌군주제의 정치, 즉 "君民의 共治ᄒᆞᄂᆞ 者가 最善ᄒᆞᆫ 規模"[118]라고 판단하고, 따라서 이러한 정치형태를 우리나라에 실현하려 하면서도, 인민의 정치에의 참여방식을 마련함에 있어서는 이 단계에 있어서는 아직 서구의 자치기구를 직수입하는 것이 아니라, 우리나라 구래의 향약의 기능을 살려 이를 이용하고 있는 것으로써 알 수 있다. 즉 그가 지방자치의 필요성을

> 地方人民의 氣力智慮롤 奮發하며 且其心志롤 統合ᄒᆞ야 事物에 歸着ᄒᆞ고 兼ᄒᆞ야 財産權利롤 自護케 ᄒᆞ기 爲하야 …… 此段을 閣議에 提出ᄒᆞ야 可否決定ᄒᆞ시믈 乞홈[119]

이라는 각도에서 제기하면서도, 그 지방자치제를 "鄕約辦務規程及鄕會條規"라는 표제로써 법제화하고 그 내용이 구래의 향약의 기능과 흡사한 것이었음은 바로 그러한 사정을 말함이었다.

농민해방에 관하여 개화파의 농업론이 끝으로 제언하는 것은 농촌 공동체의 구속력으로부터 농민층을 해방시키는 일, 즉 그 구속력을 제거하려는 것이었다. 농민들은 위로부터 법제상으로 신분이 해방되고 수탈이 제거되어도, 농촌 내부에 있어서는 지배층에 의해서 조직되었거나 또는 향촌사회의 지도층에 의해서 조직된 공동체의 구속력으로부터 벗어날 수가 없었다. 그러므로 자본주의경제체제의 수립을 지향하고 그것을 위해서 농민해방을

---

118) 『兪吉濬全書』 I, 「西遊見聞」, 151쪽.
119) 註 116)의 「鄕約規程及鄕會條規請議書」의 前文.

주장하게 된 개화파에 있어서는 이러한 문제도 심상히 넘길 수가 없는 것
이었다. 농촌공동체에 의해서 속박과 구속이 가해지는 한 농민들은 비록
신분이 해방되어도 자유로운 활동이 보장될 수가 없는 까닭이었다. 그 뿐
만 아니라 이 시기에 있어서는 보수적인 봉건지배층이 체제부정적인 농민
항쟁에 위기의식을 느끼고, 구래의 농촌공동체에서의 농민통제의 기능을
강화함으로써 체제 전반을 유지하려고도 하고 있었으므로 더욱 그러하였
다. 그러므로 농민해방을 위한 개화파의 농업대책에서는 이와 같은 통제기
능을 완화 또는 제거하지 않으면 아니 되었으며, 여기에 그들의 농업론에
서는 농촌공동체로서의 향약이나 계의 기능에 대한 수정이 가해지게 되었
다.

　향약이나 계의 기능을 수정함에 있어서는 농민층에 대한 통제기능은 이
를 제거하고, 정치적 또는 경제적인 면에서의 자치기능은 이를 더욱 육성
해 나갈 것을 원칙으로 세우고 있었다. 정치적인 면에서의 자치기능은 기
술한 바 '君民共治'의 뜻으로서의 지방자치에서 이를 볼 수 있는데, 이는
향약을 기반으로 하면서도 그 내용에 있어서는 구래의 향약이 지니고 있
었던 농민통제적 기능을 충분히 배제하고 있는 것이었다. 그것은 鄭秉夏
의「密州章程」이나 兪吉濬의「鄕約辦務規程」의 어느 경우에도 마찬가지
였다. 鄭秉夏는 密陽府使로서 그곳의 옛 향약을 토대로 새로운 향약을 작
성하고 이를 실천에 옮기고 있었으나, 이는 전술한 兪吉濬의「鄕約辦務規
程」과 마찬가지로 이미 구래의 향약이 아니었다. 향약이나 계가 지니는 경
제적인 면에서의 자치기능은 상부상조로 표현되는 것이었는데, 개화파의
농업론에서는 이를 고자염출의 방법으로 적용하여, 자본을 모아 회사를 設
하고 농업진흥을 위한 방안으로서 활용하고 있었다. 이와 같은 사실은 이
미 앞에서 詳論한 바이다.

　그러나 이와 같은 대원칙의 수정만으로써는 해결 안 되는 문제가 농촌
공동체에는 아직도 남아 있었다. 그것은 유산자와 무산자의 계급적 대립에
공동체의 규약이 이용되고, 따라서 유산계급에 의해서 무산계급이 박해를
받고 수탈을 당하고 있는 일이었다. 그러한 문제가 이 시기에 있어서는 임

노동층의 노임문제를 중심으로 두드러지게 드러나고 있었다. 가령 어느 향리의 洞約節目 중의 농작규칙이 다음과 같이 되어 있음은 그 예이다.

> 農作規則이니 …… 雇價은 一洞이 開會酌定ᄒ되 時勢에 依ᄒ야 公平歸定後에ᄂ 雖節晚人難時라도 一二錢을 不得加給이고 挾戶不農者가 本洞種耘之役을 磨勘前에ᄂ 他洞에 出雇을 一禁ᄒ고 雇夫가 雇價에 歇小홈을 稱托ᄒ고 汗漫廢役者은 洞中에 接趾을 不許ᄒ고[120]

즉 이는 洞約이라고 하는 농촌공동체의 규약이 임노동층을 여러 가지면에서 통제하고 있는 것으로서, 한말개혁기의 농민, 특히 最下의 몰락농민층은 구래의 공동체규약으로부터 신분적인 탈출이 가능하였으나, 이제 새로운 형태의 계급적인 압박을 받게 되고 있음을 표현하는 것이었다. 그러므로 이러한 상황 하에서 농민층의 해방을 생각하는 개화파의 인사들에게는 이러한 문제까지도 해결하지 않으면 아니 될 것으로 생각되었고, 여기에 임노동층에 대한 수탈방지의 문제를 그 주요과제의 하나로 삼게 되었다. 17세기에서 19세기에 이르면서 농업생산력이 급속하게 발전하고 그 결과로서 농촌사회가 크게 분화되는 데 따라서 발생하게 된 임노동층은, 대체로 19세기 전반기까지는 자유로운 임금노동자로서 촌락공동체에 의한 규제를 크게 받는 것이 아니었는데, 이제 이 무렵에 이르러서는 이러한 문제가 社會的인 문제로서 주시되고 개혁의 대상이 되기에까지 이른 것이었다.

　이 시기에 이르러서 이와 같이 촌락공동체의 기능이 硬化되는 데는 몇 가지 이유가 있었다. 무엇보다도 철종 임술년의 농민반란에서 농민층이 패배하였음은 그 중요한 근거가 되었다. 이 항쟁은 流民·浮客·夯商·傭雇—이들은 夯商을 제외하면 주로 임노동층을 형성한다—등 농민층분화에서의 최하의 몰락농민들이 주동이 되어 전개한 지주층을 중심한 봉건지배층에 대한 항쟁이었는데, 이러한 항쟁에서 난의 주체들은 비참하게 패퇴하였으므로 그 반동으로서는 지배층의 이들에 대한 통제가 강화되기에 이른

---

120) 金容燮, 「花嶺里稷員洞約節目」, 앞의 책, 1990, 187쪽.

것이었다. 다음은 구래의 농촌사회에서 부분적으로 관행하던 洞布制나 戶布制가 대원군 치하에서는 동명의 제도로서 법제화되고 있는 일이었다. 이 때에는 대원군의 지배층에 대한 견제책으로 지주층은 한때 위축되고, 또 그와 아울러 법제화된 호포제는 비록 평민층의 사회의식을 성장시키기는 하였지만, 동시에 그것은 동을 단위로 하는 것임에서 전국적인 규모로 촌락공동체의 경화현상을 초래하고, 移來移去가 자유로웠던 임노동층은 촌락공동체의 감시 하에 놓이게 되었다. 셋째는 그러한 위에서 개항 후에는 미곡무역이 성행하는 데 따라 지주층이나 부농층에게 새로운 차원에서의 상업적 농업경영이 일어나게 된 일이었다. 종전까지의 상업적 농업은 국내시장을 대상으로 하는 것이었으나, 이제는 그 판로가 외국으로까지 확대되고 있어서 농산물의 상품화는 대량화하게 되었으며, 이에 따라서는 그들은 농업생산을 보다 합리적으로 하여 농자는 되도록 줄이되 이윤은 되도록 늘려가는 경영을 하게 되었다. 그리고 그 결과로서는 지주경영은 성장해 갔으나 그 그늘 속에서 임노동층은 희생을 강요당하게 되었던 것이었다.[121]

그러므로 이러한 시대상황 속에서 몰락농민・임노동층의 불만은 커지고 사회불안은 심화되어 갔다. 농촌사회에 있어서는 토지문제가 아니더라도, 이제 부분적으로 임노동에 생계를 의존해야 하는 빈농층이거나 완전한 의미에서의 임노동층이거나를 막론하고, 부농층과 지주층에 대한 계급적 대립이 더욱 심각해지게 된 것이었다. 그러므로 근대화작업으로서의 개화파의 농업정책에서 이러한 문제가 도외시될 수는 없는 것이었다. 촌락공동체의 통제는 제거되고 임노동층은 자유로운 노동계층으로서 보호되어야만 하였다. 그리하여 여기에 그들은

勿以官詐憑恃 役民隨例給雇 務得人心事[122]

---

121) 이와 같은 농촌공동체의 변모에 관해서는 앞으로 별고에서 상론하게 될 것이다.
122) 「京城農桑會章程」.

라든가, 또는

> 設法禁遊民 而不可定其雇價事 如一定其雇價 則勤惰無別 雖勤而無其
> 報 故必與惰者同惰也[123]

라는 규정을 그 개혁방안의 한 원칙으로 내세우기도 하였다. 전자는 1885
년의 농상회사의 장정에서 내세운 규약으로서 임노동층에게 임금을 제대
로 지급함으로써 인심을 얻는 데 힘써야 한다는 것이며, 후자는 박영효가
이를 더욱 잘 다듬어서 개혁의 원칙으로 삼은 것으로서, 임노동층에 대한
雇價는 통제할 것이 아니라 이를 자유롭게 방임하자는 것이었다. 雇價를
통제하면 임노동층이 나태하여진다는 데서, 다시 말하면 그들을 통제로부
터 해방하면 그들에게 생산의욕을 고취하고 근면한 노동자가 되게 할 수
있다는 데서였다.

6. 結語

이상에서 우리는 甲申·甲午期에 활약한 開化派의 農業論을 살피었다.
이 시기에는 이른바 개화파로 불리는 일단의 정치인·지식인들이 있어서
근대사회·근대국가의 수립을 위해서 활동하였고, 그 일환으로서는 농업
개혁에 관한 방안을 또한 실천해 가고 있었다. 그러므로 그들의 그와 같은
농업론은 농업론 그 자체로서의 의미뿐만 아니라 그와 관련된 개혁운동의
농업사적 의의와 성격을 규정하는 것이 되는 것이기도 하였다. 이곳에서는
바로 그와 같은 개화파의 농업론에 관련된 일련의 저술을 분석함으로써
그들의 농업개혁론이나 그것을 기반으로 한 개혁운동의 성격을 파악하려
하였다.

그러한 농업론에 의하면 개화파에서는 그들의 근대화·자본주의화를 위

---

123) 「朴泳孝上疏」, 經濟以潤民國 項.

한 작업으로서 토지・농업・농민 문제에 관하여 여러 가지 문제를 개선하고 개혁하려 하였다. 농민경제의 안정과 부국강병한 국가재정을 수립한다는 데서였다. 그들은 그것을 봉건적인 제 구속으로부터는 농민층을 해방하고, 민곤이 심화되고 국제무역이 성행하는데 대응하여는 농업을 진흥하며, 불합리한 稅政[三政]을 바로잡기 위해서는 지조개정법을 제언하는 등 여러 가지 면에서 내세우고 있었다. 근대화 작업에 있어서는 어느 것이나 없을 수 없는 중요한 문제였고, 이 시기의 농업 문제를 해결하기 위해서도 반드시 필요한 작업이었다. 그러나 그러한 개혁방안은 근본적으로는 지주제를 현상대로 유지한다는 전제 위에서의 일이었다. 개화파에서는 구래의 지주제를 그대로 유지하려 한 것은 말할 것도 없고 그것을 보호하고 그 자본을 이용함으로써 근대화・자본주의화를 기하려 하였다. 그들의 농업론은 말하자면 지주제를 중심한 농업질서의 재건, 자본제 농업기구에로의 전환을 꾀하는 것이었다.

개화파의 이와 같은 개혁방안은 그러한 제 문제에 대한 구래의 견해를 바탕으로 하는 것이었으나, 그러한 위에서 서구 근대의 자본주의 경제사상이나 그 영향 하에 이루어지고 있는 각국의 새로운 제도를 도입함으로써 이를 더욱 선명하게 다듬어 가고 있었다. 즉 그들은 본시 토지재분배를 통한 농민경제의 균산화론에는 반대하되 대의 상 지주제의 수호를 내놓고 주장할 수는 없는 것이었으나, 이제 서구 근대사회에 있어서의 소유권개념이나 부국강병을 이룩한 자본가계급의 기능이 着目되고 채용되는 데서, 구래의 봉건적인 지주제에 대하여 새로운 명분과 존재의의를 발견하게 되고, 이들을 주축으로 새로운 자본가적인 지주제・자본주의 경제체제를 수립하려 하였다. 그리고 세정에 있어서는 본시 삼정의 전면개혁을 주장해 오는 터였으나, 여기에 서구의 근대적 세제와 일본의 지조개정법을 원용하게 됨으로써 그들의 새로운 세제개혁론을 마련할 수 있었다. 그리고 농업진흥을 위한 방안도 구래에 있었던 여러 가지 면에서의 권농정책과 향촌사회에서의 경제활동을 바탕으로 하는 것이었으나, 여기에 서구사회에 있어서의 회사의 개념이나 근대농학을 도입함으로써 새로운 농업진흥책이 될 수 있었으며, 농민해방의 문제도 구래의 신분제의 해체나 민의 자치, 정치참여론을 바탕으로 하는 것이었으나, 여기에 서구의 정치사상이 도입됨으로써 새로운 지방자치·농민해방의 방안이 되고 있는 것이었다.

개화파의 농업론은 말하자면 그들이 접할 수 있었던 새로운 경제사상을 통해서 봉건지주층의 입장에서의 지주층을 중심한 농업개혁을 구상하고 있는 방안이었다. 구래의 농업개혁론은 대별하여 농민층의 입장에서의 농민층을 주축으로 하는 실학파의 농업개혁론과, 농민반란에 밀려 농민층에게 일정한 양보를 하기는 하되 지배층의 입장에서의 지배층을 중심한 개혁론이었던 정부의 三政釐正策이 있었는데, 이와 같은 농업개혁론의 전통에서 개화파의 농업론이 그 '立場'과 그 개혁의 '理念'을 계승하고 있는 것은 후자의 경우였다. 개화파에서는 이러한 농업개혁론의 전통을 개항 이후의 새로운 정세, 즉 제국주의열강의 침입이라고 하는 새로운 정세에 직면하여, 서구의 자본주의경제사상을 도입함으로써 이를 새로운 차원의 농업론으로 정리하고 있는 것이었다. 이 시기에는 봉건적인 농업체제는 파탄하고 그 결과로서는 농민층의 봉건지배층에 대한 항쟁이 확대되고-항조운동·농민반란·농민전쟁-있어서, 농업개혁은 어느 입장에서이거나 반드시 필요한 것이었는데, 개화파의 농업론은 그들이 견문한 바 자본주의경제체제와 그 경제사상을 구래의 지배층의 입장에서의 지배층을 위주로 하는 농업론에다 원용함으로써 이를 그들의 새로운 農業論으로 체계화하고 있는 것이었다.

그러한 점에서는 개화파의 농업론은 많은 문제를 제기하고 부분적으로는 이를 해결하고도 있어서 큰 의의가 있는 것이지만, 그러나 이 시기의 농업체제가 내포한 기본적인 모순관계를 해소시킬 수 있는 것은 아니었다. 이 시기의 농업문제는 봉건적인 지주제에 얽히는 봉건지주층과 無田無佃의 소작농민층·임노동층의 대립 관계로 집약될 수 있는 것인데, 개화파의 농업론은 이러한 문제에 대한 근본적인 해결책을 제공하는 것이 아니었다. 유길준에게는 지대경감에 대한 언급이 있기는 하였으나 그것은 빗발치는 토지균분론의 공세에 대한 방탄용·무마용의 변사로서 부수적인 문제로 거론된 데 불과하였고 그 농업론의 중핵을 이루는 것이 아니었다. 그러므로 개화파의 농업론이 실천에 옮겨지고 있을 때에도 지주층에 대한 농민층의 항쟁은 지속되고 격화되지 않을 수 없었다. 개화파에서는 이러한 농민층을 근대화·부국강병·변법자강 등의 이름으로 무마하려 하였으나, 근본적인 문제의 해결이 없는 속에서 농민층의 진정을 바랄 수는 없었다. 그리하여 여기에 양자는, 구래의 지주·농민 관계에 있어서와 마찬가지로, 피차 대립 관계에 있는 사회계급임을 의식하지 않을 수 없게 되었다.

개화파의 농업론을 이와 같이 살펴보면 그것이 개화파 농업론일 수 있는 특징은 요컨대 외래의 새로운 경제사상에 의해서, 지주제를 중심한 구래의 농업체제에 내포된 모순을 근본적으로 해결함이 없이, 이를 새로운 근대적 농업체제로 전환시키려 한 점이었다. 그들은 그러한 외래사상을 이상적인 것으로 신봉했고 그 사상에 의해서 지탱되는 자본주의경제체제와 입헌군주제의 정치체제를 그들이 성취해야 할 근대국가·근대사회의 표본으로 삼았다.

그리하여 이와 같이 농업개혁·사회개혁에 대한 이념이 확립되는 데 따라서는 그것을 실현할 수 있는 수단과 방법도 또한 스스로 수반하고 있었다. 이상과 수단은 결부되게 마련인 것이며, 이상이 정해지면 수단은 거기에 상응해서 도출되게 마련인 것이었다. 그들은 그것을 그들이 신봉하고 표본으로 삼고 있는 국가의 힘을 차용하는 것으로써 달성하려 하였다. 갑신정변에서도 그렇고 갑오개혁에서도 그러하였다. 그들이 택한 수단과 방법은 철저하게 외세의존적이었다고 하는 비판을 면할 길이 없는 것이었다.[124] 그들의 농업론은 이러한 것이었기에 대내적으로 지주와 농민, 따라

---

124) 이러한 비판에 대하여 김옥균은 "或은 臣等이 當時 外國의 力을 藉하였다 評하는 者 有하나 이것은 當時 內外事情上 萬不得已에서 出한 者임은 陛下의 熟知하시는 바이올시다"(「金玉均上疏」, 閔泰瑗, 앞의 책, 70쪽)라고 변명하기도 하였으나, 서재필은 갑신정변의 실패원인을 논하되 "朝鮮貴族 失敗의 根本的 原因은 둘이니 하나는 一般民衆의 聲援이 薄弱한 것이었고 또 하나는 너무도 他에 依賴하려 하였던 탓이다"라고 지적하고 있었다(「回顧甲申政變」, 閔泰瑗, 앞의 책, 81~82쪽). 그리고 갑오개혁에 관하여는 유길준조차도 다음과 같이 기술하고 있었다. "世界上 各國의 政治改革흔 緣由롤 歷數흘진더 皆自動力을 用흐고 他動力

서 개화파와 농민층의 대립이 심화되었을 때, 그들은 이들 농민층을 匪徒
로 몰고 외국의 무력을 통해서 이를 탄압 소탕하게도 되었다. 그리고 이와
같이 대내적인 모순을 외세를 통해서 진압하게 되었을 때, 그들이 내세웠
던 獨立自强·自强禦侮의 의도와는 달리, 현실은 필연적으로 제국주의의
침략 앞에 국가와 민족의 진로를 송두리째 내맡기는 결과를 초래하게 되
었다.

【補註】

여기서 箕田은 制度化[全國的 施行]된 箕田을 말한다. 箕田을 믿는 지
식인들은, 고대 중국의 정전이 정정방방으로 구획된 토지제도로서 전국적
으로 시행되었다고 믿었듯이, 기전의 정전도 전국에 시행된 것으로 믿고
있었다. 평양성 내에 남아 있는 기전의 유적은 그 증거로 생각하였다. 평양
성내에 箕田의 유적이 남아 있다는 사실은 문자를 아는 사람에게는 상식
으로 되어 있었다. 『高麗史』·『東國輿地勝覽』·『東國文獻備考』·『箕田
攷』 기타 많은 문헌에서는 이곳 유적을 언급하고 있기 때문이다. 더욱이
평양을 다녀온 사람이면 누구나 이를 목도할 수도 있었다. 그리하여 그들
은 箕田은 제도적으로 당연히 존재했던 것으로 믿고, 그 유적이 井型田이
아니라 田型田임을 논의 연구하고 있었다.

그러나 箕田에 대한 논의가 심화되어 감에 따라, 18세기 후반기에 이르
러서는, 이 같은 기전에 대하여 새로운 의문이 생기게도 되었다. 거기에는,
茶山과 같이 기전 자체를 부정하는 견해도 있었으나, 일반적으로는 箕田
이 제도적으로 시행된 것이라면 왜 그 유적이 평양성 내의 一區域에만 남
아 있을까 하는 의문으로 제기되었다. 기전론자들은 이 문제를 해결하지는

으로 成效를 奏ᄒ는者는 其有ᄒ미 無ᄒ니 然則 今我輩의 朝鮮國人되는者 其身을
何地에 容置ᄒ미 可ᄒ가 其國의 臣民으로서 其國의 政治改革을 自動力으로 行
치 못ᄒ니 三大恥가 有ᄒ지라 其三大恥는 何謂오ᄒ면 全國人民을 向ᄒ야 其恥
가 一이며 世界萬國을 對ᄒ야 其恥가 二며 後世子孫을 顧ᄒ미 其恥가 三이니 如
此ᄒ 三大恥는 過現來三生에 蛻脫치 못ᄒ는 皮肉이라"(內部請議書」 2, 乙未年 6
월 27일, 秘密會議求ᄒ는 請議書).

못하였다. 그들은 다만

　箕聖來而人知有井田　其制殷也　其時則周　但其所傳者　平壤一區而已
豈存其制而未及行歟　抑行之而不得傳歟(『東國文獻備考』卷63, 田賦考
1, 序頭)

라고 하여, 그 제도가 있기는 했으나, 전국적으로 시행하는 데까지는 미치
지 못한 것인지, 또는 전국적으로 시행되기는 했으되 유적으로서 전하지
않는 것인지, 확언할 수 없음을 의문으로서 남겨두고 있었다.

　그 후의 箕田硏究에 있어서, 기전이 평양에만 남아 있는 사정을, 이 두
가지 방향 중 어느 쪽으로 이해하느냐 하는 것은 대단히 중요한 의미가 있
었다. 후자의 경우로서 이해하면 기전 논의에 있어서 그 의의가 감소하는
것이 아니지만, 전자의 경우로서 이해하면 기자정전의 의의는 크게 내세울
만한 것이 못되는 까닭이다. 그런데 박규수의 경우에 있어서는 箕田을 전
자의 방향에서 이해하고 있었으며, 한 걸음 더 나아가서는 "(箕子)井田之
不遍於域中　不足疑也"라고 하여, 그것이 전국적으로 시행되지 못하였음을
단정적으로 말하고 있었다. 이는 기전을 제도화[全國的 施行]된 토지제도
로 믿고 있는 종래의 기전론에 대하여서는 강한 비판이 아닐 수 없었다.

(『東方學志』15, 1974. 12 ;

『(增補版)韓國近代農業史硏究』下, 一潮閣, 1988)

海鶴 李沂의 政治思想研究

金 度 亨

1. 서언

개항 이후 한국사회의 근대화를 위한 개혁론과 개혁운동은 그 전부터 전개되어 온 전통 위에서 지배층과 피지배층의 각기 다른 두 방향에서 일어나고 있었다. 이 상반된 두 개혁운동은 1894년 한 해에 甲午改革과 甲午農民戰爭으로 그 극에 달하고 있었다. 정책으로 시행된 것은 물론 전자였고, 그 추진세력은 開化派政權이었다. 開化派의 改革論은 地主制를 유지한다는 전제 위에 西洋近代思想을 수용하여 형성된 것이었다. 초기 開化派의 개혁사업이나 甲申政變·甲午改革은 이 입장에서 근대사회를 수립하기 위한 개혁운동이었다. 이 입장에서는 현실적 바탕 위에서 이루어진 體制否定的·被支配層의 改革論과 개혁운동은 당연히 거부되었다. 지주제를 개혁하여 농민경제의 안정을 추구하던 實學의 反封建近代化論은 정책으로 채택될 수 없었고, 또 이와 일맥상통한 밑으로부터의 개혁운동인 甲午農民戰爭도 외세와 결탁된 무력에 의해 진압되었던 것이다.

이러한 外勢依存的·親日政權의 급진적인 甲午改革에 대해서는 많은 반발이 일어나고 있었다. 민비시해사건과 단발령을 계기로 지방에서는 의

병이 봉기하여 일본과 개화파정권의 타도를 내세웠고, 후퇴하였던 보수적
인 여론도 크게 대두되었다. 심지어는 개화파 내부에서도 마찬가지였다.
특히 갑신정변으로 망명하였던 정객들이 환국하여 독립협회를 중심으로
민중계몽과 정치적 근대화·자주독립을 정부에 건의하고 있었다.

실학적인 개혁이념이나 농민층의 개혁운동도 좌절된 것은 아니었다. 일
부 진보적인 지식인에 의해 계승된 실학적 개혁론은 '舊本新參'의 이념하
에 추진된 光武改革의 이론적 배경에 일정한 영향을 주었으며, 이른바 愛
國啓蒙運動의 한 부분이 되기도 하였다. 또한 농민들의 반봉건투쟁은 항
조운동이나 민란으로 계속되었으며, 의병전쟁에 참가하여서는 반일독립운
동으로 연결되고 있었다.

조선후기 봉건체제의 해체과정 속에서 형성된 체제부정적인 실학의 개
혁이념이 그 후에 어떠한 모습으로 전개되는가를 파악하는 작업은 바로
근대사의 분석시각에 직결되는 중요한 문제이다. 흔히 실학사상이 개화사
상으로 계승 혹은 전회되는가, 아니면 개화사상과는 일정한 거리가 있는
것인가 등으로 지적되고 있다. 우리는 이러한 일단의 사정을 海鶴 李沂
(1848~1909)의 思想體系에서 찾아보려고 한다.

이미 선학이 지적한 바와 같이 그는 실학자의 후예였다.1) 그 중에서도
특히 磻溪나 茶山의 학문이 계승되고 있었다. 어릴 때부터 詩文에 뛰어나
才子라 불리었고, 과거를 위해 학문을 하던 그가『磻溪隨錄』과『邦禮草
本』[經世遺表]을 구하여 읽고는 그 전의 학문을 모두 버렸다고 함이나, 또
당시 내외의 문제해결을 위해서는 반계나 다산의 저술에 유의해야 한다고
지적한 것은2) 그 단적인 모습이있나.

---

1) 鄭寅普,『海鶴遺書』序(國史編纂委員會 韓國史料叢書三, 이하 文集名은 생략키
로 함).

2)「習慣生涯變愛變生頑固」『大韓自强會月報』8, 10~11쪽, "吾ㅣ少時에 學爲擧
業ᄒᆞ야 對題搆思ᄒᆞ야 得一佳句ᄒᆞ면 輒自喜悅ᄒᆞ고 人亦傳誦ᄒᆞ야 號稱才子라 …
… 自二十以後로 稍覺其非나 然方是時也에 通國에 無理學化學政治學經濟學諸
家文字 故로 只得求柳磻溪隨錄과 及丁茶山邦禮草本等書 讀之ᄒᆞ고 至二十八歲
ᄒᆞ야 遂棄擧業不復作이나"; 卷6,「答鄭君嚙圭書」, 癸卯, 117쪽, "僕自兒幼時 雖
學爲科業 而甚不自喜 間取古人經濟文字如磻溪隨錄·茶山邦禮草本及國朝典故

해학에 대해서는 그 활동이나 改革論이 오래 전부터 학계에 소개되어 그 윤곽은 파악되고 있다.[3] 본고의 논의가 중과부언을 면하기 어려울지 모르나 이왕의 업적을 바탕으로 하여 해학의 사상체계를 근대사회 수립을 위한 政治思想이라는 점에 초점을 두고, 당시 그의 思想的 位相, 특히 開化思想과의 관계를 규정함으로써 한말의 실학사상이 어떠한 모습으로 나타나고 있는가를 밝히고자 한다.

2. 農民解放論

근대사회가 성립되기 위해서는 기본적으로 봉건적인 억제로부터 농민층이 해방되어야 한다. 봉건적인 신분에서의 탈피는 물론 봉건적인 토지=농업문제도 해결되어야 할 것이다. 시민혁명의 성격은 그 해결방법에 의해 결정되고 있었다.

해학의 농민해방론은 그가 실제 생활한 농촌의 현실적 바탕 위에서 제시되고 있었다. 당시 농촌사회에서 무엇보다도 큰 문제는 농민층의 몰락과 이에 기인한 농민반란이라 할 수 있다. 19세기 중엽까지 이르는 농촌실정은 농업생산력이 발전되는 가운데 봉건적인 신분제의 붕괴와 더불어 농민층의 분화가 촉진되고, 농민계급이 새로이 재편성되던 상태였다. 영세소농층·임노동층이 광범하게 형성되고, 구래의 봉건지주층과 심각한 대립을 하고 있었다. 이것이 抗租運動·民亂으로 터지고 있었다.

개항 후에 있어서도 농민반란은 계속되고 있었다. 壬戌民亂에 대한 수습책으로 제시된 壬戌改革의 三政釐政策이나 대원군의 정치에서도 이 문제를 해결하지 못하였고, 이러한 위에 帝國主義列强과의 通商貿易은 사태를 더욱 악화시켰기 때문이었다. 특히 미곡의 수출은 한편으로는 상업적

等書 深加研究 又嘗游歷州郡 政事之得失 民生之利病 無不詳悉 遂以爲天下事不可不念 而況今國家內亂頻起 外侮俟至 恐不得謂無事時也".
3) 金庠基,「李海鶴의 生涯와 思想에 대하여」,『亞細亞學報』1, 1965 ; 金容燮,「光武年間의 量田·地契事業」,『韓國近代農業史研究』, 一潮閣, 1968.

농업이나 부농층이 성장할 수 있는 계기가 되고도 있었지만, 다른 한편으로는 농민층의 몰락을 가속화시키고 있었다. 이윤을 획득한 지주층이나 미곡상인의 土地集積은 농민들을 토지로부터 배제시켰으며, 곡가의 앙등은 농민들의 가계를 압박하였다. 여기에서 몰락한 농민들을 중심으로 한 반발은 필연적이었으며, 이에 대한 대책 또한 시급한 문제였다. 개항 후의 민란은 이러한 기본 성격에서 발생되었고, 甲午農民戰爭은 그 결론이었다.

이러한 농촌실정을 목도하고 있었고, 또 일찍부터 반계나 다산의 실학—토지개혁을 통한 사회개혁론—을 연구하고 꿈꾸어오던 해학은 갑오농민전쟁을 '國憲을 一新할 수 있는 좋은 기회'로 간주하였다. 즉시 全琫準에게 달려가서 정부를 뒤엎고 姦惡을 誅하자고 제의하였다. 전봉준은 이를 쾌히 승낙하였으나 金開男의 거부로 이러한 의도는 무산되었다. 오히려 해학이 농민군을 剿截하는 반대의 결과만 초래되었다.[4]

이 이후 그는 이 문제를 학문적으로 달성하였다. 농민해방에서는 농민을 농노신분으로부터 해방시키는 문제와 봉건지대로부터 해방시켜 독립자영농민화하는 문제를 달성하여야 할 것이다. 해학은 신분제를 부정하고, 농민경제를 안정시키는 면에서 이를 해결하고 있었다.

조선후기 이후 중세적인 신분제는 거의 해체되고 있었지만 아직도 완전한 평등관계가 이루어진 것은 아니었다. 신분제에 따르는 사회모순이 당시

---

4) 鄭寅普, 「海鶴李公墓誌銘」. 김개남이 해학의 제의를 거부한 이유는 알 수가 없다. 추측한다면 해학이 당시 호남지방의 보수적 유생—黃玹·李定稷·崔輔烈 등과 깊은 교우관계를 유지하였으므로(金庠基, 위의 글), 이외 같이 판단한 김개남이 제의를 거부하고 오히려 해치려 한 듯하다. 그러나 해학의 개혁이념은 물론 그 처세의 방법에서도 황현 등과 차이를 보이고 있다. 가령, 해학이 황현에게 보낸 편지에서 나라가 위급한 때에 山林에서 "讀書談詩 安然自好 其爲一身計固善矣"하는 處士生活을 힐책하고 있음에서 보이고 있다(卷6, 「答黃雲卿玹書」 壬寅, 108쪽). 김개남으로부터 도망쳐나온 해학은 오히려 郡人 數百名을 모아 농민군에 대항하여 싸웠고, 이 공로로 『東學黨征討人錄』과 『甲午軍功錄』에 '求禮義旅將'·'募旅守城訓捉匪魁'로 기재되어 있다(『東學亂記錄』 下). 그가 왜 이렇게 하였는지는 또한 알 수 없다. 이 일로 해학은 심하게 고민하였던 것 같고, 山間에 은거하여 여생을 보내기를 염원하기도 하였다(卷6, 「答黃雲卿玹書」 甲午, 107쪽 ; 卷6, 「答梁伯圭書」 甲午, 113쪽).

의 농민반란과 더불어 더욱 격화되고 있었으므로 당연히 해결되어야 할 것이었다. 특히 실학자를 중심으로 한 진보적 지식인들에 의해서는 신분제의 비판·타파가 심각하게 거론되고 있었다. 磻溪가 奴婢制度·嫡庶差別을 폐지하자고 한 것이나,5) 茶山이 兩班門閥打破, 中人·良人·奴婢·庶孽 差別撤廢를 주장한 것은6) 그 대표가 될 것이다. 이러한 논의는 당연히 海鶴에게 계승되고 있었다.

그는 이를 舊學의 폐단 중의 하나로 지적하였다. 즉 '門戶區別之弊'가 그것이었다. 사람은 태어날 때 賢愚의 차이는 있을지라도 貴賤의 차이는 없다고 하여 班常·文武嫡庶·老少南北 등의 신분제와 이에 근거한 모든 차별을 반대하였다. 그의 표현대로 이것은 도끼로 찍듯이 혁파하고, 개인이나 단체의 평등을 세울 것을 주장하였다.7) 이는 바로 自然法에 입각한 天賦人權을 나타내는 것이라 보아도 좋을 것이다. 그는 甲午改革에서 내세운 身分打破를 중시하고 있었다. 班常의 구별이 법적으로 없어진 것은 국가의 萬年大計를 위한 예보라 평가하고, 신분제유지를 주장하는 士類에게 이를 충고하였다.8) 이로써 일단 농노적 존재였던 농민의 신분해방문제는 해결할 수 있었다.

이와 아울러 몰락해가는 농민경제를 안정시킴으로써 농민층의 해방을 추구하였다. 그는 이 문제에 특히 힘을 기울이고 있었다. 해학은 농민층의 몰락이 三政紊亂으로 인한 賦稅不均·增稅의 현상에서도 초래되어 그 飢寒流離之民이 亂을 일으킨다고도 지적하고 있었지만,9) 그의 궁극적인 관

5) 鄭求福, 「磻溪柳馨遠의 社會改革思想」, 『歷史學報』 45, 1970.
6) 朴宗根, 「李朝後期의 實學思想」, 『思想』, 1971, 562·567.
7) 卷3, 「一斧劈破論」, 75~76쪽(『湖南學報』 1, 18쪽).
8) 위의 책, 77쪽(『湖南學報』 3, 3쪽). 우리는 여기에서 士類라는 말에 주의해야 할 것이다. 이른바 애국계몽운동에서의 계몽대상이 되는 계층이기 때문이다.
9) 卷2, 「急務八制議」, 戶役制, 56쪽. 이외에도 삼정문란을 둘러싸고 일어나는 농민층의 생활상, 탐관오리의 부정 등이 그의 시 속에 표현되어 있다. 卷11 「鎭安縣」, 177쪽에서는 "五月田家出稅錢 縣城如掃長官賢 野人相見無他語 但道蠅蚊不得眠"라 기술하여 관의 가혹한 稅錢收奪과 쉬지 못하는 파리·모기로 비유된 농가의 모습이 나타나고 있으며, 卷11 「郡賑二首」, 185쪽과 卷12 「北砲樓望見野作者有感」, 191~192쪽에도 이러한 현상이 지적되고 있다.

심은 토지소유관계를 둘러싼 문제에 있었다. 전국의 토지가 富家에 집중되고 있었으므로10) 자작농의 경우에도 "今夫閭里之民 上有父母 下有妻子 惟數畝之田 恃以爲命"11)이라 하여 근근히 연명하고 있음을 지적하고 있다. 소작농의 경우는 더 쉽게 몰락할 수 있었다. 걸핏하면 막강한 지주에 의해 奪耕·移作이 일어나 借耕地가 부유한 농민에게 집중되고 있었고,12) 또 地代가 1/2~1/3이나 되므로 농민이 처자를 이끌고 일년 내 농사를 지어도 一飽도 얻지 못한다고 하였다. 따라서 몰락한 농민이 도적으로 변하는 것은 그들의 잘못이 아니고 당연한 것이라고까지 표현하고 있었다.13) 이는 바로 민란이나 火賊의 발생을 地主層과 無田農民層, 곧 지배층과 피지배층의 계급대립 속에서 파악하고 있음이었다.

여기에서 그 근본적·기본적 모순의 해결을 위한 土地改革의 제기는 필연적이었다. 모든 近代化過程에서 볼 수 있듯이 封建的 土地所有를 달성하는 것만이 이를 해결할 수 있는 길이기 때문이었다. 특히 半封建·半植民의 상태에서는 더욱 그러하였다. 土地改革論은 이미 實學者들에 의해 제기되고 있었지만, 개항 후에 들어서는 더욱 절실한 문제였다. 農民戰爭의 기본이념14)이나 活貧黨의 강령에서도 보이고 있었다.15) 해학이 농민경

---

10) 당시의 토지소유실태에 대해서는 金容燮, 앞의 책, 1968, 587~99쪽 참조.

11) 卷1,「田制妄言」, 8쪽.

12) 가령 "甲午冬巡使李公 令州縣所在田主 就本年士租執算中減三分一 以惠經亂之民 然如求禮 則 卒無奉行者 此非獨田主之不肯 而亦作人之不敢也 盖本縣 人多地狹 數斗之田 百計求得而今若恣意 明必失耕 其爲利害相懸故耳 吾所謂不畏法而畏富家者 此亦可驗矣"(卷1,「田制妄言」, 5쪽)라 하여 農民戰爭 직후에 소작료를 감하여 혜택을 주려는 관의 배려도 지주의 거부, 작인의 不敢으로 실행되지 않음을 경험하고 있었다. 잘못하면 이는 바로 借耕地의 상실을 의미하기 때문이었다.

13) 卷1,「田制妄言」, 4쪽, "況擧國之田 莫非富家所私有 其土租(諺稱도조) 多者 則 十而取五 少者亦三而取一 嗚呼民之窮且盜 果非其罪也 携妻挈子 終年力作 而 不得一飽 則此豈仁人君子之所可忍者耶".

14) 물론 農民戰爭의 전개과정에서는 토지개혁에 관한 구체적인 증거는 현재 보이지 않는다. 다만 정부와의 타협에 의한 弊政改革案 중에 소작지에 대하여 '토지를 평균으로 분작케 할 것'이라는 내용이 마련되고 있음으로 보아 농민군의 주장에서는 토지소유문제의 해결도 요구하고 있었을 것이라 짐작된다. 農民戰爭이 농촌에 있

제의 안정을 위해 또 農民解放을 위해 토지개혁을 주장한 것도 이러한 분위기에서 나오고 있었다.

그러나 "토지겸병의 폐해가 秦漢 이래 天下의 권력이 富家에 옮겨지면서 발생하였지만, 士大夫가 그 矯救를 생각하지 않는 것은 그들 역시 地主이기 때문"16)이라 지적하였듯이 토지개혁은커녕 地代의 減定조차 쉽게 이룰 수 있는 문제는 아니었다. 그가 開化派의 甲午改革에 토지문제가 언급되지 않았음을 염려한 것처럼17) 開化派의 경제론은 지주제를 개혁하지 않고 다른 방법을 통하여 농민경제를 안정시키려는 것이었다.18) 이러한 상황에서 지주제를 부정하고 농민경제를 일거에 안정시킬 수는 없을 것이다. 이리하여 해학은 우선 쉽게 시행할 수 있는 방법부터 거론하여 그 궁극적인 목표를 추구하였다.

먼저 農業生産力을 계속 발전시키고자 하였다. 농업생산력은 조선후기 이후 農法의 變動, 商業的農業 등으로 계속 발전하고 있었고, 富農層이 성장할 수 있는 계기가 되고 있었으므로 이를 통한 농민층의 안정이 우선 추구될 수 있었다. 이러한 방법은 당시에 흔히 거론되고도 있었다. 정부를 비롯한 開化派의 방안 중에는 農地開發이나 새로운 農學을 도입함으로써 農業振興을 달성하고 나아가 농민경제를 안정시키려는 것이 있었다.19) 해

어서 富農層을 중심한 농민층 전체와 관료적·지주적 토지소유 간의 사회적 모순 속에서 일어나고 있었음으로(馬淵貞利, 「甲午農民戰爭의 歷史的性格」, 『朝鮮歷史論集』 下, 1979, 77~86쪽) 더욱 가능하였다. 또 전봉준은 "賴東徒 以圖革命" (「甲午略歷」, 『東學亂記錄』 上, 65) 하려는 혁명가였는데 그에게는 다산의 秘訣 (『經世遺表』)이 전수되고 있어서(朴宗根, 「李朝後期의 實學思想」, 『思想』 567, 1971, 140쪽) 혁명 후의 사회건설이 실학적 입장에서 완비된다면 이는 반드시 토지개혁도 포함하고 있었을 것이다.

15) 吳世昌, 「活貧黨考」, 『史學研究』 21, 1969 ; 姜在彦, 「'活貧黨' 鬪爭とその思想」, 『近代朝鮮の變革思想』, 東京 : 日本評論社, 1973.
16) 卷2, 「急務八制議」, 田制, 53쪽.
17) 卷1, 「田制妄言」, 2쪽, "近日更張 無事不周 獨於田制欽手熟視 莫知所厝何歟 私憂之至".
18) 金容燮, 「甲申·甲午改革期 開化派의 農業論」, 『韓國近代農業史研究』, 一潮閣, 1974.
19) 金容燮, 위의 글.

학도 이를 위해 마찬가지로 농지를 확대시키고 농학을 강구할 것을 주장하였다. 그리고 이것을 서구의 문물·기술을 섭취하는 방향에서 제시하고 있었다.

농지의 확대는 토지의 개간으로 달성될 수 있었다. 반계의 파악처럼 山林·川澤·城廓·道路 및 不毛之土가 국토의 8할이나 된 실정에서는 더욱 그러하였을 것이었다.[20] 해학은 특히 陳荒地에 유의하고 있었다. 지방의 堤堰은 泥淺하여져 백성들이 冒耕하고 있으니 마땅히 修復하여 개간토록 하라든지[21] 또 후에 日本의 陳荒地借與에 반대하면서 그 개간을 위해 설치된 御供院은 폐지하고 백성들이 손수 墾闢種植하도록 건의한 것은 이러한 모습이었다.[22] 그리고 이러한 陳荒地開墾을 위해서 水利施設을 정비하자고 하였다. 丙子年(1876) 이후 계속된 旱災로 진황이 극심하고 굶주려 죽는 사람이 즐비하므로 灌漑를 일으켜야 하며, 이를 위해서는 유럽의 人控河器와 水車를 제작·분포하자는 것이었다.[23]

새로운 農學의 講究는 구래의 농업기술에 실제 농촌생활의 경험과 서양의 농학을 도입하여 마련하고 있었다. 그 부분적인 모습이 『湖南學報』에 「農學說」로 보이고 있다. 그 序文에서 당시의 농촌에서는 아직 天時早澇·地味沃瘠·人功巧拙 등의 자연적 조건으로 경작·소출이 大同小異하여 民生이 困苦하다고 지적하고, 拓植社 등의 농업회사가 설립되어 이 利得이 바로 나타나고 있는데 어찌 농학을 강구하지 않겠는가 반문하고 있다.[24] 또 譯書 『栽桑新書』에 序文을 써주면서 "國日益貧 人日益窮"한 것은

---

20) 卷1, 「田制妄言」, 14쪽.

21) 위와 같음.

22) 『皇城新聞』, 光武 8년 6월 29일, 雜報, 紳士宣言. 물론 陳荒地借與에 대한 반대는 "奪地一變而爲割地 割地一變而爲借地"하는 列強의 침략속성을 파악하고 借地=奪地에 반대함에서 제기되고 있었지만 그 내면에는 漁採와 마찬가지로 백성의 생활안정에 직결되고 있었다.(卷4, 「論日人所求陳荒地第一疏」 甲辰, 83~84쪽) 이에 관해서는 尹炳奭, 「日本人의 荒蕪地開拓權 要求에 대하여」, 『歷史學報』 22, 1964 참조.

23) 卷1, 「田制妄言」, 13~14쪽.

24) 卷7, 「農學引」, 132쪽.(『湖南學報』 6, 33~34쪽) 『湖南學報』 6~9쪽에 農學初階로 소개된 것은 '온도와 식물'로부터 총 39항목으로 파종, 施肥, 양잠, 除草, 灌漑, 日

백성의 죄가 아니고 그들을 가르치지 않았음에 있다고 지적한 것도[25] 농학의 보급을 중요하게 인식함에서 나온 것이었다.

다음 두 번째로, 稅制의 개혁을 통하여 농민경제를 안정시키고자 하였다. 稅制문제는 토지분배가 시행되지 못할 때 흔히 차선책으로 거론되고 있었다. 더욱 三政紊亂으로 인한 농민수탈이 농민경제를 파탄시키고 농민반란을 직접적으로 야기시키고 있었으므로 세제개혁은 당연히 거론되었다. 지주제를 개혁하려는 진보적인 입장이나 유지하려는 보수적인 입장, 모두에게 보이고 있었는데 보수론의 경우에 더욱 의미있는 것이었다. 삼정의 部分改革論 혹은 全面改革論이 주장되고 있었고, 개항 후에는 開化派의 地租改正論으로 대두되고 있었다. 실학적인 입장의 해학도 일단 田政과 軍政의 稅制를 거론하고 그 해결책을 제시하였다.

田政의 문란을 해결하기 위해서 먼저 結負法의 결함을 보완하여 斗落制를 사용하자고 하였다. 結負法은 본래 국가에서 賦稅를 행하기 쉽도록 만들어진 제도였으므로 토지의 등급에 따라 出稅의 기준이 달랐다. 그러므로 이를 둘러싸고는 관리·백성의 이해부족, 관리의 농간 등의 百弊가 일어나고 있었다. 이의 시정을 위해서는 面積單位의 法이 흔히 거론되고 있었지만, 해학은 이의 실시는 人功開鑿이 필요하므로 1·2년 내에는 성취할 수 없다고 보았다. 그리하여 당시 농촌에서 관행하여 습지하고 있던 斗落制를 채택하여 結負法과 병행하자고 하였다. 농민들의 전세부담이 여기에서 공평하게 된다는 것이었다.[26]

전정을 위한 두 번째의 방법으로 당시 흔히 거론되던 양전법을 개선하

光과 同化作用 등 기초적인 농업기술관계였다.

25) 卷7,「栽桑新書序」, 乙巳, 131쪽.

26) 卷1,「田制妄言」, 1~2쪽 ; 卷2,「急務八制議」田制, 53쪽.
해학은 이 垈坪之規를 영구히 제도화하여야 할 것으로 주장하였으며, 그 규정은 周尺 6尺=1步, 100步=1畝 100畝=40斗落(반계의 산출)의 근거에 의해 積 250步=1 垈 25步=1坪 2步半=1㖠으로 하자고 하였다. 그리고『磻溪隨錄』이나『邦禮草才에서 모두 田品六等의 결함을 지적하고 九等法을 주장하고 있는데 비하여 해학은 田品六等을 심히 편한 것이라 하여 그대로 택하고 있다(卷1,「田制妄言」, 5쪽).

고자 하였다. 해학은 현행의 양전법이 方圓直弧 등의 모양에 不合한 점이
많아 操尺者의 손에서 伸縮되고, 執籌者의 임의로 증감되어서 실제 면적
파악이 어렵다고 규정하고, 이 결함을 보충하여 "量田之首務"라 칭한 網
尺制=方田法을 시행하자고 하였다. 지형상의 장애로 方·直田이 적고
圓·弧田이 많은 우리나라에서는 망척제만이 전답의 형태와 면적을 정확
하게 파악할 수 있다는 것이었다.27) 그리고 양전 후에는 전안을 작성하여
기재된 소유권자에게 公案을 발급하여 그 소유권을 보장해 주며, 또 時作
의 성명도 별지에 田主와 나란히 기입하여 이들 또한 보호하고자 하였
다.28)

전정의 세 번째 개선방안으로 稅率을 개정하자고 하였다. 해학의 이 제
의는 국가재정의 확립을 위해서도 추구되고 있었다. 즉 현행의 1/30세로는
軍旅之用·賓祭之供·凶荒之備도 능히 충당할 수 없으며,29) 또 관료나
병졸의 불만, 借款不還으로 鄰國의 欺陵하는 것 등은 모두 토지에서의 실
수가 輕歇하기 때문이라고 보고30) 이 문제의 해결을 위해서였다. 그리하
여 그는 "古者井田九一"31)의 원칙에 의해 "民出九之一 官取十八之一
也"32)하자고 하였다. 이 때의 민은 소작농민으로(이 부분은 후술), 自營農

---

27) 卷1, 「田制妄言」, 3~4쪽, 그리고 16쪽.
28) 卷1, 「田制妄言」, 6~7 ; 卷2, 「急務八制議」 田制, 55쪽.
29) 卷1, 「田制妄言」, 2~3쪽. 이 1/30세로는 "天下之貧 莫我國若也"라 염려하고, 이
   중에서 奸吏의 중간수탈, 양전 시의 隱漏까지 있다고 개탄하고 있다. 그런데 다른
   곳에서는 1두락의 토지에 公賦가 1斗 2升으로 私稅 8斗의 약 1/6이라 하고 있어
   (卷1, 「田制妄言」, 1쪽) 이 때는 公稅가 1/12~1/18이 되어야 마땅하다.
30) 卷1, 「田制妄言」, 6쪽.
31) 卷1, 「田制妄言」, 4쪽.
32) 卷1, 「田制妄言」, 6쪽. 그러나 後에 「急務八制議」 田制에서는 "凡田所出 割作兩
   段 其一作人獨有焉 其一公私稅各半焉"이라 하여 小作農 1/2, 地主 1/4, 國家 1/4
   로 하자고 하였다. 1/18稅보다는 4.5배가 무거운 것이었다. 이러한 두 가지의 견해
   는 「田制妄言」(1895년 作)에서 주장하는 완급에 의한 "治標之術" "治本之術"이
   적어도 10~20년 정도 시행하여야 성과가 나는 것이라면(卷1, 「田制妄言」, 6쪽)
   「急務八制議」에서 거론하는 劃區域·行公券은 문자 그대로 국가에서 당장 시행
   하여야 할 것으로 본 차이에서 나온 것이었다. 「急務八制議」는 「田制妄言」의 개
   혁론이 수행되지 못한 상황 속에서 그 골격만 제시한 것으로 대략 1900년경에 저

의 경우는 1/18세가 되는 셈이었다. 이를 법정화하여 이 이상의 징수가 없다면 자연히 관리의 중간착취, 都結·加結의 폐단이 없어질 것이고 농민경제는 안정될 수 있을 것이었다.[33]

다음, 軍政의 개혁이 추구되었다. 그는 군정의 문란이 부민·사대부의 면역과 이로 인한 蔭戶·逃戶의 발생으로 그 부담이 모두 "窮不能自存者"에게 돌아감으로써 발생한다고 보고 있었다. 게다가 이를 해결한 갑오의 一戶銀六角의 규정도 근본은 모르고 末만 정비한 조치라고 평가하고 그 개혁은 급히 시행되어야 한다는 것이었다.[34]

당시 군정에 대한 개혁론은 흔히 洞布制·戶布制·結布制의 방법이 제시되고 있었는데, 그는 호포제와 결포제를 절충하는 방향의 안을 마련하고 있었다. 田과 賦가 같지 않아 里斂으로 배분할 수 없다는 판단에서 모든 호가 재산 정도에 따라 役을 지는 방법이었다. 그는 이것을 差役이라 부르고, 井田制가 시행될 수 없을 때 행할 수 있는 방법이라 하였다. 사람에게 貴賤은 없으나 재산의 多寡가 있으므로, 위로는 재상으로부터 아래는 屠沽에 이르기까지 士農은 田土의 多少로, 商工은 資金의 다소에 의하여 차등을 두도록 한다는 원칙으로 마련되고 있었다. 原九等·別六等의 15등급에 따라 出錢을 달리하여 兩班地主層·大商工人의 특권을 막고 큰 부담

술되었다. 해학이 量地委員으로 量田事業에 참가하였던 일(卷2,「急務八制議」地方制, 48쪽, "愚嘗以量務官 己亥(1899년 ; 필자) 夏往牙山 其秋往興德"), 月尾島潛賣를 近日로 표현한 점(卷1,「田制妄言」, 49쪽, 前判書 閔永柱 등이 日人에게 월미도를 팔았다가 발각된 때는 1899년 5월(음)이었다.『大韓季年史』卷6, 光武 5년 3월조, 下, 78쪽) 등으로 미루어 알 수 있다. 양자 사이의 성격차이는 일단 고려하여야 할 것이다.

33) 해학은 이 때의 公稅는 화폐로 징수하고자 하였다. 田稅의 금납화는 이미 甲午改革에서 시행되고 있었는데, 그는 이를 "民無倉費 國無漕弊 實萬世不可易之法也"라 하여 계속 시행해야 될 것으로 보았다. 현물수납에 따르는 漕運−轉運의 폐는 農民戰爭의 농민군의 개혁안 속에 포함될 정도로 심각한 문제였다. 해학은 古阜의 예를 들어, 백성이 漕倉에 輸稅할 때에는 16~7두 크기의 斛를 사용하고, 서울에서 祿으로 나갈 때는 6~7두 크기의 斛가 되니 중간에서 10두가 走漏하게 될 정도라는 것이었다. 나아가서 그는 이 금납화를 화폐유통·상업발달을 꾀할 수 있는 商務富國之術이라고까지 지적하였다(卷1,「田制妄言」, 8~9쪽).

34) 卷2,「急務八制議」戶役制, 55~56쪽.

을 지우며, 과다한 역에 의하여 몰락하는 영세농민을 보호할 수 있는 방법이라는 것이었다.35)

농민층의 안정을 위해 제시한 세 번째의 방법은 私稅＝地代를 減定하려는 것이었다. 당시의 농촌사회에서는 이와 관련한 움직임이 抗租運動의 형태로 나타나 일면 地代率이 낮아진다든지, 또는 定額制化하는 경향이 있어, 소작농민의 부담이 가벼워지고는 있었지만, 해학은 이에 만족하지 않았다. 획기적인 조치로만 농민층의 몰락을 막을 수 있다는 견해였다. 전세율의 조정에서 언급된 바와 같이 "民出九之一 官取十八之一也"한다면, 곧 소작농민은 1/18만 지주에게 바치게 되는 셈이었다. 이렇게 된다면 소작농민의 지대부담은 훨씬 경감되고 종래보다 4, 5배의 수익이 있게 될 것이다. 농업생산력의 발전을 감안한다면 부의 축적이 쉽게 이루어질 수 있다는 것이었다. 영세한 소작농민은 물론 경영의 합리화를 꾀한 大借地農, 이른바 경영형부농층에게는 특히 그러하였을 것이다. 이들에게는 지주계급의 봉건적 착취에서 벗어나 독립자영농으로 성장할 수 있는 길이 되는 셈이었다.

地代率의 개정이 현행의 소유권·지주제의 긍정 위에서 전개되고 있었지만 지주계급의 이익을 대변하는 것은 아니었다. 이에 지주층의 불만이 반드시 예상될 수 있으나 그는 이에 신경쓰지 않았다. 매매의 가격이 세에 의하여 결정된다면 결국 수긍할 것으로 낙관하고 있었다. 오히려 宰時者가 이 제도를 철저하게 시행하지 않을 것을 더 염려하고 있었다.36)

이러한 견해는 결국에는 지주제의 부정으로 연결될 수 있었다. 가령 같은 실학의 전통에 서 있던 姜瑋가 1/10세의 원칙에서 지주가 2/10를 넘지 못하게 하여 지주제를 부정한 것이나 마찬가지였다.37) 해학은 이 보다도

35) 卷2,「急務八制議」戶役制, 56~57쪽(이러한 正稅와 더불어 雜稅에 대해서도 개혁을 구상한 듯 하나 구체적인 방안은 기술하지 않고 있다). "凡稅出田戶者謂之正稅 而外是者謂之雜稅 雜稅亦古制也 然得其善 則足以補國用 不得其善 則又足以妨民業 故君子於此必再三審愼 且其名目甚繁 條例亦多 有非立談可盡 故今姑不具"라 하여 잡세가 民業에 직결되는 것이므로 그 개혁은 신중하게 처리해야 할 것으로 생각하고 있다(卷2,「急務八制議」雜稅, 57쪽).
36) 卷1,「田制妄言」, 5~6쪽.

더 철저하였다. 그리하여 지주층이 그들의 수익을 토지에 재투자할 가치가
없어지면 그 자본을 근대화를 위한 내자로 활용할 수 있을 것이라 예견하
였다. "지금 商道가 不通한 즉 開化 역시 不成이다. 富民이 買土에 아무
이익이 없다면 그 勢는 商道에 이를 것"38)이라 하였다. 近代商業·商業資
本이 형성될 수 있는 방법의 한 제시였다. 국가의 정책이 지주제를 유지하
고 있으므로 최소한 이 정도는 해결되어야 할 것으로 보고 있었다.

그러나 해학은 이에 만족하지 않았다. 궁극적으로 농민적 토지소유를 달
성하여야 한다고 생각하고 있었다. 해체기의 봉건적인 농업문제를 해결하
고 봉건적인 억제로부터 농민층을 해방시킬 수 있는 방법은 농민적 토지
소유가 이루어지지 않고는 불가능하였다. 그의 '治本之述'은 이 방안의 해
결책이었다.

해학의 이 논의는, 土地再分配論으로 흔히 거론되던 井田制나 限田制
가 실현될 수 없다는 판단에서 나오고 있었다. 井田制가 실시될 수 없음은
산천의 殊勢로 모든 田을 劃方成井할 수 없고, 劃井 외의 邊과 角의 遺利
地가 생긴다는 점에서였고, 또 限田制는 富家의 겸병이 심하여 토지·사
람 어느 기준으로도 제한할 수 없다는 것이었다. 반계의 頃畝之論이나 다
산의 開方之說까지도 그 폐단의 근원을 알지 못한 대책이라 간주하고 있
었다.39)

해학의 토지재분배론은 有償몰수로 모든 토지를 국유화한 다음 무상분
배하는 방법을 택하고 있었다.

토지의 국유화를 위해서는 다음의 두 가지 방법을 제시하였다. 먼저, 公
買하는 방법이었다. 모든 州縣에서는 稅錢의 10~20%를 公買를 위해 비
축하였다가 팔고자 하는 民田을 사들이자는 것이며, 혹 전이 부족하면 度
支部에서 보조를 받도록 하였다. 공매는 나라의 대계이므로 臣民된 자는

37) 金容燮, 「哲宗 壬戌改革에서의 應旨三政疏와 그 農業論」, 앞의 책, 1974, 290~
295.
38) 卷5, 「與李軍部道宰書」, 100쪽.
39) 卷1, 「田制妄言」 1·6·12~13쪽(해학이 磻溪·茶山의 井田制에 대하여 이해가
부족하였음은 金容燮, 앞의 글, 1968에 지적되어 있다).

반드시 이 법을 奉行하자 하였다. 혹 私賣를 도모하거나 縣官이 公買를 빙자하여 私有를 꾀한다면 大逆不道로 다스려 誅身·田産沒收의 강력한 벌칙을 준비하여 적극 시행하자고 하였다.[40]

다음은 賜田을 엄금하는 방법이었다. 賜田은 封建의 뜻에 따라 제후에게 준 것인데 이것이 사유화되어 賣買·겸병되었으므로 철저히 금하자는 것이었다. 구래의 王土思想의 모습으로 公田은 天下公共의 힘으로 경작하고, 그 稅는 天下公共을 위해 사용하여야 하므로 國君이라도 사사로이 취급할 수 없음을 상기시켰다. 혹 부득이 王子·公主·軍功者에게 封賞할 경우라도 토지의 소유권 자체를 주지 말고 宮房田(이 경우 無土宮房田)처럼 收租權만 지급하자고 하였다.[41]

이 방법을 불과 10~20년만 행한다면 전국의 토지가 公田化할 것으로 그는 믿고 있었다. 이렇게 된다면 井田制를 행하기는 여반장이겠지만, 앞서의 지적처럼 그것은 복구할 수 없으므로 있는 모양대로 재분배할 것을 생각하였다. 각 지방마다 戶口의 多少, 土壤의 廣狹을 조사하여 균등하게 徙民한 다음 土地·耕牛·餉粮을 지급하자는 것이었다. 이것이 바로 "雖不井而井固其中", 즉 井田制를 시행하지 않고도 井田制의 효과를 얻을 수 있는 방법이라는 것이었다.[42] 토지소유를 둘러싼 모순관계는 여기에서 비로소 완전히 해결될 수 있었고, 완전한 農民解放을 기할 수 있음이었다.

이상이 해학의 農民解放論이다. 이러한 구상은 개항 후에 급속히 진행된 양극화의 농민분해를 목도하고 이의 해결을 위해 나온 것이었다. 이를 위해서는 모든 봉건적인 억제로부터 해방되어야 하였다. 그는 이것을 신분타파는 물론이고, 주로는 농민층이 생활을 안정시키면서 달성코자 하였다. 농업생산력의 발전, 조세의 개정 등이 거론되고도 있었지만, 궁극적으로는

---

40) 卷1,「田制妄言」, 10~12쪽.
41) 卷1,「田制妄言」, 11~12쪽.
42) 卷1,「田制妄言」, 12~13쪽(이 때 정부는 역에서 단순히 1/9稅만 거두게 하였고, 常田을 받으면 1년 면세, 陳田을 받으면 3년 면세하도록 하였다. 하지만 토지분배의 구체적인 방법, 收田者의 기준, 田畓외의 농업, 정치체제와의 관련 등에 대해서는 언급이 없다).

농민적 토지소유[農民的分割地所有]를 추구하였다. 농업문제를 해결하고 농민층을 해방시키는 일이 근대사회 성립의 관건일진대, 그의 이러한 견해는 탁월한 바 있었다. 종래의 봉건적인 지주제를 부정하고, 절대 다수의 소작농민에게 토지를 재분배함으로써 그들로 하여금 자유로운 獨立自營農 또는 分割地農民으로 전화시키려 하였다. 실학의 體制否定的·近代指向的 改革論이 계승되고 있었으므로 당연한 결과였다.

3. 立憲君主論

앞에서 본대로 농민들이 봉건적인 모든 구속에서 해방된다면 정치적으로 이들의 입장을 대변해주는 새로운 정치체제가 필요한 것은 당연한 논리이다. 어떠한 형태로든지 民意가 반영되고 民權이 보장되는 近代國民國家가 구상될 것이다.

해학은 토지개혁을 선행요건으로 하여 정치체제의 개혁을 구상하고 있었다. 그가 농민경제를 안정시키기 위해 토지개혁을 주장하고 있었지만, 토지개혁은 또한 국가재정의 확립에도 필요한 것이었다. 즉 인재를 모으고 사무를 이루는 개혁사업의 재정기반이 토지에서의 수입만으로 부족하다고 백성들에게 加賦한다든지, 隣邦에서 借款할 수 없기 때문이었다. 오직 토지개혁을 이루어야 할 것을 주장하고 있었다.[43] 농민경제의 안정을 위해 제시된 제 방안이 모두 이에 직결되고 있었다. 토지개혁이 국가의 存·不存을 결정한다는 것이었다.[44] 그가 甲午改革에서 토지문제의 언급이 없음을 염려하고 있었던 것은 이러한 점도 있었다. 農民解放·國家財政 어느 모로 보나 그의 정치체제의 개혁은 토지개혁에 수반되면서 구상된 것이었다.

市民革命에 의해 絶對主義體制가 近代國民國家로 전환될 때에 그 전제군주제는 흔히 立憲君主制나 또는 공화제로 바뀌게 된다. 이 중에서도

---

43) 卷1, 「田制妄言」, 10쪽.
44) 卷1, 「田制妄言」; 卷2, 「急務八制議」田制, 52~53쪽.

급진적인 혁명이 아닐 경우에는 君主權과 시민세력이 타협하는 선 위에서
보통 立憲君主制[制限君主制]가 채택되고 있었다.

해학은 立憲君主制의 정치체제를 주장하고 있었다. 이러한 구상은 학문
의 연원이었던 실학의 정치사상이 계승된 바탕 위에 서양의 정치현상이
파악·흡수되면서 형성된 것이었다.

실학의 정치사상이 흔히 근대국민주의와 근대민주국가를 추구한 것으로
파악되고 있듯이,45) 해학의 학문연원인 磻溪나 茶山의 경우에도 명확히
보이고 있다. 반계가 奴婢制의 改革, 門閥制度·嫡庶差別·地方差別의
반대, 인재본위의 등용, 형벌의 신중 등을 주장한 것은 비록 한계가 지적되
겠지만 封建的인 不平等에 반대하고 人民의 平等 및 人權의 尊重을 보인
것이었다.46) 또 다산의 정치론도 社會契約論的인 主權在民思想으로 집약
되고 있다. 특히 이것은 시문집 중의 하나인 「原牧」이나 「湯論」에 전형적
으로 보이고 있는데, 그 외 이상적인 경제개혁론인 「田論」과 연결되면서
통치권의 근원을 백성 속에서 찾고 그들에 의한 抵抗權-革命도 인정한
진보적인 것이었다.47)

그리고 당시 서양의 立憲政治의 형태는 흔히 '君民同治'와 '合衆共和'의
두 가지로 파악되고 있었고, 이 중에서는 전제군주를 일소하지 않는다는
점에서 '君民同治'='立憲君主制'가 쉽게 받아들여질 수 있었다.48) 이것은

---

45) 趙璣濬, 「실학파의 사회경제사상」, 『實學論叢』, 全南大學校出版部, 1975, 132~
136쪽.
46) 鄭求福, 앞의 글, 1970.
47) 다산의 정치사상에 대해서는 다음의 업적이 참고될 수 있다. 洪以燮, 『정약용의
정치경제사상연구』, 한국연구도서관, 1959 ; 韓永愚, 「정약용의 여유당전서」, 『실
학연구입문』, 일조각, 1973 ; 趙珖, 「정약용의 민권의식연구」, 『아세아연구』 56,
1976. 그러면 다산의 이러한 정치론에서 지향하였던 정치체제는 과연 어떠한 것일
까? 확실히 단언할 수는 없지만 근대민주국가 외에도 대개 다음과 같이 추측되고
있다. 즉, ① "德과 禮를 바탕으로 한 王政(유교적 민본정치)"(韓永愚, 위의 글,
1973), ② "國家的 社會民主主義"(安在鴻, 「현대사상의 선구자로서의 다산선생지
위」, 『신조선』 8월호, 1935), ③ "농민적·공상적 사회주의"(鄭鎭石 外, 『조선철학
사』), ④ "共産的思想"(尹瑢均, 「茶山의 井田考」, 『尹文學士遺稿』, 1930) 및 "共
産說"(高橋亨, 「朝鮮學者の土地平分說と共産說」, 『服部古稀論文集』, 1936).

주로 개화파를 중심한 일련의 지식인들이 취하던 태도였다. 더욱이 이웃 일본의 명치유신에서 보이고 있었던 바, 그들의 이론적 배경이 되고 있었 다. 甲申政變의 정강 중에 전제왕권을 제한하고 백성의 권리를 신장하기 위한 초보적 요구가 들어 있었고, 그 주역이었던 김옥균·박영효의 정치 론, 나아가 甲午改革의 주역 유길준의 경우, 독립협회·애국계몽운동에서 의 그것은 바로 입헌군주제의 구상 위에서 전개된 것이었다.[49]

이러한 배경에서 형성된 해학의 立憲君主論은 근대서양의 정치형태를 중국의 옛 정치와 대비시키는 방향에서 그 근거를 찾고 있었다. 당시의 정 체를 共和·立憲·專制의 세 형태로 분류·파악하였던 그는 唐虞 이상을 共和, 三代를 立憲, 秦漢 이하를 專制의 정치로 상정하고 있었다. 그리고 이 중에서 共和를 가장 善한 것으로 專制를 가장 不善한 것으로 간주하였 다.[50]

먼저 唐虞時代를 共和의 정치로 파악한 것은 "天下는 天下 사람의 공 유이지 군주 한 사람의 천하가 아니다"[51]라는 점이었다. 이것은 비록 유교 의 민본정치의 모습에서 나온 표현이었지만, 주권이 진 인민에게 있는 공 화정치를 이렇게 나타내고 있었다. 그러므로 힘과 덕이 있어 군주가 되었 더라도 자기보다 용기 있고 현명하다면 禪讓하였다는 것이었다. 이 堯舜

---

48) 『漢城旬報』 10, 開國 493년 1월 3일, 歐米立憲政體(여기서는 三權分立, 君民同治 와 合衆共和의 차이, 兩院制度와 선거방법, 立憲制度, 行政制度, 司法制度 國政 監査, 立憲國에서의 君主·議院·政府와의 관계 등 근대정치제도를 소개하고 있 다).

49) 이에 대해서는 다음의 업적이 참고된다. 姜在彦, 『近代朝鮮の變革思想』, 1973 ; 李光麟, 『개화당연구』, 일조각, 1975 ; 愼鏞廈, 『獨立協會研究』, 일조각, 1976 ; 金 錫亨 外, 『金玉均の研究』; 姜萬吉, 「한국독립운동의 역사적성격」, 『아세아연구』 59, 1978 ; 田口容三, 「愛國啓蒙運動期の時代認識」, 『朝鮮史研究會論文集』 15, 1978.

50) 卷2, 「急務八制議」 國制, 20쪽, "今夫天下之號爲國者亦多矣 而其政體大要有三 曰共和·曰立憲·曰專制 東洋雖未嘗有此名 然試以其世攷之 則唐虞以上共和之 治也 三代立憲之治也 秦漢以下專制之治也 三者莫善於共和 而莫不善於專制 使 聖人復起 則其必有所處矣"; 卷6, 「答李君康濟書」, 114쪽(『湖南學報』 5, 38쪽).

51) 卷2, 「急務八制議」 國制, 20쪽.

의 선양은 바로 구미의 대통령제와 임기의 차이만 있을 뿐 꼭 같다고 여기고 있었다.[52] 공화제의 특징이 主權在民, 大統領制, 政權交替 등으로 간주되고 있음을 알 수 있다.

堯舜의 常經이 禹의 謀爲로 바뀌면서 夏・殷・周의 삼대사회를 立憲의 정치와 대비하였다. 삼대에서 비록 임금의 자리에는 사사로이 올랐으나 그 법을 마음대로 하지 않았고, 禮樂文物이 通義[세상사람들이 모두 실천・준수해야 할 도리]에서, 功罪刑賞이 衆論에서 나왔음은 가이 취할 수 있다고 하였다. 여기에서 '選士於鄕'과 '萬兵於農'은 바로 서양의 上下 議院과 常後備兵의 제도와 같다는 것이었다.[53] 선거에 의한 議會의 구성이나 常備軍의 보유가 근대국가의 필수임을 알고 있었다.

그러나 시간이 지남에 따라 "君權漸重 民權漸輕"하게 되어 春秋・秦・漢에 이르러 專制의 정치가 행하여졌다고 하였다. 모든 것은 世主者[임금]의 사유로 되어 나라의 正供이 개인의 帑藏[창고]에 이관되고, 백성의 힘도 부역으로 다 소모되었으며, 또 賢愚・爵刑도 親疎・愛惡에 의해 결정되는 정치였다. 백성이 존재하지 않는 단계가 바로 專制政治라는 것이었다.[54] 상하관계의 신분질서에 의한 절대왕권의 중세봉건국가의 모습이 이렇게 규정되고 있었다.

이와 같이 파악하고, 그는 "唐虞 이상의 共和는 높아서 바랄 수 없고, 秦漢 이하의 專制는 나빠서 행할 수 없으므로 오직 三代의 立憲政治만이 가능하다"고 생각하게 되었다.[55] 이상적인 唐虞社會의 건설을 위해서는 공화의 정치가 실시되어야겠지만, 絶對君主權이 확립되어 있던 상황에서는 가이 바랄 수 없었을 것이다. 급진적인 혁명으로 군주제를 없애고 공화제를 시행하기 어려운 때, 「急務八制議」의 전 내용이 그러하듯이, 당장에는 점진적인 방법에 의한 立憲君主制가 추구될 수 있을 것이다.

立憲君主制는 기본적으로 絶對主義와 새롭게 대두된 市民勢力이 타협

---

52) 卷2, 「急務八制議」 國制, 20~21쪽.
53) 卷2, 「急務八制議」 國制, 21쪽.
54) 위와 같음.
55) 위와 같음,

한 결과 발생한 것이므로, 군주권을 약화시키고 민권을 중시하는 것이 가
장 기본적인 문제였다. 해학의 立憲君主論도 경시되었던 民權을 세우고
君權을 제한시키는데 초점이 주어지고 있었다. 백성은 '可近不可遠'이므로
"畏民之心으로 近民之政을 행하는 것이 국가의 임무"라고 하였다.56) 民權
은 근대정치 나아가 市民社會·國民國家의 기본이 되는 것이기 때문이다.

민권의 확립은 신분적 차별에 의한 지배계급이 존재한다든지 또는 법률
에 의해 보장되지 못한다면 실현될 수 없을 것이다. 민권이 확립되지 못한
상태에서의 입헌제는 실제로 국왕의 대권이나 이를 대행하는 행정관료의
우월성이 보장된 외견적입헌제가 되기 쉬울 것이다. 앞에서 언급한 곧 농
민해방이 전제되어야 할 것이다.

그리고, 해학은 이를 위해 법에 의한 법치주의를 주장하였다. 당시에는
이미 근대적인 법이 마련되고 있었으므로 또한 가능하였을 것이다. 법이
국왕의 의사를 체현하였던 절대주의의 자의적 지배로부터 국민의 권리와
자유를 옹호하려는 요청에서였다. 해학은 법률과 법치를 文明之基와 富强
之業의 밑거름으로 믿고 있었다. 즉 立憲諸國의 백성은 법에 의해 보장된
선거권이나 議法權을 가지고 있으며, 임금도 법이 아니면 백성을 억압할
수 없고, 백성도 법이 아니면 임금을 범할 수 없다는 것이었다.57) 민권이
법에 의해 보장된 근대국가의 정치였다. 일종의 '법에 의한 사회계약' 같은
것이라 말할 수 있다. 그는 법을 예악도덕의 법과 사송형벌의 법으로 나누
고, 인간생활에 필연적으로 발생하는 시비·경쟁의 해결을 위한 후자적인
법에도 유의하고 있었다. 우리나라가 사용하던『大明律』·『六典條例』등
이 비록 善美하지만 모두 專制에서 나온 것이므로 관리의 作奸·請託·
賂遺가 배제된 곧 "官不得以非法으로 加諸民하는" 民權이 담긴 法이 필
요하다는 것이었다.58) 이는 바로 개인의 자유와 평등을 추구하고, 이를 위
한 '법의 지배'를 주장한 것이었다.

56) 卷2,「急務八制議」國制, 21쪽, "夏書曰 民可近不可遠 又曰 可愛非君 可畏非民
夫以畏民之心 而行近民之政 則國家其庶幾矣".
57)「政治學說」,『湖南學報』2, 29쪽.
58) 卷9,「法學說」, 160~161쪽(『호남학보』4, 34~35쪽).

그런데 그의 입헌군주론의 전개는 본 바와 같이 중국사회 즉 유교사회
에 대비되면서 나온 것이었다. 근대화과정에서 유교를 어떻게 이해할 것인
가의 문제이기도 하다. 유교체제는 근대사회에서 당연히 극복되어야 할 것
이었지만, 그 과정에서 중세체제에 대한 현실비판의 대책으로 고대의 유교
이상사회가 흔히 거론되고 있었다. 서양근대사상에서 보이는 고대에의 '尙
古主義'도 그러한 경우였으며, 서양사상에 의한 유교사회에서의 근대화론
도 마찬가지였다. 이것은 개혁의 합리성을 추구한 것일 따름이지 그 개혁
론이 복고를 뜻하는 것도 아니었고, 또 그것을 유교경전으로 달성하려는
것도 물론 아니었다.[59] 해학의 개혁론도 마찬가지였다. 漢學을 熟知하고
있던 그로서는 당연한 논리였다. 가령 앞서 본 "天下 乃天下之天下 非一
人之天下"는 물론 유교의 이상인 하향적인 민본정치의 표현이었지만, 해
학이 나타내고자 한 것은 공화의 정치에서 주권이 인민에게 있다는 것이
었다. 國家主權論, 君主主權論, 議會主權論이 아닌 바로 人民主權論을 보
이려 함이었다.

해학은 전통적인 유교에 의해서는 근대사회를 수립할 수 없음을 알고
있었다. 즉

其勢ㅣ不得不復歸於古니 是以로 英德立憲은 卽支那之三代也오 法美
共和ᄂ 卽支那唐虞也라 其義其理ㅣ 亦與足下所謂四書五經으로 未嘗不
同이로디 而必曰 新學者ᄂ 所以起人改觀之意耳라[60]

---

59) 예를 들어 다산의 경우,『經世遺表』의 개혁론이 주례를 이상으로 하는 유교의 전
통적 발상법이지만, '尙古主義'에 의한 중세체제의 비판 속에서 나온 것임은 이미
지적되었다(朴宗根, 「茶山丁若鏞の土地改革思想の考察」,『朝鮮學報』28, 1963,
82~83쪽). 또 대표적 開化思想家인 박영효의 변법개화론도 福澤諭吉의 저작을
매개로 한 서양사상의 영향에서 이루어졌지만, 한편으로는『孟子』·『大學』을 중
심한 고전의 민본주의사상이 강하게 나타나고 있다고 한다(靑木功一, 「朴泳孝の
民本主義·新民論·民族革命論」,『朝鮮學報』80·82, 1976·7). 같은 유교사회
였던 중국의 경우도 마찬가지였다(小野川秀美,『淸末政治思想史研究』, 京都 : 東
洋史研究會, 1969 ; 高田淳,『中國の近代と儒教』, 東京 : 紀伊國屋書店, 1970).
60) 卷6, 「答李君康濟論」, 114쪽(『湖南學報』5, 38쪽).

고 하여 四書五經=舊學에 의해서가 아니라 新學=西洋近代學問에 의거하여 추구하고 있었다. 事大主義의 폐, 漢文習慣의 폐, 門戶區別의 폐가 지적된 舊學은 이제는 사용할 수 없다는 것이었다.[61] 유교적 왕도사상의 맹자의 학문조차 비록 성인의 것이지만 전국시대의 風氣라 규정하였고,[62] 政治·道德을 논하면서 唐虞=古道를 거론하는 것을 好古病으로 비난하고 있었다.[63] 그는 60세의 나이에도 서양의 憲政史를 공부하고 있을 정도였다.[64]

그의 立憲君主論은 본 바와 같이 매우 소략한 것이었다. 위로부터의 점진적인 방법에 의해 먼저 君主權을 제한하고, 民權을 확립하려는 것이 그 기본골격이었다. 이러한 원칙이 앞서 본 農民解放의 전제 위에서 전개된다면 충분히 近代國民國家의 건설이 가능하리라고 추측할 수는 있다. 그러나 이외의 구체적인 문제, 즉 近代國家思想이나 政治體制의 달성방법 또 立憲制에 필요한 憲法의 제정과 이에 의한 三權分立, 선거에 의한 의회의 구성 등에 대해서 구체적인 언급이 없어 정확한 모습의 파악에는 곤란한 점이 있다. 그러나 만약 짐작한다면 나머지의 구상이 대개 梁啓超의 政治論으로 보충되지 않았을까 한다. 立憲君主論을 주장하던 梁의 저술에 해학은 깊은 관심을 가지고 있었다. 「急務八制議」國制를 지은 몇 년 후에 그는 자신이 편집한 『湖南學報』에 梁의 「立憲法議」·「立法權論」·「政治學學理摭言」이 '略加修整'되어 「政治學說」로 연재되었으며(2~9호), 「新民說」의 「論國家思想」도 「國家學說」의 「國家之思想」으로 소개되고 있음으로 하여(4호) 짐작할 수 있다.[65]

---

61) 卷3, 「一斧劈破論」, 74~76쪽(『湖南學報』 1, 15~18쪽).

62) 卷9, 「雜錄八則」, 164쪽.

63) 「好古病」 『大韓自强會月報』 9, 3~4쪽.

64) 卷9, 「自眞贊」, 163쪽.

65) 물론 梁啓超의 사상도 그 생애에 따라 成長時期·求變時期(康有爲와의 變法運動期)·流亡時期(일본망명 후의 입헌운동기)·從政時期(辛亥革命 後의 정당운동기)·문화학술헌신기(정계은퇴 후의 만년기)로 구분할 수 있으나(張明園, 『梁啓超與淸季革命』, 1964), 우리가 유의해야 할 시기는 입헌운동기이다. 이 때에도 두 시기로 나눌 수 있는데, 초기에는 중국의 사정으로 입헌제 채용이 시기상조이

4. 官僚制度論

관료제도는 절대주의 하에서 강력한 주권을 위한 법률·군사·세제 등 專門幕僚[公安的司法官僚·常備軍·財政官僚]의 필요에서 나온 통치구조였으며, 근대관료제로 발달하였고, 특히 시민계급의 성장, 의회·정당의 통제 하에서는 公僕으로서의 공무원제도로까지 발전되었다.[66]

해학이 立憲君主制의 정치체제를 구상하였다면 이에 알맞은 정치기구의 정비는 당연히 거론될 것이다. 그는 이것을 주로 甲午改革이나 光武改革에서의 문제점·미비점을 보완하는 방향에서 추구하고 있었다. 外勢依存的·急進的 甲午改革이나 '卒舊章而參新規'의 光武改革이 지배층 중심의 근대화운동이라는 근본적인 점에서도 그 한계를 지적하였지만, 이에 따르는 정치기구에 대해서도 마찬가지였다. 해학은 이를 크게 中央官制, 銓選制, 地方制의 세 부분에서 취급하였다.

중앙관제는 甲午改革에서 『大典會通』·『六法條例』와 일본의 법전을 참고하고 近代法治國家의 內閣制度를 모방하여 國政[議政府·內閣]과

므로 20년 정도의 준비기간을 가지고, 우선은 그 과도기로서의 開明專制를 주장하였다(1900~1905년). 이것은 1907년에 이르러 국회속개론으로 급선회하였고, 국민의 총의=공의에 기초한 국가의견을 위해서는 대의제에 의한 국회를 조직하자고 하였다(橫山英, 「梁啓超의 立憲政策論」, 『廣島大學文學部紀要』 35, 1976). 해학이 관심을 가지고 전재하였던 「立憲法議」 등의 정치논저는 1900년·1902년에 저술된 것이었다. 시민계급이 완전하게 형성되지 않았던 사정에서 정치주체를 형성하고 정치조직을 한다는 것이 어려움을 보여주던 글이었다. 해학도 단순한 轉載가 아니라 이러한 점에도 유의하고 있었을 것으로 보아야 할 것이다. 이외에노 梁의 「敎育政策私議」(1902년)가 『호남학보』 1호에 「梁氏學說」로 게재되었으며, 해학의 「大學新民解」(卷3, 『호남학보』 1, 6쪽)나 「楊墨辨」(卷3, 『호남학보』 1)도 梁의 영향에서 이루어진 듯하다.

66) 근대적 의미의 관료제는 Weber의 표현대로 근대자본주의의 합리적 정신에 기초하여 ① 화폐경제의 발달 ② 행정기능의 양적증가·질적변화 ③ 행정에 있어서 전문적 요소의 우위 ④ 물적경영수단의 집중 ⑤ 경제적·사회적 차별의 균형화 등의 원인에 의해 발달하였다. 그 특징으로는 합리적 분업 계통제, 전문의 자격, 화폐에 의한 급여, 승진경로의 명확화 등이 거론되며, 능률·향상성·정밀·규율·신뢰성의 집단 조직을 갖추고 있다.

王室[宮內府]을 구분하였으며, 의정부의 장관인 총리대신이 "總百官하고 平庶政하여 經邦國한다"고 규정하였었다. 이에 따라 정치기구도 乙未年에 대폭 개편되었다. 이것은 곧 光武年間에 "大君主 陛下께서 萬機를 統領하사 議政府를 설치하시니라" 한 議政府制로 환원되었다. 甲午改革에서 다소 약화되었던 왕권이 강화되고 閣議의 기능이 약화되었으나 갑오 이전으로 복구는 아니었다. 해학은 이와 같은 개혁이 國人의 耳目을 煥然一新시켰지만 '條例不整'·'名稱不雅'한 점은 다시 의논하여야 할 것으로 지적하였다.[67] 그리하여 의정부 관제를 골격으로 첨삭을 가하였는데, 그 특징은 다음으로 정리될 수 있다.

먼저, 관료기구를 간소화한 점이었다. 갑오 이후 관직의 增置가 많아져 架疊으로 인한 인재의 부족, 권세의 分移로 생기는 폐단을 해결하기 위해서였다. 奎章院과 經筵院을 합하여 侍講院으로 한다든지, 內部의 土木局·版籍局을 地方局에 병합시킨다든지 또는 각 府·部에는 秘書·庶務·會計의 3과만 설치토록 하는 것 등이었다. 乙未年의 관제에서 각 府·部의 官房은 없애고 의정부 소속의 局·課도 1室 29局 37課가 22局 24課로 축소되고 있었다. 다음, 명칭을 개칭코자 한 점이었다. 직무에 어긋나지 않는다면 同價紅裳이 人情이듯이 되도록 아름다운 명칭으로 바꾸려는 것이었다. 의정부를 국무부로 議政·參政·贊政은 總理大臣·參理·贊理로 하며, 각 府·部의 大臣·協辦은 卿·少卿으로, 院의 卿은 監으로, 또 農商工部는 백성의 생활에 직접 관계되므로 民部로 고치자고 하였다.[68]

이러한 논의, 특히 관료기구의 간소화는 반계나 다산의 관제개혁안과 그 이념을 같이 하는 것이었다. 반계가 "冗官之多 天下之大害也"라 하여 官衙는 종래의 2/3, 官員은 3/5으로 삭감하여[69] 位階制·分職制·專任制·能力制에 의한 관제개혁을 주장한 것이나,[70] 다산이 『經世遺表』에서 120개의 관직으로 '吏少隸多'의 피라미드적인 구조로 개편하고자 한 원리가[71]

---

67) 卷2, 「急務八制議」 官制, 22쪽.
68) 卷2, 「急務八制議」 官制, 22~37쪽.
69) 千寬宇, 「磻溪柳馨遠研究」, 『歷史學報』 3, 1952·3, 98~100쪽.
70) 宋復, 「磻溪柳馨遠의 官制改革論」 『東方學志』 26, 1981, 226쪽.

그대로 계승된 것이라 할 수 있다.

다음은 銓選制의 개선이었다. 알다시피 구래의 과거제에 대한 폐단은 이미 오래 전부터 지적되어 왔으며, 특히 실학자들은 양반문벌중심의 관리 등용정책을 타파하고 능력중심주의의 貢擧制나 科薦合一制를 주장하였다.[72] 이러한 과거제도가 폐지되고 새로운 관리임용제도가 실시된 것은 甲午改革에서였다. 各府衙大臣이 朝野·京鄕의 貴賤出身 여하를 불문하고 品行·才能 및 藝能이 있고 時勢를 잘 아는 자를 選取하여 銓考局에서 보통·특별시험을 치르게 하는 근대적인 인사제도였다. 해학은 이러한 甲午의 銓選制에서 그 문제점을 지적하고 개선코자 하였다.

첫째, 門地를 타파할 수 없다는 것이었다. 이것은 언뜻 民權·平等의 추구와 상반되는 것 같으나, "人有賢愚 而無貴賤"이라고 지적하여 賢者를 취하기 위한 조치이지 貴賤의 문제가 아니었다.[73] 그는 국가의 用人이 현우가 아닌 귀천에 의해 이루어져 천하가 패망하고 있다고 사대부의 무능을 분명히 인식하고 있었다.[74] 옛부터 名儒·碩士가 寒微한 곳에서 많이 나왔고, 또 門地를 한정하는 것이 求人의 방법이 아님을 알고 있었다. 甲午 이래 비록 庶孽의 폐는 고쳐졌지만 현자는 보복을 생각하고 不肖者는 아첨하는 일에만 전념하는 현상이 생겼기 때문에 이를 해결하기 위한 방법이었다.[75]

다음은 文辭를 없앨 수 없다는 것이었다. 과업이 사람을 병들게 하여 浮文만 좋아하고 시세에는 어둡게 하였으며, 심한 자는 聖言을 암송하면서도 몸으로 盜行을 한다고 科擧의 폐단을 지적하고, 마땅히 고쳐야 될 것으로 생각하였다. 이러한 폐단이 비록 甲午改革에서 일단 해결되었지만 오히려 여기에서 또 다른 폐단이 발생하였다는 것이었다. 즉 官府에서 매일 쓰는

---

71) 洪以燮, 앞의 책, 1959, 33~71쪽.

72) 朴宗根, 앞의 글, 1971.

73) 卷2,「急務八制議」銓選制, 37쪽.

74) 卷9,「金奉學傳」, 147쪽, "甚矣 私之敗天下也 至於國家用人之際 不論賢愚 而論 貴賤 其所謂士大夫 無事則分據鼎席 肉食自肥 有事則各營巢窟 草間苟活 而竟 使一小卒 恚恚然飮毒自裁 則爲君人者 亦可以鑑矣".

75) 卷2,「急務八制議」銓選制, 37쪽.

報告·訓令도 작성하지 못하고, 律書·約章도 해독하지 못하는 현상이었다.[76] 전문성의 요구로 다른 방향에서 文辭가 필요한 때문이었다.

그리하여 해학은 이 새로운 폐단을 제거하기 위해서는 오직 公正에 의해 門地를 不論하고, 納粟·術數·巫祝의 類와 같이 出身이 不正한 자, 또 作文(報告·訓令·照會·通牒 등)과 독서(『大明律』·『無寃錄』·各國 約章·『公法』·『會通』 등)의 시험에 통과하지 못한 자는 모두 축출하자고 하였다. 이렇게 한다면 백관이 肅然하고 士民이 기뻐할 것이며, 비록 經世 의 常法이 아니라도 십 수년 후에는 '學校選擧'가 이루어질 수 있을 것으로 보고 있었다.[77] 근대관료제는 전문적 지식과 능률을 요구하고 있기 때문이었다.

地方制의 개혁은 자신이 '平生精力所在處'라 할 만큼 가장 힘을 기울인 부분이었다. 地方制度는 甲午改革에서 소지역주의를 채택하여 종래의 8도제를 23府로 개편하였다가, 광무 연간에 다시 한성부를 제외하고는 13도로, 그 밑에 7府·1牧·331郡으로 세분하였다. 한성부에는 判尹·小尹, 府에는 府尹, 牧에는 목사를 두었고, 개항장의 監理署도 復設되었다.

해학은 이러한 개혁사업이 급히 행하여졌기 때문에 아는 사람이 한정되어 있을 뿐만 아니라,「夏書」·「禹貢」·『周禮』의 職方에 보이는 規模·名義도 없으며, 또 星野·山川 등의 자연조건에도 합치되지 않는다고 보았다.[78] 이에 光武年間의 13道制를 골격으로 그 釐整을 구상하였다. 즉 서울 한 곳에 判尹署, 개항장에 監理署를 두며, 觀察府(궁내부, 의정부와 混幷될 수 있으므로 그는 督撫省으로 개칭하고 있음) 아래로는 道·郡으로 통일시키고 있었다. 그리고 각 郡은 疆界가 不明하고 結戶가 不均한 점을 고려하고, 山川의 편의에 따라 "移遠就近 割大補小"하여 333郡으로 개편하자고 하였다.[79]

---

76) 卷2,「急務八制議」銓選制, 37~38쪽.
77) 卷2,「急務八制議」銓選制, 38~39쪽.
78) 卷2,「急務八制議」地方制, 39쪽.
79) 卷2,「急務八制議」地方制, 39~40쪽. 광무연간의 地方制度와는 다음처럼 비교된다.

그러나 이것은 임시조치로 수년 후에 다시 조정되어야 할 것으로 생각하였다. 이 조정의 원칙은 量務官으로 지방의 量田事業에 참가하여 얻은 경험에서 나오고 있었다. 田結·人戶를 기준으로 다시 설정하자는 것이었다. 이것은 가령 영남의 경주·상주처럼 稅의 징수가 浩煩하여 미납이 쌓인다든지, 봉화·예안처럼 토지의 소출이 적어 경비를 충당하지 못하여 그 빚을 나누어 부담하는 結戶不均의 폐를 제거하기 위함이었다.[80] 이리하여 군은 8천 호~1만 호 정도로 그 거리가 50리를 넘지 못하는 범위에서 산천·도로 등의 標識할 수 있는 것으로 사방을 확정하며, 坊·面은 8백 호~1천 호 정도로, 洞·里는 家統을 기준으로 처지에 따라 정하도록 하였다.[81] 甲午나 光武에서 지방의 行政制度·官吏制度·財政制度 등의 개혁이 지주제의 정비와 간접적으로 연결되고 있었던 점에[82] 비하여 해학의 구상은 앞서 본 농민경제의 안정이라는 면이 강하게 추구되고 있었다.

地方制度에서는 아울러 "天下之最窮 而無告者"인 島民에 대해서도 유의하고 있었다. 甲午改革 때에 이미 그 폐가 지적되고 島郡을 설치하였지만, 관리의 剝割之害는 더 심하여졌다고 보고 섬의 自治를 주장하였다. 즉

光武改革의 지방제			海鶴의 지방제		
道名	首府	소속 府·牧·郡	道名	治	소속 郡
경기도	수원	4부 34군	洌州省	水原	34군
충청북도	충주	17군	達州省	蕊城(충주)	18군
충청남도	공주	37군	錦州省	公山(공주)	34군
전라북도	전주	26군	湖州省	完山(전주)	25군
전라남도	광주	1목 32군	榮州省	瑞石(광주)	32군
경상북도	대구	41군	雒州省	大邱	43군
경상남도	진주	1부 29군	汾州省	晋陽(진주)	31군
황해도	해주	23군	泉州省	首陽(해주)	23군
평안남도	평양	23군	浿州省	平壤	23군
평안북도	정주	21군	澄州	寧邊	21군
강원도	춘천	26군	昭州省	春川	26군
함경남도	함흥	1부 13군	眞州省·	咸興	14군
함경북도	경성	1부 9군	蓋州省	鏡城	9군

80) 卷2,「急務八制議」銓選制, 44쪽.
81) 卷2,「急務八制議」銓選制, 48쪽.
82) 金容燮,「한말에 있어서의 中畓主와 驛屯土地主制」,『東方學志』20, 1978.

큰 섬은 독자적으로, 작은 섬은 몇 개 합하여 도중에서 識字解事者 1인을 島長으로 추천하고, 內部에서도 군수와 동급으로 대우케 하며, 임기를 정하여 교체하자는 것이었다. 內部에 직접 소속시키어 地方制의 하나로 개편하면서, 섬의 자치를 보장해 주고, 일년에 한 번 京師가 직접 地稅를 거두어가게끔 한다면 官吏의 수탈에서 벗어날 수 있어 도민의 생활안정이 여기에서 이루어질 것이라 본 것이었다.83)

이상이 中央官制 · 銓選制 · 地方制를 중심한 해학의 官僚制度論이었다. 정치체제를 근대적인 방향에서 개혁하려고 할 때, 필연적으로 제기되는 문제였다. 물론 그의 구상은 甲午 · 光武改革의 골격에 첨삭을 가한 것이었지만, 이러한 문제는 어느 정도 해결한 것으로 보아야 할 것이다. 비록 그것이 근대적인 공무원제도의 확립을 의미하는 것은 아니었지만, 근대적인 관료제도를 지향하는 것으로 파악해야 할 것이다. 관료기구의 간소화에 따르는 고도의 전문성 · 능률성, 합리적 분업성은 곧 신분제의 타파 위에서 시행되는 능력위주의 銓選制에 그대로 연결되고 있었다. 더욱 地方制度가 후술될 것처럼 외부로부터의 帝國主義 침략에 내응하면서, 농민들의 생활안정을 추구한 점에서 나오고 있어 이러한 논의는 더욱 선명하게 파악될 것이다. 관료제와 그 구성원이 백성에 대하여 특권적인 관계를 유지하는 절대주의 관료제의 모습이 아님은 분명하였다.

5. 自强獨立論

帝國主義의 참략은 通商貿易을 통한 경제적 약탈에 그치는 것이 아니다. 정치적 · 군사적 침략이 반드시 동반되고 있었다. 일본의 경우는 그들 자신이 아직 경제적으로 帝國主義의 단계에 도달하지 못하고 있었으므로, 정치적 · 군사적인 힘은 더욱 필요하였다. 그리고 帝國主義 자국 내의 군국주의체제의 발달과 이에 기초한 국가기능 · 기구의 팽창은 필연적으로

---

83) 卷2, 「急務八制議」 地方制, 48~51쪽.

식민지 쟁탈을 위한 상호간의 전쟁에 이르게 된다. 따라서 침탈대상국에 있어서의 反侵略的 民族運動은 격화될 수밖에 없었다. 自强獨立論도 이 방법 중의 하나였다.

당시 半封建·半植民의 상황에서는 이 내외의 어느 문제도 소홀히 취급할 수 없으며, 하나의 문제로 귀결시켜서 해결하여야 할 것이다. 이 때의 反帝國主義는 反封建의 논리 위에서 그대로 도출될 수 있기 때문이다.

이러한 문제는 借款의 경우를 생각하면 쉽게 이해될 것이다. 주지하다시피 開化派의 개혁사업은 외국의 차관 특히 일본의 차관에 의존하고 있었다.[84] 재정적인 의존은 필연적으로 이권침탈·내정간섭의 기회를 제공하게 마련이었다. 열강의 차관공세 또한 이러한 의도에서 이루어지고 있었다.

해학은 지주나 상인의 자본이 다시 토지에 투자되지 않고 상업·산업자본으로 전환할 수 있는 방안을 마련하고 있었으므로 차관에 의한 개혁사업에는 반대하고 있었다. 개혁사업을 백성에 대한 착취나 차관에 의해 행한다면 이는 바로 人亡·地盡으로 이를 것이라고 규정하고,[85] 후세 사람이 魚允中을 망국죄인으로 취급할 것이라고 우려하기도 하였다.[86] 그 후, 재정고문 目賀田太郎의 화폐정리사업에서 추진자금으로 300만원의 차관이 있었을 때에도 차관은 結稅를 典執해야 하므로 결국 亡國에 이를 것이라 하였다.[87] 또 宮內府 소관의 雜稅를 담보로 금화 1,000만원을 차입하여 宮內府銀行을 설립하고자 하였을 때에도, 雜稅는 이미 개간된 膏壤의 땅

---

84) 趙璣濬, 「韓日借款의 顚末과 그 性格」, 『韓國資本主義成立史論(全訂版)』, 고려대학교 출판부, 1973, 166~192쪽.
85) 卷1, 「田制妄言」, 10쪽.
86) 卷5, 「答魚度支允中書」 乙未, 89~90쪽, "夫財賦者 所以應經濟成事物之資也 閣下盖職於是矣 而不思興利之道 徒以借款爲事 則今年明歲逋負積多 其勢必至於割地而償之 苟以五百年社稷 三千里封疆 交手付人 後世君子執筆而求罪人 則吾恐閣下其爲首矣 此沂之所以爲閣下日夜愚者也". 그런데 어윤중은 이미 차관의 필요성과 그 폐단을 알고 있었다. "上曰 日本外若富强 而內實不然云乎 允中曰 一國皆勉力於富强 而於維新初 浪費財力 國債至爲三億五千萬 割歲入之半 歸之償債 所以其國人憂之"(『從政年表』 卷2, 高宗 18년 12월 14일, 122쪽).
87) 卷5, 「與閔度支泳綺書」 甲辰, 101~102쪽.

에서 나오는 것으로 바로 民業에 직결되므로 불가하다고 하였다. 차관이 성립된다면 재화는 奸欺의 입으로, 稅의 관장은 外商의 손아귀에 들어가, 나라로서는 失土·失稅요, 백성으로서는 失業·失産, 즉 '民國俱亡'할 것이라는 것이었다.[88]

해학이 자강을 이루어 자주독립을 추구한 방향은 물론 앞서 본 그의 사상 위에서 전개되고 있었다. 곧 국내의 문제를 먼저 해결하여야 한다는 것이었다. "善爲國者 不患外侮 而患內修"[89]한다는 입장이었다. 개혁사업으로 祿百官·資兵賦·開商務·備不虞를 달성한다면 이것이 바로 자주독립으로 이어진다는 것을 알고 있었고,[90] "內治旣至 外患亦去"[91]한다고 믿고 있었다.

그러나 당시 우리나라는 내외의 절박한 사정에 처하여져 있었다. 農民戰爭을 진압하고 추진된 甲午改革이나 이의 비판에서 나온 光武改革은 모두 당시의 현실적 바탕과는 일정한 괴리가 존재하고 있었으며, 그것조차도 국제 열강의 역학관계와 일정한 함수관계가 있었다. 또한 우리나라를 둘러싼 국제열강은 다투어 이권을 침탈하였고, 급기야는 일본과 러시아를 대표한 제국주의의 남북대결은 점점 전쟁의 길로 치닫고 있었다.

이러한 상황에 대처한 海鶴의 자강독립론은 대체로 善兵·外交·敎育의 세 방향에서 거론되고 있었다. 前二者가 주로 乙巳勒約 이전에 제시되었다면, 후자는 이른바 애국계몽운동기에 추구되고 있었다. 농민층에 의한 급진적인 혁명이 좌절되고, 정부주도의 위로부터의 개혁조차 제대로 시행되지 못하였던 당시에 제국주의의 침략에 대비하여 최소한 취해질 수 있

---

88) 『皇城新聞』, 光武 8년 7월 29일, 8월 1일(『황성신문』에서도 7월 30일, 8월 1일에 宮內府銀行의 차관설립에 대한 반대 논설을 쓰고 있고, 8월 3일에는 前主事 白樂衡이 중추원에 헌의한 내용을 소개하고 있다. 8월 5일에는 이 문제를 반대한 정부대신 權重顯의 言事疏 전문을 게재하고 있어 큰 문제가 된 듯하다. 그런데 권중현의 반대는 주로 궁내부와 정부 사이의 절차문제에 대한 것이었고, 차관이 가지는 정확한 의미파악에서 나온 것은 아니었다).

89) 卷5, 「與尹議政容善書」, 98쪽.

90) 卷1, 「田制妄言」, 14쪽.

91) 卷4, 「請六移疏代」 乙巳, 88쪽.

는 방안이라 할 수 있다.

제국주의의 침략에 대한 養兵의 문제는 당시에 흔히 거론되던 문제였다. 물론 국내정치의 방안에는 차이가 있었겠지만, 자기보존의 힘을 가진다는 것에서 공통적으로 양병이 제시되었다. 해학이 近代立憲國家의 요건으로 常備軍을 지적한 것이나,[92] 또 重恢之計로 양병을 軍部大臣 李道宰에 건의하고 있는 것으로[93] 보아 이에 상당한 관심을 보이고 있었음에 틀림없다. 그러나 그의 軍制가 전하지 않으므로 그 편린만 정리할 수 있다.[94]

지방제도 속에 그 일부가 제시되어 있다. 이것은 주로 해군과 북방의 경비에 관해서 였다. 나라에서 장차 해군을 만들려면 역시 물에 익숙한 도민 중에서 뽑아야 할 것이며, 巨文島·加德島 등 16개의 중요한 섬에 虞候站을 세우고 軍民之治를 관장케 하여 海防은 물론 일본 등의 어업침탈에서 어민도 소생시킬 수 있다고 하였다. 또 長白 사이에 출몰하는 馬賊[淸匪]의 토벌에 진위대를 파견한다면 시간·경비의 손해가 크므로 兩江(두만·압록강)의 좌우에 있는 망에 진위대의 一半之粮만 들여 따로이 權管을 설치하고, 士兵을 모집하여 屯田·砲射·耕種케 하여 대처하자고 하였다.[95] 이것은 지방조직 특히 종래의 향촌조직을 帝國主義의 침략에 대비하는 기본조직으로 삼으려고 한 방법이었다.

이와 관련하여 해학은 서북 간도에 대해서도 유의하고 있었다. 즉 러시아와 일본의 脅制에서 급히 도모해야 할 自强之策은 바로 간도를 토벌하는 것이라 제언하였다.[96] 간도지방이 "其田則吾同井也 其民則吾同胞也"[97]라는 점과 간도의 수천리 땅에서 나는 米穀·森林·毛皮·金銀·鑛山으로 족히 富田·祐民할 수 있다는[98] 이유에서였다. "內修輯撫 外行禦

---

92) 주 53)과 같음.
93) 卷5,「與李軍部道宰書」, 100쪽.
94) 그가 詳見軍制'라고 표현한 것으로 보아 軍制에 대해서도 개혁을 구상하고 있었음을 알 수 있다(卷2,「急務八制議」地方制, 51쪽).
95) 卷2,「急務八制議」地方制, 51~52쪽.
96) 卷4,「因近侍上奏封書」甲辰, 86쪽.
97) 卷7,「題大韓疆域考後」癸卯, 131쪽.
98) 卷4,「因近侍上奏封書」甲辰, 86쪽.

侮"하는 中興之基가 바로 여기에 있다는 것이었다.99)

그리고 이 양병을 위해서는 반드시 토지개혁이 선행되어야 함을 지적하였다. 李道宰에게 양병을 건의할 때 "그 辭財之道를 이미 略陳하였으며, 그 외는 다른 방법이 없다"고 하였는데, 그 전후의 사정으로 보아 이것은 틀림없이 土地改革을 통한 재원조달 방법이었다.100) 그렇지 못한다면 또한 「急務八制議」 戶役制에 의해서도 충당될 수 있을 것이다.

다음은 외교적인 방법이었다. 해학은 당시의 국제관계를 "小爲大呑 弱爲强幷"101)으로 표현하고 있었다. 이것은 物競天擇·優勝劣敗 또는 適者生存·生存競爭으로 표현되던 사회진화론의 영향으로102) 帝國主義시대의 적절한 묘사였다. 특히 1900년대에 들어서 우리나라를 둘러싼 일본과 러시아의 대립은 점점 열을 더해가고 있었다. 해학은 이를 두 호랑이가 고기 하나를 놓고 싸우는 모습으로 표현하고 일본에게 병합되지 않으면, 러시아에게 당할 것으로 예상하고 있었다.103)

무력적으로 자기방어의 힘이 갖추어져 있지 않는 상황에서 독립유지할 수 있는 방법은 열강의 勢力均衡이나 양심적인 국제질서에의 호소 등에서 구하여질 것이다. 이 때는 우리나라와 체결된 約章이나 國際公法이 강조될 수밖에 없었다. 해학은 약육강식의 국제현상까지도 약소자가 먼저 公法·約章을 어기는 失禮를 범하였기 때문이라고 생각하였다.104) 이것은 러시아와의 관계에서 지적되고도 있었지만 주로는 일본과의 관계였다. 일본과 러시아의 韓國分割論(韓國連合保護說)이 비등하였을 때에도 우리나라가 조약체결 후 십 수년간 조약의 준수나 공사의 대우에 실례함이 없다고 강조하고,105) 구미 각국에 성명하여 公法으로 處判하기를 건의한 것이

99) 卷4, 「因近侍上奏封書」 甲辰, 86쪽 ; 卷5, 「代西墾島民致內部書」 甲辰, 99쪽.
100) 卷5, 「與李軍部道宰書」, 100쪽.
101) 卷5, 「與尹議政容善書」, 98쪽.
102) 사회진화론에 대해서는 愼鏞廈, 『獨立協會硏究』, IX장, 일조각, 1976 ; 李光麟, 「舊韓末 進化論의 수용과 영향」, 『世林韓國學論叢』 1, 1977.
103) 卷6, 「答黃雲卿玹書」 壬寅, 108쪽 ; 卷6, 「與李馨五定稷書」, 118쪽.
104) 卷5, 「與趙參政秉稷書」, 92쪽 ; 卷6, 「與尹議政容善書」, 98쪽.
105) 卷5, 「與趙參政秉稷書」, 92쪽.

나,106) 또 일본인의 자유이민 논의에 대해 이민은 公法에서 인정하지 않으
며, 約章에도 언급되지 않은 것이라 전제하고, 自强을 생각하지 않는 사대
부를 힐책하면서 이민에 반대한 것은107) 이러한 표현이었다.

그는 노일전쟁의 진행 중에도 일본이 승리하여 동양의 패자가 될 수 없
으리라고 애써 생각하였다. 우리나라에 대해서는 인심을 잃어 천하심을 얻
지 못할 것이며, 또 영국은 英日同盟으로 비록 협약하였으나 관망하고 있
고, 청도 復懷疑懼하고 있다고 그 이유를 들고 있었다.108) 그리하여 일본
에게 "聯合東亞 扶植黃種", 즉 東洋 三國이 힘을 합쳐 서양의 침입을 막
는 것이 그 대의임을 촉구하였다.109) 한·청·일의 관계는 鼎足과 같은 균
형이 유지되어야 한다는 것이었다.110) 그는 이 방법의 하나로 만주를 구분
하여 동쪽은 일본에, 서쪽은 청에, 남쪽은 우리나라에 속하게 하자고 제의
하였다. 삼국의 精兵利器를 한 데 모아 "出卽迷鬪 入卽共守"의 공동보조
를 취하여 러시아 세력이 넘보지 못하게 하는 방법이었다.111) 러시아의 남
침을 막기 위해 「親中國 結日本 聯美邦」한다는 『朝鮮策略』 이래의 외교
노선과 상통된다고 할 수 있다. 러시아를 제외한 후에 세력균형을 이룩하
려는 의도였다.

그러나 노일전쟁은 일본의 승리로 끝났고, 우리나라에 관한 어떤 중대결
정이 있으리라고 예견한 해학은 동지인 羅寅永·吳基鎬·尹柱瓚—이들은
모두 후에 湖南學會의 회원이기도 하였다—등과 더불어 일본에 건너가서
다시 한 번 일본의 "宜守舊約 保韓獨立"하기를 촉구하였다.112) 한일 양국
을 "脣齒輔車 勢必相須"한 형제의 관계로 설정하고, 한국의 존망이 일본,
나아가 동양의 평화에 직결되므로, 기왕의 조약이나 日皇의 勅書에 나타

106) 卷5, 「與申議長箕善書」, 90쪽(『照會原本』, 光武 4년 8월 23일 照會 7호).
107) 卷5, 「與金議長嘉鎭論日人移民書」, 95~96쪽(『照會原本』, 光武 6년 1월 30일 조
　　회 1호) ; 卷5, 「與尹議政容善書」, 97~98쪽.
108) 卷3, 「日覇論」, 63쪽.
109) 卷5, 「與皇城新聞社長南宮君檍書」 辛丑, 95쪽 ; 卷3, 「三滿論」 甲辰, 64쪽.
110) 卷3, 「三滿論」, 64쪽 ; 卷5, 「與日本伯爵大限重信書」 甲辰, 102쪽.
111) 卷3, 「三滿論」, 64쪽.
112) 『梅泉野錄』 卷4, 光武 9년 7월, 343~344쪽.

난 한국독립의 뜻을 준수하라는 것이었다.113)

물론 독립은 세력균형 위에서 국제열강의 인정에 의한 중립화의 방안으로 실현될 수 있을지는 몰라도, 이러한 의타적·소극적인 방법으로는 달성할 수는 없을 것이다. 帝國主義의 본질로 보나, 또 당시 열강간의 利權分割政策의 추진상황으로 보나 이것은 도저히 불가능한 것이었다. 결국 나라는 乙巳勒約으로 실질적인 식민지 상태로 되어 버렸다. 이에 해학은 동지 羅寅永, 吳基鎬처럼 "外人不可恃也 天下之公論不可待也"라 생각하게 되었다.114)

이 이후 그는 당시에 풍미하던 이른바 애국계몽운동의 일익을 담담하게 되었다. 사회의 전 분야에 걸친 근대학문을 소개·계몽코자 하였으며 특히 교육문제를 집중적으로 강조하였다. "교육이야말로 진실로 今日의 急務"115)라 파악하고 그것이 바로 國權恢復의 길이라 규정하였다.116) 당시 學部 參書官이던 鄭喬의 추천으로 漢城師範學校의 敎官이 되어 후학을 지도하였고, 湖南學會의 교육부장으로 『湖南學報』의 발행을 주관하였었다.

해학의 교육론은 그 목표가 新學의 교육에 있었다. 그의 개혁론은 전통적인 유교의 경전이 아니라 근대적인 서양학문에 의해서 이루려하였음은 이미 언급하였다. 그는 新學을 '時務에 合用한 것'='時務'로 파악하고 있

---

113) 「海鶴李公墓誌銘」 卷5, 「與日本大使伊藤博文書」 乙巳, 105쪽 ; 『大韓季年史』, 『梅泉野錄』, 『續陰晴史』 光武 11년의 관계 기사.

114) 羅寅永·吳基鎬는 외세에 기댈 수 없다는 취지에서 自新會를 만들고 乙巳五賊 암살계획을 추진하였다. 해학은 이 거사에 직접 관계는 없었으나, 自新會의 趣旨書·自現狀을 작성한 것 등으로 연루되어 流 7년의 刑을 받았다. 1907년 7월에 진도에 유배되었다가 12월에 석방되었다(『大韓季年史』 卷8, 光武 11년 3월, 하, 224~250쪽).

115) 卷6, 「答崔國明輔烈書」, 119쪽.

116) 그는 卷3, 「教育宗旨」, 70~71쪽(『湖南學報』 8, 1~3쪽)에서 교육의 宗旨가 바로 人民의 思想의 표현이라고 하였다. 그 종지는 가령 "英人은 自主獨立, 獨人은 發揮祖國, 日人은 尊王尙武"로 내세우고 있는데, 우리나라는 "科名宦祿"이라 지적하였다. 우리나라도 獨人의 發揮祖國을 모방하여 "恢復國權"으로 그 標幟를 삼자고 하였다.

었다. 바로 국가에 功이 있고 生民에 理가 있는 학문으로[117] 그 가운데 經綸籌策이 있어 가히 經世濟民할 수 있는 것이라 하였다.[118] 그가 접하였고, 또 필요로 하였던 서양의 학문은 政治學·法學·農商學으로부터 物理·化學·工學의 자연과학 심지어 家政學에까지 미치고 있었다.[119]

그러나 그는 갑오 이래의 신학문·신교육에는 찬성하지 않았다. 新學이 가히 興國할 수 있는 것이지만, 당시의 상태로는 망국의 원인이 되고 있다고 파악한 때문이었다. 신학문·신교육으로 조정에 오른 자는 그 君父를 背棄하고 국가를 팔았으며, 외국에 유학한 자는 聲勢만 믿고 官職만 엿본다는 것이었다.[120] 이러한 지적과 함께 그는 올바른 新學교육을 위한 방법으로 家庭敎育·學校敎育·社會敎育의 세 가지 범주를 제시하였다.[121]

가정교육이 필요함은 "大槪 一國의 德敎는 一家의 德敎에 源ㅎ고 一國의 財用은 一家의 經濟에 根ㅎ고 國民의 康寧은 一家의 衛生에 基ㅎ고 ……"[122]라는 齊家→治國의 유교적 관념이 그 근거지만 국가의 자강이 일차적으로 개인·가정의 올바른 교육에서 찾아지는 것은 당연한 일이었다. 특히 "어린 시절에는 그 신체가 未長하고 知慮가 未成하여 오직 父母兄弟의 가르침에만 의존하므로"[123]더욱 그러하였다. 그는 가정교육을 포함한 가정학을 교육의 시작이요, 士農工商·男女老少 공통의 학문으로 규정하였으며,[124] 家人의 監督, 一家의 風範, 一家의 衛生, 一家의 理財 등 4개

---

117) 卷3,「一斧劈破論」, 74쪽(『湖南學報』1, 15쪽).
118) 卷6,「答李君康濟書」, 115쪽(『湖南學報』5, 40쪽).
119) 卷6,「答李君康濟書」, 115~116쪽(『湖南學報』5, 40~41쪽), "然今泰西列强之能虎視天下者는 以其有巨艦大礮耳라 苟欲抗對면 必須有同等器械니 此工學之不可不講也오 苟欲製造면 必須有金穀費用이니 此農商學之不可不講也오 苟欲供給이면 必須有富民政治니 此士學之不可不講也라";「好古病」,『大韓自强會月報』9, 5쪽, "今西人國家學 物理學 氣化學之書와 社會法 敎育法 殖産法之規ㅣ皆可取則也어늘 ……".
120) 卷3,「一斧劈破論」, 72쪽(『湖南學報』1, 12쪽).
121) 卷7,「朝陽報序」丙午, 122쪽.
122)「家政學說」,『湖南學報』1, 29쪽.
123)「家政學說」,『湖南學報』1, 27쪽.
124)「家政學說」,『湖南學報』1, 28쪽.

의 대강에 의해125) 『湖南學報』에 연재하고 있었다.

다음의 학교교육은 復國之道의 시작이 되는 團體(가정·사회·국가)의 道·理를 강구하기 위해서 필요하다고 지적하였다.126) 이를 위해서 그는 學制의 一新完備를 주장하였다. 교육과정을 小學·中學·大學으로 나누고, 소학교는 임시로 1군에 1교, 중학은 몇몇 군에 1교, 대학은 1주(道)에 1교씩 설치하며, 각 5년·4년·4년의 연한으로 교육시키자는 것 등이었다.127) 이 중에서도 특히 小學敎育을 중시하였다. 中學·大學은 임의로 진학할 수 있는데 소학교는 강제교육[의무교육]으로 규정하고 있었다. 不從者는 독일의 경우처럼 그 父兄을 벌하자고 제의하였다.128) 이렇게 강력하게 실시해야 하는 것은 소학교육이 바로 利國平民의 사상을 배양하여 國家富强의 기초가 된다는 판단에서였다.129)

해학은 新聞·雜誌에 의한 사회교육도 급무 중의 급무라 하였다. 실상 그가 『湖南學報』에 논설을 발표하는 것 자체가 교육이었다. "今日之世에 난 사람은 반드시 今日之書를 읽고 今日之强을 도모하여야 한다"고 전제하고 2천만이 모두 自强한다면 국가정치도 改善되고 세계의 羈絆에서도 出脫할 수 있다고 그 필요성을 강조하였다.130) 帝國主義에게 노예화되어 가는 죄가 幼少年에 있지 않고 가정·학교에서 배우지 못한 壯年層에 있음으로 그들을 교육시키자는 것이었다. 즉 朝野 士君子에게 '天下成敗之勢'나 '人物盛衰之機'를 알게 하고 나아가 독립회복의 뜻을 심어주자는 의도였고, 계몽적인 신문·잡지는 그 교과서가 되고 있었다.131)

---

125) 「家政學說」, 『湖南學報』 1, 32~33쪽.

126) 卷3, 「一斧劈破論」 77~78쪽(『湖南學報』 3, 3~5쪽).

127) 卷2, 「急務八制議」 學制, 58~59쪽(이것도 梁啓超의 교육론이 큰 영향을 끼쳤으리라 생각된다. 梁의 교육에 관한 「政策私議」가 略加增刪하여 소개되고 있었다. 내용은 養成國民·의무교육을 규정한 교육목표, 가정교육기-대학교육기의 구분, 교육제도 등이다).

128) 卷2, 「急務八制議」 學制, 58쪽 ; 「家政學」, 『湖南學報』 9, 9쪽.

129) 「家政學」, 『湖南學報』 9, 9쪽.

130) 卷7, 「自强會月報序」 丙午, 121~122쪽(『大韓自强會月報』 1, 1~2쪽).

131) 卷7, 「朝陽報序」, 122~123쪽.

이상이 그의 自强獨立論이었다. 帝國主義의 침략에서 독립유지를 위해
제시된 이 방안은 농민의 급진적인 혁명에 의한 근대화나 또는 정부차원
의 위로부터의 개혁에 의한 근대화가 모두 좌절된 가운데 나오고 있었다.
反帝國의 문제가 反封建을 해결하는 차원에서 제시되어야 하였지만, 그렇
지 못한 상황에서 나온 것이었다. 재정기반이 전제되지 않는 養兵이나 실
질적인 힘이 없는 外交는 帝國主義時代에서 무의미한 것인지 모른다. 또
한 그가 특히 관심을 기울였던 만년의 교육론도, 식자층 중심의 계몽운동
으로 나타났기 때문에 전 민중의 항쟁을 조직·지도할 수가 없었다. 이미
실질적인 식민지화된 실정에서 식자층 중심의 계몽운동으로 큰 효과를 얻
기에는 일정한 한계가 있는 것이었다.

6. 結語

이상으로 우리는 海鶴 李沂의 政治思想을 살펴보았다. 그의 사상은 개
항 전의 實學思想을 계승하고, 그 위에 近代西洋思想을 수용하여 완성되
고 있었다. 중세봉건적인 제 구속에서 농민층을 해방시키고, 立憲君主制의
정치체제를 지향하며, 이에 알맞는 官僚制度를 정비코자 하였고, 帝國主
義의 침략에 대항하여서는 自强獨立을 주장한 것이었다. 그리고 시대의
추이에 따라 중점적으로 다룬 문제도 이러한 순서대로 나오고 있었다. 물
론 그의 사상구조가 완전한 自由民權을 나타내는 近代思想인가 아니면
이를 위한 啓蒙思想에 그친 것인지의 문제는 당시의 다른 사상형태를 검
토한 위에서 규성이 가능하겠지만, 일단 해체되는 봉건체제를 근대사회로
전환시키려 하였고 帝國主義의 침략에 능동적으로 대처한 것으로 볼 수
있다. 그것도 지배층 중심이 아닌 피지배층·농민층 중심으로 추진코자한
것이었다.

우리는 여기에서 해학의 사상과 이른바 개화사상을 비교하여 몇 가지의
차이점을 지적코자 한다. 실학사상의 계승 또는 전회문제를 해결할 수 있
는 하나의 방법이 될 수도 있기 때문이다.

먼저 농민층의 해방에 있어서 차이를 지적할 수 있다. 해학은 신분제를 타파하고 농민의 생활을 안정시키면서 궁극적으로 지주제의 부정을 통한 농민적 토지소유를 달성한 위에서 농민해방을 주장하였다. 개화파도 신분제를 타파하고 인민평등의 권리를 주장하고 있어 이 점은 동일하다. 그러나 그들은 지주제를 유지한 위에 삼정을 중심한 세제를 개정하고, 이의 문란에 따르는 봉건지배층의 농민수탈을 방지하여, 지방민의 정치참여나 농촌공동체의 구속으로부터의 이탈을 도모하여 농민층을 해방시키려고 하였다. 지주제를 유지하는 지배층 중심의 방법으로는 농민수탈이 완전히 제거될 것이라고는 기대할 수 없을 것이다. 따라서 농민해방의 질에 있어서 차이를 지적할 수 있을 것이다.

다음 위의 문제와 관련하여 입헌군주제의 성격문제이다. 농민해방의 질적 차이가 있다면 영국과 프로이센의 경우에서 보이는 것처럼 입헌군주제의 성격에도 차이가 있을 것이다. 개화파들이 신봉하고 모델로 취한 명치유신은 물론 입헌군주제였지만, 초기에는 국왕의 대권·행정관료의 우월성이 보장되고, 의회가 관료정치의 부속물적인 지위에 있었던 외견적입헌제였다. 또한 개화파의 대표적 활동이었던 독립협회가 전제황권을 견고케 한다(『獻議』六條 1항)는 입장에서 지향한 立憲君主制를 상기하면 될 것이다. 똑같이 근대사회가 되더라도 그 모습이 달라질 것이 예상된다.

근대화를 위한 개혁의 자세에도 차이가 있다. 해학이 물론 제국주의 본질 파악에는 미흡했던 점이 지적되겠지만, 외국의 차관에 의해서가 아니라 내자를 동원한 자주적 근대화를 추진코자 하였다. 제국주의에 관한 고전적인 연구에서는 제국주의열강이 식민지확보·지배를 위하여 현지의 반동적·봉건적 지배체제와 결합한다는 정치적인 특성이 지적되고 있다. 일본이 開化派 정권을 지지하고 그 개혁사업을 뒷받침해준 것은 이러한 연유였다. 開化派의 개혁운동에서는 이를 아무런 모순없이 받아들였고, 일본의 재정적·무력적 지원에 의존하였던 것이다. 어느 시대의 내정개혁도 마찬가지겠지만, 특히 반식민의 상태에서 행하여지는 근대화개혁에서는 기필코 외세는 배격되어야 할 것이다. 여기에서의 외세의존은 바로 식민지화를 뜻하며, 식민지 하에서의 근대화 자본주의는 도저히 온전하게 성취될 수 없기 때문이다. 개화파의 외세에 의한 개혁은 그들이 추구하였던 自强獨立이라는 목표와는 정반대의 결과를 초래하고 있었다. 정신적 함몰을 당한 근대주의의 모습이었다.

실학사상의 계승·발전이라는 문제의 해결은 개항 이후 나타난 전 사상체계의 파악 위에서 이루어져야 할 것이다. 실학자의 후예에 대한 좀 더 많은 사례 제시는 물론, 개화사상에 대한 분석도 행해져야 할 것이며, 또 개항 이후 농민전쟁까지 그리고 그 이후의 농민층의 반봉건·반침략적 투쟁이나 이를 대변하는 개혁사상에 대해서도 정확한 위치규명이 뒤따라야 할 것이다.

(『東方學志』31, 1982. 6)

開化期 知識人의 實學觀

李 光 麟

1. 序言

儒學은 修己와 治人을 本旨로 하는 學問이다. 그러기 때문에 經典의 하나인 『大學』에서도 修身·齊家·治國·平天下에 대해 설명하고 있다. 물론 修身·齊家는 修己와, 治國·平天下는 治人과 같은 말이다.

한편 雲養 金允植(1835~1922)이 쓴 『瓛齋集』 序文을 보면,

昔顧亭林先生有言 文不關於經術·政理之大 不足爲也 夫經術者 修己之本也 政理者 安民之本也 君子之道 修己安民而已 舍是二者而論文 豈足謂貫道之器乎[1]

라 하여, 君子의 道는 修己와 安民 뿐이라고 하고 있다. 여기에 보이는 安民도 治人과 같은 말이다. 顧亭林이란 明末 淸初 考證學을 開拓한 顧炎武를 가리킨다. 그는 『日知錄』이란 著書를 남겼다.

그런데 슈바르츠(Schwartz) 敎授가 일찍이 지적한 바와 같이, 修己와 治人은 兩極, 즉 對立되는 槪念이다.[2] 다시 말하면 修己는 修養, 혹은 道

---

1) 『朴珪壽全集』 上卷(亞細亞文化社, 1978. 이하 같음) 所收.

德을 目標로 하는데 反해, 治人은 政治를 目標로 한다. 修養을 잘하는 사
람이 반드시 훌륭한 政治家가 될 수는 없다. 오히려 反對되는 경우가 많
다. 따라서 修己한 然後에 治人을 한다는 것은 여간 힘든 일이 아니다. 그
러므로 儒學은 相反되는 두 개의 槪念을 갖고 있다고 할 것이다. 자연히
사람마다, 혹은 시대에 따라 修己를 强調하기도 하고, 治人을 强調하기도
한다.

　이를테면, 朝鮮前期 退溪 李滉(1501~1570)과 栗谷 李珥(1536~1584)
시대에는 修己가 강조되어 理氣說이 크게 提唱되었던 것은 다 아는 사실
이다.

　壬辰倭亂을 겪은 뒤에는 治人을 主唱하는 학자들이 나타났다. 그러나
큰 힘을 발휘하지는 못했으니, 그것은 『皇城新聞』 1899년(광무 3) 5월 18
일자 字論說에 있듯이,

　　中間 幾百年에 經術의 學이 一國文明을 啓ᄒ야 農書를 讀ᄒ든지 商工
　學을 見ᄒ는 者는 奴隷로 視ᄒ니 然홈으로 柳磻溪馨遠과 李星湖瀷과 丁
　茶山若鏞又흔 一代 經濟大方家가 出ᄒ얏스되 다 異道로 指目ᄒ야 或 山
　中에서 老死흔 이도 有ᄒ고 或人의 忤觸을 被ᄒ야 遠海에 竄逐흔 이도
　有ᄒ야 其學이 現世에 用行치 못홈으로 今日에 此民貧國弱을 亦致ᄒ얏
　스니 吁라

고 하여, 異道로 몰려 苦生을 하였고, 나라에서 그들의 主張을 받아들이지
않음으로서 국민은 가난해지고 나라는 약해졌다는 것이었다. 당시 治人을
부르짖었던 사람들을 우리들은 오늘날 實學者라 부르고 있다.

　그런데 開化期에 이르러 一連의 지식인들이 이들 실학자의 업적을 높이
평가하고 그 繼承을 논의함에 이르렀다. 이들은 어떤 사람들이고, 또 어떻
게 해서 그것을 논의하게 되었을까?

---

2) Benjamin Schwartz, *Some Polarities in Confucian Thought*, in David S.
　Nivinson ed, *Confucianism in Action*, Stanford University Press, Stanford,
　California, 1959.

지금까지 實學의 개념을 비롯하여 그 내용에 대해 많은 연구가 이뤄졌으나,[3] 開化期의 연구에 대해서는 전혀 언급이 없다. 實學을 옳게 평가해 보려는 움직임이 이 때 일어났다고 한다면 이 시기의 연구에 대한 언급도 반드시 있어야 할 것이다.

本稿는 이 시기의 연구를 살펴보는데 目的을 두고 있다. 前期와 後期를 나눠 설명하려고 하는데, 그것은 두 時期 사이에 差異가 있다고 보기 때문이다. 前期라면 1870年代 初에서 1890年代 中葉까지, 後期라면 그 뒤에서 1910년까지를 가리킨다.

2. 開化前期 知識人의 實學觀

개화사상이 한국사회에 처음 등장하기는 박규수(1807~1876) 등에 의해 1870년대 전반기였다. 특히 박규수는 1872년(고종 9) 進賀兼謝恩使로 중국을 방문하였다가 돌아온 뒤로부터 한국의 문호개방과 서양기술의 수용 등, 이른바 개화사상을 제창하였던 것이다.[4]

본시 박규수는 실학의 영향을 크게 받고 있었다. 祖父인 燕巖 朴趾源(1731~1805)의 학문을 가정적으로 받았을 뿐만 아니라, 師友를 통해서도 받았다. 師友라면 李正履(號 醇溪), 洪奭周(淵泉), 金邁淳(臺山), 丁若鏞(茶山), 徐有榘(楓石), 尹宗儀(淵齋), 南秉哲(圭齋), 金永爵(邵亭) 등을 가리킨다.[5]

사실 실학사상에 있어서 朴趾源을 代表로 하는, 이른바 利用厚生學派

3) 槪念에 대해서는 다음의 論文을 참조할 것. 韓㳓劤,「李朝實學의 槪念에 대하여」,『震檀學報』19, 1958(『李朝後期의 社會와 思想』, 乙酉文化社, 1961 재수록) ; 千寬宇,「朝鮮後期 實學의 槪念」,「朝鮮後期 實學의 槪念 再論」,『韓國史의 再發見』, 一潮閣, 1974 ; 全海宗,「釋實學」,『震檀學報』20, 1959(『韓中關係史研究』, 一潮閣, 1970 재수록) ; 全海宗,「實學의 槪念」,『學術院論文集』(人文社會科學篇), 17, 1978(『韓國과 中國』, 知識産業社, 1979 재수록).
4) 李光麟,『韓國史講座 - 近代篇 -』, 一潮閣, 1982, 122~123쪽.
5)『朴珪壽全集』上卷,「節錄瓛齋先生行狀草」.

는 상공업의 유통과 일반 기술면의 발전을 지표로 하고 있었다.[6] 그리고 명나라를 숭배하는 시대풍조 속에서 북쪽 오랑캐의 문화에도 배울 것이 있다는 이른바 '北學論'을 주장하였던 것이다.[7] 따라서 朴珪壽가 실학사상을 개화사상으로 승화시킬 수 있었던 것은 이와 같은 지적 유산을 매개로 하였기 때문이라고 생각된다. 그렇게 집으로 찾아오는 젊은이들과 『燕岩集』을 같이 읽으면서 개화사상을 폈던 것이었다.[8] 그로부터 직접 혹은 간접으로 영향을 받았던 지식인들 중에, '利用厚生'이니 '實事求是'라는 말이 많이 나오는 것은 결코 우연한 일이 아니라고 할 수 있다. 그 몇 가지의 실례를 든다면 다음과 같다.

1. 鑛山技術을 習得하기 위해 日本에 유학 중에 있던 金鏞元이 한국 政府의 高官에 보낸 書에서,

伏以當今通地球萬國之中 貧賤莫如我國地 則可謂民窮財竭 尤當用力於利用厚生之道也[9]

라 하여 지구상의 많은 나라 중에서 한국처럼 가난한 나라가 없으니, 마땅히 利用厚生의 道에 힘써야 한다는 것이었다.

2. 幼學 池錫永(1855~1935)은 상소 속에서 개화에 관계되는 서적을 수집 간행하는 한편, 각종 기계를 제작하여 지방에 널리 보급하게 되면,

疑懼之心瓦散 訛謗之說氷消 開化之期 昇平之日 可翹足而待也 豈非

6) 李佑成, 「18世紀 서울의 都市的 樣相 - 燕巖學派-利用厚生學派의 成立背景」, 『鄕土서울』 1, 서울市史編纂委員會, 1963(『韓國의 歷史像』, 창작과비평사, 1982 재수록).
7) 『貞蕤集』(國史編纂委員會, 1961) 所收 「北學議」 참조.
8) 「朴泳孝氏를 만난 이야기 - 甲申政變 回顧談」, 『李光洙全集』 17, 三中堂, 1962, 401쪽.
9) 日本의 『朝野新聞』 1882년(明治 15) 1월 11일字 雜報.

化民成俗之妙法 利用厚生之旨謀乎[10]

라 하여, 의구와 訛謗이 없어지고 개화를 이룩하여 태평세월을 맞이하게
될 것이니, 어찌 백성을 교화하는 기묘한 방법과 이용후생의 훌륭한 계획
이 안되겠는가 하고 주장했다.

3. 金玉均(1851~1894)이 쓴 「治道略論」 중에

　盖言今日之先務者 其必曰 用人材也 節財用也 抑奢侈也 擴開海禁 而
善隣交也 此固闕一而 不可 然區區愚見 以爲莫若實事求是 卽一二要端
急見施行 毋令期張遠大之策 從屬空言而已[11]

라 하여, 오늘날 정부에서 급선무로 해야할 일은 구구한, 어리석은 의견보
다 實事求是를 해야 된다는 것이었다.

4. 『漢城旬報』에 실린 「地球論」에,

　吾願東洲諸君子 無庸互相是非 惟期實事求是 其於萬國之地理 默而識
之 神而明之 則其必曰 謂地爲平者 人皆但知本國 而不曉他邦 徒見一隅
而不明全勢 故襲陋於百十之年 取譏於五洲之來者 良以此也[12]

라 하여, 東洲 즉 한국의 諸君子들이 쓸데없이 서로 시비하지 말고 實事求
是를 이룩하도록 기약하면서 만국의 지리도 배워야 한다는 것이었다.

5. 安駉壽(1853~1900)의 「大朝鮮獨立協會月報序」에,

10) 『承政院日記』, 1882년(高宗 19) 8월 23일.
11) 『金玉均全集』(亞細亞文化社, 1979).
12) 『漢城旬報』 創刊號, 1883년 10월 1일.

> 爲縉紳者 惟老少南北之黨論也 爲章甫者 惟心性理氣之言戰也 ……
> 虛文太多 積弊滋甚 藉禮義而爲泰 甘樸陋而自高 至於利用厚生 富國强
> 兵之實事求是 左而揮之 外而閣之 竟至仆趺於今日之大難蜀道13)

라 하여, 旣往의 政治家·學者들이 利用厚生·富國强兵을 이룩할 수 있
는 실사구시를 하지 않았기 때문에 오늘날 나라는 顚覆의 危機를 맞이하
게 되었다는 것이다.

이들 도시의 지식인이 말하는 實事求是, 利用厚生이란 무엇이었을까?
이는 학문의 연구방법을 말하는 것이 아닌가 생각된다. 그러니까 학문이란
모름지기 관념적이고 추상적인 것보다 실용적, 실제적인 것을 추구해야 됨
을 말하는 것이었다. 당시 사회를 지배하고 있던 연구방법에 대한 반성에
서 나온 것이었다.

그러면 그 실용적, 실제적인 것의 내용은 무엇이었을까? 다시 말하면,
어떤 학문을 해야만 실용적, 실제적이 된다고 보았던가? 정치·경제를 공
부해야 한다고 보았다.

그러기 때문에 磻溪 柳馨遠(1622~1673)이나 茶山 丁若鏞(1762~1836)
의 저작물을 열심히 읽었다. 이를테면 海鶴 李沂(1848~1909)는 그의 「習
慣生愛戀·愛戀生頑固」라는 論文에서,

> 自二十以後로 稍覺其非나 然方是時也에 通國에 無理學化學政治經濟
> 學 諸家文學故로 只得求柳磻溪隨錄과 丁茶山邦禮草本等書 讀之하고14)

라 하여 20세 이후로 나라 안에 理學·化學·政治學·經濟學 등에 관한
책이 없어 柳馨遠의 『磻溪隨錄』과 丁若鏞의 『邦禮草本』 등의 책을 얻어
읽었다는 것이다. 『邦禮草本』이란 『經世遺表』를 말한다. 李沂는 1848년
生이니까 20세 이후라면 1868년 이후가 된다.

또 「白巖 朴殷植先生略曆」 중에,

---

13) 『漢城旬報』 創刊號, 1896년 11월 30일.
14) 『大韓自强會月報』 8號, 1907년 2월, 論說.

　　22세에 京畿道 廣州 斗陵에 參判 申耆永과 參判 丁觀燮을 訪謁하여 古文의 學을 求하고 茶山 丁若鏞의 著述한 政治·經濟學問을 涉獵하고[15]

라 하여, 朴殷植은 22세 때 丁若鏞의 故鄕을 찾아가 政治·經濟 등에 관한 著述을 涉獵했다는 것이다. 朴殷植은 1859년 生이니까 22세 때라면 1882년이 된다.

　　이와 같은 지식인들의 움직임은 朝廷에까지 소문이 들어가 國王이 丁若鏞의 文集인『與猶堂集』을 進獻토록 命을 내렸다 한다. 이에 대해서는 梅泉 黃玹(1855~1910)의 글 중에,

　　今上銳志富強 紛紛變更 恨群臣無可伏者 乙酉丙戌間 命進與猶堂集 慨然有不同時之歎 已而擢曾孫文燮大科[16]

라 하여, 乙酉·丙戌間, 그러니까 1885·86년 무렵에 國王은『與猶堂集』을 바치도록 명을 내림과 동시에 丁若鏞 같은 학자가 생존해 있지 못함을 애석히 여기고 그 曾孫을 大科에 拔擢했다는 것이었다.

　　이처럼 개화전기에 一部 지식인들이 實學者에 대해 관심을 가졌었다. 그러나 그것으로 끝이고 더 이상 進展이 없었던 것 같다. 바꾸어 말하면, 實學者에 대해 本格的인 硏究를 하지 않았던 것 같다. 이에 대해서는 李沂가 前記「習慣生愛戀·愛戀生頑固」라는 論文에서 밝혔듯이,

　　至二十八歲ᄒ야 修己擧業不復作이나 然時或過村塾이라가 見做擧業者ᄒ면 則愛好之情이 還復發動ᄒ니 夫以吾之早知其非者로도 猶尙如此온 況不知其非者乎아 自甲午廢科以後로 每遇同硏舊ᄒ야 輒勸其棄去ᄒ면 則曰此固吾國家五百年成規也라 今雖見廢나 終必復舊ᄒ리니 君姑竢之ᄒ라ᄒ니 蓋數十年積費工夫가 一朝而無所用處나 然愛戀이 尙存하여

---

15)『朴殷植全書』下卷(檀國大學校 東洋學硏究所, 1975).
16)『梅泉野錄』(國史編纂委員會, 1955).

不忍決捨ᄒ니 此ᄂ 人情共同之患也로다.

라 하여, 實學者에 대한 硏究를 버리고 在來式 공부에 되돌아 갔기 때문이었다. 그러므로 李沂는『湖南學報』3號(1908년 8월刊)에 投稿한「一斧劈破論」에서,

　　四十餘에 乃敢留意於世務나 而從前所學이 皆非實事라 故로 爲士而不得ᄒ며 爲農而且不得ᄒ며 爲商爲工而且不得ᄒ야 縱使國家로 未至今日이라도 吾輩ᄂ 已屬無用也라

고 하여, 지금까지 배운 것이 모두 실사가 아니기 때문에 무용지물이 되었다고 한탄하였던 것이다.

　　그런데 開化前期에 두드려졌던 현상은 일부 지식인들이 서양문물에 보다 더 큰 관심을 보인 일이었다. 다음과 같은 金允植의 지적을 참고할 수 있다. 즉,

　　先是 閔泳翊·洪永(英)植 出使美國還 英植 素有儁材 且有向學好善之心 人皆期遠大 …… 及還 深慕洋制 奴視中國 並斥孔孟倫常之道 肆然無忌 於是 知其已化爲異類矣 (金)玉均 (朴)泳孝 (徐)光範等 自日本還 欽艶日本 以爲東洋之英吉利 事事健羨 與英植 英述排華尊洋之論 言言輒稱自主[17]

라 하여, 洪英植(1855~1884), 金玉均, 朴泳孝(1861~1939), 徐光範(1859~1897) 등이 일본을 방문한 뒤로 자주를 부르짖으면서 中華를 排擊하고 서양을 존중했다는 것이다. 그러니까 전통적인 제도를 물리치고 서양의 것을 바꿔야 된다는 것이었다. 물론 홍영식은 당시의 국가체제까지 바꾸려고 하였던 급진개화파에 속하는 사람들이었던 것이므로 위와 같은 주장을 한다는 것은 당연하다고 할지 모른다.

_____

17)『續陰晴史』下卷(國史編纂委員會, 1960),「追補陰晴史」참고.

1890년대에 이르러 서양의 학문과 과학의 수용문제에 대해 온건개화파도 긍정적인 방향으로 태도를 바꾸고 있었다. 원래 온건개화파는 1880년대에 우리의 사상·제도는 그대로 지키되 기술만을 받아들이자는 생각을 가졌던 사람들이었다. 그들이 태도를 바꾸게 된 것은 갑오개혁, 독립협회의 활동 이후 新學편에 서게 되었기 때문이다. 그리하여 그들은 유학을 계속 받드는 구학을 몹시 공격하였다. 즉, 舊學은 한국사회에 아무런 도움이 안되니 하루 속히 떨쳐버려야 한다고 주장하였던 것이다.[18] 이를테면『大韓每日申報』1909년 8월 4일字 論說「奴性을 去흔 然後에 學術이 進흠」에서 主張하고 있는 것처럼, 즉

　斤斤然히 古人의 說을 持ᄒ여 曰是ᄂᆫ 吾先師의 遺說이라ᄒ며 是ᄂᆫ 吾先聖의 古訓이라ᄒ야 上帝의 創世初年에 戒銘ᄀᆺ치 信ᄒ야 一字를 散히 增치 못ᄒᄂᆫ 者ᄂᆫ 東洋學界의 弊習이라 或者ᄂᆫ 此를 君子篤厚의 道라ᄒ나 其實은 人智進步의 障碍되ᄂᆫ者 此에 莫甚ᄒ도다

라 하여, 舊學이란 先聖의 가르침을 맹목적으로 崇拜하는 學問이며 人智進步에 큰 장애가 된다고 비난하였던 것이다.
　그러기 때문에『미일신문』,「론셜」을 보면,

　텬문학 디지학 산슐 칙산학 격물학 화학 중학 제조학 정치학 법률학 부국학 병학 교섭학과 밋 기타로 동물과 식물과 금셕거림과 풍뉴와 농샹 광공 등 학이 무비나라를 부강홀 실디 학문이라. 엇지 이러혼 實學을 보고 안이 비호고 한갓 구습에 오히려 져져서 아교로 붓친 것을 써혀 옴기지 못ᄒ리오[19]

라 하여, 天文學 등 西洋의 學問과 科學은 나라를 富强시킬 수 있는 實學인데 한국은 그것을 배우려고 하지 않고 있다는 것이다. 實事求是, 利用厚

---

18) 李光麟,「舊韓末 新學과 舊學과의 論爭」,『東方學志』23·24, 延世大學校 國學研究院, 1980(『韓國開化史의 諸問題』, 一潮閣, 1986 재수록).
19)『미일신문』, 光武 2(1898), 11월 5일.

生을 이룩할 수 있는 학문이란 서양의 과학뿐이라는 말과 같은 것이라 할
수 있다.『皇城新聞』1898년(광무 2) 9월 23일 字 論說에,

> 客이 余다려 問ㅎ여曰 開化라ㅎ는 者는 何物을 指음이며 何事를 謂홈
> 이뇨. 余應ㅎ여曰 開物成務ㅎ며 化民成俗을 開化라 謂ㅎㄴ니라. 曰近世
> 에 開化ㅎ는者 다 西洋을 依慕ㅎ니

라 있는데, 이것도 같은 맥락 속에서 이해될 수 있을 것 같다. 이에 대해
舊學側은 가만히 있지 않았다. 서양의 학문과 과학을 받드는 新學은 어디
까지나 '用'에 지나지 않는다고 반박하였다. 그러니까 유학은 인의나 도덕
을 문제시하기 때문에 '體'이고 體를 뒷받침하지 않는 用이란 존재가치가
없다고 주장하였다. 심지어 新學측에서 추진하는 개화마저 정면으로 공격
하였다. 梅泉 黃玹(1855~1910)의 「言事疏」[20] 중에,

> 竊伏見 甲午以來 時局日變 百度更張 赫然 建中興萬世之基 觀聽非不
> 美矣 而夷考其實 禍難之作 危亡之兆 反有甚於更化之前 此何故也 徒慕
> 乎開化之末 而不究其本也 天下之事 毋論巨細 莫不有本有末 奚獨於開
> 化而無之哉 夫開化云者 非別件也 不過開物化民之謂 則開物化民 可以
> 無其本而致之乎

라 하여, 나라가 危亡의 徵兆를 보이기는 도리어 更化(開化)以前보다 심
한데 그 까닭은 헛되이 개화의 '末'에만 따르고 '本'을 따르지 않기 때문이
라고 하였다. 여기서 '本'이란 말할 것도 없이 유학의 인의 · 도덕을 가리킨
다. 이와 같은 新學과 舊學과의 論爭은 한국사회에서 당분간 전개되었다.
　결국 전기 개화 지식인이 주장하는 실학은 주로 방법론적인 것이었다.
그리고 정치 · 경제에 속하는 것을 추구해야만 나라가 부강해진다고 주장
하고 柳馨遠과 丁若鏞과 같은 실학자의 업적에 주목을 하였다. 한편 일부
지식인들은 실학의 내용을 서양의 학문과 과학으로 보고 있었다.

---

20)『黃玹全集』上卷(亞細亞文化史, 1978),「梅泉集」卷7.

3. 開化後期 知識人의 實學觀

1896년 7월에 창립된 독립협회는 애초 고급관리들의 친목단체에 지나지 않았으나 약 2년 뒤인 1898년 2월부터 국권수호운동에 적극 참여하게 되면서 정치단체로 변하였다. 그것은 만민공동회와 같은 대중집회를 서울의 중심가에서 개최하여 利權讓與反對, 서재필 추방반대, 인권과 재산권보호, 拏戮法과 연좌법 부활반대, 의회설립 등의 운동을 대대적으로 전개하였던 것으로 보아도 알 수 있다. 심지어 정부대신의 후보를 추천하기 위해 中樞院에서 투표를 할 때 독립협회 회원들은 역적으로 몰려 일본에 망명 중에 있던 박영효와, 추방되어 미국에 돌아간 서재필을 선출하여 말썽을 빚었다.21) 이것은 과격한 처사라 할 수 있었다.

이에 맞서 황제는 만민공동회와 독립협회를 강제 해산시켰다. 그리고 다음해, 즉 1899년 8월 황제의 전제권을 강화하는 방침을 세워 「大韓國國制」를 제정·공포하였다. 나라의 정책은 완전히 보수적 혹은 복고적인 것으로 되어 갔다. 한편 舊學에 속하는 유학자들이 개화파와 개화운동을 맹렬히 비판함에 이르렀던 것이니, 앞에서 소개한 황현의 「言事疏」같은 것은 그 대표적인 것이라 할 수 있었다.

당시 『皇城新聞』의 주필들은 대체로 신구학 절충안을 지지하고 있었다. 주필이란 오늘날의 논설위원을 가리키며, 張志淵(1864~1921), 朴殷植, 柳瑾(1861~1921) 등이 이에 해당한다. 이들은 많은 論說을 써서 新·舊學 절충의 필요성을 강조하였던 것이니 그 하나의 예를 든다면 1904년 4월 30일자 논설 「警世之拘儒及新進」에서,

本記者난 於舊學新法에 俱極鹵莽하여 未免夏虫井蛙之譏로되 近日槩風이 頑固之人은 錮性於舊習하야 欲以着蒼古古之詩云禮云으로 措諸今日之政治事業하니 是何謂學孔孟之道者歟아 如此之人은 雖畢生讀書하며 皤首窮經이라도 不過腐儒曲士의 迂疎痼陋而已라 實與孔孟之道로난 相去天淵也니 惡足曰 有體有用之學而能知隨時之義者哉며 又或粗識外

---
21) 李光麟, 앞의 책, 1982, 422~436·445~457쪽.

> 國之人은 見腐儒曲士之如彼痼陋하고 便謂孔孟之道난 實不外此라하야 毫不屑意하고 只知西術之爲貴하니 嗚呼라 是二者 俱不足以知聖人之達道오 亦不足以語學問之眞理也니

라 하여, 舊學과 新學만으로는 성인의 道도 될 수 없고 학문의 진리도 될 수 없다고 비판하였다. 그러니까 양자의 장점을 합쳐야 된다는 것이었다. 물론 주필들은 新學편에 서서 절충을 기도하였던 것이었다. 그러기 때문에 張志淵같은 이는 社說「如是觀」에서,

> 至于今日 世道一變 學術亦新 哲學·物理·化學·政治·法律等 諸種科學 紛興迭出 習隨世之變 而適世之用焉 惟舊學一派 尙曚然乎時勢之變遷 膠柱鼓瑟 不知新舊學之參互變通 豈能適合於時宜哉[22]

라 하여, 옛 일에 구애되어 변통을 알지 못하는 舊學을 꾸짖었던 것이었다. 『皇城新聞』1899년(광무 3) 4월 28일 字 論說에서도,

> 大槪 各國이 格致의 莫大亨 利益을 踴躍爭先ㅎ거눌 我國은 何時에나 發達亨눈지 今에 說ㅎ눈자 動輒曰 開明進步가 다 무엇인다(지?) 格物致知가 다 무엇인다(지?) 紡績機器와 火輪舟車와 製造工作은 財政의 不敷라ㅎ니 此눈 다 天이 雨錢ㅎ거던 經營ㅎ려니와 爲先亨 格物致知눈 무엇인고ㅎ니 開明進步가 合ㅎ가 不合ㅎ가 守舊頑固가 宜亨가 不宜亨가 實事求是가 益ㅎ가 無益ㅎ가 具文贅禮가 害ㅎ가 無亨가 無害亨가 凡百事爲의 善不善을 精密히 辨ㅎ야 短을 棄ㅎ고 長을 就홈이 格致의 先占亨 近初라[23]

고 하였음은 위와 같은 취지에서 썼던 것이었다. 따라서 그들은 물질문명이 부강의 기초가 된다고 외쳤던 것이다. 이렇게 보면 主筆들은 온건개화파라고 말할 수 있을 것 같다.

---

22) 『韋菴文稿』(國史編纂委員會, 1956), 卷9「社說」.
23) 『皇城新聞』, 隆熙 2년(1908) 9월 27일 論說.

主筆들이 新學 편에 서서 新·舊學 절충을 꾀하는 가운데 한국의 전통혹은 유산을 생각하게 되었으니, 『皇城新聞』 1902년(광무 6) 5월 19일 字論說 「廣文社新刊牧民心書」에,

> 韓人之獒 頑固者는 必曰 禮樂文物을 一倣殷周古法이라야 可以倣三代至治라ᄒ고 開化者는 必曰 政治敎術을 一遵歐米新法이라야 可以致富强其業이라ᄒᄂ니 是不過虛談之士而已라 夫時移世變에 古今判異 則三代文物이 迂闊於今矣오 風氣習慣이 彼此逈殊 則泰西良法도 柄鑿於我矣니 毋論東西古今ᄒ고 但取其便良ᄒ야 參酌折衷ᄒ야 務須適合於時措之宜而已니 韓國은 具韓人之文物하며 行韓人之法度ᄒ야 惟在圓融通活에 不歸文具ᄒ고 須要實行而已니 非法之無良이라 惟患其行之不實也로다

고 하여, 서양의 법이 아무리 좋다 해도 우리에게 맞지 않을 수 있으니, 우리의 좋은 법을 찾아 옮기도록 해야 된다는 것이었다. 이것은 어쩌면 우리의 전통, 혹은 유산에다 서양의 법을 접목시켜야만이 올바르게 문화를 창조할 수 있다는 말과 같은 뜻이라고 할 수 있었다.

그렇다면 우리의 전통, 혹은 유산에서 서양의 법과 맞을 수 있는 것은무엇이었을까? 주필들은 英·正祖時代, 西曆 紀元으로 17, 8세기에 발달하였던 실학이 바로 그것이라고 보았던 것이다. 그러니까 근세 서양의 학문과 과학은 실학과 같은 것으로 보았던 셈이었다.

그리하여 前記 『皇城新聞』의 論說 「廣文社新刊牧民心書」에서,

> 國朝自中古以來로 言政治家者는 有金潛谷堉氏 柳磻溪馨遠氏 李星湖瀷氏 丁茶山若鏞氏 朴燕岩趾源氏 四五先輩ᄒ야 以經濟政治學으로 皆表表著稱이로되 最其立言著書之富는 惟茶山公이 爲尤ᄒ니 蓋公이 以間世軼群之姿로 蘊博施濟衆之志ᄒ야 硏究實業에 精通學術ᄒ야 有意更張之務나 不幸 遭時坎坷에 才未得展일시 遁者 折衷古今ᄒ며 參酌時俗ᄒ야 著之於文字者 無慮數百卷

이라고 金堉, 柳馨遠, 丁若鏞, 朴趾源 등의 실학자가 있는 중에 丁若鏞이 가장 뛰어났었고, 고금을 절충하고 시속을 참작하여 수백권의 책을 저술하였다고 하였다.

前章에서 본 바와 같이 朴殷植은 이미 1880년대 초에 丁若鏞의 고향을 찾아가 그의 저작물을 얻어 읽은 바 있었다. 그러므로 어쩌면 실학연구의 필요성을 강조함에 있어서 주도적인 역할을 하였는지도 모른다.

주필들은 독자에게 실학에 힘써야 된다고 하였다. 그러므로 1899년(광무 3) 6월 26일 자 논설에서,

> 夫實事를 是求ᄒᆞᄂᆞᆫ 者ᄂᆞᆫ 萬에 一失이 無ᄒᆞ고 虛事를 是尙ᄒᆞᄂᆞᆫ 者ᄂᆞᆫ 萬에 一得이 難ᄒᆞᄂᆞ니

라고 하였다.

또 서양제국이 기왕에는 우리보다 뒤떨어져 있었는데 오늘날 발달하게 된 원인에 대해 1899년 4월 28일 자 논설에서,

> 歐州各國은 다 後我ᄒᆞᆫ 開明으로 今에ᄂᆞᆫ 我先ᄒᆞᆷ을 著見ᄒᆞᆫ 것이 英國의 格致ᄂᆞᆫ會ᄂᆞᆫ 至今三十六年이라 其格致家에 天文·地理·化學·重學·光學·數學·醫學·電學 等類와 其他 政治·法律·農工·商賈·算術·礦産의 格致가 畢見치 아님이 無ᄒᆞᆫ지라

라고 하여 格致, 즉 실학이 발달하였기 때문이라 하였다.

그런데 어변 수필이 1899년 4월 18일자 논설에서 전제개혁의 필요성을 강조한 丁若鏞의 글을 소개한 다음에,

> 嗟呼라 有志之士 達千古治亂之變ᄒᆞ고 抱一世經濟之才而不能用行於當時ᄒᆞ고 遂湮沒無用일시 余慕其志惜其沒而略爲之紀ᄒᆞ노라

고 하여, 旣往에 실학자들이 큰 연구성과를 냈음에도 불구하고 받아들여지

지 않았을 뿐만 아니라 오늘날에는 잊혀지고 있으니 애석히 여겨 기록한
다고 하고 있다.

한편 玄采(1856~1925)도 1907년에 著述한 『幼年必讀』에서,

丁若鏞은 若鍾의 弟라. 其兄이 被罪혼 後 全羅道 康津에 竄配ᄒ야 當
也에 見擯ᄒ지라. 오작(직) 著書로 自誤ᄒ쇠 其著撰혼 三百餘卷이 다 當
世에 適合ᄒ야 見者가 追慕師範ᄒ니 곳 我國五百年來에 第一經濟家라.
其政治, 農工, 醫藥及刑名諸書가 參古酌今ᄒ야 現今 西洋新文明과 相
較ᄒ야도 毫末 不錯혼지라. 世人이 謂ᄒ디 此人으로 ᄒ야곰 今時에 生
ᄒ얏스면 其西洋의 有名혼 諸學者라도 不及ᄒ리라 ᄒ니 곳 千古一人이
오. 此ᄂ 天이 此人으로 ᄒ야곰 我韓人을 開牖홈이라. 然이나 後學이 其
志를 不繼ᄒ야 國勢가 此에 至ᄒ니 今人은 곳 其罪人이라 ᄒ리로다[24]

고 하여, 丁若鏞의 훌륭한 업적을 계승하지 않는 오늘날의 사람들을 죄인
이라고까지 꾸짖었던 것이었다.

이러한 분위기 속에서 주필들은 실학자의 학문을 옳게 계승해 보려고
하였다. 張志淵의 墓表 중에

其學主李星湖·丁茶山二公 卓出於流俗 爲文學不求甚工 惟以敏疾飄
動 自爲之快[25]

라 하여, 그의 학문은 星湖 李瀷, 茶山 丁若鏞을 主, 즉 스승으로 삼고 있
었다 함은 그것을 말하는 것이라 할 수 있다.

그러기 때문에 주필들은 실학자의 저작물을 열심히 읽었고, 또 신문에
소개하는데 힘썼다.

우선 1903년(광무 7) 6월 16, 18, 19일자 雜報 「田制結負考」에서 柳馨遠
의 「田制」를 紹介하였고, 同 6월 25, 26일자 논설에 「論星湖先生藿憂錄」

24) 卷4, 釋義 下, 第20課 「丁若鏞」.
25) 『韋菴文稿』附錄.

이라 하여 李㴐(1579~1624)의 『藿憂錄』을, 1910년(광무 4) 4월 28일 字 論說에 「讀渤海攷」라 하여, 柳得恭(1749~?)의 『渤海考』를 소개하였다.

丁若鏞의 경우에는 그의 많은 저작물을 소개하였다. 이를테면, 1899년 8월 3, 4일자 논설에 『牧民心書』 所收 「守令考績法」을, 1903년 12월 2일에서 16일자까지의 논설에 『雅言覺非』를, 同 4월 14일에서 30일자까지 논설에서 『大韓疆域考』라는 제목으로 『疆域考』의 내용을 요약·소개하였다.

더욱이 丁若鏞의 중요저작물을 국민들에게 널리 읽히고자 출판까지 하였다. 張志淵이 이 일을 추진하여 1900년(광무 4)에 廣文社라는 출판사를 만들어 『牧民心書』, 『欽欽新書』를 간행하였다.[26] 『牧民心書』는 梁在謇이, 『欽欽新書』는 玄采가 맡아 간행하였다. 1903년(광무 7)에는 張志淵이 신문에 소개하였던 『大韓疆域考』를 증보하여 간행하였다.[27] 그리고 丁若鏞의 醫書도 『單方新編』이라는 이름으로 간행하였다.[28]

그 밖에 실학자의 인물과 사상을 소개한 많은 논설을 썼다. 1902년 8월 26일 자 논설 「農器宜改良說」은 정약용의 사상을, 1907년 8월 22일 자 논설 「農學研究의 必要」는 박제가의 사상을, 1909년 10월 2일자 논설 「兩先哲遺論」은 성호 이익과 順庵 安鼎福(1712~1791)의 사상을 소개한 것이었다.

물론 황성신문사의 주필만이 활동하였던 것은 아니었다. 그 밖의 많은 지식인들이 학회잡지에도 실학자의 글을 소개하였던 것이었다. 이를테면, 『大韓自强會月報』 8호(1907년 2월), 9호(同 3월), 10호(同 4월)에 燕岩 朴趾源의 『虎叱』을 原文으로, 『許生傳』을 李鍾濬, 李晩茂 두 분에 의해 국한문으로 번역하여 실었으며, 한편 합방이 있기 전인 1910년 4월 丹齋 申采浩(1880~1936)가 중국으로 망명할 때 安鼎福의 『東史綱目』을 갖고 떠났다는 것은[29] 실학자의 저서를 매우 소중히 여겼기 때문일 것이다.

---

26) 『韋菴文稿』, 年譜.

27) 『韋菴文稿』, 年譜 ; 『皇城新聞』, 1903년 12월 2일 字 論說.

28) 『皇城新聞』, 2월 11일자 廣告. 이 廣告를 보면 "此冊은 申丹村·丁茶山兩申生의 平生經驗혼 單方이온되……"라 있다. 그러니까 申曼(號는 丹村)의 醫書와 合編으로 되어 있었다.

4. 結語

이상으로 개화기 지식인들이 실학을 어떻게 보았던가를 살폈다. 前期에
는 주로 방법론적인 면에서 문제시하였다. 그러니까 실용적, 실제적인 것
을 추구해야 된다는 것으로 파악하였다. 그리고 일부 지식인들은 그 내용
을 서양의 학문과 과학으로 보았다. 後期에는 新學과 舊學의 대립을 완화
해보려던, 이른바 절충파에서 실학의 중요성을 인식하였다. 서양의 학문과
사상을 옳게 수용하려면 우리의 고귀한 유산, 즉 실학에 접목시켜야 한다
고 생각하였다. 그리하여 실학자의 업적을 열심히 소개하였다.

한편 여기서 지적하고 싶은 1930년대 중엽 朝鮮學에 대한 관심이 고조
되면서 많은 학자들이 實學에 대해 주목하였는데 여기에는 개화기 지식인
들의 활동이 밑거름이 되어 있었음을 잊어서는 안 될 것이다.

결국 개화기나 1930년대 모두 사회적으로 민족주의 사상이 팽배하던 때
였다. 민족문화를 어떻게 창조하고 발전시켜야 될 것인가에 대해 심각히
논의하면서 우리의 유산을 생각하게 되고, 그리하여 실학이 관심의 초점이
되었던 것이다.

(『東方學志』54・55・56합집, 1987. 6)

---

29) 『改訂版 丹齋申采浩全集』下卷, 年譜, 丹齋申采浩先生記念事業會, 1977.

大韓帝國期 變法論의 전개와 歷史敍述

金度亨

1. 머리말

한국의 近代歷史學은 民族主義의 발전과정 속에서 형성, 발전되었다. 역사서술 자체가 곧 민족주의운동의 일환이었던 것이다. 이런 점에서 역사학은 민족 문제의 논의 구조와 시기적 변화에 따라서 발전하였다. 민족주의가 지향하던 近代國家建設論은 사회경제적 이해관계를 달리하는 여러 집단, 계급에 의해 다양하게 제기되었다. 우리는 이를 지주적 입장과 농민적 입장으로 대비하면서, 근대화 방안을 둘러싼 식자층 내부의 개혁론은 洋務論, 開化論, 變法論 등으로 구분할 수 있다.[1] 이 논의의 핵심에는 유교와 그 사회질서, 문화 등을 어떻게 처리할 것인가라는 문제가 있었다. 근대화, 곧 서구화를 달성하기 위해서는 구래의 유교와 유교적 사회, 문화 등

---

1) 金容燮, 「近代化過程에서의 農業改革의 두 方向」, 『韓國資本主義性格論爭』, 대왕사, 1988(『(增補版)韓國近現代農業史硏究』, 지식산업사, 2000 재수록) ; 金度亨, 「開港 이후 世界觀의 변화와 民族問題」, 『한국독립운동사연구』 15, 2000(a).

을 모두 청산해야 한다는 계열을 비롯하여, 유교를 근본으로 하면서 서양의 기술문명만을 수용해야 한다는 방안까지 있었던 것이다. 歷史, 國史에 대한 인식과 강조의 폭도 이에 따라 달라질 수밖에 없었다.

'改新儒學者'로 불리던 일련의 사람들, 곧 朴殷植(1859~1925), 張志淵 (1864~1921), 申采浩(1880~1936) 등은 다른 어느 계열보다 역사, 특히 국사연구의 필요성을 강조하였다. 따라서 이들의 역사서술에 대해서는 많은 연구들이 행해졌다.2) 연구자에 따라 차이는 있지만, 대체로 東道西器論에서 출발하여 開化自强運動 혹은 變法自强運動으로 발전하고, 그 과정에서 민족주의 역사학을 성립시켰다고 하였으며, 自强主義, 英雄主義, 愛國主義, 優勝主義 등의 역사인식을 분석하고, 특히 신채호의 경우에는 이런 인식을 극복하는 획기적인 변화를 보였다고 지적하였다.

여기에서는 그들의 근대개혁론을 變法論으로 규정하고,3) 역사서술, 역사인식이 변법론의 논의구조에서 제기되었던 점에 주목하고자 한다. 변법론은 대한제국 성립기에 본격적으로 형성되었고, 계몽운동기에는 自强主義를 제창하였으며, 점차 민족의식과 국민의식을 강조하였다. 그들은 보수적인 斥邪論은 물론, 당시 개혁을 주도하던 開化論을 비판하면서 자주적, 주체적인 근대개혁을 주장하였다. 그들의 역사서술, 역사인식은 바로 이런

---

2) 이에 대해서는 다음의 연구가 참고된다. 申一澈, 『申采浩의 歷史思想硏究』, 고려 대학교 출판부, 1981 ; 李萬烈, 『丹齋 申采浩의 歷史學硏究』, 문학과 지성사, 1990 ; 愼鏞廈, 「申采浩의 『讀史新論』의 比較分析 - 1908년경 市民的 近代民族主義 史學의 成立」, 『丹齋 申采浩와 民族史觀』, 丹齋 申采浩 誕辰100周年 紀念論集, 1980(『申采浩의 社會思想硏究』, 한길사, 1984 재수록) ; 韓永愚, 「韓末에 있어서의 申采浩의 歷史認識」, 『丹齋 申采浩와 民族史觀』, 1980(『韓國民族主義歷史學』2장, 「韓末 申采浩의 民族主義史論」, 1994 재수록) ; 鄭昌烈, 「韓末 申采浩의 歷史認識」『孫寶基教授停年紀念韓國史學論叢』, 1988 ; 鄭昌烈, 「愛國啓蒙思想의 歷史認識」『國史館論叢』 15, 1990 ; 朴贊勝, 「韓末 申采浩의 歷史觀과 歷史學」, 『韓國文化』 9, 1988 ; 李薰玉, 「張志淵의 역사인식」, 『한국민족운동사연구』 3, 1989 ; 具滋赫, 「張志淵의 사서서술과 역사관」, 『車文燮華甲紀念史學論叢』, 신서원, 1989.

3) 장지연의 변법론에 대해서는 金度亨, 「張志淵의 變法論과 그 변화」, 『韓國史硏究』 109, 2000(b) 참조.

논리적 구조 속에서 제기되고 단계적으로 발전하였던 것이다.

2. 變法論의 형성과 實學

1) 사상적 전환과 變法論의 형성

大韓帝國의 성립과 獨立協會運動의 영향 하에 전통적인 주자학을 공부하던 유학자 가운데 사상적으로 변화하는 사람들이 나타났다. 『독립신문』을 통하여 서구의 근대사상이 소개되고, 특히 정부의 개혁사업이 '舊本新參'의 이념 하에 추진되면서 그러하였다. '改新儒學者'로 불리는 朴殷植과 張志淵 등이 대표적이었다.[4]

박은식은 당시 관서지방의 대표적인 주자학자였던 朴文一, 朴文五 문하에서 주자학을 수학하고 이 지방에서 중견 주자학자로서 명성을 얻고 있었다. 이 때 그는 주자의 影幀을 書室에 봉안하고 매일 아침마다 절을 할 정도로 주자학에 철저하였다.[5] 性命을 토론하고 飮射를 講行하기도 하였으며, 守舊를 의리로 삼고 開化를 邪說이라 배척하였다.[6] 이런 박은식이

---

[4] 金基承, 「白巖 朴殷植의 思想의 變遷過程」, 『歷史學報』 114, 1987 ; 梁潤模, 「白巖 朴殷植의 '思想變動'에 관한 一考察」, 『한국독립운동사연구』 14, 2000 ; 金度亨, 위의 글, 2000(b) 등 참조. 그외 시간적인 차이는 있지만 李沂에 대해서는 鄭景鉉, 「韓末 儒生의 知的 變身」, 『陸士論文集』 23, 1982, 李相龍에 대해서는 金基承, 「韓末 儒敎知識人의 思想轉換과 그 논리」, 『民族文化』 4, 한성대학교, 1989 참조.
　　흔히 '改新儒學者'들이 사상적으로 변하면서 독립협회운동에 참여한 것으로 파악하고 있다. 물론 그들이 1898년 창간된 『皇城新聞』에 관여했던 점에서 독립협회운동과 관련이 있었던 것으로 보이지만, 『獨立協會沿歷略』이라는 자료에 의거하여 1898년 11월 만민공동회에 장지연이 편집부장급, 박은식이 문교부장급으로 활동하였다고 파악하는 것(愼鏞廈, 『獨立協會硏究』, 一潮閣, 1976, 101쪽)은 근거가 희박하다. 그 자료에 실린 명단의 신빙성도 의심스럽고, 또 서술된 대부분의 내용이 1926년에 간행된 『新民』 14호에 실린 尹致昊, 黃義敦 등의 회고적 성격의 몇 편을 거의 그대로 옮긴 것이라는 점에서 더 검토되어야 할 것이다.
[5] 『朴殷植全書』 下, 「學의 眞理는 疑로 쫓차 求하라」, 197쪽.
[6] 『朴殷植全書』 下, 「賀吾同門諸友」, 32쪽.

변화를 겪게 된 것은 마흔이 되던 1897~98년경이었다. 이 때 그는 "東西 各國의 新書籍이 偶然 觸目하매 天下의 大勢와 時局의 情形을 觀測"하 고,7) 또한 "世界學說이 輸入되고 言論自由의 時期를 만나"면서 사상적으 로 변화하게 되었고, 유교에서 금하던 老·莊·楊·墨·申·韓의 學說과 佛敎와 基督의 敎理를 모두 살펴보았다.8)

상주에서 태어난 장지연은 칠곡 吳山의 族祖 張錫鳳로부터 유학을 배 웠다. 그도 1897년 경 大韓帝國 성립 이후 사상적으로 변하였다. 그는 아 관파천 이후 러시아 공사관에 있던 高宗의 환궁을 청하는 「萬人疏」를 지 었고, 또 고종이 환궁하자 황제의 지위에 오를 것을 청하는 상소문의 초안 과 讀疏의 책임을 맡았다. 대한제국의 선포와 고종의 황제 즉위가 위로는 天命에 응하고, 아래로는 여러 백성들의 뜻에 부응하는 것이며, 독립의 기 초를 이루고 中興을 드러내는 것으로 생각하였다.9) 1897년 7월에 史禮所 의 直員이 되었고, 겸하여 8월에 內部主事가 되었던 그는 이 때 「上政府 書」를 통하여 시세의 변화에 따라 변할 줄 모르는 "執拗者"와 또한 변하는 것만 치중하는 "喜新者"를 모두 비판하고, 시세에 따르는 합당한 변화를 주장하였다.10)

그들이 시세에 따라 서양의 사상을 수용하게 된 논리적 근거는 유교의 變通論이었다. 박은식은 "隨時變易하고 溫故知新은 吾道[유교]의 大要" 라고 하면서, "今日 時宜가 不得不 變通更新하여야 吾國을 可保하고 吾 民을 可活인 것을 覺知"하게 되었고, 국토를 보전하고 동포의 생명을 구하 기 위해서는 "不得不 時務의 必要와 新學의 實用을 講究"하는 것이 儒者 의 達識이며 책임이라고 하였다.11) 따라서 신학문의 수용은 구학문과 참 작, 절충하는 선에서 이루어졌다. 즉 각 나라의 정형에 따라 학문이 다르므 로 "다만 옳지 못한 것은 고치고 옳은 것은 그대로 두고서 피차 비교, 참작

---

7) 『朴殷植全書』 下, 32~33쪽.
8) 『朴殷植全書』 下, 「學의 眞理는 疑로 쫓차 求하라」, 197쪽.
9) 『韋庵文稿』 卷3, 「請定皇儀疏」, 86~87쪽.
10) 『韋庵文稿』 卷3, 「上政府書」 丁酉, 104쪽.
11) 『朴殷植全書』 下, 「賀吾同門諸友」, 32~33쪽.

하여 장점을 취해야 한다"고 하였던 것이다.12)

그들이 신학문 수용을 시세의 변화에 따라 불가피하게 인정하였지만 결코 유교를 버린 것은 아니었다. 박은식은 "모든 학문에는 宗敎가 근본이 되어야 한다"고 하였고, "한국의 종교는 孔夫子의 도이다. 무릇 천하의 大中을 極하고 천하의 正理를 盡한 것으로 孔夫子의 敎보다 더한 것이 어디 있단 말인가"라고 확신하였다.13) 장지연도 變通論에 따라 "오직 常을 잡으면서도 變에 通해야 능히 經權의 道에 이를 수 있고 時措의 마땅함에 合할 수 있다"라고 하면서, 유교적 五倫은 바꿀 수 없는 常經이고, 禮樂·刑政·典章·法度는 때에 따라 변하는 것으로 규정하였다.14)

박은식, 장지연을 중심으로 한 '改新儒學者'들이 모여 세력을 결집하고 여론을 형성해가던 곳이 『皇城新聞』이었다. 신문이 창간되자 박은식이 主筆이 되었고, 장지연도 1899년 9월에 주필이 되었다. 장지연은 중간에 잠시 『皇城新聞』을 떠났다가 다시 복귀하여 「是日也放聲大哭」 사건으로 물러난 1906년 3월까지 주필, 사장으로 활동하였다. 박은식은 1904년 『大韓每日申報』에 초빙되기 전까지 『황성신문』에 있다가, 1906년 장지연이 물러난 이후에 다시 『황성신문』으로 돌아왔다.

『皇城新聞』은 옛 것을 근본으로 새로운 것을 받아들이자는 취지에서 창간되었다.15) 『황성신문』에서는 척사론적인 입장의 신학배척론도 배격하였지만 開化勢力의 개화사업에도 잘못이 있다고 평가하였다. 그들은 유교적 논리에 따라 "지금의 소위 開化를 말하는 자도 별 것이 아니라 酌古進今하여 務使開物化民하는 것"이고,16) 이 "開物成務 化民成俗"의 본 뜻은 바로 隨時應變에 있다고 하였다.17) 이에 따라 "유럽 제도의 精良 興盛한 것

---

12) 『謙谷文稿』 「興學說」, 『朴殷植全書』 中, 405쪽.
13) 『學規新論』 「論維持宗敎」, 『朴殷植全書』 中, 29쪽.
14) 『韋庵文稿』 卷3, 「上政府書」 丁酉, 104쪽.
15) 황성신문의 개혁론에 대해서는 姜萬生, 「『皇城新聞』의 현실개혁구상 연구」, 『學林』 9, 1987. 황성신문의 변법론에 대해서는 金度亨, 앞의 글, 2000(b), 86~89쪽 참조.
16) 『皇城新聞』, 光武 5년 12월 14일 論說, 「不覺時勢難免夏蟲井蛙」.
17) 『皇城新聞』, 光武 4년 9월 7일, 「解開化怨(續)」.

을 보고 이를 文明의 종지로 인식하여 정치의 要道로 삼고” 있는 “求新者”를 비판하고,18) “富國 强民”을 위해서는 당연히 西法까지 수용해야 하지만,19) “捨舊從新”과 마찬가지로 “率由舊章”이라는 말도 역시 옳으므로 버리는 것에 신중해야 한다고 하였다.20)

그들이 변통의 본질을 ‘開物化民’으로 규정하면서 변통은 결국 變法을 통해서 달성될 수 있는 것으로 보았다. 先王의 成憲이 아름답지 않은 것은 아니지만 隨時變易이 추세이고, “법이 오래되면 폐단이 생기고 변화시키지 않으면 폐단이 쌓이기” 때문에 變法을 늦출 수 없다고 하면서, 변법을 달성해야 안으로 폐단을 제거하고 밖으로 다른 나라의 수모를 벗을 수 있다고 하였다.21) 이 隨時改變의 변법은 곧 유교적 의미의 更張, 維新의 과정이었다. 그들은 “維新의 정치를 도모하기 위해서는 반드시 먼저 治國의 법률을 개혁하여 규모와 제도를 확실히 성립한 후에 이를 표준으로 삼아 시행해야 한다”고 확신하였다.22) 그리고 이 변법론에서는 단순한 법률의 개정에만 국한된 것이 아니라 天賦人權, 民權을 거론하고 근대적인 정치체제의 변혁까지 구상하였다.

2) 실학적 역사론의 계승

박은식, 장지연과 황성신문에서는 유교적 변통론에 근거하여 신학과 구학의 절충을 주장하고, 변법론적 근대적 개혁을 지향하였다. 이런 점에서 변법론은 『독립신문』을 주도하던 文明開化論과 그 사상적 뿌리가 달랐다. 문명개화론이 기독교를 비롯한 서양의 근대사상을 수용하고자 하였던 것에 비해 변법론에서는 당시 사회의 개혁을 위한 논리적 근거를 조선 후기의 실학에서 찾고 있었다.

18)『皇城新聞』, 光武 8년 4월 29일 論說, 「警世之拘儒及新進」.
19)『皇城新聞』, 光武 2년 9월 7일 論說.
20)『皇城新聞』, 光武 3년 3월 3일 論說.
21)『皇城新聞』, 光武 3년 1월 17일 論說.
22)『皇城新聞』, 光武 8년 3월 22일 論說, 「亟宜先立標準」.

박은식은 1880년 경기도 광주를 방문하여 申耆永, 丁觀燮를 통해 정약
용의 학문을 익혔다. 또 임오군란 후 낙향하여 평남 寧遠에서 經世에 관한
학문에 정진하였는데, 이 때 박은식과 같이 공부하던 全成庵은 '溫飽天下'
에 뜻을 두고 經濟에 관한 선배들의 저술들을 탐독하던 사람이었다.[23] 이
때 經世의 핵심문제로 均賦, 量田 등을 거론하였던 점에서 그들은 틀림없
이 실학파의 저술들을 세밀하게 검토하였을 것이고, 박은식은 이를 바탕으
로 서양의 학문을 참작할 수 있었던 것이다.[24] 또한 장지연은 스승 張錫鳳
이 사망한 후 잠시 이웃 마을 구미 林隱의 허훈에게서 古文을 배웠는데,
허훈이 李瀷의 실학을 계승한 許傳의 제자였던 점에서 近畿 南人들의 실
학적 학문을 익힐 수 있었을 것이다.

그리하여 『황성신문』에서는 利用厚生, 格物致知, 實事求是 등을 강조하
면서 실학파의 사회경제론을 당시 사회문제 해결을 위한 길잡이라 평가하
였다.[25] 실학자 가운데서도 "國朝 中古 이래로 정치가로 말할 수 있는 사
람은 潛谷 金堉, 磻溪 柳馨遠, 星湖 李瀷, 茶山 丁若鏞, 燕巖 朴趾源 등

---

23) 「謙谷文稿」, 送黃海監理成庵全君序, 『朴殷植全書』中, 434~435쪽("나와 成庵은
   뜻을 같이 하고, …… 성암은 몸이 비록 극도의 飢寒에 처해 있었으나, 그 뜻은 항
   상 천하를 溫飽하게 하는 것을 생각하여 經濟에 힘썼다. 무릇 선배들의 저술 가운
   데 이것에 합당한 것이 있으면 반드시 熟講하고 精討하였다 …… 대개 經世의 일
   은 均賦가 우선이고 균부의 근본은 量地에 있다. 나라에 量務가 시행되지 않은
   지 오래되었다. …… 법이 오래되면 폐단이 생기고 폐단이 극에 달하면 변해야 하
   는데, 이것이 금일의 양무가 시급히 거행되는 것이다"라고 하였다. 全成庵은 이런
   식견으로 광무양전사업에서 황해도의 量務監理로 파견되었다. 李沂의 경우, 일찍
   柳馨遠과 丁若鏞의 실학을 계승하여 토지개혁론과 量田論을 주장하였는데, 그도
   같은 시기 量務委員이 되었다. 박은식은 이 양전사업을 變法의 차원에서 이해하
   였는데, 이 점은 光武改革事業의 방향을 가름할 수 있는 표현이기도 하다).
24) 박은식은 1924년에도 "전에 정조 때 星湖, 茶山, 燕巖 제공이 함께 학계에서 革新
   思想을 가지고 이상적인 空談에 힘쓰지 않고 정치·경제의 實用을 연구하면서
   西法을 參考하여 그 장점을 채택하고자 하였다. 이들 諸公들이 그 뜻을 폈다면
   우리나라의 維新이 東亞에서 일찍 선도의 위치를 점하였을 것이니, 어찌 금일과
   같은 羞恥에 이르렀겠는가. 이에 舊派의 압력에 굴복하여 그 뜻을 펴지 못하였고,
   혹은 邪說의 誣告 사건에 걸리어 세상에 쓰이지 못하였으니, 정녕 千古의 큰 恨
   이 아니랴"라고 한탄하였다(『朴殷植全書』下, 「雲人先生 鑑」, 243쪽).
25) 李光麟, 「開化期 知識人의 實學觀」, 『東方學志』 54·55·56, 1987 참조.

4, 5명의 선배가 있어 經濟政治學으로 저술한 것이 뛰어나다"고 하였고,[26] 장지연은 정약용을 평가하여 "선생은 經世濟時의 재목이 되기로 생각하고 博古通今의 學을 쌓았으며, 언제나 更張維新의 뜻이 있었으나 불행히도 때를 만나지 못해 쓰이지 않았다"고 하였다.[27] 이런 인식에서 그들은 정약용의『牧民心書』,『欽欽新書』,『雅言覺非』, 박지원의『燕巖集』, 안정복의『東史綱目』등을 간행하고, 유형원과 정약용의 田制改革論, 이익의『藿憂錄』, 정약용·朴齊家의 농학론 등을 황성신문에 소개하였다. 장지연은 시사총보사의 후신으로 廣文社를 만들어 이런 작업을 주도하였고, 스스로 정약용의『我邦疆域考』를 증보하여『大韓疆域考』를 편찬하기도 하였다. 이런 점에서 장지연의 학문은 "其學主李星湖·丁茶山二公"이라고 평가되었다.[28]

실학의 학문적 전통을 계승하면서 그들은 특히 실학파가 거론했던 역사와 지리에 관심을 가지게 되었고, 특히 역사 서술의 필요성을 강조하였다.[29] 역사는 古今의 治亂, 成敗, 興亡 등을 살펴 政治에 도움이 된다는 것이었다.[30] 외국의 역사를 공부하는 것도 같은 이유였다. 즉 强隣의 經史, 政事, 古蹟, 律例, 會典을 모두 자세하게 講明하여 "그 强大한 연유를 實

---

26)『皇城新聞』, 光武 6년 5월 19일 論說,「廣文社新刊牧民心書」.
27)『韋庵文稿』卷5,「題雅言覺非後」, 192쪽(『皇城新聞』, 光武 7년 12월 2일 論說).
28) 金澤榮,「事略」『韋庵文稿』卷12, 496쪽.
29) 당시 많은 논자들이 현실문제 해결을 위해, 가령 朴殷植이『韓國痛史』에서 거론하던 國敎, 國學, 國語, 國文, 國史 등을 유지·발전시켜야 한다고 주장하였다. 그런데 이를 둘러싸고 變法論者와 文明開化論者 사이에는 약간의 차이가 있었음을 지적할 수 있다. 서구화를 지향하던 문명개화론자들은 낙후한 한국 현실을 적극적으로 부정·청산한다는 면이 강하여, 유교를 철저하게 부정하고, 또 國史의 중요성도 상대적으로 낮게 평가하였다. 그들은 오히려 서양문명을 적극적으로 보급 확산해야 한다는 차원에서 國文[한글]의 보급을 더 중시하였다. 新舊學折衷을 주장하던 변법론자들도 물론 국문 보급도 주장하였다. 하지만 이와 동시에 國漢文混用도 견지하면서 國敎나 國史, 國學의 필요성을 더 강조하였다. 이런 점을 당시 皇城新聞과 독립신문의 문체와 논조를 비교해도 알 수 있을 것이다. 그리고 당시 역사관련 논술이나 저서는 대부분 '改新儒學者'에 의해서 이루어졌다는 점도 고려해야 할 것이다.
30)『皇城新聞』, 光武 7년 5월 5일 論說,「紋我韓疆域攷後說」.

徵하고, 그 機宜의 要를 顯求하여 능히 守法한 바를 知한 즉 强隣으로 하여금 脣齒의 助가 있을 것"이라 보았던 것이다.[31]

이러한 역사 서술의 임무를 자임하고 있었던 것은 新聞이었다.[32] 학부에서 간행한 몇 종의 교과서 외는 역사서술이 거의 이루어지지 않고 있던 때였다. 그들은 신문의 논설과 기사 자체를 곧 역사 서술로 생각하였다. 장지연은『時事叢報』의 발간 취지서에서

　　古者에 稗官 野史가 有ㅎ야 作史ㅎ는 者 或取之러니 今에 變爲新聞ㅎ니 其法이 盖肇自英伊ㅎ야 近世에 盛行 各邦ㅎ니, 是亦史之流也라. 其體 有二ㅎ니 一曰 論說이오 二曰 雜報니 論說이란 者는 史家의 評論ㅎ는 體요, 雜報란 者는 史家의 記事ㅎ는 體라[33]

라고 하였다.『황성신문』에서는 역사서술의 필요성을 계몽하는 한편, 직접적으로 國朝故事, 衣冠制度, 貨幣制度 등을 역사적으로 정리하기도 하였다. 또 세계 각국의 역사, 地誌와 安國治民에 유익한 서적을 繙繹하자는 취지 하에[34] 玄采가 번역한『中東戰記』,『美國獨立史』,『法國革新戰史』,『淸國戊戌政變記』,『越南亡國史』등을 간행하였고, 그 이후에도『埃及近世史』(장지연 譯) 등을 발간하였다.

그러면서 그들의 관심은 점차 國史에 집중되었다. 실학파의 역사연구에서 이미 강조하던 바이기도 하였고, 또한 국사보다 중국사를 더 중시하는 중세적 역사서술에 대한 반성이었다. 우리의 博學家들이 우리 것은 버리고 다른 것을 좋아하는 性情으로, 中國에 대해서는 血誠으로 探考하여 그

---

31)『皇城新聞』, 光武 3년 7월 22일 論說.
32) 황성신문의 역사서술에 대해서는 崔起榮, 「『皇城新聞』의 역사관련기사에 대한 검토」,『韓國近代啓蒙運動硏究』, 일조각, 1997.
33)『時事叢報』, 光武 3년 1월 22일, 「本報發刊之趣旨」;『나라사랑』5, 35쪽. 장지연은 1910년대에도 "지금의 報館이란 옛날의 太史의 職"이라고 하였고, 신문의 言論과 記事에서의 褒貶과 實錄, 정직과 공명이라는 기능과 원칙을 천명하였다(『每日申報』, 1915년 3월 28일, 「覇窓漫筆(7)」;『張志淵全書』8, 63쪽;『韋庵文稿』卷7, 「覇窓手錄13條」, 285~286쪽).
34)『皇城新聞』, 光武 3년 5월 19일 論說.

찌꺼기는 능히 해득하면서 本國에 대해서는 등한하고 棄置하던 점 때문이었다.[35] 특히 교육에서 어린이에게 本國의 歷代는 가르치지 않고 다른 나라의 歷代를 먼저 가르치게 되면 약간 文識이 있는 자는 모두 國史에는 全昧하고 漢史에만 粗解하여 흠모하게 되면 결국 依付하는 마음만 생기게 된다는 점이 강조되었다.[36]

국사에 대한 관심 중은 특히 역사적 강역, 곧 역사지리 문제에 모아졌다. 특히 그들은 실학파의 역사에서 거론되던 만주지역을 중시하였다. 황성신문에서는 「北邊開拓始末」 등을 연재하였고,[37] 요동의 반과 鳥喇 以南은 모두 우리 땅으로 고구려 멸망 이후 지금까지 수복하지 못한 점을 거론하였다.[38] 장지연은 『大韓疆域考』를 역술하면서, 이를 부분적으로 『황성신문』에 연재하기도 하였다.

하지만 그들은 당시의 국사 서술을 하기에는 아직 많은 문제점이 있다고 생각하였다. 특히 "搜羅가 不廣하고 考證이 不詳"한 점, 혹은 分合無常, 名稱異同, 文獻無徵, 史志荒誕, 書籍未備 등을 지적하였다.[39] 곧 사료의 부족으로 인한 실증적인 작업이 이루어지지 않는 점이었다. 이 때문에 수백 년 동안의 역사가 無徵하게 되고, 자신의 의견만을 내세우고 멋대로 增損하고 논설을 첨가하여 正史, 野史가 혼잡하고 분간이 없어졌다는 것이었다.[40] 이런 문제점은 결국 중국역사만을 중시하고 중국의 서적만 좋아하는 "捨本趨外"의 태도 때문이며, 동시에 새로이 저술되는 서적들도 무시하고 옛것만 좋아하거나, 또 간혹 뜻이 있는 사람이 많은 돈을 들여 도서를 간행하여도 구매, 열람하는 것을 알지 못했던 점 때문이었다.[41] 특히 고

---

35) 『皇城新聞』, 光武 3년 5월 19일 論說.
36) 『皇城新聞』, 光武 3년 4월 22일 論說.
37) 『皇城新聞』, 光武 7년 1월 12일.
38) 『皇城新聞』, 光武 6년 6월 6일 論說, 「西北沿界疆土居民」.
39) 『皇城新聞』, 光武 3년 7월 22일 論說 ; 光武 7년 5월 5일 論說, 「敍我韓疆域攷後說」.
40) 『皇城新聞』, 光武 3년 7월 22일 論說.
41) 『皇城新聞』, 光武 6년 2월 27일 論說, 「本國史學○陋之弊」(또한 당나라 소정방의 箕韓과 백제의 서적 劫火, 견훤의 가야와 신라의 역사책 劫火, 그리고 임진왜란으

대사 관련 서적이 부족하여 고지명 등을 연구하기에 어려움이 있다고 하였다.[42] 그리하여 그들은 우선 국내에 산재한 여러 문헌을 收聚하여 國史를 완전하게 하자고 하였다.[43] 앞서 지적한 바와 같이『東史綱目』등의 실학파의 서적도 이런 필요성에서 간행하였다. 1903년에도 유지 몇 명이 野史雜誌와 奇文異書, 國朝故事 문헌을 수집, 발간하고자 광고를 내면서『三國遺事』,『高麗圖經』,『燃藜室記述』,『靑野謾輯』,『輿地誌』,『東京志』,『八域志』,『星湖僿說』,『磻溪隨錄』,『課農書』등을 거론하였다.[44]

장지연의『大韓疆域考』에서는 이런 역사서술의 필요성과 원칙이 단적으로 보였다. 자국의 강토, 강역 문제를 환기하면서, 동시에 실증적인 작업을 통하여 고대시대의 지명과 위치, 국경문제들에 대해서는 자신의 견해를「淵案」으로 첨부하였다. 정약용이 內外의 史書를 널리 모아 정밀하게 서술했던 점을 인정하면서도 이에 더하여 그 이후의 사서들을 다시 동원하여 보완하였던 것이다. 특히 백두산정계비와 관련해서 건립시의 책임자의 불성실한 태도, 土門의 위치 문제, 정부의 방관 등을 지적하고 두만강 지역의 상실에 대한 애통함과 실지 회복 등을 거론하였다.[45] 실학파의 역사서술에서 견지되던 강역 문제의 중요성과 실증적, 고증적인 태도가 그대로 이어지고 있었던 것이다.[46]

로 인한 고려 숙종 이후 조선시대의 서적 산실 등을 지적하였다).
42)『皇城新聞』, 光武 7년 2월 28일 論說,「宜廣編書籍」(『韋庵文稿』卷8, 360쪽).
43)『皇城新聞』, 光武 3년 5월 19일 論說.
44)『皇城新聞』, 光武 7년 1월 23일.
45) 金生基,「張志淵의 역사인식 - 大韓疆域考를 중심으로」, 1992(千寬宇 편,『韋庵張志淵의 思想과 活動』, 民音社, 1993 재수록).
46) 그러나 장지연은 일본의 사서에 의거하여 任那를 대가야의 별칭이라고 분석하고, 일본의 南鮮征伐과 任那日本府를 긍정하고 이를 증보하는 잘못을 저질렀다. 당시 玄采, 金澤榮 등의 역사교과서에서도 대부분 일본인의 연구 결과를 수용하여 또한 그러하였다.

3. 自强主義와 愛國心의 고취

1) 自强主義와 '祖國精神'

1905년의 勒約으로 일제의 보호국이 되자 식자층은 실력을 양성하여 국권을 회복하자는 계몽운동을 전개하였다. 그런데 그 운동이 국권회복을 목표로 하였다는 점에서, 독립협회 운동이래 확산되던 文明開化論者를 중심으로 大韓帝國의 관료층, 지방의 유생층, 그리고 상인층, 지주층 등 다양한 세력이 동참하였다. 『황성신문』을 중심으로 활동하던 變法論者들도 물론 적극적으로 가담하였다. 『황성신문』을 떠난 장지연은 大韓自强會에서, 박은식은 장지연을 이어 『皇城新聞』과 西友・西北學會에서, 그리고 申采浩는 박은식을 이어 『大韓每日申報』에서 활동하였다.[47]

계몽운동에서는 社會進化論에 의거하여 당시의 국제정세와 국권상실을 인식하였다. 優勝劣敗, 適者生存의 원칙을 피할 수 없는 天演의 법칙이라고 규정하고, 국권을 만회하기 위해서는 실력을 양성하고 自强을 이루어야 한다고 하였다. 가령 대한자강회는 "我韓이 종전 自强之術을 강구하지 않아 인민이 스스로 愚昧해지고 國力이 스스로 衰敗해져 드디어 금일의 고난에 이르러 필경 外人의 보호를 받게 되었다"는 점을 인식하고 자강을 이루어 국권회복을 달성하자고 천명하였다.[48] 물론 그들이 이루고자 했던 自强은 곧 富强化, 文明化였고, 强者, 適者가 되어야 한다는 優勝主義的 입장이었다.[49]

장지연을 비롯한 변법론자들은 『황성신문』을 통하여 줄곧 自强(혹은 自保, 自修)을 주장해 왔고, 또 중국의 변법운동을 이끌던 康有爲, 梁啓超의

---

47) 신채호는 조부 申星雨 슬하에서 한문과 경전을 수학하였고, 1897년 18세 때에 申箕善의 소개로 성균관에 입학하였다. 당시 성균관에서는 유교 경전뿐 아니라 새로운 서양학문도 가르치고 있었다. 신채호는 박은식, 장지연과 달리 사상적 전환을 획기적으로 겪었다기보다는 신구 학문을 거의 동시에 수학했던 것으로 볼 수 있다.
48) 大韓自强會, 「大韓自强會趣旨書」, 『大韓自强會月報』1, 1906.
49) 鄭昌烈, 앞의 글, 1990.

變法自强論을 수용하면서 대한자강회에 적극적으로 참여하였으며, 장지연은 줄곧 評議員으로 활동하면서 그 운동방안을 제시하였다. 장지연은『易經』에 나오는 '自强不息'이라는 말이 진정 "自强主義의 둘도 없는 法門"이라고 하고, 그 핵심적인 방안으로 교육진흥과 산업발전을 거론하였다. 물론 그는 이를 추진할 만한 재원, 곧 有形的 資本이 없으므로 無形的 資本인 지식으로만 활동하자는 '계몽'의 차원에서 거론하였다. 교육은 모두 學部와 관련이 있으므로 회원들이 교육 발달 방침들을 연구하여 당국에 건의하고, 동시에 전국의 사립학교를 연결하여 지도·장려해야 하며, 또한 殖産興業도 衆智를 모아 그 방안을 역시 정부에 건의하여 실행을 권고하고, 荒蕪地 開墾, 森林植養, 農事改良, 灌漑設備 및 人民 財産 保護 등의 방법도 講究하자는 것이었다.50)

그러나 군사적, 경제적인 우열에 의해 국권을 상실한 현실 속에서 자강은 물질적인 부강만 통해서 이루어질 수 있는 것이 아니었다. 곧 자강을 위한 정신적인 측면이 동시에 강조되었던 것이다. '형식상 국가'가 망했다고 하더라고 '정신상 국가'가 망하지 않으면 나라는 망하지 않은 것이므로 "형식상 국가를 건립코자 하면 먼저 정신상 국가를 건립할지며, 형식상 국가를 保全하고자 하면 먼저 정신상 국가를 보전해야 한다"는 것이었다.51) 이런 인식에서 大韓自强會는 그 취지서에서 교육, 식산흥업과 함께 "안으로 祖國精神을 배양"할 것을 急務로 제기하였다.52) 신채호도 "국권과 인민, 자유가 없는 大韓이 富强과 文明을 희망" 하면서, 동시에 "그 국민이 그 나라를 自國으로 알아야 그 나라가 自國民의 나라가 된다"는 정신 자세를 지적하였다.53)

정신상 국가와 조국정신을 강조하고 이를 바탕으로 자강을 이루려했던 점은 근대화, 문명화를 '新·舊學 折衷', 곧 고유 문화를 근본으로 서양 문

---

50) 「自强會問答」,『大韓自强會月報』2, 7~8쪽 ;「自强主義」,『大韓自强會月報』3, 5쪽.
51)『丹齋申采浩全集』別,「精神上 國家」, 160~161쪽.
52) 大韓自强會,「大韓自强會趣旨書」,『大韓自强會月報』1, 10쪽.
53)『丹齋申采浩全集』下,「大韓의 希望」, 65, 68~69쪽.

명을 수용하자던 변법론의 근대화 개혁론과 무관한 것이 아니었다. 박은식은 장지연이 번역한 『埃及近世史』(1905. 8)의 서문에서 이집트의 망국을 설명하면서 "大抵 國政을 改良하여 新文化에 趨進코자 하면 必其自國習俗의 適宜함을 因하여 開導有漸이라야 실제 功效를 奏"하지 못하고 유럽의 화려한 문물에 심취되어 이를 모방하려 했던 점을 거론하였다.[54]

신채호는 외국문명을 수입, 모방하거나 외국의 인물만 숭배하게 되면 祖國思想을 몰각하게 되고 모르는 사이에 "附外奴"가 된다고 지적하였다.[55] 그리하여 그는 "我의 精神은 都無하고 彼를 服從키만 樂하며, 我의 利害를 不計하고 彼를 模範키만 務하여 我가 彼되기를 僕僕自願"하는 '同化的 模倣'이나 노예적 습관을 없애고 "외국 사회가 문명에 나아가면 나도 문명에 나아"가서 그들과 동등하게 되는 "동등적 모방"이 필요하다고 하였다.[56] 요컨대 문명 진보하기 위해서는 "외국의 장점을 취하여 본국의 단점을 보완하며 외국의 害를 鑑하여 본국의 이익을 計"해야 한다는 것이었다.[57]

2) 愛國主義 · 英雄主義的 역사론

변법론자들은 국권상실이 결국 물질적인 우열에 의해 결정되었다고 파악하고, 문명화 · 부강화를 지향하면서 동시에 정신적인 차원의 祖國精神을 강조하였다. 그들이 추진하던 교육운동이나 계몽활동의 많은 부분은 이를 달성하기 위한 방안들이었다. 조국정신을 환기하기 위한 방안은 물론 다양하였지만, 新舊學의 절충이라는 변법론의 논의구조에서는 자연스럽게 구학문의 범주에서 찾아야 할 것이고, 이 경우 國史가 가장 핵심적인 것이 될 수밖에 없었다.

이에 그들은 이미 추진하고 있던 구서적 간행을 계속 강조하였다. 신채

---

54) 「埃及近世史」 序, 2쪽(『張志淵全集』 3, 44쪽) ; 『朴殷植全集』 下, 223쪽.
55) 『丹齋申采浩全集』 別, 「舊書蒐集의 必要」, 169~170쪽.
56) 『丹齋申采浩全集』 別, 「同化의 悲觀」, 150쪽.
57) 『丹齋申采浩全集』 別, 「國家를 滅亡케하는 學部」, 127쪽.

호는 "自國의 書籍은 기 천년 이래의 국민 선조, 선배의 사상과 心血이 결집한 것으로, 國民의 精神을 보고 알 수 있는 것"이라고 하면서, 이 간행사업은 "祖國精神을 喚起하는 一法門"이 되고, 또 조국의 역사를 바로 쓰는 일이며, 독립, 자존심을 기르는 것이라 하였다. 그리고는『燕巖集』,『與猶堂全書』,『東史綱目』,『燃藜室記述』,『朝野輯要』 등이 간행되지 못함을 아쉬워하였으며,『擇里志』와 배외 명장의 사적을 소개한『二十四傑傳』, 그리고『山水名畵』,『東國通鑑』,『磻溪隨錄』 등을 중요하게 거론하였다. 만약 아직 간행되지 않은 이런 서적들이 일본 등지로 빠져나가 없어져 버리면 우리 英雄 烈俠의 聲光과 哲儒學士의 학설이 모두 없어질 것이라고 우려하였다.[58]

이를 토대로 그들은 본격적인 역사연구와 서술을 시작할 수 있었다. 장지연은 역사를 정치의 귀감이라고 하면서,

교육을 시작함에서는 반드시 본국의 역사를 가르쳐 祖國精神을 환기시키고 同族 感情을 鼓發하여 愛國의 血性을 배양하고 발전의 腦力을 공고히 해야 한다.[59]

라고 하여, 역사를 통해 조국정신의 환기와 애국 혈성의 배양을 이루려 하였다. 당시 계몽운동에서 일반적으로 강조하던 애국주의는 바로 역사를 통해서 이룰 수 있다는 것이었다.[60]

애국심을 키우기 위해 역사를 강조한 것은 申采浩가 가장 적극적이었

---

58)『丹齋申采浩全集』別,「舊書蒐集의 必要」, 171쪽 ;『丹齋申采浩全集』下,「舊書刊行論」. 물론 서양의 신서적을 간행하는 일도 중요하다고 하였는데, 이 사업도 반드시 한국의 풍속, 학술상의 고유한 특질을 발휘하여 서구 외래의 신이상 신학설을 調入하여 국민의 심리를 活現할 수 있는 '한국의 신서적'이 되어야 된다고 강조하였다(「舊書刊行論」, 99~100쪽).

59)『韋庵文稿』卷4,「新訂東國歷史序」, 146쪽.

60) 역사와 더불어 지리학도 그러하였다. 장지연은 "지리학이 발달하지 않으면 애국심이 생기지 않는다"는 외국학자의 말을 인용하면서 지리 속에도 "4천년 祖國精神"이 담겨있다고 하였다(『韋庵文稿』卷4,「大韓新地志序」, 151~152쪽). 역사학의 중요한 영역이 역사지리였다는 점도 이런 연유였다.

다. 그는 당시의 국가 경쟁 속에서 "애국자가 없는 나라는 비록 강하다고 해도 반드시 약해지고, 애국자가 있는 나라는 비록 약하더라도 반드시 강해지므로,[61] 애국심의 배양이 무엇보다도 긴요한 일임"을 지적하였다. 그런데 그는 당시 계몽운동에서 흔히 동원되는 연설회나 언론활동을 통해서는 결코 애국심을 고취할 수 없다고 하면서,

> 今日 我國民의 愛國心을 喚起코자 하면 其術이 何에 出할까. 獨立館에 進하여 空前絶後의 大演說을 開하고 比牧丁具禮敦 같은 雄辯家를 邀하여 愛國하라 愛國하라 하는 聲에 喉를 裂盡하면 其舌下에 幾十萬 愛國者를 可産할까. 余曰 必不能이니라. 皇城 中央에 向하여 唯一無二의 大新聞을 創하고 …… 余又曰 必不能이니라. …… 嗚呼라. 我가 國을 愛하려거든 歷史를 讀할지며, 人으로 하여금 國을 愛케 하려거든 歷史를 讀케 할지어다.[62]

라고 하여, 오직 역사를 읽어야 애국심을 배양할 수 있다고 하였다. 이런 점에서는 그는 "歷史는 愛國心의 源泉이라. 고로 史筆이 强하여야 민족이 강하며 史筆이 武하여야 민족이 武하는 바"라고 단언하였던 것이다.[63]

애국심을 키우기 위한 "역사 읽히기"에는 또한 몇 가지의 측면이 거론되었다. 우선 모든 국민이 역사를 읽어야 한다고 하였다. 즉 "역사는 어릴 때부터 읽어야 하고, 늙을 때까지 읽어야 하며, 남녀, 상층과 하층 모두가 읽어야 한다"는 것이었다. 특히 하층계급이 역사를 읽지 않으면 민중 출신의 애국자와 인재를 양성하지 못할 뿐 아니라 2천만의 대다수를 차지하는 丈夫를 묻어버려 국민이 되는 것을 막아버리게 된다고 하였다.[64]

또한 본국의 역사, 특히 본국의 정치사를 읽어야 애국심이 일어날 수 있다고 하였다. 外國 歷史는 知彼知己의 차원에서 경쟁에는 도움이 되고, 또

---

61) 『丹齋申采浩全集』中,「伊太利建國三傑傳」, 183쪽. 서문을 쓴 장지연도 "애국자와 애국심을 위해 이를 번역한 것"이라 지적하였다(179쪽).

62) 『丹齋申采浩全集』下,「歷史와 愛國心의 關係」, 76~77쪽.

63) 『丹齋申采浩全集』別,「許多古人之罪惡審判」, 119~120쪽.

64) 『丹齋申采浩全集』下,「歷史와 愛國心의 關係」, 77쪽.

애국심을 傍助할 수는 있으나 애국심을 主動하는 것은 불가능하다는 것이며, 정치사 외의 부분의 역사도 애국심을 도울 수 있으나 낳아 만들어낼 수 없다는 판단에서 그러하였다.[65]

그리하여 그들은 애국심을 고취하기 위한 올바른 국사 서술을 모색하였다. 그전까지 그들이 힘들여 추진하던 외국사의 번역 작업에서 점차 자국 역사를 서술하는 쪽으로 나아가게 되었다. 이와 아울러 그들은 존화주의적 역사관도 강하게 비판하였다. 신채호는 小中華, 崇禎 기원이나 거론하는 역사는 賣國奴, 亡國賊만 만들고 附外癖, 拜外熱만 熾盛하게 할 뿐이라는 것이었다.[66] 이에 金富軾을 특히 비판하였는데, 신라 문무왕이 당나라 병사를 격파한 것을 "以小敵大"한 것으로 기술하고, 수·당의 군사가 고구려를 침범한 것을 "中朝 動兵"이라 존중하였던 점 등에서 김부식은 "拜外의 僻見者"이며, "獨立精神을 抹殺한 者, 歷史家의 罪人"이라고 하였다.[67]

이에 신채호는 먼저 역사 서술에서의 "일정한 主義와 精神"을 강조하였다. 歷史는 "그 나라 國民의 變遷消長한 實跡"이며, "一國民의 譜牒"이므로 역사 서술은 단순한 연대나 기술하고, 인명·지명을 나열할 것이 아니라 우리 祖宗의 功烈, 德業, 壯蹟 뿐 아니라 恥辱, 傷心事 모두를 기록하는 것이 되어야 하였다. 따라서 역사는 "內를 尊하며 外를 岐하고 民賊을 誅하며 公仇를 戮"하는 일정한 주의와 정신에 입각하여 民族進化의 狀態와 國家治亂의 因果가 서술되어야 한다고 하였다. 이런 역사를 통해야 비로소 "懦者가 立하며 頑者가 悟"하게 할 수 있는 역사, "一國 山河를 壯麗"하게 하고, "一國 民族을 蘇醒"케 할 수 있는 역사가 된다는 것이었다.[68]

한편 애국심을 배양하기 위해서 나라를 위해 활동한 영웅들의 정치 활

---

65) 『丹齋申采浩全集』 下, 「歷史와 愛國心의 關係」, 72쪽.
66) 『丹齋申采浩全集』 下, 「歷史와 愛國心의 關係」, 79쪽.
67) 『丹齋申采浩全集』 別, 「許多古人之罪惡審判」, 120쪽. 그 외 崇拜支那主義를 滿抱한 최치원 등은 문학가의 죄인이고, 여진이나 몽고의 일갈에 請和乞命한 고려의 明宗, 元宗 등은 帝王家의 죄인이라고 규정하였다.
68) 『丹齋申采浩全集』 下, 「歷史와 愛國心의 關係」.

동이 역사서술의 중요 대상이 되었다. 당시 "英雄者는 世界를 刱造한 聖神이며, 世界者는 英雄의 活動하는 舞臺"이고,[69] "국가의 强弱은 英雄의 有無에 있고, 將卒衆寡에 不在"하다는[70] 영웅주의 의식이 일반적이었다.[71] 당시 거론되던 영웅은 특히 대외적인 위협 속에서 外競力을 발휘하여 민족을 구한 사람들이었다. 물론 武功家 뿐 아니라 문필을 통하여 능력을 발휘하는 사람들도 모두 영웅으로 규정되었지만,[72] 당시 특히 강조된 영웅은 外競思想을 분발하여 조국 威光을 발휘한 광개토대왕을 비롯하여 乙支文德, 淵蓋蘇文, 崔瑩, 李舜臣 등의 武功家였고,[73] 이들이 역사서술의 주요 대상이 되었다.

이 때 『乙支文德』을 서술한 신채호는 "一國의 疆土는 그 나라의 英雄이 身을 獻하여 莊嚴케 한 者며, 一國의 民族은 그 나라의 英雄이 血을 流하여 保護한 者"라고 규정하고, "그 나라의 영웅을 그 나라의 민족이 알지 못하면 그 나라가 나라됨을 어찌 얻으리오. 고로 대가의 史筆로 영웅의 진면목을 寫傳하며 才子의 詞賦로 영웅의 大功德을 찬미"해야 한다고 하였다.[74] 박은식도 "역사는 국가의 정신이오 영웅은 국가의 원기라"고 하면서 "국민이 문명할수록 역사를 더욱 존중히 하고 영웅을 숭배하나니 모두 그 역사를 존중함과 영웅을 숭배함이 즉 그 국가를 愛하는 사상"이라고 하였다.[75] 요컨대 역사 속의 영웅을 강조하여 애국심을 환기하자는 英雄主義, 愛國主義的 역사론이었던 것이다.

계몽운동의 일환으로 이루어진 역사서술은 신구학절충론, 자강주의 등

---

69) 『丹齋申采浩全集』 別, 「英雄과 世界」, 111쪽.

70) 『丹齋申采浩全集』 中, 「乙支文德」, 45쪽.

71) 金度亨, 『大韓帝國期의 政治思想 硏究』, 지식산업사, 1994, 116~123쪽 ; 鄭昌烈, 앞의 글, 1990 참조.

72) 신채호는 신라·고구려의 武略과 더불어 "道德에는 趙靜庵·李退溪며, 經世에는 丁茶山·柳磻溪며, 將略에는 李忠武·郭忘憂며, 문장에는 崔簡易·柳於于" 등을 거론하였다(『丹齋申采浩全集』 下, 「大韓의 希望」, 64쪽). 정약용, 유형원을 經世의 영웅으로 들고 있는 점이 주목된다.

73) 『丹齋申采浩全集』 別, 「韓國의 第一豪傑大王」 ; 「許多古人之罪惡審判」.

74) 『丹齋申采浩全集』 中, 「乙支文德」, 4~5쪽.

75) 『朴殷植全書』 下, 「讀高句麗永樂大王墓碑謄本」, 42쪽.

으로 발전된 변법론의 논리적 근거 위에서, 또 물질적인 열세를 극복하고
조국정신을 발휘하기 위한 방안으로 모색된 것이었다. 따라서 자국의 역
사, 특히 정치사를 통하여 애국심을 고취하고, 영웅 숭배를 강조하였다. 이
런 역사론은 계몽운동을 주도하던 근대주의적, 우승주의적 논리와 결합되
면서 영웅주의적, 애국주의적, 국가주의적 역사론으로 나타났다. 아직 민족
문제, 계급문제를 올바르게 인식하지 못한 한계도 있었던 것이다.

4. 民族·國民意識과 國粹保全論

1) '民族主義'와 『讀史新論』

1907년 고종의 퇴위와 군대해산 이후 사실상 식민체제가 굳어지면서 부
강화, 문명화에의 전망은 점차 희박해졌다. 그러자 일부에서는 국권상실이
약자인 한국으로서는 어쩔 수 없는 것이므로 강자의 약자 지배를 인정하
고, 나아가서 강자인 일본의 적극적인 지도 하에서 사회진보와 文明化를
이루어야 한다는 改良的, 敗北主義的 논리가 강하게 대두되었다.[76] 한편
'합방'이 다가오면서 계몽운동의 일각에서는 실력양성운동의 한계성을 인
식하고, 운동론의 전환을 모색하기 시작하였다. 물론 이런 모색과 전환이
계몽운동 전반에 걸쳐 일어난 것은 아니었고, 각 계열이나 개인에 따라 편
차도 많았다.[77] 우리는 이런 전환, 발전의 단적인 모습을 1908년 8월 전후
의 신채호에게서 볼 수 있다.[78]

이 변화는 무엇보다도 민족 문제에 대한 인식이 제고되면서 가능하였
다.[79] 당시 경쟁세계에서 횡행하는 강자의 약자 침략·지배를 帝國主義의

---

76) 金度亨, 앞의 책, 1994, 64~84쪽.
77) 金度亨, 위의 책, VI장 ; 朴贊勝, 「韓末 自强運動論의 각 계열과 그 성격」『韓國
 史研究』68, 1990 참조.
78) 鄭昌烈, 앞의 글, 1988.
79) 鄭昌烈, 「20세기 前半期 韓國에서의 優勝主義와 民族的 正體性」, 『民族文化論
 叢』, 18·19합, 영남대, 1998 ; 金度亨, 앞의 글, 2000(a) 참조.

强權主義, 侵略主義로 파악한 점이었다. 박은식은 "생존경쟁을 天演이라 論하며 약육강식을 公例라 謂하는 시대"라는 점에 동의하면서도 文明國 이라는 영국도 인도와 이집트를 지배하고, 道義를 숭상한다는 미국도 필리 핀을 점령한 점을 거론하면서, 이들 제국주의 침략자들은 "입으로 菩薩을 말하면서도 행동은 夜叉와 같다"고 비난하였다.[80] 신채호도 피차간에 간 섭을 하지 않는다는 門羅主義[먼로주의]가 포기된 후에 소위 6대 강국 혹 은 8대 강국이 모두 숭배하는 것이 제국주의라고 지적하였다.[81]

이와 동시에 그들은 문명개화론에 경사된 일부의 사람들이 보이던 근대 주의, 패배주의를 비판할 수 있었다. 가령 일본의 침략이데올로기였던 東 洋主義는 "동양 제국이 일치단결하여 西力의 東漸함을 禦한다"고 하지만, 이는 일본의 침략성을 깨닫지 못하는 사람들이 주장하는 '魔說'이라고 하 고, 이에 따르면 동양에 있는 나라면 적국도 我國으로 보고, 동양에 있는 민족이면 원수의 종족도 我族으로 파악하게 되어, 결국 外人이 우리의 國 魂을 찬탈하게 될 것이라고 하였다.[82]

이런 제국주의의 침략에 저항하는 논리는 역시 '民族主義'였다. 제국주 의는 민족주의가 약한 나라에만 침략해 들어오므로 민족을 보전하는 유일 한 길이 바로 "他民族의 干涉을 不受"하는 '民族主義'였던 것이다. 따라서 이를 膨脹的, 雄壯的, 堅忍的으로 발휘하여 "我族의 國은 我族이 主張한 다"는 취지를 護身符로 삼자고 하였던 것이다.[83]

물론 그들이 거론했던 '民族主義'는 여전히 우리 민족도 강해져 제국주 의 국가처럼 강자가 되겠다는 우승주의적, 국가주의적 입장에서 제기된 것 이었다. 東洋主義에 대항하는 논리로 거론된 國家主義가 민족주의와 같은 논리로 사용되었고,[84] 또 민족 사이의 경쟁과 정복, 곧 우승열패의 참극이 일어난 것이 모두 민족주의의 결과라고 하였던 것이다.[85] 萬國公法도 민

80) 『朴殷植全書』 下, 「自强能否의 問答」, 68쪽.
81) 『丹齋申采浩全集』 下, 「帝國主義와 民族主義」, 108쪽.
82) 『丹齋申采浩全集』 下, 「東洋主義에 對한 批評」, 88~91쪽.
83) 『丹齋申采浩全集』 下, 「帝國主義와 民族主義」, 108쪽.
84) 『丹齋申采浩全集』 下, 「東洋主義에 對한 批評」, 90쪽.

을 수 없고, 仁義나 道德보다는 強權을 가지면 聖賢, 君子, 英雄이 될 수 있다는 것이 일반적인 논리였다.[86] 곧 제국주의에 대항하기 위해서는 결국 힘을 가져야 한다는 것으로, 제국주의를 비판하면서도 동시에 이를 지향하고 있었던 것이다.

민족, 국가를 중심으로 경쟁적인 국제 질서에 대응하게 되면서 그 논의는 자연스럽게 자국의 역사에 모아졌다. 신채호가 집필한 『讀史新論』은 이런 인식 속에서 나온 것이었다. 그는 국가는 "民族精神으로 구성된 有機體"이고, 나라의 역사는 "민족 消長盛衰의 상태를 閱叙할 者"라고 하면서, 따라서 민족을 버리면 歷史가 없어지고, 역사를 버리면 민족의 그 국가에 대한 관념이 작아지므로 역사가의 책임이 막중하다고 강조하였다.[87]

역사를 통해 민족의 흥망성쇠를 서술하면서 기존의 국사 서술이 비주체적, 비자립적으로 이루어졌다는 잘못도 지적할 수 있었다. 멀리로는 김부식이 발해사를 우리 역사에 편입시키지 않고 압록강 이북을 포기하였던 점을 비판하였으며,[88] 특히 당시 역사교과서가 자민족 중심이 아니라 중국족, 지나족, 일본족 같은 다른 민족 중심으로 서술되고 있던 점도 지적하였다.

> 余가 現今 各 學校 敎科用의 歷史를 觀하건대, 有價値한 歷史가 殆無하도다. 第一章을 閱하면 我民族이 支那族의 一部分인 듯하며, 第二章을 閱하면 我民族이 鮮卑族의 一部分인 듯하며, 末乃 全篇을 閱盡하면, 有時乎 靺鞨族의 一部分인 듯 하다가, 有時乎 蒙古族의 一部分인 듯 하며, 有時乎 女眞族의 一部分인 듯 하다가, 有時乎 日本族의 一部分인 듯 하니, 嗚呼라 果然 如此할진대 我 幾萬方里의 土地가 是 南蠻北狄의 修羅場이며, 我 四千餘載의 産業이 是 朝梁暮楚의 競賣物이라 할지니[89]

---

85) 『丹齋申采浩全集』別, 「二十世紀新國民」, 212~213쪽.
86) 『大韓每日申報』, 1909년 7월 21일 논설, 「世界에 唯一 强權」.
87) 『丹齋申采浩全集』上, 「讀史新論」, 471쪽.
88) 위의 글, 510~512쪽.
89) 위의 글, 471~472쪽.

라고 하였던 것이다. 특히 任那日本府를 수록하고 있던 점으로 일본을 숭배하는 奴性이 커져 결국 우리나라 4천년 역사를 일본사의 부속품으로 만들려고 한다고 경고하였다.[90]

그리하여 신채호는 '東國 民族'을 구성하는 인종을 6종, 즉 선비족·부여족·지나족·말갈족·여진족·土族으로 구분하고, 이 가운데 형질상, 정신상으로 부여족이 다른 5종족을 정복하고 흡수하여 동국 민족의 역대 주인이 된 것이므로, 4천년 동국 역사는 부여족의 興亡盛衰의 역사라고 하였다. 따라서 국사 서술은 부여족을 중심으로 그 정치, 실업, 무공, 습속, 외래 각족의 吸入, 타국과의 교섭을 포함하여야 하며, 반드시 민족의 大禍福, 大利害와 관련된 사건과 인물을 서술해야 한다고 하였다.[91]

그러면서 새로운 역사를 서술하기 위해서는 다음과 같은 몇 가지 점을 거론하였다. 먼저, '民族主義'에 입각한 역사를 강조하였다. 즉

今日에 民族主義로 全國의 頑夢을 喚醒하며, 國家觀念으로 靑年의 新腦를 陶鑄하여, 優存劣亡의 十字街頭에 幷金麗하여 一線尙存의 國脈을 保有코자 할진대 歷史를 捨하고는 他術이 無하다 할지나[92]

라고 하여, '민족주의'를 강조하여 國脈을 보존하는 역사를 주장하였던 것이다. 만약 이렇게 하지 않으면 無精神의 역사가 되고, 無精神의 민족이 된다고 하였다.

다음으로 새로운 역사를 서술하기 위해서는 舊史의 "허다한 殘缺과 誕妄"을 일제히 삭제해야 하는데, 이를 위해서는 실증적인 작업이 필요하다고 하였다. 본국의 문헌에 있는 朝史, 野乘도 모으고, 片鱗 殘甲도 수집하여야 하고, 또한 고금의 정치 풍속을 여러 방면으로 精細하게 관찰해야 한다고 하였다. 특히 그전부터 계속해오던 故籍, 遺文의 모집이 극히 어렵다는 점도 지적하였다.[93]

90) 『丹齋申采浩全集』上,「讀史新論」, 496쪽.
91) 위의 글, 472~474쪽.
92) 위의 글, 472쪽.

그러나 『讀史新論』에서는 민족과 국가 관념이 아직 분리되지 않고 착종되어 있었다. 국가는 민족정신으로 구성된 유기체라고 하면서, 민족적 관념으로 주된 종족을 중심적으로 파악하고, 이를 국가의 역사 서술의 단위로 삼았던 점이었다. 물론 민족주의의 주체에 대한 인식은 명확하지 않았으나 민족주의에 대한 맹아적인 인식은 가지고 있었다.

2) 新國民의 양성과 國粹保全論

역사를 주된 종족의 흥망성쇠 과정으로 서술하면서, 점차 맹아적인 민족의식을 갖게 되었는데, 이제는 역사의 主體에 대한 생각도 달라지기 시작하였다.[94] 곧 영웅중심의 역사론에서 국민을 발견하게 되었던 것이다. 나라의 원동력이 고대에는 한두 豪傑, 영웅에 있으면서 국민은 이 지휘를 따르기만 했지만, 이제는 나라의 흥망이 국민전체의 실력에 있다는 생각이었던 것이다.[95]

물론 이 때에도 여전히 英雄은 중시되었다. 그러나 이 때의 영웅은 그전과 달리 국민과 결합되어 있었다. 신채호는 이런 영웅을 "20세기 동국의 新英雄"이라고 하였다. 이 신영웅은 "三千里 疆土를 그 家舍라 하고, 二千萬 民族을 그 眷屬이라 하며, 過去 四千載 歷史를 그 譜牒"으로 보고, "愛國憂民을 그 天職이라 하며, 獨立自由 一句는 그 生命"으로 삼는, 곧 국민 속에서 나와 국민을 위하는 "국민적 영웅"이었다.[96]

이제 신영웅과 결합될 수 있는 新國民의 양성이 중요한 문제로 부각되었다. 당시 국가 경쟁의 원동력이 국민 전체에 있고, 그 승패의 결과도 국민 전체에 미치기 때문에, 新國民이 되어야 한다는 것이었다. 신국민 양성

93) 『丹齋申采浩全集』上, 「讀史新論」, 472쪽.
94) 李萬烈, 「丹齋史學에 있어서의 歷史主體 認識의 問題」, 『丹齋申采浩와 民族史觀』, 1980(『丹齋 申采浩의 歷史學 研究』, 문학과 지성사, 1990 재수록) ; 姜萬吉, 「申采浩의 英雄·國民·民衆主義」, 『申采浩의 思想과 民族獨立運動』, 형설출판사, 1986.
95) 『丹齋申采浩全集』下, 「所懷一幅으로 普告同胞」, 93쪽.
96) 『丹齋申采浩全集』下, 「二十世紀新東國之英雄」, 112~113·115~116쪽.

을 통하여 제국주의 침략과 민족주의의 경쟁 하에서 자유주의를 주장하고, 도덕적으로 평등, 자유, 정의, 毅勇, 公共을 지향하며, 또 정신·물질적으로 武力을 키우고, 국민적 경제·정치·교육·종교 등을 이룸으로써 국민적 국가의 기초를 공고히 하여 결국 세계 대세의 풍조에 따라 文明을 확산하여 强國의 기초를 과시하자고 하였던 것이다.[97]

물론 신국민을 양성하고 부국강병, 문명화하기 위해서는 서양의 문명을 수용하여야 하였다. 그리고 서양문명의 주체적 수용을 지향하던 변법론적인 자세에 따라 "자국 固有의 長을 保하며 外來文明의 精을 採"하고, 이를 통해 "一種 新國民을 양성할 만한 문화를 진흥"하자고 하였다.[98] 따라서 신국민을 양성하고, 이들을 역사의 주체로 자리잡게 하기 위해서는 고유문화 속에 내재한 장점을 보전하는 일에서 출발하지 않을 수 없었다.

그들은 보존하려고 했던 고유의 장점을 '國粹'라고 하였다. 국수는 "그 나라에 역사적으로 전래하는 풍속, 습관, 법률, 제도 등의 정신"이고, 이는 "先聖 昔賢의 心血의 凝聚한 바며, 巨儒 哲士의 誠力의 結習한 바며, 其他 一切 祖宗 先民의 起居動作, 視聽言語, 施政行事 等 諸般 業力의 薰染한 바"였다.[99] 이에 따라 당시 전래하는 모든 것을 없애야 한다는 '파괴주의'가 善惡과 美醜를 구분하지 않는 잘못을 지적하고,

其 中에 惡者·醜者가 有하여 不得已 破壞手段을 下할지라도 …… 破壞 二字를 誤解하여 歷史的 習慣의 善惡을 不分하고 一倂 掃却하면 將來 何에 基礎하여 國民의 精神을 維持하며, 何에 根據하여 國民의 愛國心을 喚起하리오. 外國文明을 不可不 輸入할지나 但只 此만 依恃하다가는 蜾蛉敎育을 成할지며, 時局風潮를 不可不 酬應할지나 但只 此만 趨向하다가는 魔鬼 試驗에 陷할지니, 重哉라 國粹의 保全이며, 急哉라 國粹의 保全이여[100]

---

97) 『丹齋申采浩全集』 別, 「二十世紀新國民」 참조.
98) 『丹齋申采浩全集』 別, 「文化와 武力」, 201쪽.
99) 『丹齋申采浩全集』 別, 「國粹保全說」, 116쪽.
100) 위의 글, 116~117쪽.

라고 하여, 애국심을 환기하고 국민의 정신을 유지하기 위해서는 반드시 국수를 보전해야 하고, 서양문명에만 의지해서는 안 된다고 강조하였다.

國粹 保全을 통해 이루려던 애국심, 국민 정신은 國性, 國魂으로도 표현 되었다. 국혼의 유무가 나라의 강약을 결정하므로, "세계 역사에 하국을 물론하고 그 國民腦髓 중에 國魂이 完全 堅實하면 그 국이 强하고 그 族이 盛하는 것이오, 국혼이 消鑠磨滅하면 그 국이 亡하고 그 族이 滅"한다고 하였다.[101] 그리하여 신채호는 豪傑의 출현, 敎育의 융성, 實業의 흥왕을 바라지 않고 國民의 魂이 不滅하기를 원하였고, 또 학술과 기술의 발달, 법률과 정치의 징비를 좋아하기보다는 국민의 혼이 健全한 것을 더 좋아 하였으며, 토지의 광대함, 많은 인민, 풍부한 재정, 강력한 군사 등을 자랑 하지 않고 국민의 혼이 강함을 자랑하여야 한다고 하였던 것이다.[102] 문명화, 부강화보다도 더 國魂이 강조되었던 것이다.

한편, 신국민 양성의 근거가 되는 固有의 장점과 國粹의 보전, 國性·國魂의 양성 등은 모두 역사를 통해서만이 가능하다는 점도 인식하였다. 즉 "人智를 增長하며 國性을 培養함은 史學에 在한다"는 것이었다.[103] 또한 국수보전을 강조하면서 "20세기 신세계 維新主義"에 적당한 인물이 되기 위해서는 역사 상의 허다한 인물을 통하여 단점을 버리고 장점을 취하여 청년으로 하여금 先民을 崇拜케 하고 인민으로 하여금 國性을 發揮케 해야 한다고 한 것도 같은 발상이었다.[104] 이 때 朴殷植도 尊華史觀으로 인해 "자국의 역사를 발휘치 않고 타국의 역사를 傳誦"하면서 "盲學者의 徒가 尊華 2자를 칭탁하고 노예 학문을 轉相授受하여 號召國人함으로 國性이 消鑠하고 國粹가 磨滅함에 至"하게 된 것을 개탄하였다.[105] 그가 1910년대 『韓國痛史』에서 주장하던 國魂論은 이미 이 때 제시되기 시작하였던 것이다.

---

101) 『皇城新聞』, 隆熙 2년 3월 20일 논설, 「朝鮮魂이 稍稍還來乎」.
102) 『丹齋申采浩全集』 別, 「國民의 魂」, 167~168쪽.
103) 『皇城新聞』, 隆熙 2년 6월 3일 논설, 「歷史著述이 爲今日必要」.
104) 『丹齋申采浩全集』 別, 「國粹保全說」, 117~118쪽.
105) 『朴殷植全書』 下, 「讀高句麗永樂大王墓碑謄本」, 42쪽.

국수, 국혼, 국성의 배양을 위한 국사연구에서 가장 강조된 것은 檀君을 중심으로 우리 역사를 체계화하는 일이었다. 당시 檀君과 箕子를 같이 거론하면서 오히려 기자를 중심으로 한 馬韓正統論을 따르고 조선, 곧 대한제국 황실의 권위를 높이기도 하였지만,[106] 점차 단군을 더 강조하는 경향도 강화되기 시작하였던 것이다. 그 중에는 신채호의 『讀史新論』과 같이, 철저하게 箕子朝鮮→三韓으로 이어지는 韓族 중심의 국사 체계를 비판하고, 단군을 계승한 부여족을 조선민족의 主族으로 파악하여 檀君→夫餘→高句麗→渤海로 이어지는 정통론을 주장한 경우도 있었다.

단군을 강조하는 경향은 改新儒學者를 중심으로 두드러졌다. 기자를 부정한 것은 아니었지만, 檀君을 國祖로 명확하게 위치 지워 '자주와 독립'을 강조하였던 것이다. 鄭喬는 『大東歷史』(1906)에서 단군으로부터 우리 역사를 기술하면서, 『三國史記』에서 단군을 언급하지 않았던 점을 비판하였고, 또 단군조선→기자조선→마한을 정통으로 처리하면서도 "우리 동방은 단군, 기자, 마한 이후로 자주독립국"이라는 사실을 강조하였으며, 임나일본부는 아예 기술하지도 않았다. 또한 柳瑾도 『新訂東國歷史』(1906)에서 단군부터 시작하면서, 임나일본부를 기술하지 않았는데, 이 책의 서문을 쓴 장지연도 "독립주의를 천명한 것"으로 평가하였다.[107] 단군, 고구려에 대한 관심이 고조되면서 이른바 '檀君國粹史觀'이 넓게 보급되고 있었던 것이다.[108] 그리고 이런 분위기에서 1909년 大倧敎가 창립되었다. 정교와 유근이 모두 대종교와 관련이 있었고, 또 僞作의 시비가 있지만, 『桓檀古記』는 역시 변법론적 입장을 보이던 李沂의 監修로 간행되었다.[109]

---

106) 朴光用, 「箕子朝鮮에 대한 認識의 변천」, 『韓國史論』 10, 1980 ; 朴光用, 「檀君 認識의 變遷」 『韓國史學史硏究』(趙東杰先生停年紀念論叢), 나남출판, 1997.
107) 金度亨, 「정교·장지연·유근」, 『한국의 역사가와 역사학』 하, 창작과비평사, 1994(물론 이들은 일제의 간섭이 강화되면서 이런 점들이 애매하게 처리되었다).
108) 佐佐充昭, 「檀君ナショナリズムの形成」, 『朝鮮學報』 174, 2000.
109) 『桓檀古記』 가운데 한 책인 「太白逸史」는 李沂 소장본이었다. 대종교의 창건과 개신유학자의 관계는 朴桓, 『滿洲韓人民族運動史硏究』 제3편 제1장 「羅喆의 人物과 活動」, 1991, 269~270쪽 참조. 그리고 대종교 관련 서적의 진위에 대해서는 趙仁成, 「韓末 檀君關係史書의 再檢討」, 『國史館論叢』 3, 1989 ; 朴光用, 「대종교

그들이 만주지역에 관심을 갖게 된 것도 이런 역사인식과 연관된 것이었다.[110] 특히 신채호는 역사적으로 만주 지역을 검토하면서, 단군이 고조선을 창건한 이후 중시되던 이곳이 고구려의 평양 천도 이후 경시되었다고 하고, 그 결과 국세가 점차 하락하고 멸망하였다고 보았으며, 당시에도 만주의 지정학적 중요성을 지적하여 "韓民族이 만주를 得하면 한민족이 强盛하며, 타민족이 滿洲를 得하면 한민족이 劣退"된다고 하였다.[111] 또한 '합방'이 가까워 오면서 만주지역으로 이주하는 사람이 많아지자 만주의 한인들이 애국사상을 고양하고 國粹를 보전하면서 정치능력을 배양해야 한다고 하였다.[112] 1910년대 만주지역에서 이루어진 박은식, 신채호 등의 역사연구가 國粹保全論과 大倧敎의 강한 영향 속에서 이루어졌던 점은 당연한 것이었다.

5. 맺음말

이상으로 우리는 갑오개혁 이후 이른바 '改新儒學者'를 중심으로 형성된 變法論의 구조와, 그 논리가 국사연구와 결합되어 있었던 점을 살펴보았다. 그들은 문명화, 근대화를 위해 '新舊折衷論'적인 입장에서 서구문명을 수용해야 한다고 주장하였다. 이런 논리는 서구화, 문명화를 추구하던 文明開化論者들과 다른 것이었다. 문명개화론자들은 대체로 철저한 자기부정에서 출발하여, 서양문명의 확산을 위한 방편으로 국어연구와 보급의 필요성은 강조하였지만, 유교를 포함한 傳統文化에 대해서는 부정적이었다. 이에 비해 변법론에서는 유교의 폐단은 비판하면서도 전통문화와 역사속에서 개혁의 방향을 모색하고, 이를 근본으로 삼고자 하였다.

변법론자들의 역사연구는 시기적 변화에 따라 발전하였다. 독립협회운

관련 문헌에 위작 많다」, 『역사비평』 10, 1990 등 참조
110) 이에 대해서는 韓永愚, 앞의 글, 1980 참조.
111) 『丹齋申采浩全集』 別, 「韓國과 滿洲」, 232~234쪽.
112) 『丹齋申采浩全集』 別, 「滿洲問題에 就하여 再論함」, 242~243쪽.

동과 광무개혁의 추진 속에서 주자학을 공부하던 朴殷植, 張志淵 등은 유교적 變通論에 입각하여 사상적인 변화를 꾀하였다. 근대화, 문명화를 위해서는 시세의 변화에 따라 변해야 하며, 유교적인 종교 체제는 유지하지만, 서양의 기술문명은 물론 근대적인 정치론, 민권론도 수용하고 法律, 典章의 개혁도 주장하였다. 그리고 이런 개혁사업의 논리적 근거로 실학에 주목하였다. 실학파의 학문이 세상을 更張維新하려던 것이었으나 불행하게 쓰이지 못했던 것을 안타까워하면서, 이들의 저술을 간행하여 개혁사업에 참조해야 한다고 하였다. 이런 관심 속에서 실학파의 역사론을 계승하였다. 역사서술의 실증성, 객관성을 위한 문헌 자료의 중요성을 환기하고, 또한 자국의 역사에 대한 중요성을 강조하였다. 물론 개혁에 필요한 서양의 사정을 알기 위해 각국의 역사나 정치변동에 관한 책을 번역, 간행하기도 하였다.

1905년 보호조약 이후, 변법론자들은 계몽운동에도 적극적으로 참여하여 自强主義를 주창하고 실력양성운동을 전개하였다. 문명개화론자 가운데 社會進化論을 맹신하면서 강자의 약자지배를 긍정하고, 또 일본지배 하의 문명화를 추구한 패배주의적 입장을 가지기도 하였지만, 변법론자들은 민족경쟁적인 입장에서 약자인 한국의 강자화를 추구하였으며, 맹목적인 서구화, 곧 문명개화지상주의, 근대주의를 반대하였다. 이에 실력양성과 더불어 조국정신을 강조하여, 물질적인 약점을 정신적인 차원에서 극복하려 하였다. 그들은 조국정신을 배양할 수 있는 것이 바로 역사라고 생각하였다. 기존의 尊華主義的 역사학을 비판하고 自國史의 중요성을 제고하였으며, 특히 자국의 정치사와 영웅들의 활동을 통하여 外競主義와 愛國心을 고취시키고자 하였다. 또한 국내에 흩어진 각종의 서적을 수집, 간행하고자 하였으며, 당장 필요에 따라 외국의 역사도 번역하고 나라를 위기에서 구한 영웅들의 역사도 서술하였다.

그러나 自强主義, 實力養成論은 점차 그 한계를 드러내게 되었고, 亡國이 다가오면서 계몽운동 내부에서는 심한 분화와 자립화가 일어났다. 강자화를 통한 우승주의적, 근대주의적 입장이 크게 바뀐 것은 아니었지만, 통감지배 체제 하에서 문화적인 방법으로 전개되는 실력양성론에 대해서는 심각한 반성을 제기하였던 것이다. 이런 변화와 전환의 선두에 申采浩가 있었다. 그는 제국주의의 강권적 침략을 인식하면서 이에 대항하는 '民族主義'를 거론하였고, 또한 영웅을 역사의 주체로 파악하던 입장에서 점차 國民, 新國民을 거론하였다. 이 때 역사를 민족의 消長盛衰를 기술한 것으로 규정하고, 민족을 역사서술 단위로 설정하였으며, 민족의 정수를 國粹, 國魂이라고 표현하였다. 근대적 개혁, 국권회복은 결국 이를 보전하면서 동시에 외래문명을 수용해야 한다는 원칙이 세워지고 있었던 것이다. 국수보전, 국혼 유지는 바로 역사 서술을 통해 가능하였고, 그 핵심에는 檀君이 있었다. 신채호는 『讀史新論』을 통해 단군→부여→고구려 중심의 역사론을 확립하였다. 1910년대 단군을 강조하는 이른바 '國粹的 民族主義'와 이에 의거한 역사연구로 발전할 수 있었다.

한국의 근대역사학은 한말에 전개된 변법론자들의 역사연구를 통해 그 터전이 잡혔고, 1910년대를 거쳐 1920년대 민족운동의 새로운 발전과 결합되면서 성립되었다. 이런 변화와 발전을 주도한 것이 변법론자들이었다. 하지만 변법론자 모두가 그런 것은 아니었다. 무엇보다도 중요한 것은 社會進化論의 본질을 깨닫고, 帝國主義의 强權性을 명확하게 인식하여야 하였고, 또 그들이 근거하고 있었던 유교 자체도 극복하여야 하였다. 박은식과 신채호는 1910년대 역사학을 주도하면서 점차 이를 실현하고 있었고, 특히 1920년대의 신채호는 이런 모습을 전형적으로 보였다. 이에 비하면 국내에 있었던 장지연은 여전히 유교적 틀을 벗어나지 못하고 유교진흥을 주장하였으며, 또한 아시아주의에 입각하여 식민체제를 명확하게 인식하지 못하였다.

(『東方學志』 110, 2000. 12)

찾아보기

필자 소개

김도형 : 연세대학교 사학과 교수
김만규 : 인하대학교 사회과학부 교수
김용섭 : 전 연세대학교 교수・학술원 회원
김준석 : 전 연세대학교 교수
오영교 : 연세대학교 역사문화학과 교수
원유한 : 동국대학교 명예교수
이광린 : 전 서강대학교 교수
임병훈 : 경북대학교 사학과 교수
조성을 : 아주대학교 인문학부 교수
정호훈 : 연세대학교 국학연구원 연구교수

연세실학강좌 IV
실학의 정치경제학[2]

연세대학교 국학연구원 편

2003년 4월 21일 초판 1쇄 인쇄
2003년 4월 25일 초판 1쇄 발행

펴낸이 · 오일주
펴낸곳 · 도서출판 혜안
등록번호 · 제22-471호
등록일자 · 1993년 7월 30일

㉾ 121-836 서울시 마포구 서교동 326-26번지 102호
전화 · 3141-3711～2 / 팩시밀리 · 3141-3710
E-Mail hyeanpub@hanmail.net

ISBN 89 - 8494 - 179 - 4 93910
값 21,000 원